1　平城京左京三条二坊六坪復原建物

平城京の北東から昭和50年(1975)に出土した奈良時代後期の遺構．全長50mに及ぶ湾曲した池を中心とする庭園と複数の建物から成り，平城宮に近く，長屋王《ながやおう》邸の南に隣接する立地から，曲水宴《きょくすいのえん》など宮廷儀式に用いられたと推測されている．復原された建物は，2間×6間の規模を持ち，掘立《ほったて》の丸柱，板敷きの床，天井を張らない化粧屋根裏《けしょうやねうら》，開放的な空間などの特徴は，次代の寝殿造《しんでんづくり》にも共通する．池を近景とし，東山《ひがしやま》を借景《しゃっけい》として取り込む構成に，建物と庭園の密接な関係を窺うことができる．

2　二条城二の丸御殿大広間

二条城は，徳川将軍家の京都の居館であり，徳川家康が慶長6年(1601)から8年にかけて創建，3代家光が寛永元年(1624)から3年に大規模な改造・増築を行った．造営当初は本丸にも御殿が存在したが，二の丸御殿のみが現存する．大広間は，諸大名との対面を行う最も重要な建物であり，書院造《しょいんづくり》の代表例として知られる．その中心となる一の間は，二の間より床が一段高く，天井も高い．一の間に坐るはずの将軍の背後を取り巻くように座敷飾が並び，二の間に坐る人との身分の差を視覚的に表現している．

3　早稲田《わせだ》の大隈重信《おおくましげのぶ》邸

明治35年（1902）新築の大隈重信邸は，当時の上流階級に通例の和館と洋館を併設する邸宅である．洋館は建築家保岡勝也《やすおかかつや》設計による比較的簡素な木造建築で，和館は複数の建物からなり，書院造の大広間をもつ．接客のみを目的とする洋館では洋風の生活様式，和館では伝統的な生活様式を墨守しながら両者を並立する住宅形式は，縮小単純化されながらも昭和戦前の中規模住宅にまで受け継がれた．

4　常盤平《ときわだいら》団地（上は昭和51年〈1976〉撮影，下は松戸市立博物館の再現展示）
昭和35年(1960)に入居を開始した日本住宅公団の団地．日本住宅公団は，鉄筋コンクリート造のアパートを大量に供給し，日本における集合住宅居住の普及に大きな役割を果たした．日本住宅公団が採用した「２ＤＫ」の間取りは，公室と私室から成立する今日の住宅の原型となる画期的な提案だった．

日本住居史

小沢朝江
水沼淑子［著］

吉川弘文館

目次

住まいの使い分け

小沢朝江

住まいの変貌

水沼淑子

住まいの現代史　水沼淑子

日本住宅のあゆみ

古建築を見ることが好きな人、古建築に懐かしさを感じる人は多いだろう。古い建築を前にすると、私たちはつい「特別なもの」としてみてしまいがちである。特に、法隆寺や二条城といった有名な建築は、国宝・重要文化財に指定されていて、絵画や彫刻と同じ「芸術品」のように感じてしまう。

しかし建築は、絵画や彫刻とは異なり、形やデザインだけが評価の対象となる単なる「芸術品」ではない。建築にとって大切なのは、誰が、誰のために、何のために作ったのか、どう使われたのかを考えることである。中でも住宅は、そこで人がどんな生活を送り、どんな条件によって平面やデザインが決定されたのか、それが最も明確に示される。例えば、二条城二の丸御殿を「住宅」だと思って見る人は少ないが、実際にはここで誰かが生活し、何らかの要望のもとに平面やデザインが決定されたはずである。

本書は、原始時代から現代までの住宅を取り上げ、日本住宅と、その住宅に暮らす人々の生活を眺めようとするものであり、近世以前を扱う一章から一三章を小沢朝江、近代以降を扱う一四章から二三章を水沼淑子が担当した。各章ではそれぞれの時代の代表的な住宅一件を取り上げているが、はじめに日本住宅の全体像を通観しておこう。

住宅とは何か

そもそも住宅とは何だろう。試みに辞書を引くと「人が住み、生活するための家」(『国語辞典』集英社)とある。確かに、住宅は人が生活する場であり、住人の交代や生活の変化に伴い、姿を変えてゆくものである。

しかしその一方、住宅の平面や形は生活だけで決まるものではない。たとえば、社宅のように同じ間取りが並ぶ場合でも、内部の造作や家具は住人によって異なり、全く違う住宅にみえることがある。住宅としての機能が同じでも、意匠が異なれば周囲に与える影響は異なる。これは、「機能」と「意匠」がどちらも住宅を構成する重要な要素でありながら、全く異なる意味を持っているためである。

ファッションにたとえるとわかりやすい。人は、夏には涼しく、冬には暖かく過ごせるように、気候にふさわしい服を選ぶ。もちろん人それぞれに好みもあるだろう。でも、学生が就職活動に当たり一様にリクルートスーツを着るのは、その服が快適だからでも、好きだからでもなく、「社会人の卵」であり「良識ある大人」である自分を表現するためといえる。住宅の意匠もまた、住人の好みや生活だけで決まるものではなく、住人の思想、地位、身分を表現するために周到に選ばれる。住宅は、「生活の器」であると同時に、自分をどう見せたいのか、どう表現したいのか、その「欲望を映す鏡」ともいえる。

住宅はまた、気候や風土などの自然条件、建てるための技術、さらには社会思想の変化も反映する。住宅の祖型ともいえる竪穴《たてあな》住居の場合、人を自然から守ることが最も重視されたはずだが、江戸時代の書院造《しょいんづくり》では生活の快適さよりむしろそこに坐る人の身分を視覚的に示すことが求められたし、近代に入り、大正時代には住宅による生活改善が社会的なテーマとなった。住宅に求められるものは、時代や社会背景によって異なる。住宅はすなわち、「時代を映す鏡」ともいえるのである。

住宅の機能と平面の変化

では、具体的に日本の住宅がどのように変化したのか、その流れをみてみよう。

機能の面でみたとき、日本住宅の最大の特徴は「床《ゆか》がある」ということだ。住宅に入る際に靴《くつ》を脱ぎ、床の上に座り、床に布団を敷いて寝る。このように床の上で生活する形式を、椅子や机などの家具を用いる「椅子座《いすざ》」に対し、「床座《ゆかざ》」と呼んでいる。床座の生活、そしてその場としての床の存在が、現代まで続く日本住宅の特徴である。

しかし、最初から床があったわけではない。本書第一章でみるように、原始時代の竪穴住居は床がない、土間の一室空間だった。この空間を、炊事などの作業や食事、就寝など、用途ごとに使い分け、寝る場所などでは土間の上に板や筵《むしろ》を敷いた。この敷物を固定化し、丸太などで持ち上げた板敷の構造が床に発展したとされる。

床の登場は、住宅の平面に大きな影響を与えた。床を設けるようになっても、炊事などで汚れやすい場所は土間のままだったため、住宅は作業の場としての「土間の空間」と、生活の場としての「床の空間」で構成された。しかし一方、炊事や農作業を他者に任せることができる身分の人々は、自身の生活に「土間の空間」を必要とせず、土間のみ別棟で独立させるようになる。こうして、ひとつの建物内に土間と床の空間を合わせ持つ庶民住宅と、床のみの主屋と土間のみの付属屋という複数の建物で成り立つ上層住宅という、日本の住まいの二つの類型が誕生した。この二つは、前者は庶民の住宅の定型として近代まで継続し、後者もまた寝殿造から書院造へと継承されて、長く併存し続けた。

住宅の平面の変化は、このように機能分化が要因になることが多い。そして要求される機能が複雑になればなるほど、住宅の平面も複雑になる。第三章でみるように、平安時代の寝殿造はまるで体育館のような大空間であり、この空間を屏風《びょうぶ》や几帳《きちょう》など可動式の間仕切りで区切り、坐る場所に座具としての畳を敷いて暮らした。場面に応じて室礼を変えるフレキシブルな使い方が特徴だった。しかし、寝る、着替えるなど日常の動作は、場所が定型化するものだ。このため毎日使う間仕切りが次第に固定化され、用途ごとに小さな部屋に区切られるようになり、最終的には用途や性格に応じて別々の部屋、さらには別々の建物を用意する書院造へ繋がっていくのである。

住宅の意匠と身分表現

こうしてみると、住宅はまるで生き物のようだ。ちょうど細胞分裂のように、機能が増えるごとに空間が分割され、次第に複雑な構成へと変化する。「複雑である」からには、それを統率するルールが不可欠だ。部屋や建物の使い方、人の動線、坐る位置など、ひとつひとつに細かな規範を設け、しかも居合わせた全員が共通の認識を持つ必要がある。寝殿造が「フレキシブルな住宅」であるのに対し、近世の書院造は「ルールで成り立つ住宅」といえる。

この変化は、室内意匠にも連動する。寝殿造では、固定した間仕切りがないため、室内の装飾は屏風や几帳などの可動式の間仕切りや家具などの調度《ちょうど》が中心とされた。しかし、間仕切りが固定され、天井が張られると、面で包みこまれた室内空間が誕生する。第七章、八章でみるような障壁画は、こうした部屋全体を覆う立体的なキャンバスがあってこそ描かれるものであり、部屋の機能や性格を表現する重要な要素となる。また床の間や違棚《ちがいだな》の定型化、天井や床の仕様の差など、近世には調度ではなく建築空間そのもので空間の格が表現された。

例えば現代でも、和室では床《とこ》を背にする席が上座であり、ここに一番地位の高い人が坐るという暗黙のルールが残っている。これは、近世の書院造のルールそのものである。四〇〇年以上前に確立した近世住宅の「規範」は、時代を超えて、現代の日本住宅にも脈々と継承されているのである。

（小沢朝江）

近代の住宅とその課題

開国、維新という画期を経て日本は新しい時代を迎えた。外国とくに欧米から怒濤《どとう》のように文物が流入し、国家の体制や経済の仕組みが激変した。文明開化・富国強兵の大きなうねりの中で人々の生活も、そして生活の器である住宅も変容を余儀なくされた。ここで言う変容とは、近代化と洋風化に集約される。住宅における合理性や機能性の獲得、また、住宅の集合化や商品化は近代化の一側面として捉えることができる。一方、洋風化は建築様式、室内意匠、起居様式などさまざまなレベルでおこった変容である。

皇室や皇族、新政府の高官など新時代を牽引《けんいん》する立場にあった人々の住宅は早い時期から変化し始める。一方、住宅は日常生活の場であるが故に急激な変化を嫌う。そのため、変化の中にも伝統への根強い執着を読みとることができる。したがって、伝統的な住宅や住まい方は時代の画期を越えて生き続けた。変化と継承、相反する動きの中にさまざまな葛藤が生まれる。その克服こそが近代の住宅の課題だった。

洋風と和風

まず直面したのはいわゆる洋風の導入である。開国から一五〇年近く経た今日の私たちの住宅を見れば、潮流の方向を知るのは簡単だ。床の間は伝統的な住宅には欠かせない装置だったが、昨今の集合住宅の住戸平面から床の間は完全に消滅した。伝統は結局明白な形では存続しえなかった。一方、洋風が登場したことによって、伝統的な様式を「在来」「和式」「和風」などと対置して捉えるようになったことも近代ならではの現象である。

開国当初から洋風化の波はさまざまな方向から押し寄せた。最初の波は居留地に建つ外国人の住宅に見るようなほぼ生粋の西洋館の上陸である。純粋であるがゆえにインパクトは大きく、各地に模造品が造られる。次いで、洋風化の波は上流階級の住宅に襲いかかる。上流階級の場合、洋館は接客のための施設として添え物に終始することが多いが、上流階級の人々がこぞって採り入れたためその波及効果は大きかった。上流階級の場合、和風か洋風かの二者択一ではなく洋風も和風も所有することが可能だった。

悩ましいのは一筋縄ではいかない場合で、明治宮殿などがこれにあたる。外観は和館としながらも内部の起居様式には椅子座を採用した。次いで、外国生活の経験などから洋風生活の合理性に利点を見出しその導入を主張する波が押し寄せる。理に適っているがゆえに説得力は持っていたものの、戦争という壁によって一旦拒まれる。結局第二次世界大戦後、日本に進駐したアメリカ合衆国は住宅の洋風化に決定的な影響を及ぼした。

翻《ひるがえ》って今日の住宅を考えるとき、私たちは純粋な洋風を選択したわけでもなく、伝統の中にあるわけでもないことに気づく。規範もモデルもない時代が残したのは、住み手の裁量によってのみ決定されてしまう住宅である。

住宅の近代化

近代以降、住宅の意味や役割は大きく変化した。近世までの住宅の主要な機能の一つは格式の表現であり、一家の長たる主人の身分表現や接客を第一義とする住宅が形成された。しかし、近代以降の住宅では、家族の生活こそ住宅の中枢であるという考え方が広く浸透し、間取りにもそうした考え方が明確に反映するようになった。とりわけ、近代を特徴づける都市中間層の住宅でこうした傾向は顕著だった。また、住宅におけるプライバシーの重視も近代の大きな特色である。家族の集まるリビングルームと、家族各人の個室から成る戦後のいわゆるモダンリビングは住まいの近代化の一つの結実だったといえよう。

一方、住宅の商品化は住宅の意味そのものを大きく変えた。経済効率のみで住宅を考えることは、スクラップ・アンド・ビルトを促し、地域固有の住宅の伝統や文化を過去のものとして葬り去った。住宅が「時代を写す鏡」としての役割を見事に果たした結果である。

日本の長い歴史から眺めても、近代以降の住宅は極めて急激に変化したと言えるだろう。開国、第二次世界大戦の敗戦という二度の大きな転換期を経て、日本の住宅は根幹から揺れ動き続けている。

それゆえに、今日の住宅のあり方を歴史の流れの中で再考する意義がある。住宅はどこに行くのか。今私たちに求められているのは、その行く先を過去からの長い線の延長上に見出すことではないだろうか。

（水沼淑子）

住まいの移り変わり

日本の住まいはどのように変化したのか。そして、私たちが現在「和風」と呼ぶ住宅の形はいつごろ成立したのか。この二つの疑問に対する答えを、原始時代から順に下りながら探ることが、この各章の目的である。

原始時代の土間居住から床のある生活へ（一、二章）、そして寝殿造にみる一室空間（三、四章）から壁や建具で仕切られた多室空間へ（六、七章）、日本住宅の空間は長い年月をかけて次第に変化した。配置もまた同様で、寝殿造ではひとつの建物を公私に使い分けていたが、中世には日常生活のための建物が独立し、さらにここから接客や対面のための建物が分離した（第五章）。平面でも配置でも、機能分化が進むことが近世に向けた動きといえ、その到達点に書院造がある（第七章）。

中世以前の住宅は現存事例が少ないが、当時の人々の日記や指図から住まいの様子を探ってみたい。

1 戦う弥生人の生活と集落　弥生時代

大塚・歳勝土遺跡

横浜市都筑区中川町・大棚町所在の弥生時代中期〜後期の遺跡。環濠集落の大塚遺跡と、集団墓地の歳勝土遺跡から成る。集落は、建替・拡張がみられ、一一五軒の竪穴住居跡と一〇棟の掘立柱建物跡、それを囲む環濠と、二五基の方形周溝墓が出土。国指定史跡。

（大塚・歳勝土遺跡）

弥生人の住まい

風が吹く台地に立つ。

ここは、横浜市北部、港北ニュータウンの一角にある「大塚《おおつか》・歳勝土《さいかちど》遺跡《いせき》」だ。周囲のあちこちにマンション建設のクレーンが見え、今も開発が進む。この地区は、横浜市内でも変化が大きい地域のひとつである。大塚・歳勝土遺跡はそのひときわ高い丘の上にある。湿地を避けた乾燥した場所、日当たりの良い丘陵地。ここに来るたび、弥生時代も現代も、住み良い土地の条件は変わらないことを実感する。事実、こうしたニュータウンの開発現場で弥生時代の住居跡が見つかることは多い。

大塚・歳勝土遺跡は、住居跡を中心とする大塚遺跡と、その集落の墓地である歳勝土遺跡のふたつを併せた名称である。集落である大塚遺跡の広さは約一万九〇〇〇平方メートル、後に増築された部分を合わせると二万二〇〇〇平方メートルになる。遺跡の広さがはっきり数字で示せるのは、周囲が溝で囲まれているため、その範囲が明確だからだ。考古学では、こうした溝を「環濠《かんごう》」と呼び、濠《ほり》を巡らした集落を「環濠集落」と呼んでいる。横浜市は全国的に見ても環濠集落が多く発見されている地域のひとつで、現在までに二六件の存在が確認されている。大塚遺跡は、その中でもほぼ完全な形で発掘された貴重な例といえ、さらに歳勝土遺跡という墓地との関係もわかるという意味で希有な例だった。

「だった」と過去形で話をせざるを得ないのは、現在は大塚遺跡のうち三分の一だけが保存・公開され、残る三分の二は上に建物が建てられて壊されたためだ。上に建ったのが歴史博物館だというの

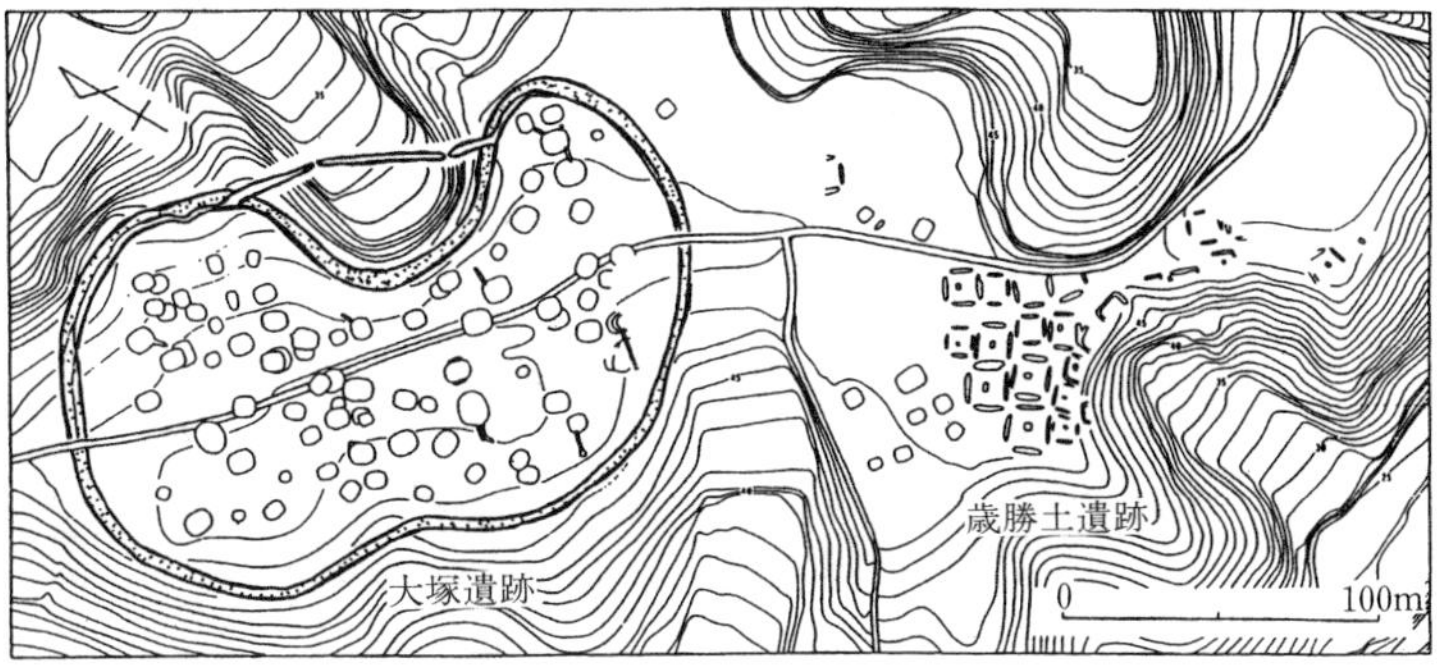

図1　大塚・歳勝土遺跡配置図

は皮肉な話だが、それでも環濠集落として多くを語ってくれる遺跡であることは変わりない。ここでは、この大塚遺跡に住んだ弥生人たちの生活を、遺構から探ってみよう。

原始住居のかたち

大塚遺跡では、全部で一一五軒の住居跡が発見されている（図1）。しかし、この一一五軒の中には、住居跡の中にすっぽりと別の住居跡が入っているものがあり、また複数の住居跡が部分的に重なっているものもある。もちろん、住居が重なって建てられることはないから、こうした重なりは、ひとつの住居があり、それが捨てられ、完全に土に埋まった後に新しい住居が建てられたことを示している。こうした重なりを整理していくと、大塚遺跡の場合およそ五〜六段階の建て替えを経験しているらしい。とすると、一一五軒は一時期に存在した訳ではなく、実際には一一五軒の五分の一の二〇軒ほどがこの集落の総数だったことになる。

ひとつの住居跡を詳しくみてみよう。住居跡とは、いわば「穴」

図2　大塚遺跡　竪穴住居跡

の集合体である。真上から見ると、隅を丸くした四角形の浅い穴の中に、さらに四つの小さな穴がある（図2）。大きな四角形の穴の深さは地面から八〇センチほどで、この内側が住居の範囲である。このように地面より掘り下げて作る形式を「竪穴《たてあな》住居」と呼んでいる。原始住居の一般的な形のひとつである。

ひとつの住居の大きさは、大塚遺跡の場合、最大が約六五平方メートル、最小が約一〇平方メートルで、三〇平方メートル前後が標準だったようだ。この広さは、現代に置き換えると二〇畳弱で、小さなワンルームマンション程度の規模になる。しかし、この穴だけでは雨露はしのげないから、上に屋根や壁があったはずだ。それを復原する決め手になるのが、四つの小さな穴である。

この穴は、柱を立てていた跡である。柱を四本立て、それを水平な材（梁《はり》という）で結んで、直方体の構造を作る（図3）。これが住居を支える中心である。このように柱と梁で支える構造を「軸組《じくぐみ》構造」という。世界的にみれば、石や煉瓦《れんが》で作った壁で支える構造（壁式構造）が主流だ。厚い壁で

郵便はがき

料金受取人払

本郷局承認

4505

差出有効期間
平成20年1月
31日まで

113-8790

251

東京都文京区本郷7丁目2番8号

吉川弘文館 行

本書をお買い上げいただきまして、まことにありがとうございました。このハガキを、小社へのご意見またはご注文にご利用下さい。ご注文は通常より早くお取寄せになることができます。

愛読者カード

お買上書名　日本住居史

＊本書に関するご感想、ご批判をお聞かせ下さい。

お買上書店名　区市町　書店

◆新刊情報はホームページで　http://www.yoshikawa-k.co.jp/

◆ご注文、ご意見については　E-mail:hongo@yoshikawa-k.co.jp

ふりがな ご氏名	年齢　　　歳	男・女
〒 □□□-□□□□	電話	
ご住所		
ご職業	所属学会等	
ご購読 新聞名	ご購読 雑誌名	

今後、吉川弘文館の「新刊案内」等をお送りいたします（年に数回を予定）。
ご承諾いただける方は右の□の中に✓をご記入ください。　□

注　文　書

月　　　日

書　　　名	定　価	部　数
	円	部
	円	部
	円	部
	円	部
	円	部

配本は、○印を付けた方法にして下さい。

イ．下記書店へ配本して下さい。

（直接書店にお渡し下さい）

（書店・取次帖合印）

書店様へ＝貴店帖合印を捺印の上ご投函下さい。

ロ．直接送本して下さい。

代金（書籍代＋送料・手数料）は、お届けの際に現品と引換えにお支払下さい。送料・手数料は、書籍代計1,500円未満500円、1,500円以上200円です（いずれも税込）。

＊お急ぎのご注文には電話、FAXもご利用ください。
電話 03―3813―9151（代）
FAX 03―3812―3544

2006年●1月

吉川弘文館 出版ご案内

〒一一三-〇〇三三・東京都文京区本郷七-二-八
電　話〇三-三八一三-九一五一（代表）
ＦＡＸ〇三-三八一二-三五四四
振　替〇〇一〇〇-五-二四四
http://www.yoshikawa-k.co.jp/
表示価格は5％の税込です。

詳細・正確な情報満載——便利・重宝な歴史百科
古代から近世を中心に厖大なデータを収録

日本史必携

吉川弘文館編集部編
菊判・函入・七二〇頁
六三〇〇円
『内容案内』送呈

日本史を読み解く上で必須の基本資料を精選・網羅し、一覧形式でデータ表示した日本史便覧の決定版。基本資料・古代・中世・近世・宗教の五編に、詳細かつ正確な年表・図表類二〇〇〇余項目を収録し、現代まで関連する事項は明治時代以降まで補完した。日本の歴史を知るために役立つ厖大な情報を満載した、便利な歴史百科として、座右必備の一冊。

【基本資料編】年代表・年表、年号、私年号、方位図・時刻図、十干十二支異名、天皇系図、日本の度量衡、平仮名・片仮名変遷図、名数ほか【古代編】摂政・関白、官位相当表、四等官、五畿七道、国郡郷変遷、古代の銭貨、在銘鉄剣、現存戸籍、六国史、遣隋使、遣唐使ほか【中世編】鎌倉幕府将軍・執権・評定衆、室町幕府将軍・管領、鎌倉公方、中世の市、土一揆、遣明船ほか【近世編】江戸幕府将軍、幕府職制、江戸の大火、藩校、宿駅・関所、国学・儒学者系統図、敵討ほか【宗教編】伽藍配置復元図、国分寺、国師、禅師、五山、十刹、四国八十八ヶ所、諸国一宮、神使ほか

五〇年単位で二〇〇〇年前まで遡《さかのぼ》ることができるユニークな年表
イベント企画、スピーチ、エッセイ・自分史執筆に役に立つ!

日本史〈50年周期〉逆引き年表

50年前・100年前…はどんな年

吉川弘文館編集部編

A5判・上製・カバー装・三〇四頁
四五一五円　『内容案内』送呈

五〇年前、一〇〇年前にはどんな出来事があったのか。興味あるその年の動静をたどりながら、五〇年単位で二〇〇〇年前まで遡ることができるユニークな年表。時代、西暦、和暦、閏月、干支、天皇、将軍等を記載。物故者は没年齢も表示し、近現代では、歌や映画、テレビドラマも掲載。イベント企画に必携。付録に天皇・年号一覧を収録する。

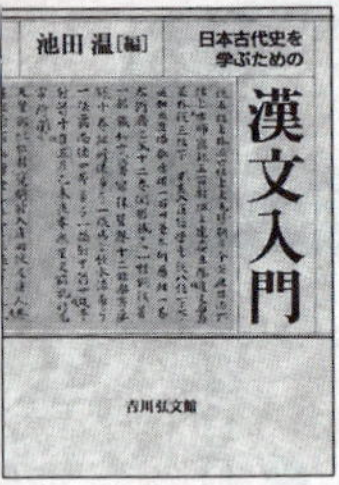

日本古代史を学ぶための漢文入門

池田温編　四四一〇円

A5判・上製・カバー装・三六〇頁

日本古代史を学ぶ上で不可欠な漢籍や漢文史料をどう解釈したらいいのか。第一線の研究者が、読み方の基礎知識を平易に解説する。唐代を知る便利な書籍、異体字の問題、さまざまな漢籍の紹介や、参考文献も収めた格好の入門書。

落日の室町幕府

蜷川親俊《にながわちかとし》日記を読む

水藤 真著

室町幕府が滅亡へと向かう時代、政所代《まんどころだい》という要職にあった蜷川親俊の日記から、知られざる武家の日々の暮らしを解明。主人伊勢貞孝《さだたか》の動静や、細川氏の権勢、政治的状況など、落日の幕府の実態と渦中の人々の実像に迫る。

四六判・二二四頁／二九四〇円

岩倉具視《ともみ》

（幕末維新の個性⑤）

佐々木 克著

いまだ「策謀《さくぼう》政治家」のイメージが根強い岩倉具視。理想の新国家樹立に奔走したその実像とは？ 大久保利通らと王政復古を実現、立憲政体を目指す途上に斃《たお》れたその生涯を描く。虚像を覆《くつがえ》し、人間岩倉の豊かな個性に迫る。

四六判・二一四頁／二六二五円

日本軍事史

高橋典幸・山田邦明・保谷 徹・一ノ瀬俊也著

弥生時代から現代まで、戦争のあり方や戦争をささえたシステムを明らかにする、はじめての通史。戦争遂行のために必要不可欠な〈人と物〉の調達をキーワードに、各時代の軍事に関する制度と、軍隊と社会の関係を多くの写真や絵画とともにビジュアルに描く。

四六判・四四八頁・原色口絵四頁／四二〇〇円

越後平野・佐渡と北国浜街道

（街道の日本史㉔）

池 享・原 直史編

日本有数の穀倉地帯＝越後平野、金山と流人の島＝佐渡。豊かな自然が独特の風土を育んできた。渟足《ぬたり》・磐舟柵《いわふねのさく》、上杉氏、長岡戦争など多彩な歴史を追求。越後俳壇、良寛《りょうかん》、吉田東伍《とうご》、会津八一に個性的な文化を探る。

四六判・二八八頁・原色口絵四頁／二七三〇円

（本書より）

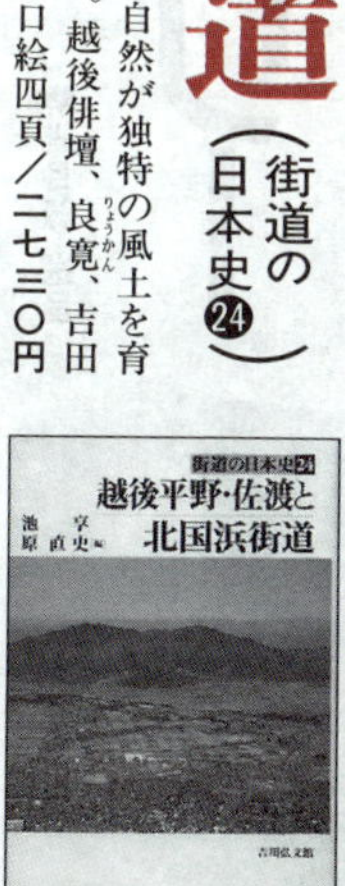

一冊の本から広がる〈知〉の宇宙

歴史文化ライブラリー

『解説目録』送呈

全冊書下ろし

毎月刊行中

四六判・カバー装・平均二二〇頁／各一七八五円

●新刊の6冊

203

銃後の社会史

戦死者と遺族

一ノ瀬俊也著――夫や息子を国家のために殺された人々の葛藤…

戦死した兵士の家族は、一家の働き手を奪われる理不尽さをどう受け入れたのか。遺族への扶助料や未亡人への仕事斡旋《あっせん》など、国家が目指したシステムとしての「遺族」の形を検証。社会は戦争をどう支えたのかに鋭く迫る。

204

自然を生きる技術

暮らしの民俗自然誌

篠原　徹著――人は海・山の恵みをどう活かしてきたのか

亜熱帯のアジア、不毛のサバンナ、海や山などさまざまな場所で、人は生きるための技術を編み出し、日々を暮らす。世界各地で今も受け継がれている独自文化を探り、自然と共存する暮らしの技術とその大切さを説く。

205

川は誰のものか

人と環境の民俗学

菅　豊著――自然とのつきあい方を川の民俗から探る

川を遡《さかのぼ》るサケを下流で捕り尽せば、産卵できずに絶滅してしまう。川という資源を共同で管理・利用する制度＝コモンズは、どう発展してきたか。現代における公共性や環境破壊の問題解決にもヒントを与える環境民俗誌。

206
武田信玄像の謎
藤本正行著
――謎に包まれた「伝・武田信玄像」の通説に挑む

堂々たる体躯《たいく》と大入道のような頭、鋭い眼差し、髭《ひげ》をたくわえ威厳に満ちた容貌の「伝・武田信玄像」は、本当に信玄なのだろうか。像主の髷《まげ》・家紋、絵師の印を手がかりに謎を解き真実に迫る。絵画鑑賞ポイントも満載。

207
江戸の海外情報ネットワーク
岩下哲典著
――将軍も庶民も手に入れた海外情報とは？

鎖国下の江戸で、人びとはどのようにナポレオンやベトナム象などの海外情報を入手したのか。ペリーの砲艦外交やロシア軍艦の対馬占拠事件を分析。海外情報ネットワークが、ついには幕府の崩壊をもたらした姿を描く。

208
大江戸飼い鳥草紙
江戸のペットブーム
細川博昭著
――大名も旗本《はたもと》も庶民も熱中した、小鳥ブームの実態

江戸時代、空前の小鳥ブームが起こった。癒《いや》しを求めて鳥を飼う人、それを商う人、生態を研究した人や図譜を残した人…。滝沢馬琴《ばきん》の日記に今と変わらぬ愛鳥家の姿を探り、飼い鳥文化と当時のペットブームの実態を描く。

●好評既刊より

199
倭国と渡来人
交錯する「内」と「外」
田中史生著

古代日本の「内」と「外」を旅した渡来人。倭国と国際社会の関係を人・モノの移動から眺めれば、「古代のわが国」というイメージとは全く別の、社会や境界が浮び上る。従来の「日本史」像を強く揺さぶる、東アジア交流史。

200
戦国大名の危機管理
黒田基樹著

迫りくる外敵、頻発する飢饉。戦国時代、領国を護り、領民を救うために大名がとった政策とは何か。民衆の立場から初めて戦国大名の危機管理の実態を解明。大名の視点からでは捉えきれなかった新しい戦国大名像を描く。

201
旧幕臣の明治維新
沼津兵学校とその群像
樋口雄彦著

江戸幕府の幕臣は、明治維新後、近代的な学制と高い教育内容の沼津兵学校を創設し、人材育成に努めた。やがて、各界で活躍の場を見出していった旧幕臣を通して、明治維新の敗者が近代社会でどう生きたのかを解明。

202
鎌倉 古寺を歩く
宗教都市の風景
松尾剛次著

武家の都として知られる鎌倉の、宗教都市としての側面に光を当てる。僧侶や暗躍する陰陽師の実像を描き、多くの怨霊鎮魂の寺がある、知られざる宗教世界を解明。寺社を宗派別に収録・網羅した、格好の散歩の手引き。

わかりやすい時代解説と魅力的な個別テーマ
最高水準の本格的な「日本通史」完成！

日本の時代史

全冊書下ろし

全30巻

企画編集委員
石上英一　井上　勲
五味文彦　高埜利彦　渡辺　治

〈特色〉旧石器時代から現代まで◆第一線で活躍中の研究者による最新の日本史研究の成果を網羅◆各巻わかりやすい時代解説と魅力的な個別テーマ◆平易に叙述された高度な内容◆類書にはない近現代史に9冊を当てた画期的編成◆通史では初めて「琉球・北方の歴史」をそれぞれ独立した巻で通観◆時代にまたがる自然・環境や多様な歴史資料をも詳述する

A5判・上製・平均三五二頁・原色口絵八頁
各冊三三六〇円　『内容案内』送呈
全30冊セット定価＝一〇〇八〇〇円

❶倭国誕生………
❷倭国と東アジア…
❸倭国から日本へ…
❹律令国家と天平文化
❺平　安　京………
❻摂関政治と王朝文化
❼院政の展開と内乱
❽京・鎌倉の王権…
❾モンゴルの襲来…
❿南北朝の動乱……
⓫一揆の時代………
⓬戦国の地域国家…
⓭天下統一と朝鮮侵略
⓮江戸幕府と東アジア
⓯元禄の社会と文化
⓰享保改革と社会変容
⓱近代の胎動………
⓲琉球・沖縄史の世界
⓳蝦夷島《えぞがしま》と北方世界
⓴開国と幕末の動乱
㉑明治維新と文明開化
㉒自由民権と近代社会
㉓アジアの帝国国家
㉔大正社会と改造の潮流
㉕大日本帝国の崩壊
㉖戦後改革と逆コース
㉗高度成長と企業社会
㉘岐路に立つ日本…
㉙日本史の環境……
㉚歴史と素材………

文字を得た日本人は何を記録したのか。文字の持つ機能と役割から古代社会を考える。

文字と古代日本 全5巻 完結

平川 南・沖森卓也・栄原永遠男・山中 章 編

A5判・上製／『内容案内』送呈

❺文字表現の獲得

〈最終回配本〉——三六四頁／六六一五円

文字の伝来により、日本でも「記録」することが始まった。原始から身近に絵画や文字を刻んだ人びとは、外来文字で自分の言葉を表す術をいかに身につけたのか。その多様な試みを、古代東アジアの文字世界の中に活写する。

〈発売中〉❶支配と文字 ❷文字による交流…各六八二五円 ❸流通と文字 ❹神仏と文字…各六六一五円

摂関制の成立と展開

米田雄介著

A5判・三七四頁／九九七五円

平安朝の貴族政治を支えた摂関制とは何だったのか。内臣・太政大臣の系譜から摂関制の成立を探り、准摂政制や内覧、一座の宣旨などから摂関の職掌や待遇を解明。貴族文化や史料論にも説き及び、摂関制の全貌に迫る。

王朝政治と在地社会

森田 悌著

A5判・二九四頁／九四五〇円

謀略渦巻く古代の政治や東国社会の実態に迫る。長屋王の変、宇佐八幡宮神託事件、廃太子早良親王と菅原道真の怨霊などを解明。交通路、氷川神社をはじめ東国の様子や典籍にも説き及び、古代社会の全体像を描き出す。

義江彰夫編

古代から中世の多様な領域を、日中韓の気鋭の研究者32人が集いその諸相を描く

古代中世の史料と文学

史料論の地平、文学と文化、仏教と文化の三部構成に、最新論文十一篇を収録する。

A5判・二九四頁／一〇五〇〇円

古代中世の社会変動と宗教

社会の構造と変容、宗教と社会、宗教と文化の三部構成に、最新論文十一篇を収録。

A5判・三二〇頁／一一五五〇円

古代中世の政治と権力

国制の諸相、権力と社会、政治と文化の三部構成に、注目の最新論文十篇を収録する。

A5判・二八八頁／九九七五円

日本古代の氏族と国家

直木孝次郎著

古代史の重要テーマである氏族と国家の関わりをはじめ、東アジアの国際関係、信濃遷都計画、伊勢神宮の成立、古墳と宮跡、木簡、奈良期の地名など、史料を駆使して解明。さまざまな切り口で新たな古代史像を提示する。

A5判・二七〇頁　五七七五円

弘法大師空海の研究

武内孝善著

A5判・五九二頁／一三六五〇円

徹底した先行研究の検討と史料批判による空海伝。讃岐国誕生説を見直して畿内誕生説を提示、最澄との訣別などを空海自身の文章と同時代の史料に基づき立論する。歴史学の最新成果を取り入れ、空海研究の新地平を開く。

日本中世思想の基調

佐々木　馨著

A5判・三七四頁／一一五五〇円

日本中世の思想には、主に神道・仏教・儒教・陰陽道がある。それらは国家・社会・生活の中でいかなる機能をもつのか。王権の正当化と超越化、女人往生の論理などを探り、基調を考察。思想を構造的・総体的に解明する。

東北史を読み直す

細井　計編

A5判・三一六頁／八四〇〇円

近年、目覚ましい進展を遂げている東北史研究。その最前線で活躍している研究者十名が、古代から近世にいたる重要な論点を解明した最新の研究成果。斬新な切り口で東北史に関わる課題を追究し、新知見を提示する。

中世京都首都論

大村拓生著

A5判・三五二頁／八九二五円

中世京都を首都と捉え、成立と展開を考察した画期的研究。王権の行う儀礼の展開と大内裏・里内裏の都市空間に占める位置を検討し、京外の衛星都市の機能を追究。首都支配の展開を都市住民の性格とともに探る。

中世国衙領の支配構造

錦織　勤著

A5判・三七八頁／九四五〇円

中世の国衙領支配とはどのようなものだったのか。通説を再検討し、郡郷と別名が重層的な支配関係にあったことを検証。中世的郡郷の成立や別名の形成、国使の性格などの諸問題にも説き及び、国衙領支配の実態を究明。

室町時代公武関係の研究

水野智之著

A5判・三九八頁／一一五五〇円

幕府・将軍(武家)と朝廷・天皇(公家)はいかなる関係を持って国家権力を構成していたのか、公家衆への家門安堵などの視点から解明。公家社会の政治的動向に迫り、従来の伝奏中心の公武関係研究に新たな視座を提示。

近世陰陽道の研究

林　淳著

A5判・四二四頁／一二六〇〇円

江戸幕府に陰陽師支配の許可を与えられた土御門家は、権限を利用して占い師や芸能者などを取り込み、全国的な組織を形成する。修験や舞太夫との争論や、江戸幕府の陰陽道政策を通して、近世陰陽道の実態を解明。

本居宣長の研究

岡田千昭著

A5判・七一四頁／二三一〇〇円

国学の大成者、本居宣長。「道の学問」としての宣長学の特質に迫る。国学の権力概念の「御任(ミヨサシ)」論＝国学的大政委任論や、古道説の中核概念である「妙理」の説を、豊富な事例をあげて解明。詳細「研究文献目録」付。

近世書籍文化論 史料論的アプローチ

藤實久美子著

A5判・三四六頁／九九七五円

十七世紀中頃の京都の書肆出雲寺家の活動を検討し、「知」がどのように伝播し、蓄積されていったのかを解明。また、「徳川実紀」の諸本研究から史料学的検討の重要性を説き、近世社会における書籍文化の展開を考える。

江戸町人の研究 第6巻

西山松之助編

〈全6巻完結〉A5判・四三二頁／一〇五〇〇円

家康入府から明治初年まで、江戸町人の実態を照射したシリーズ、待望の完結編。本巻には江戸太田氏と遠山氏、町火消、嘉永文化論、江戸歌舞伎興行、渡辺崋山の風俗画観、朝鮮通信使と太宰春台など多彩な十三編を収録する。

陸軍幼年学校体制の研究 エリート養成と軍事・教育・政治

野邑理栄子著

A5判・三〇四頁／八九二五円

昭和戦前期、陸軍首脳部の重要ポストは陸軍幼年学校出身者で占められていた。なぜ陸軍は閉鎖的なエリート養成制度を作り出したのか。教育界の反発に対抗しつつ特権化を図る過程を、新発見の史料を駆使して解明。

日本考古学 第20号

日本考古学協会編集――A4判・一五二頁／四二〇〇円

鎌倉遺文研究 第16号

鎌倉遺文研究会編集――A5判・九六頁／一九九五円

仁和寺研究 第5輯

古代學研究所編――B5判・一四四頁／四二〇〇円

神宮典略 別冊

二宮禰宜年表(付 神宮典略索引)
(増補大神宮叢書4)

神宮司庁蔵版――菊判・四三六頁／六三〇〇円

伊藤 隆・季武嘉也編

近現代日本人物史料情報辞典2

近現代日本人物史料情報辞典

菊判・函入・三一六頁／六八二五円

明治から現代まで、日本史の主要な人物二六二人に関する基本史料（書類・日記・書簡など）の所在、来歴、利用状況などを詳説した、データファイル第二巻。第一巻収載人物の追加情報などを補遺し、便利な索引を付載。『内容案内』送呈

五三九人に関する貴重な人物史料情報を、詳細に解説した好評の第一巻。四六四頁／八四〇〇円

日本人は「死」をどう迎えてきたか
これからどう迎えるのか

湯灌《ゆかん》、死装束《しにしょうぞく》、通夜の添い寝、葬式組、野辺送り…
末期医療、脳死、尊厳死、無宗教葬、樹木葬《じゅもくそう》…

新谷尚紀
関沢まゆみ 編

民俗小事典

死と葬送

伝統的な葬送儀礼が大きく揺らぐ現在、死に対する日本人の考えはどう変化してきたのか。死・葬送・墓・供養・霊魂をキーワードに解説。尊厳死や無宗教葬などの現代的関心にも触れた読む事典。四六判・ソフトカバー・函入・四三八頁／三三六〇円

二〇〇〇項目、七〇頁を増補！

『国史大辞典』別巻

日本史総合年表 第二版

加藤友康
瀬野精一郎
鳥海　靖
丸山雍成　編

旧石器時代から現代まで、政治・経済・社会・文化にわたる三八〇〇〇項目を収録。便利な「日本史備要」と「索引」を付した、最新の〈日本史年表〉決定版。
▼四六倍判・一一八二頁／一四七〇〇円

◆二〇〇〇年から二〇〇四年に至る五年間の年表を増補…
◆近世（一六〇〇年～一八六七年）の各項目にも出典を追加
◆一八六七年までの年表の「出典一覧」を新たに掲載………
◆「日本史備要」は、二〇〇〇年以降の変更を追記………
◆「索引」は、増補分を含めた索引に改訂…………

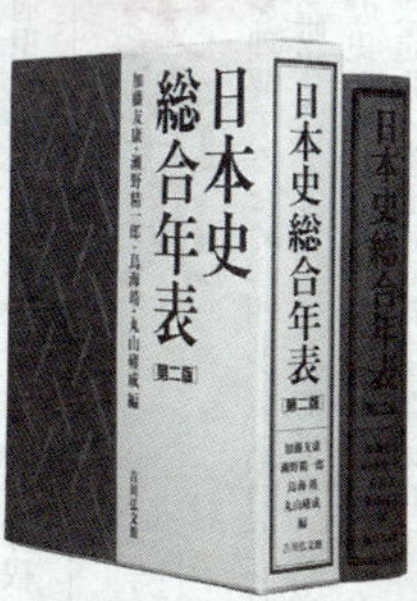

近世義民年表

保坂　智編

菊判・五五二頁
八四〇〇円

義民はいかに語り継がれたか。秀吉の時代から明治維新までの義民闘争を網羅。史実に基づく闘争内容と、義民物語や伝承、顕彰行為などを解説。義民・一揆・都府県名から検索できる索引を付す。

対外関係史総合年表

対外関係史総合年表編集委員会編
（代表・田中健夫）

紀元前より一八七九年（明治12）までの対外関係項目三万六〇〇〇余を収録。蝦夷・琉球・朝鮮・中国や東南アジア・欧米諸国に及ぶ広範詳密な内容は、読む年表としても楽しめる。四六倍判・一一〇四頁
三六七五〇円

歴代天皇・年号事典

米田雄介編

四六判・四四八頁
一九九五円

神武天皇から昭和天皇まで、その略歴、事績などを詳細・平易に解説した読む事典。各天皇が在位中に制定された年号や、埋葬された陵《みささぎ》も収録。巻末に天皇一覧・皇室系譜・年号対照表・索引を付載。

日本史年表・地図

児玉幸多編
B５判・一三六頁／一二六〇円

世界史年表・地図

亀井・三上・林・堀米編
B５判・二〇二頁／一三六五円

歴史や古典文学の理解に不可欠な大辞典―

有識故実大辞典

鈴木敬三編

公家や武家の官職・年中行事・儀式・作法・服飾・調度・建築・乗物・武具等、三二〇〇項目を厳選して解説。豊富な図版で叙述を補完し、巻末には難解な有識故実語彙が容易に検索できる索引を付載。

四六倍判・九一六頁

一八九〇〇円

有識故実図典

―服装と故実―

鈴木敬三著

時代と共に変化を遂げてきた服飾関係を、詳細な図で解説。装束の種類や色名・文様等を別刷収載する。A5判・二八〇頁／二九四〇円

戦国武将・合戦事典

峰岸純夫・片桐昭彦編

武将・氏族・合戦の計一〇六三項目を三編に分け解説。肖像・花押・合戦図屏風などを多数掲載し、入門書として最適な本格的事典。ユニークな在世年表・便利な索引付。菊判・一〇二四頁／八四〇〇円

明治維新人名辞典

日本歴史学会編

ペリー来航から廃藩置県まで、変革期に活躍した四三〇〇人網羅。「略伝」の前段に（諱・字・通称・変名・雅号・生国・身分・家系・墓所・爵位・著書等）欄を設け、一目で基本的事項を検索できる記載方式をとった。一一一四頁／一二六〇〇円

事典 日本の名僧

〈日本の名僧〉完結記念出版

今泉淑夫編

日本史上に登場する一八〇人の名僧・高僧・政僧を没年順に収め解説。主要な著作・典籍・宗派・信仰や、肖像画も多数掲載。巻末に主要名僧在世年表、仏教関係年表、宗派系統図、索引を付載。

四六判・四九六頁

二八三五円

日本近現代人名辞典

臼井勝美・高村直助・鳥海　靖・由井正臣編

近代の幕開け―黒船来航より現代まで、広範な分野から重要人物四五〇〇人を収めた初の本格的〈近現代〉人名辞典。詳細な伝記とともに参考文献、索引、没年順人名一覧を付載。四六倍判・一三九二頁

二一〇〇〇円

事典 昭和戦前期の日本 制度と実態

伊藤　隆監修

百瀬　孝著

昭和戦前期日本の統治組織・議会制度・法制・軍事・行政機構などの実態を分かりやすく体系的に記述し、当時の政治・社会を理解する上での基礎知識を提供する。　菊判・四六四頁／五九八五円

知っておきたい日本の名言・格言事典

大隅和雄・神田千里・季武嘉也・山本博文・義江彰夫著

聖徳太子から松下幸之助まで、歴史上に輝かしい足跡を残した一一四名の珠玉のことば。生年順に配列し、人物紹介・文意・要旨・出典・参考文献も収めた、どこから読んでも役立つ事典。　A5判・二七二頁

二七三〇円

●近刊

日本住居史
小沢朝江・水沼淑子著　四六判・四二〇頁・原色口絵四頁／三九九〇円

数え方の日本史（歴史文化ライブラリー210）
三保忠夫著　四六判・二三六頁／一七八五円

日韓古代瓦の研究
亀田修一著　A5判・五二四頁／一七八五〇円

庭園の中世史 足利義政と東山山荘（歴史文化ライブラリー209）
飛田範夫著　四六判・二二〇頁／一七八五円

初期徳川氏の農村支配
本多隆成著　A5判・三三〇頁／八七一五円

桂　太郎（人物叢書241）
宇野俊一著　四六判・三〇四頁／二一〇〇円

たたら製鉄の近代史
渡辺ともみ著　A5判・三二六頁／一〇五〇〇円

壱岐・対馬と松浦半島（街道の日本史49）
佐伯弘次編　四六判・三〇〇頁・原色口絵四頁／二七三〇円

古文書研究　第61号
日本古文書学会編　B5判・一三六頁・口絵二頁／三六七五円

高野山正智院経蔵史料集成二　正智院聖教目録　上
山本信吉編　B5判・六四〇頁・口絵別刷二〇頁／二九四〇〇円

2月刊行開始

宮田登 日本を語る

全16巻

四六判・平均二五〇頁
巻数順に毎月一冊刊行

ミロク信仰、流行神《はやりがみ》、王権、女性、妖怪、都市の民俗…

斬新な発想で日本の社会・文化の姿を追い求めた、宮田民俗学のエッセンスを集大成

〈企画編集委員〉菊池健策・古家信平

非凡な才能をもって民俗学界に登場し、日本の社会や文化の究明に大きな足跡を残した宮田登。ミロク信仰・流行神・王権・女性・妖怪など、従来にない民俗学の分野・領域を開拓し、深化させた膨大な業績のエッセンスを集成。

❶民俗学への道　〈第一回配本〉二七三〇円

〈続刊〉❷すくいの神とお富士さん❸はやり神と民衆宗教❹俗信の世界❺暮らしと年中行事❻カミとホトケのあいだ❼霊魂と旅のフォークロア❽ユートピアとウマレキヨマリ❾都市の民俗学❿王権と日和見⓫女の民俗学⓬子ども・老人と性⓭妖怪と伝説⓮海と山の民俗⓯人と民俗学⓰民俗学の方法

『内容案内』送呈

東国を中心に四二〇〇人を収載

戦国人名辞典

戦国人名辞典編集委員会編

動乱の戦国時代を生きた北条・武田・上杉・今川・徳川などの大名とその家臣を多数収載。さらに、女性・僧侶・商人・絵師・医師・大工にいたるまで、東国の様々な分野で活躍した人物を中心に四二〇〇人を網羅。最新の研究成果と数多《あまた》の史料に基づき精緻に解説した大人名辞典。豊富な参考文献を掲げ、巻末には、詳細で検索に便利な「人名索引」を付載。

菊判・函入・一一八四頁

一八九〇〇円

『内容案内』送呈

豊臣秀吉から幕末維新まで、個性溢れる有名人物を網羅！

日本近世人名辞典

竹内 誠・深井雅海編

四六倍判・函入／二一〇〇〇円

徳川家康の江戸入府《にゅうふ》から幕末維新期まで、泰平と動乱の約二九〇年間に活躍した三六五七人を収録。歴代天皇・皇室・公家・将軍・幕臣・大名をはじめ商人・文人・学者・外国人・博徒《ばくと》・侠客《きょうかく》・盗賊に至る、個性溢れる有名人物を網羅した決定版。便利な索引と没年月日順項目一覧付。

一三二八頁

『内容案内』送呈

2月発売

近世藩制・藩校大事典　大石 学編　菊判／10500円

精選 日本民俗辞典　菊判／6300円

福田アジオ・神田より子・新谷尚紀・中込睦子・湯川洋司・渡邊欣雄編

この受領証は、郵便局で機械処理をした場合は郵便振替の払込みの証拠となるものですから大切に保存してください。

ご注意

この払込書は、機械で処理しますので、口座番号及び金額を記入する際は、枠内に丁寧に記入してください。

また、下部の欄（表面及び裏面）を汚したり、本票を折り曲げたりしないでください。

この用紙で「本郷」年間購読のお申し込みができます。

◆この申込票に必要事項をご記入の上、記載金額を添えて郵便局でお払込み下さい。

◆「本郷」のご送金は、4年分までとさせて頂きます。

この用紙で書籍のご注文ができます。

◆この申込票の通信欄にご注文の書籍をご記入の上、書籍代金（本体価格＋消費税5％）に荷造送料を加えた金額をお払込み下さい。

◆荷造送料は、ご注文1回の配送につき380円です。

◆入金確認まで約7日かかります。ご諒承下さい。

振替払込料は弊社が負担いたしますから無料です。

※領収証は改めてお送りいたしませんので、予めご諒承下さい。

お問い合わせ　〒113-0033・東京都文京区本郷7－2－8
吉川弘文館　販売部
電話03-3813-9151　FAX03-3812-3544

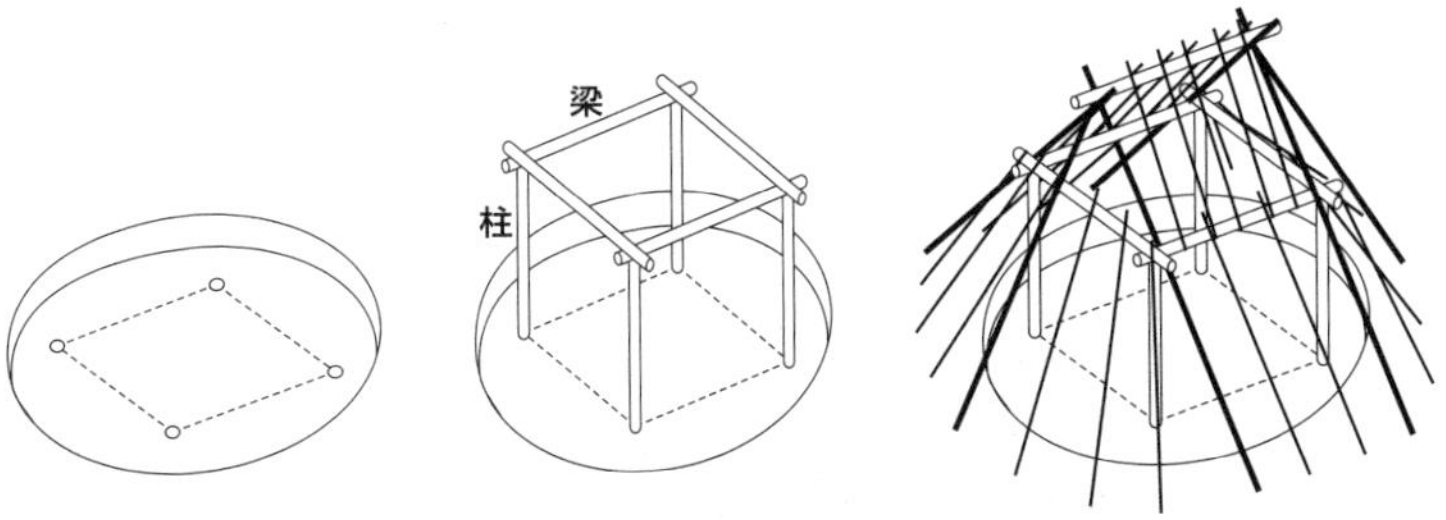

図３　竪穴住居の構造

守る壁式構造とは異なり、柱と梁で支える軸組構造は開放性が特徴で、日本では原始時代以降ずっとこの構造を主流としていたことになる。

　さて、この柱と梁より上は、土器や埴輪、銅鏡、銅鐸などに描かれた絵が手がかりとなる。土器や埴輪は身近な文物をモチーフにすることが多く、住宅もしばしば登場する。また、古い形式を残すと考えられている建物も参考になる。例えば、「チセ」と呼ばれるアイヌの住宅は、三本の丸太を三角錐《さんかくすい》状に組み、これを梁の上に二組並べてその上に梁を渡す構造を採る。三本で支える方が安定が良く、合理的で、この方法は江戸時代の民家の小屋組にも見られる。

　「たたら（高殿）」も古い構造を伝える例のひとつだ。「たたら」とは砂鉄の精錬のための建物で、江戸時代に書かれた製鉄技術書『鉄山秘書』にその構造が記されている。映画「もののけ姫」に登場した製鉄場が「たたら」で、規模はかなり大きいものの、やはり中国地方で発達した「たたら製鉄」の作業場をモデルにしているという。『鉄山秘書』をみると、「たたら」の構造は四本の柱を四本の梁で繋いだ上に、垂木《たるき》を放射状にかけ、その上にちょうど「チセ」のように三本ずつ二組の材

図4　大塚遺跡復原住居

を組んで棟木《むなぎ》を支えるもので、この上に草や茅《かや》を葺《ふ》く。垂木は地面に直接差すため壁はなく、屋根を地面に伏せたような形になる。砂鉄の精錬は古墳時代から行われているから、「たたら」の構造は古い時代の住居の形を残しているとみて良いだろう。

大塚遺跡で復原された住居のひとつに入ってみよう(図4)。壁がないと見えるのは外側からだけで、内部からみれば、地面を掘り込んでいる分、腰の高さほどまで壁のように土が巡る。床も土間のままである。太い柱と梁が屋根を支え、その上を藁屋根《わらやね》が覆《おお》う。一般の軸組構造に比べれば、地面という厚い壁に腰まで包まれている分、断熱性が高いから、冬暖かく、夏涼しい。竪穴住居は、想像よりずっと快適な住まいだったのだ。

原始住居のゾーニング

さて、この中でどんな生活を営んでいたのだろう。発掘での人骨の出土例などから、弥生時代の一家族は四、五人程度とみられている。この時代、文字で生活を書き残したものはないが、眼を凝《こ》らせば、住居跡は当時の人々の生活を雄弁に語ってくれる。

住居跡をよくみると、地面に赤く見える部分がある。これは火を焚《た》いた炉《ろ》の跡である。大塚遺跡の場合、住居跡の中央よりやや奥寄りにある場合が多い。住居の中央にあるこの火は、ちょうど囲炉《いろ》裏《り》のように、ここで炊事《すいじ》をし、さらに暖房の役目も果たした。暖炉《だんろ》や囲炉裏の周《まわ》りに人が集《つど》うように、弥生時代の家族もまたこの火の周りに集まって暮らしたのである。

この炉は、縄文時代には屋外に設ける事例が多く、また弥生時代に限定すれば東日本では保有率が高く、西日本は低いという地域差がある。日本が単一の民族によってできた国ではない以上、異なる生活習慣が併存したはずで、東と西の炉の違いはその一端といえる。

ところで、時代が下り古墳時代に入ると、住居中央ではなく、壁際に火を焚く場所を設ける例が登場する。この場合、炊事をしやすいように側壁をつくり、竈《かまど》にすることも多い。竈の位置が決まれば、その周辺が台所的な場所になる。こうして住居の中央ではなく壁際に火を焚く位置が移動し、炊事にふさわしく形が整うと、自然に住居の中の使い方が決まってくる。先に見たように、原始住居はワンルームのような空間であり、部屋に分かれているわけではない。しかし、現代のワンルームでも寝る場所、食事をする場所など、用途ごとにスペースを使い分けて生活するように、原始住居でもどの

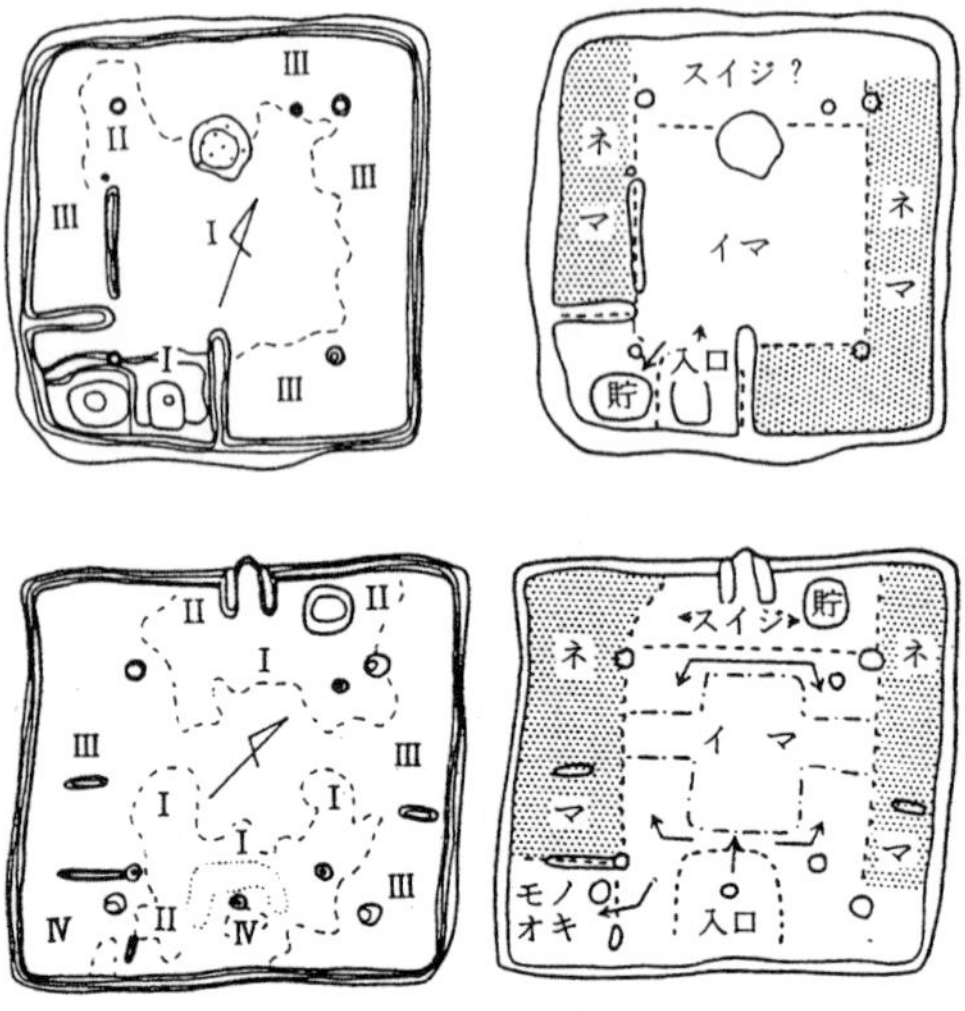

図５　住居跡のゾーニング（千葉県草刈遺跡住居跡）
左は床面の硬度，右は推定される用途．
Ⅰ～Ⅳは床面の硬～軟を示す．

場所を何に使うのか、ルールがあったはずだ。このように、住宅の中のどこを何に使うのか、用途や性格によって分けることを現代の用語で「ゾーニング」という。原始住居のゾーニングは、竈の登場から始まったといえる。

もうひとつ手がかりになるのは、地面の土の硬《かた》さである。竪穴住居では、土の上に坐《すわ》って生活する。しかし、直接土に坐らず藁や板を敷《し》く場合もあり、土の上で直接生活すれば土が硬く踏み固められるが、上に敷物や板を敷くと土に軟《やわ》らかさが残る。つまり、住居内の土の硬さの分布をみれば、敷物を敷いた場所と敷かない場所の区別がつくことになる。この点に注目して、竪穴住居の中を土の硬さで四段階にエリア分けしたものが図5である。千葉県の草刈遺跡から出土したこの住居跡を見ると、住居の周縁部は土が軟らかく、中央部分は土が硬いことがわかる。四本立つ柱を境にして、土の硬さが異なっている。また、壁から突き出した竈の周りの土も硬い。台所周《まわ》りは作業をするから、土が硬くなるのはうなずけるし、中央部分は家族が集まる場所、現代でいうなら居間に当たる部分だろう。とすると、周囲の土が軟らかい場所は、敷物を敷いて使うところ、つまり寝室にあたる。古墳時代になると、この周縁部のみ土を一〇～二〇センチ高く積んでベッドのようにする例も見られるから、ここが寝る場所と見てよいだろう。より快適な生活を送れるよう、人々は少しずつ工夫を加えていったのである。

弥生人たちの生活を想像してみよう。竪穴住居へは、階段を数段下りて入る。この入口の反対側に設けた竈の周りで食事の用意がされ、家の真ん中で家族が食事を囲む。食事が済めば、それぞれが壁際に寝床を求める。太い四本の柱が、居間と寝室の区画の役目をする。何をするにも家族が一体となったシンプルな生活が見えてくるようだ。

原始から古代へ

こうして、住居の中の使い方が固定していくと、住居の形も変化する。

例えばもっと大きな住宅が欲しいと思ったとき、竪穴住居の場合どう変えるのだろう。ちょうど同心円を描くように、掘り下げる穴を大きくすれば、当然内部は広くなる。実際、出土している竪穴住居の規模は、四畳半ほどしかない小さいものから、五〇畳規模のものまで幅広く存在する。しかし大きくなればなるほど、上部の屋根を支える梁が長くなっていくため、この方法には限界がある。梁を架ける柱と柱の間が広くなればなるほど、上に架ける梁を太くしなければならず、重量が増すからだ。

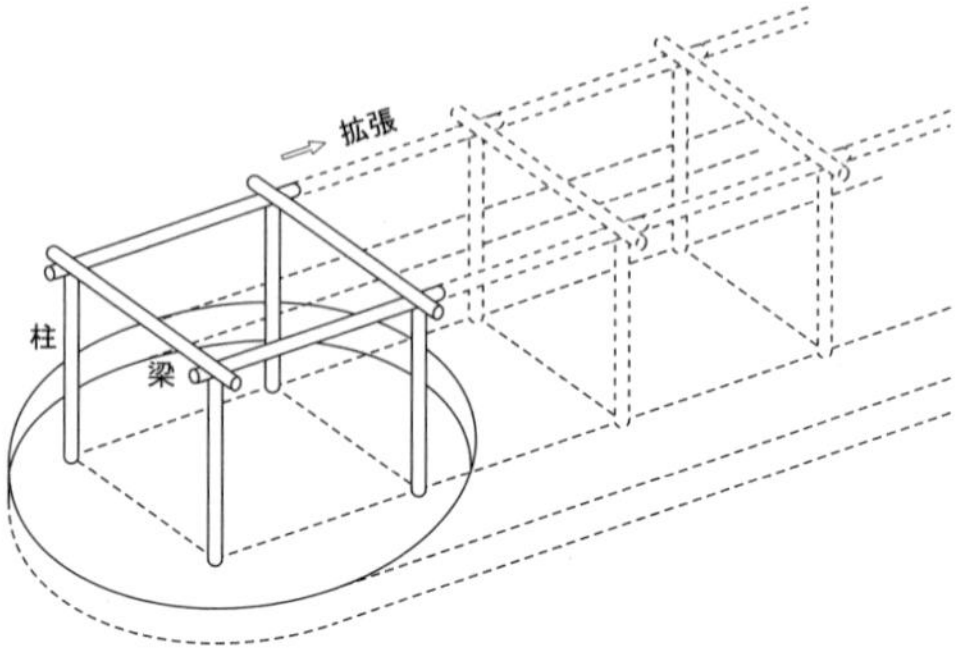

図6　軸組の拡張

このため、平面を正方形や円形のまま大きくするのではなく、縦に長く引き延ばして大きくする方法が登場することになった（図6）。長方形の平面だ。この場合、柱と柱の間隔を広げるのではなく、柱と梁で組んだ骨組みをもう一組付け加えるように、柱の本数を四本から六本、八本と増やしていくことで屋根を伸ばしていくのである。この方法は、古代以降の住宅や社寺建築の基本となる構造であり、軸組構造ならではの方法ともいえる。

もうひとつの大きな変化は、床を設けるようになったことだ。原始住居は、土間《どま》での生活が基本だったが、先にみたように寝る場所などでは土の上に直《じか》に横になるのではなく、敷物を敷いた。この敷物を毎日使うのであれば、固定されていた方が便利だし、また周囲より少し高くすれば湿気を避けることもできる。こうして採用された細い丸太の上に板を並べるなどの簡易な構造が、床《ゆか》に発展したと考えられている。床を設ける場所は寝室だけではない。家族が座る団らんの場、食事の場もやはり床があった方が快適だろう。その一方、竈の周りのように作業をする場所は汚れることも多いから、土間のままの方が便利である。その結果原始住居は、床がある空間と土間の空間から成る平面へ、次第に整えられていったのである。

この平面の成立は、日本住宅史にとって重要な意味を持つ。床と土間、この二つは単なる床の仕上げの違いに留まらず、空間そのものの性格を示している。土間で煮炊《にたき》きをすること、作業をすることは、ごく近年まで日本の住宅では当たり前だったはずだ。いまでも地方の古い民家を訪ねれば、台所が土間に設けられ、大きな竈が置かれた光景に出会う。広い土間で農作業の準備や片付けをすることもごく一般的だった。これに対し、床がある空間は寝食の場であり、家族の生活空間そのものだ。このように、作業空間としての土間と生活空間としての床上部分をひとつの建物の中に併せ持つ平面は、近代まで続く庶民住宅の典型的な姿であり、原始住居での平面分化はその萌芽といえるのである。

しかしその一方で、床と土間から成る住宅の登場は、「土間をもたない住宅」の誕生も促した。土間は作業空間だから、作業をしない人々、いいかえれば炊事や農作業を他の人に任せることができる身分の人々の住宅では、土間を建物の中に必要としない。むしろ、土間部分のみ別の建物として独立させた方が建物を使う人の区別が明確になる。弥生時代以降、同じ集落の中に支配する者とされる者という身分差が生じたが、その差は時代が下がるにつれてより大きくなり、具体的な形で現れるようになる。住居の形式もそのひとつだろう。

原始住居を描いた絵画史料を改めてみてみよう。図7は、奈良県の佐味田《さみだ》宝塚《たからづか》古墳から出土した銅鏡で、四世紀頃のものと考えられている。鏡の裏面に四棟の住居が描かれていることから、「家屋《かおく》文鏡《もんきょう》」と呼ばれて名高い。四棟の住居のうち、下側の棟は地面に直接屋根を被せたような形態から竪

図7　家屋文鏡（奈良県佐味田宝塚古墳出土）

穴住居と考えられ、同様に右側の棟は平地住居と考えられる。残る二棟は、いずれも地面より高い位置に床を持つ建物であり、このうち左側の棟は屋根の鳥の描写などから倉庫とみられる。注目したいのは最後の一棟である。この住居は、横にベランダのような台を持ち、そこに長い傘を描く。この傘は、身分が高い人物に差し掛けるためのもので、この建物が相応の身分の人物の住居であることを表現している。つまり床を持つ住居は、身分の高さを示すものとして描かれていることがわかる。この形式こそ、次章でみる平城京の邸宅、そして平安時代の寝殿造へと続く、支配階級の住宅のひとつの流れを形成していくことになる。

竪穴住居という極めてシンプルな住宅は、身分差の誕生を背景に、ひとつの建物内に土間と床を持つ庶民住宅と、床のみの住居と土間のみの付属屋という複数の建物で成り立つ支配階級の住宅という、二つの原型へ分化したといえるのである。

平和な縄文、戦う弥生

ところで、弥生時代は稲作を中心とした「平和な時代」だというイメージを持っている人は少なくないだろう。しかし実際には、弥生時代は「戦いの時代」であり、むしろ縄文時代の方が「平和な時代」といえる。

そう考えられる大きな理由は、弥生時代の集落が濠《ほり》や塀で何重にも防御されていることだ。大塚遺跡の周囲は、長さ約六五〇メートルにわたって濠で囲まれ、濠の周囲に丸太をびっしりと立ててさらに防御を固めている。大塚遺跡のような環濠集落は、北は新潟県から南は熊本県まで、日本の広い範囲で発見され、その数は四〇〇箇所以上に上るが、縄文時代に遡《さかのぼ》るものはなく弥生時代に集中する。弥生時代に現れ、弥生時代のうちに消滅するという現象から、この時代に集落同志の争いが激しくなり、集落を守る必要ができたため、環濠集落が登場したとの説が出されている。弥生時代には、農耕の始まりによって安定した生活を得た反面、土地の良し悪しが貧富の差を生み、土地に対する執着意識が強まった。その結果、集落同志の抗争を生じ、「戦いの時代」へと変化したという。環濠集落の墓地からは、刃物によって傷つけられた人骨も見つかっている。

この環濠集落で最もよく知られるのは、佐賀県の吉野ヶ里《よしのがり》遺跡だろう。総面積三〇万平方メートル。弥生時代中期から後期にかけて、次第に拡大されたこの遺跡には、幅六メートルもの濠や土塁《どるい》、見張り用の物見《ものみ》櫓《やぐら》の跡が発見されている。集落の内側、有力者が住んでいたと考えられるエリアは、さらに内堀で囲まれており、驚くほど厳重な防御態勢を採る。私たちの想像以上に、弥生時代は過酷な時代だったようだ。

しかし、古墳時代の到来とともに、環濠集落は姿を消し、替わって防御のための濠や溝を持った館が現れる。こうした館は、その地の首長（豪族）の住む場所とされる。吉野ヶ里遺跡のような環濠集落では、内郭《ないかく》と呼ばれる首長の住む区域があり、一般の人々が住む区域とは濠で区別されていた。濠を持った首長の居館は、こうした環濠集落の内郭がムラの外に出ることで成立したと考えられている。ムラ全体を守る替わりに、首長の住む場所のみを守るというこの変化は、地域同志の対立にムラ全体が対処する形から、首長に権力が集中し、首長が管理する問題へと変化したことを意味している。権力を持つ支配者の登場は、先にみた住居の変化だけではなく、集落の変化にも深く結びついているといえる。

もう一度、大塚遺跡に戻ろう。日当たりの良い小高い台地の下は、今でこそ住宅地に変貌しているが、少し前までは水田だった。鶴見川流域の豊かなこの土地は、弥生人にとって農耕に適した理想の住宅地だったに違いない。肥沃《ひよく》な土地を眺《なが》めていると、人々が土地に執着する気持ちがよくわかる。土地は、ただ住むためだけではなく、生活の糧《かて》でもある。

大塚遺跡の環濠には、現代まで通じる人と土地の強い絆《きずな》を見ることができるのである。

[2] 奈良のみやこと貴族の住宅　奈良時代

長屋王邸

長屋王（六八四―七二九）は、天武天皇の孫にあたり、栄進をとげたが、謀反の嫌疑を懸けられ自尽した。奈良市二条大路南一丁目から出土した邸跡は、家政機関を持つ建物群が知られ、出土した約四万点の木簡とともに貴族の生活の全容がわかる貴重な遺跡。ただし、遺跡の過半は開発により破壊され、往時の姿をとどめていない。

（長屋王邸復原模型〈部分〉）

長屋王の住まい

古代史上、長屋王《ながやおう》は「悲劇の宰相《さいしょう》」として名が知られる。天武《てんむ》天皇の子である高市皇子《たけちのおうじ》を父、天智《てんぢ》天皇の娘である御名部皇女《みなべのおうじょ》を母として生まれ、文武《もんむ》天皇の妹吉備内親王《きびないしんのう》を妃とした。当代随一の血筋の良さを誇り、藤原《ふじわらの》不比等《ふひと》没後の政界で左大臣の地位にあったが、天平元年（七二九）、不比等の子宇合《うまかい》らの策謀により謀反《むほん》の嫌疑をかけられ、家族ともども自尽《じじん》に追い込まれた。いわゆる「長屋王の変」である。謀略が多い古代にあっても、最も劇的な事件のひとつといえる。

長屋王が歴史上よく知られているのは、ただこの悲劇的な生涯のためだけではない。一九八六年、奈良市街の一角から広大な面積をもつ奈良時代初期の屋敷跡が発見され、同時に三万五〇〇〇点に及ぶ木簡《もっかん》が出土した。この木簡群によって、屋敷跡が長屋王邸であること、そして王やその家族と、王家に仕えた様々な階層の人々の生活が明らかになった。千年以上の時を経て、長屋王は再び注目されたのである。

ただし、発掘されたのは建物そのものではなく、その跡である。単なる穴に過ぎないこの遺構から、長屋王の住まいと生活を知るためには、他の建物や史料をもとに具体的な姿を想像しなければならない。平城京の他の発掘事例や奈良時代の建物の様子を参考にしつつ、長屋王の住まいの様子を探《さぐ》ってみよう。

平城京の住居表示

長屋王邸が発掘されたのは、奈良市二条大路南一丁目、かつての平城京左京三条二坊一・二・七・八坪である。

平城京は、中国の都市をモデルに建設された計画都市で、条坊《じょうぼう》制と呼ぶ設計手法を採る（図1）。これは文字通り「条」と「坊」を基にした計画で、メインロードである朱雀大路《すざくおおじ》を挟んで東側のエリアを左京、西側のエリアを右京と呼び、そのそれぞれを南北方向は北から順に一条から九条、東西方向は朱雀大路から順に一坊から四坊に分ける。この条と坊で区画された格子状の一マス（「坊」と呼ぶ）は、さらに南北四等分・東西四等分の計一六マスに道路で区切られ、その最小単位を「坪《つぼ》」と呼ぶ。この「坪」の広さが「町《ちょう》」である。次章でみる平安京も同じく条坊制に依っており、全体の大きさもほぼ同じで、二つの都市はまるで双子のようによく似ている。

しかし、似てはいるものの、実は異なる点もある。それは、「坊」と街路の関係である。一つの坊は、平城京も平安京も一八〇丈《じょう》（約五五〇メートル）×一八〇丈という寸法で設計されているが、この一八〇丈がどこからどこまでの寸法かが異なるのだ。

平城京の場合、原則として「坊」の周囲の街路の中心から中心までを一八〇丈として設計した。こうすると、道路の幅がみんな一定なら問題はないが、朱雀大路などの広い街路に面した場所では、幅の広い分だけ「坊」に食い込み、「坊」の面積は小さくなる。このため、「坊」を一六の「坪」に分割

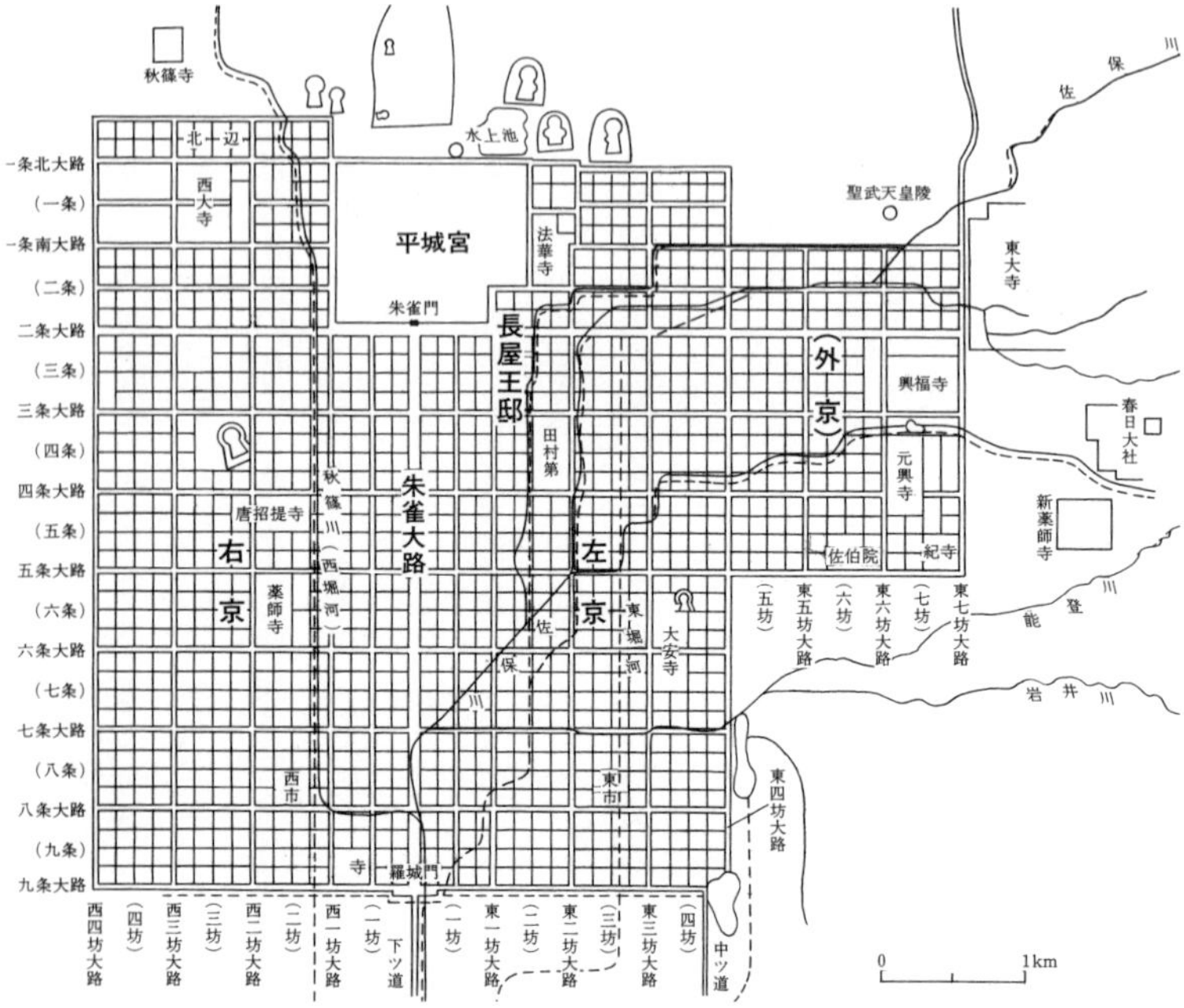

図1　平城京全域図

したとき、「坪」の大きさが一定ではなくなる。平城京の宅地は朝廷から割り当てられるものであり、この「坪」が基準になったから、大きさが一定しないのは不都合である。

このため、後にできた平安京では、「坊」そのものの大きさが一八〇丈×一八〇丈になるよう、つまり街路の内側から内側の寸法を一八〇丈として設計した。いいかえれば、「坊」の一マスの外に道路の幅を採り、道路の外にまた「坊」を採るという繰り返しで設計されていることになる。「坊」の大きさが一定なら、面する街路の幅に関わらず一六等分した「坪」の大きさも一定になり、宅地の割り当ても行いやすい。二つの都市は、設計の考え方に大きな違いがあったのである。

さて、長屋王邸があった左京三条二坊一・二・七・八坪は、この平城京の北寄り、天皇が住む平城宮の東南に当たる。北側を走る通りは二条大路で、平城京の横のメインストリートである。二条大路を挟んだ向かいには藤原麻呂《まろ》（藤原不比等の四男）邸、そのさらに北には藤原不比等邸があり、身分の高い人物の邸宅が集中していたが、中でも長屋王邸は四町分という突出した規模を持つ。北側が道幅の広い二条大路に面していたため、この分やや面積を欠くものの、それでも約五万八〇〇〇平方㍍《メートル》という広大な規模である。

朝廷から割り当てられる宅地の大きさは当然身分によって異なった。平城京での基準は残念ながら残っていないが、その前の藤原京の規定を踏襲したと考えられていて、右大臣が四町、四位以上が二町、五位以上が一町、最小単位は四分の一町だった。ただし実際には、八分の一町や一六分の一町、さらに三二分の一町、六四分の一町などごく小規模の例も平城京で発掘されている。

この規定に従えば、長屋王の場合、平城遷都の時はまだ従三位で、宅地は二町のはずである。四町を得ていた理由は明らかではないが、妃の吉備内親王が官位なら三位相当の地位にあったため、この分の二町を合わせたとも、長屋王の父・高市皇子が太政大臣であったために藤原京で得ていた四町分を、そのまま長屋王が平城京で継承したとも考えられている。いずれにしても、四町の宅地は群を抜く広さであり、奈良時代も現代と同様に、身分の差は住宅に如実に反映していたのである。

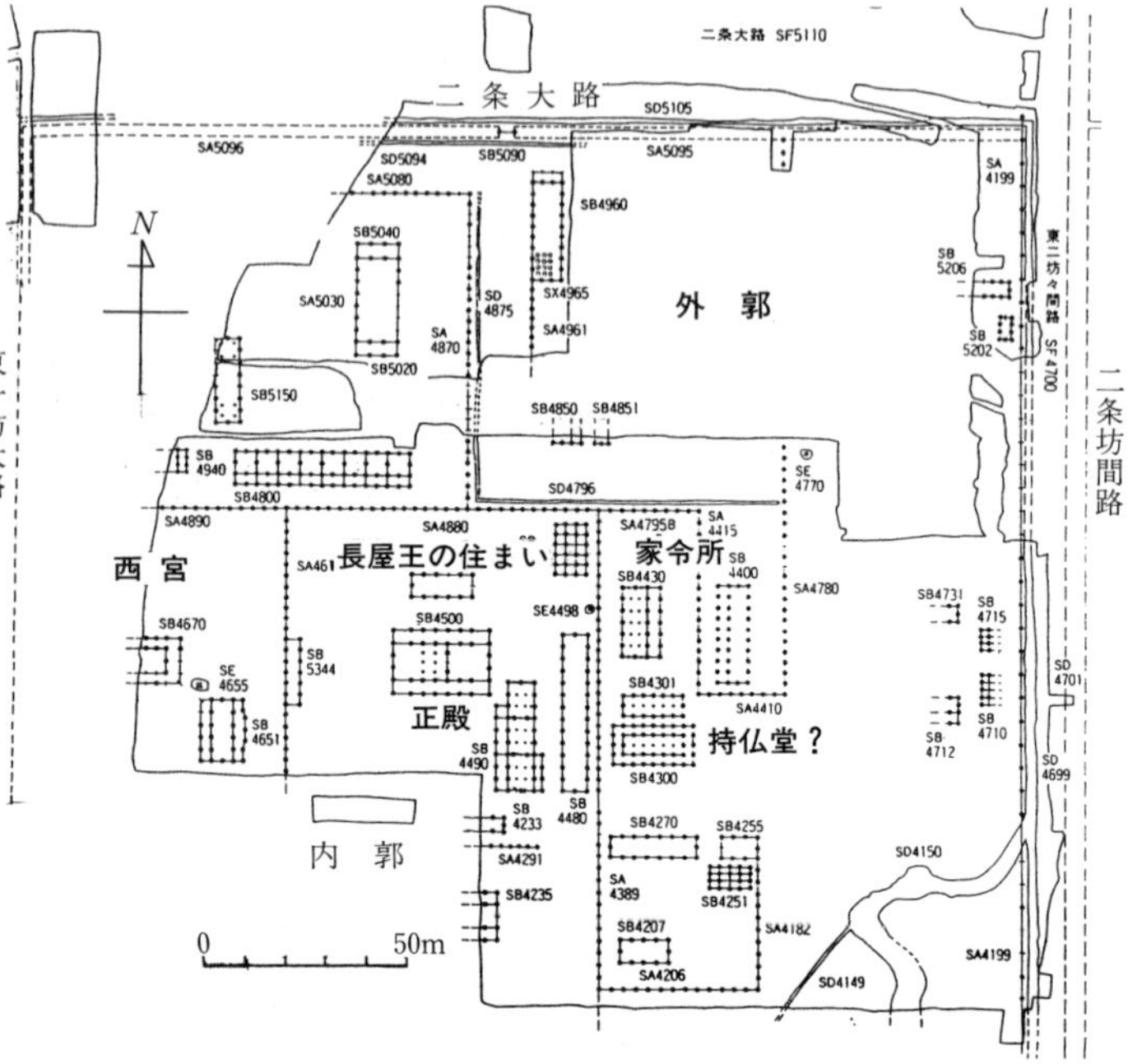

図2　長屋王邸遺構図

長屋王邸に暮らす人々

長屋王邸の広い敷地は、周囲を築《つい》地塀《じべい》で囲んだ上、さらに中を塀でいくつかに区切っていた（図2）。大きくは、南側の中央付近を占める内郭と、その周囲の外郭に分かれ、さらに内郭は東西方向に三つに分かれている。長屋王邸跡の木簡のほとんどは、外郭寄りの東側から出土しているから、この付近に「家令所《かれいじょ》」があったと考えられている。家令所とは、王家に仕える人々の中心となる機関で、使用人を統括し家政を預かる「家の役所」である。多くの使用人が長屋王家に直接雇われていたのに対し、この家令所は朝廷が任命した職員によって運営され、その人数は主人の身分に応じて決められていた。長屋王邸の場合、ひとつの家に家令所が二つ置かれていたことがわかっており、他の家とは異なる特殊な事情が窺《うかが》える。

木簡には、さまざまな仕事が登場する。経理など事務や屋敷の警備、建物や庭の修補のほか、食事や衣服を担当する人、医術や薬を専門とする人、馬や犬の飼育係など、実に多様である。長屋王邸の外郭では、こうした人々が仕事に従事し、長屋王とその家族の生活を支えていた。

一方内郭は、三つの区画それぞれに中心となる大型の建物があり、中でも中央の区画は建物の規模が大きく、ここが長屋王の住まいだったようだ。また木簡には、長屋王の妻や子供達が暮らす場所として「西宮」という名が見えるから、西の区画がこの「西宮」に当たると考えられている。西と中央の二区画には東の区画にない井戸があることも、ここが生活空間だったことを示している。家族であっても、当主である長屋王が暮らすエリアと、妻や子供たちが暮らすエリアは別だったのである。長屋王には、正妃の吉備内親王以外に、少なくとも四人の妻がいたことがわかっており、嗣子《しし》の膳夫王《かしわでおう》をはじめ子女も多かった。四人の妻のうち、藤原不比等の娘長娥子《ながこ》だけは、長屋王邸の木簡に名前が見えず、長屋王の変でも長娥子とその子供たちだけは助けられている。別に暮らしていたらしい。このほか、長屋王の姉妹兄弟や叔父、従兄弟も邸内で暮らしており、家族だけではなく一族の人々も含めた大世帯だった。

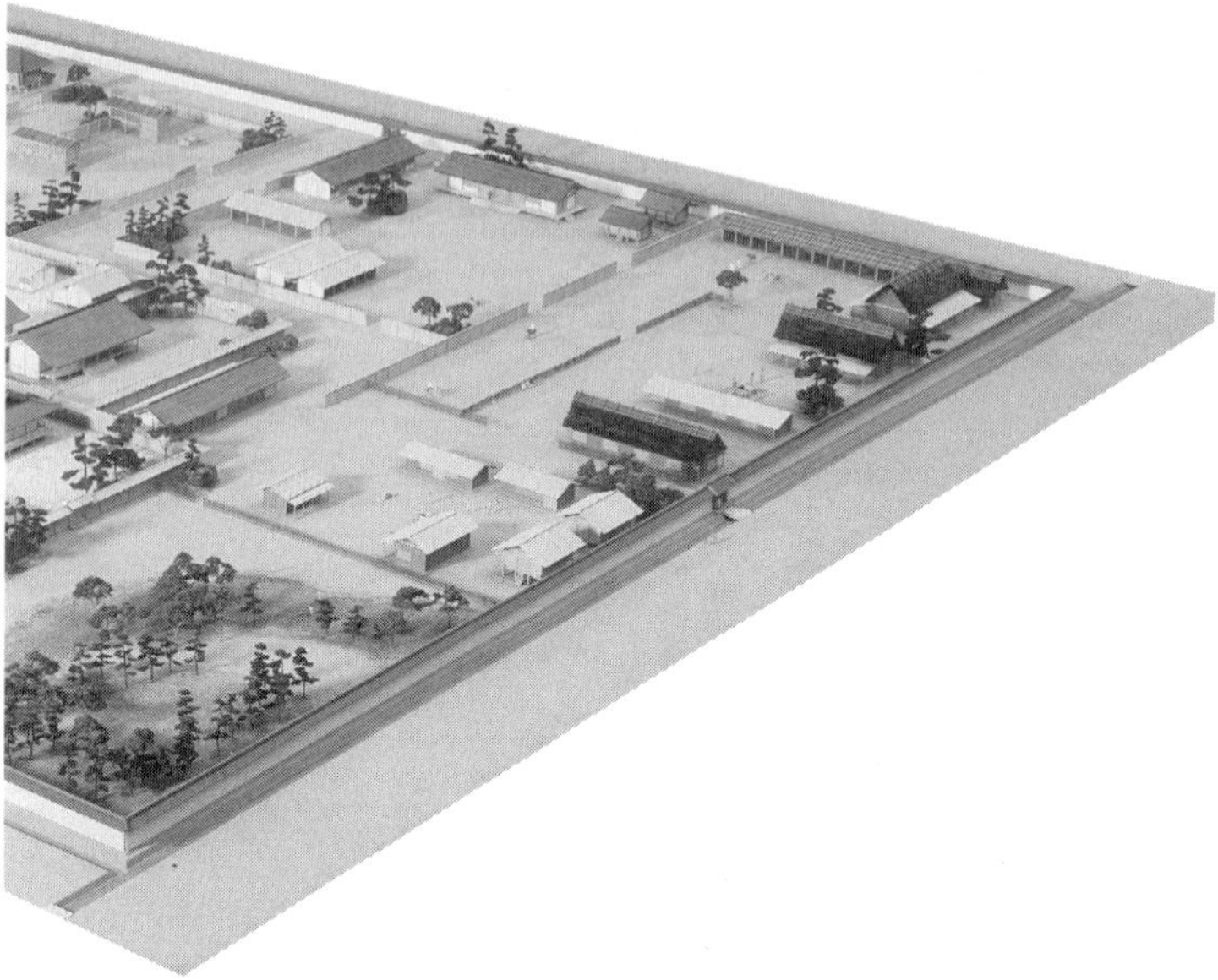

復原模型

内郭のうち残る東の区画は、井戸がない代わり、東側に蛇行《だこう》した池と庭がある。この中心となる建物は、屋根が瓦葺《かわらぶき》である。今では瓦葺の住宅は珍しくないが、古代には瓦葺は寺院や宮殿などごく特殊な、唐風《からふう》の建物にしか用いないものだった。「瓦葺」という言葉が仏教寺院を指す語として使われていたほどだ。天皇が暮らす平城宮でさえ、瓦で屋根を葺いていたのは、儀式を行う大極殿《だいごくでん》や朝堂院《ちょうどういん》、敷地周囲の宮城門《きゅうじょうもん》と塀だけで、天皇の生活空間である内裏《だいり》をはじめ大部分の建物は檜皮葺《ひわだぶき》だった。長屋王邸でも、この東の内郭以外瓦が出土しておらず、他は屋根はみな檜皮葺と考えられるから、ここは日常生活とは離れた特別な空間、持仏

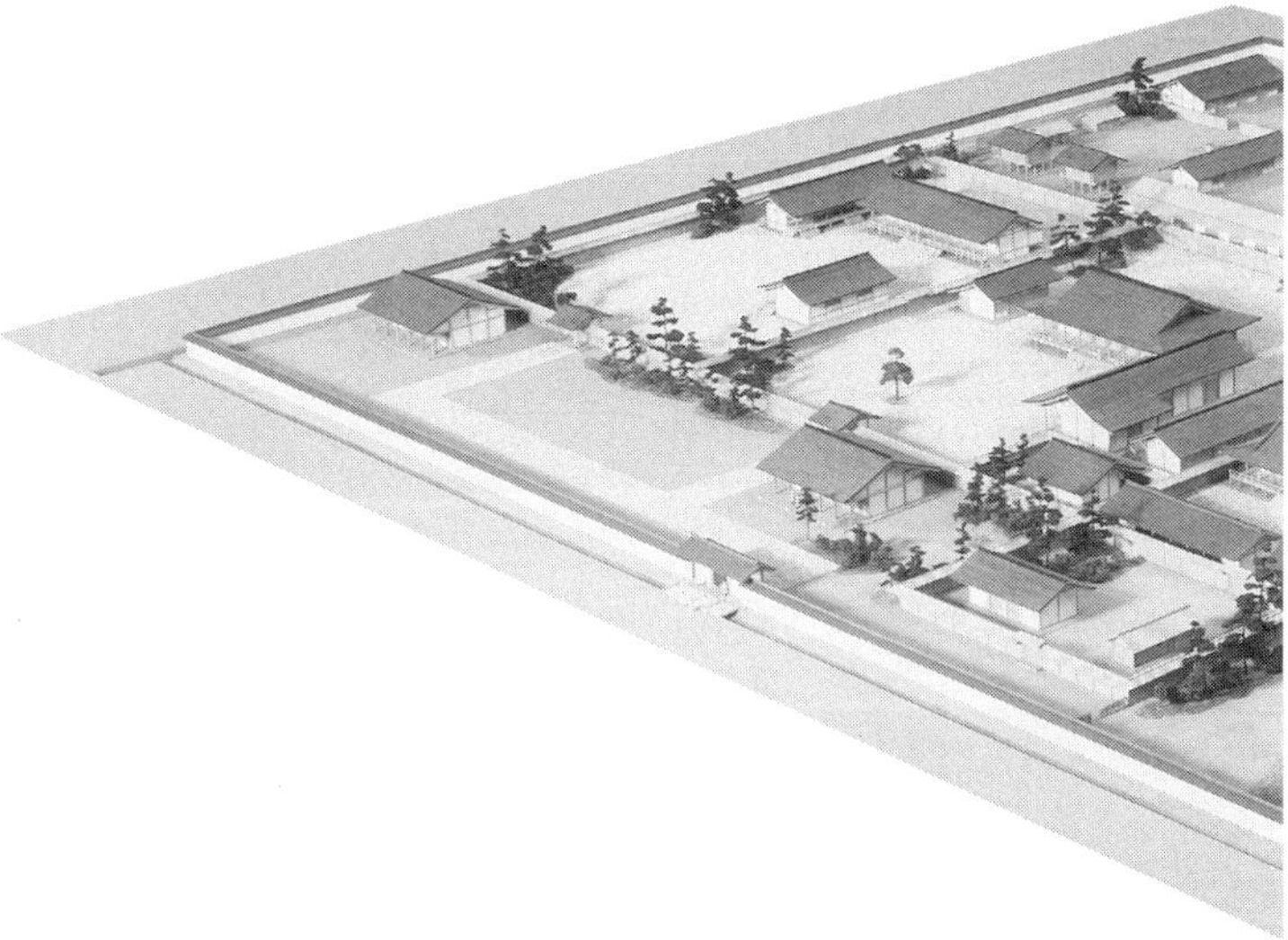

図3　長屋王邸

堂か、または儀式の場とされている。

　こうした建物の配置がわかるのは、発掘によって建物や塀の柱の位置がわかるからだ。なぜ柱の位置がわかるかというと、当時の建物はごく一部を除いて掘立《ほったて》柱《ばしら》という方法を採ったためである。これは、文字通り地面を掘って柱を埋め込む方法で、前章でみた原始住居の方法を受け継いでいる。柱を埋め込まず、「礎石《そせき》」と呼ぶ石の上に立てる方法もあるが、これは大陸から伝わったいわば外来の様式で、瓦葺と同様、当時は寺院建築や平城宮の大極殿など唐風の建物にしか用いられていなかった。後にみるように、平安時代の寝殿造もやはり掘立柱が一般的である。こうした掘立柱の抜き取り穴が地面に残り、現代の私たちに住宅の様子を教えてくれるのである。

母屋と庇、室と堂

長屋王邸で出土した最も大きな建物跡は、内郭の中央の区画にある。面積で約三五〇平方メートル《メートル》、平城京内で発見された建物の中でも最も規模が大きい。ここは長屋王の居住空間だったから、これが長屋王邸の正殿である。

ところで、江戸時代以前には、建物の規模を表すとき、具体的な寸法ではなく柱と柱の間（柱間《はしらま》という）の数で表し、この柱間のことを「間《けん》」と呼んだ。「間」は、方眼紙の上に家の間取《まど》りを描くときの升目に当たり、建物を設計する上での基準寸法である。現在でいえば畳の長手寸法がこれに当たるが、一間の寸法は時代によっても地域によっても異なり、現在の一間は六尺（約一・八メートル《メートル》）が多いのに対し、かつてはもっと広かった。

この方法でいうと、長屋王邸の正殿の大きさは南北五間・東西七間になる。しかし、よくみると、南北の幅五間は、中央の三間分とその南北の各一間分に分けられることがわかる。この中央の部分を「母屋《もや》」、その両側を「庇《ひさし》」と呼んでいる。

母屋とは、建物の構造上の基本になる部分である。木造の建築は、柱とその上をつなぐ梁《はり》で支えられているが、柱と柱の間が広くなると、梁は重さを受けてだんだん下にたわんでくる。これを防ぐためには、梁の太さを太くする必要があるが、太くすればするほど自重が重くなって柱に負担がかかる。こうした構造上の制約から、母屋の梁の長さ（梁間《はりま》という）には一定の基準があり、長屋王邸正殿など宮殿建築では三間の例があるが、一般には二間が標準とされた。この梁間さえ守れば、梁をあばら骨のように架けていくと、建物の長さ（桁行《けたゆき》という）はいくらでも長くできる。でも、それでは駅のプラットホームのような細長い建物になって使いにくい。このため、梁間方向をもっと広げるために、母屋の屋根とは別に、改めて屋根を差し掛ける「庇」という構造が考えられた（図4）。さらに横に広げたい場合、庇の外にさらに庇を付ける場合もあり、これを孫庇《まごびさし》と呼んだ。古代には、住宅も仏堂も、みなこの「母屋＋庇」の構造を基本にしており、平安時代の寝殿造もまた、この母屋＋庇を踏襲したのである。

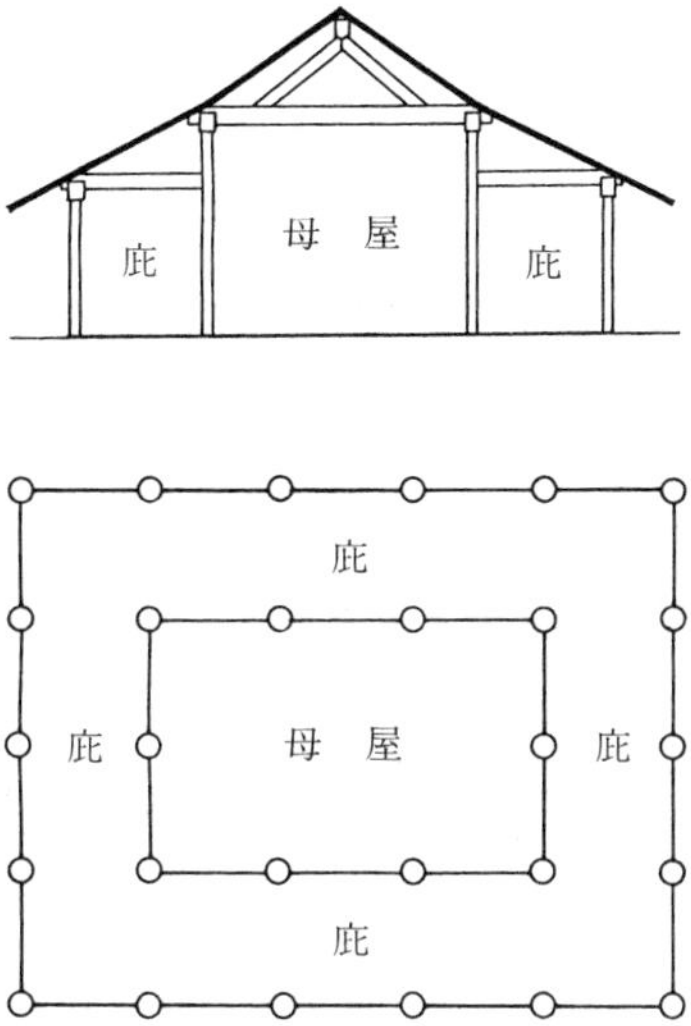

図4　母屋と庇

改めて、長屋王邸の正殿をみてみよう。母屋は三間×七間。その北と南に庇を付けている。よくみると、母屋の東から三間の位置で二つに区切られていることがわかる。こうした平面は、長屋王邸以外にもみることができる。

例えば、法隆寺伝法堂《ほうりゅうじでんぼうどう》は、聖武《しょうむ》天皇の妃であった橘《たちばな》夫人が自分の屋敷の建物を法隆寺に寄

図5　大嘗宮（平成元年撮影）

進したものである。仏堂として使うために大規模な改造が加えられているが、当初の姿に復原すると、二間×五間の母屋の二面に庇を付けた平面だったことがわかる。母屋のうち三間分は壁と扉で囲まれた閉鎖的な空間であるのに対し、二間分は壁や戸がない吹放《ふきはな》しの開放的な空間で、さらにその前面にベランダのような簀子《すのこ》敷きがあった。母屋が二つに区分されている点は長屋王邸の正殿とよく似ている。長屋王邸の場合も、閉鎖的な空間と開放的な空間の組み合わせで成り立っていたのだろう。

では、この空間でどのように暮らしていたのか。残念ながら、長屋王邸や橘夫人邸の具体的な使い方はわからないが、参考になる建物がある。大嘗宮《だいじょうぐう》と呼ばれる建物だ（図5・6）。大嘗宮とは、天皇の即位の年に行う大嘗会《だいじょうえ》という儀式のために臨時に建てる建物で、その中心になるのが正殿《せいでん》である。臨時

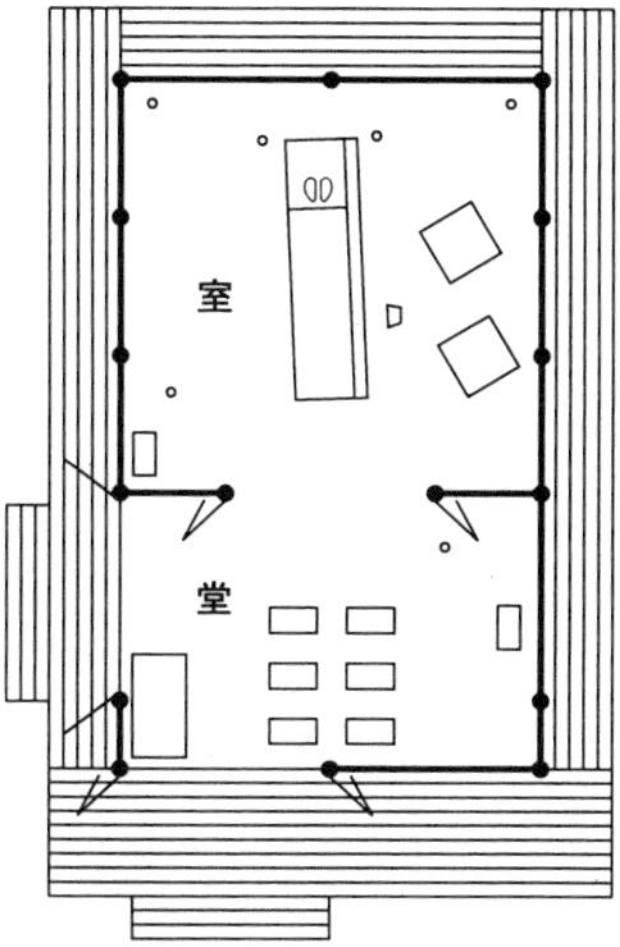

図６　大嘗宮正殿平面図

に建てるものだから、儀式が終われば取り壊されるが、天皇の代替わりのたびに前回の様式を踏襲して建て続けられたため、古い時代の形が伝えられた。この正殿は、二間×五間の規模を、二間×三間の「室」と二間×二間の「堂」とに二分した平面で、「室」は周囲を壁で囲った閉鎖的な空間、「堂」は扉を開け放つことができる開放的な空間である。大嘗会は、天皇が即位後初めての収穫の際に、神と相対して収穫を祝う儀式で、天皇は大嘗宮正殿で神と共に一夜を過ごす。このとき、「室」の部分には天皇が神と向かい合って坐る場所や寝床が用意され、「堂」には儀式に立ち会う関白《かんぱく》や采女《うねめ》の座所が用意される。つまり、閉鎖的な空間は寝室や居間、開放的な空間は来客と会い、日常を過ごすところだったことがわかる。これを参考にするならば、長屋王邸の場合も、正殿のうち閉鎖的な空間で眠り、開放的な空間で人と会い、政務に当たったのだろう。

この「室」と「堂」の構成は、次章で述べる寝殿造にも受け継がれる。「室」に当たるのは、寝殿造で母屋の一角に設けられた「塗籠《ぬりごめ》」で、壁で囲まれた暗く閉鎖的な寝室である。この「塗籠」の周囲には庇も含めて開放的な空間が広がる。日本の住宅は、西洋の住宅に較《くら》べて「骨と皮でできた開放的な住宅」とよくいわれるが、その原型を、この奈良時代の住宅の「堂」に見ることができるのである。

貴族の住まい、庶民の住まい

平城京では長屋王邸以外にも複数の邸宅跡が発掘されている。

例えば、長屋王邸の南に隣接する左京三条二坊六坪からは、庭園跡とそこに面する建物跡が出土した。全長五〇メートル《メートル》にも及ぶ曲水の西側には二間×六間の建物が建ち、北には台所などの施設が付属する（口絵1）。湾曲した池は曲水宴などの宮廷儀式に用いられたと推測されている。ちょうど長屋王邸の東の内郭のように、接客のための場所だったようだ。建物から庭を眺めれば、近景に池、遠景に春日山など東山の姿が絵のように広がる。庭と建物が密接な関係を持っていたことがよくわかる。同種の庭園は、平城宮の東の張り出し部からも発見されている。『続日本紀』の記事にある「東院」に当たると想定されるこの庭園からは、釉薬をかけた瓦が出土し、また庭には松や柳、梅・椿・つつじなどが植えられていたことが判明している。

『万葉集』には、

磯影《いそかげ》の　見ゆる池水　照るまでに　咲ける馬酔木《あしび》の　散らまく惜《お》しも

梅の花　咲きたる園の　青柳《あおやぎ》を　かずらにしつつ　遊び暮らさな

などと水の流れや柳、梅を愛《め》で、遊びに興ずる貴族たちの姿が詠《うた》われている。戸を開け放した開放的な室内から池庭を眺《なが》めつつ、歌を詠《よ》み、音楽を楽しんだのだろう。

しかし、平城京をもっと南に下がっていくと次第に宅地は狭くなる。南端に近い八条や九条では、庶民の住宅の跡が発掘されている。例えば左京九条三坊十坪で発掘された例は三二分の一町、およそ一五メートル×三〇メートル、面積は五〇〇平方メートル近い。現代なら豪邸に入るが、ここには二間×四間の建物が二棟あるだけで、敷地の大半は畑だった。土地の広さだけを見れば立派だが、建物の広さは二棟合わせても一〇〇平方メートルそこそこ。ここに大家族が住むのはかなり厳しいはずである。

当時の人々の生活の苦しさを、万葉歌人のひとり山上憶良《やまのうえのおくら》（六六〇―七三三）は「貧窮問答歌《ひんきゆうもんどうか》」に詠《よ》んだ。

伏盧《ふせいほ》の曲盧《まげいほ》の内に　直土《ひたつち》に　藁《わら》解《と》き敷きて
父母は　枕の方に　妻子《めこ》どもは　足《あと》の方《かた》に　囲み居て
憂《うれ》へ吟《さまよ》ひ

「伏盧の曲盧」とは、地面に這《は》いつくばるような粗末な家だろう。「直土」つまり土間の上に直接藁を敷いて、そこで生活していたのだ。「貧窮問答歌」は憶良が筑前国守《ちくぜんのくにのかみ》在任中に詠んだとされているから、地方のムラの住まいの様子を描いた可能性が高い。しかし、先述の左京九条三坊十坪の住宅も屋根は板葺《いたぶき》、床は大部分が土間《どま》で、平城京のような都市でも庶民の住宅は「直土」がほとんどだった。全面に床を張り、瓦葺の屋根さえ持つ貴族の住宅とは、大きな隔たりがあったのである。

山上憶良は、東宮侍講《とうぐうじこう》として首皇子《おびとのおうじ》（のちの聖武《しょうむ》天皇）に和歌を教え、文学に造詣《ぞうけい》の深かった長屋王の屋敷にも出入りした。貴族の住まいと庶民の住まい、その両方を目にした憶良だからこそ、「貧窮問答歌」を作ることができたのだろう。

いつの時代も、庶民の生活はつらく厳しかったのである。

3 寝殿造、大空間の住まい方 平安時代

東三条殿

平安京左京三条一坊に位置した藤原北家の邸。九世紀後半に創建され、以後焼失・再建を繰り返した。しかし、長久四年（一〇四三）頃の再建後、仁安元年（一一六六）に焼失するまで約一二〇年間存続し、古式を保ったため、藤原家の儀式の舞台として重用された。

（『年中行事絵巻』別本より）

東三条殿

この世をば　我が世とぞ思ふ　望月の　欠けたることのなしと思へば

藤原道長《ふじわらのみちなが》がこの歌を詠《よ》んだのは、平安時代中期、寛仁《かんにん》二年（一〇一八）のことである。自分の娘五人を天皇に入内《じゅだい》させ、天皇の外祖父としてこの上ない権力を手にした道長は、平安京の自分の屋敷、土御門殿《つちみかどどの》でこの歌を詠んだ。三か月ほど前に再建されたばかりのこの屋敷は、受領《ずりょう》（諸国の長官）たちが道長の威光にあやかるべく造営を分担し、家具や調度《ちょうど》を源頼光《みなもとのよりみつ》が献上したもので、間違いなく当時最もぜいたくな屋敷のひとつだった。残念ながらわずか一三年後に焼失してその様子を見ることができないが、その代わり、藤原氏の別の屋敷の姿を資料から探ってみよう。

この屋敷は「東三条殿《ひがしさんじょうどの》」という。

一口に藤原氏といっても複数の家系があり、道長が連なる北家《ほっけ》は藤原氏の氏長者《うじのちょうじゃ》、いわゆる本家である。身分も財力もある家だけに、屋敷も土御門殿だけではなく複数あり、東三条殿もそのひとつだった。いつごろからあるかははっきりしないが、遅くとも九世紀末、道長の五代前に当たる良房《よしふさ》の時代にはすでに史料に登場している。

藤原北家の数ある屋敷の中でも、東三条殿は特別な存在だった。先に見たように道長は土御門殿に住み、その子頼通《よりみち》は自らが創建した高陽院《かやのいん》に住んだように、東三条殿が最初から大切にされたわけではない。しかし、他の邸宅が焼失と再建を繰り返すなか、東三条殿は頼通時代の長久《ちょうきゅう》四年（一〇四三）頃に再建された後大きな災害に遭《あ》わず、古い住宅の形式を保った。このため、古式を重視する儀式の舞台として東三条殿が用いられる機会が増え、大切にされる結果となった。

儀式に使われる機会が多いということは、記録に残る機会も多いことになる。東三条殿そのものは仁安《にんあん》元年（一一六六）に焼失してすでに無いが、歴代の当主たちは東三条殿を舞台とした儀式の記録を日記などに残していて、そこから東三条殿の平面や様相を知ることができる。

実は、平安時代の住宅建築の実例はひとつも現存しない。だからこそ、史料が豊富で具体的な様子がわかる東三条殿は、住宅史上重要な、そして有名な存在なのである。

平安京と寝殿造

東三条殿はどこにあったのだろう。

平安京での東三条殿の住所は「左京三条一坊一町」と「左京三条一坊二町」である。平安京（図1）は、中国の都市をモデルに建設された計画都市で、平城京と同様、条坊制《じょうぼうせい》に拠る。京都はよく「碁盤《ごばん》の目のような町」といわれるが、この「碁盤の目」の基本になっているのが条坊制である。前章の平城京で見たとおり、朱雀大路《すざくおおじ》を挟んで東側が左京《さきょう》、西側が右京《うきょう》で、その南北方向を一条から九条、東西方向を一坊から四坊に分ける。この条と坊で区画された格子状の一マスが「坊」で、これをさらに一六等分したのが「町」である。平安京の宅地はこの「町」を基本単位とした。図1で見ると左京と

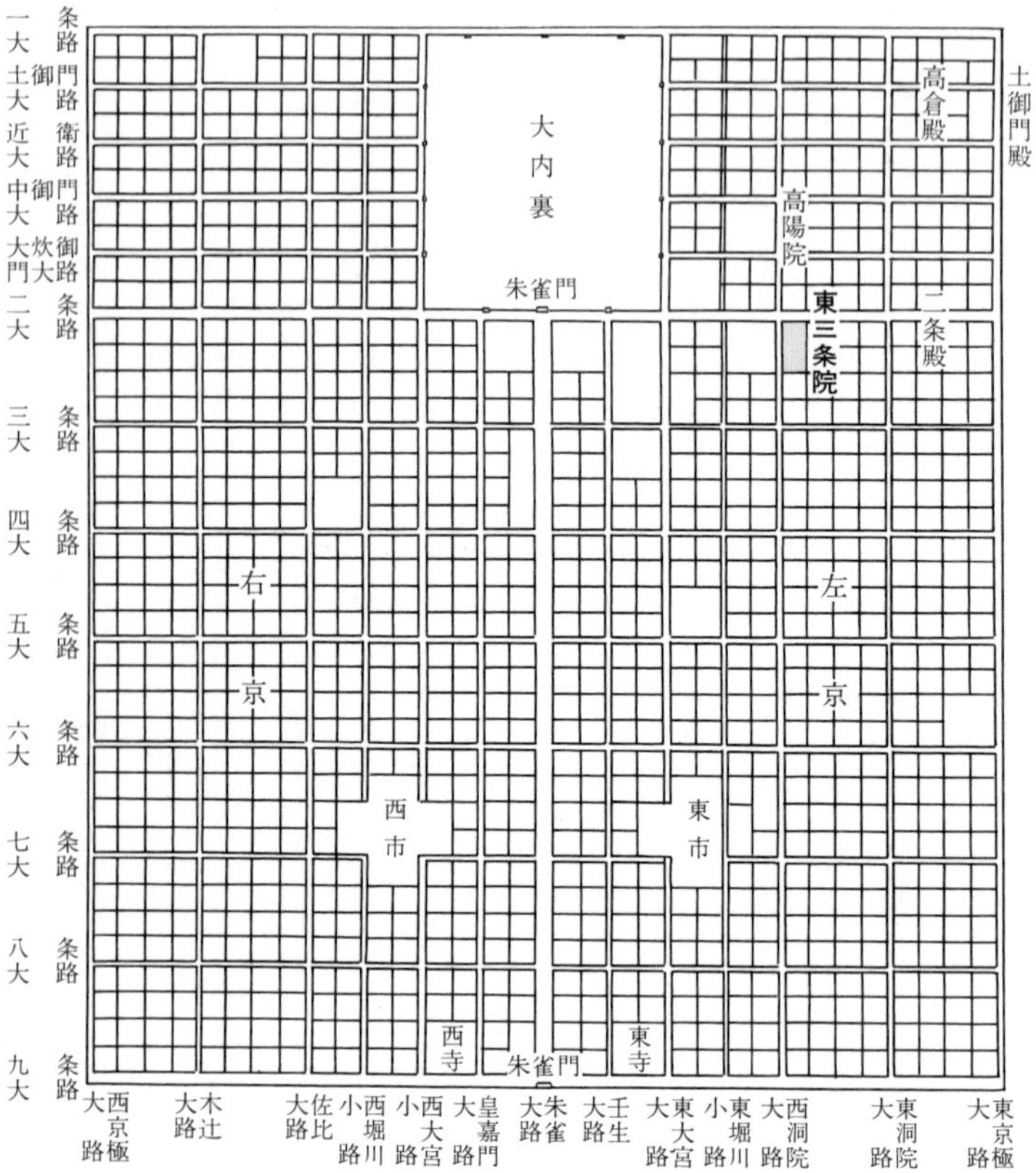
一条大路
土御門大路
近衛大路
中御門大路
大炊御門大路
二条大路
三条大路
四条大路
五条大路
六条大路
七条大路
八条大路
九条大路
大内裏
朱雀門
土御門殿
高倉殿
高陽院
東三条院
二条殿
右京
左京
西市
東市
西寺
東寺
朱雀門
西京極大路
木辻大路
佐比大路
西堀川小路
西大宮大路
皇嘉門大路
朱雀大路
壬生大路
東大宮大路
東堀川小路
西洞院大路
東洞院大路
東京極大路

図1　平安京全域図

右京が左右逆に付けられているように感じるが、これは最北端にある平安宮、すなわち天皇から見て「左」「右」と呼んだからだ。現在の京都には右京区・左京区という区名があるが、今でも左京区は南からみて右、右京区は左にあり、平安京のルールを踏襲している。

さて、東三条殿の位置を住所を頼りにみてみると、北を二条大路に接し、西を西洞院《にしのとういん》大路に接する場所とわかる。二条大路は、縦軸の朱雀大路と並び、平安京の横のメインストリートで、道幅は一七丈（約五一メートル）。幅二八丈（約八四メートル）の朱雀大路は別格だが、他の大路はみな一〇丈（約三〇メートル）以下であり、現代の四車線道路が幅二〇メートルほどであることを考えても、この道がいかに太く重要な通りだったかよくわかる。平安京での東三条殿の位置は、先にみた平城京での長屋王邸とほぼ同じ、天皇が住む宮殿の東南に当たる。『延喜式《えんぎしき》』では、五位以上の者は五条より北に住むよう定められており、事実、土御門殿や高陽院など藤原北家の他の屋敷をはじめ当時の名だたる屋敷は、ほとんどが三条より北に位置している。天皇が住む場所に近いほど良い立地だったのである。東三条殿はその意味で、まさに高級住宅地の一等地に位置していたことになる。

この東三条殿の広さは、左京三条一坊一町と二町、二町分の長方形だった。寸法でいうと東西四〇丈（約一二〇メートル）、南北八〇丈（約二四〇メートル）。どのくらいの広さかイメージしにくいが、一町の大きさが現在の小学校の校地の基準とほぼ同じだから、東三条殿は小学校二つ分と思えばよい。とにかく広い。

ただし、東三条殿の敷地は最初から二町分だったのではない。元々は「左京三条一坊一町」のみ、北半分の一町分で、道長の父兼家《かねいえ》の時代には、南半分の敷地は「南院」と呼ばれていた。隣にあるものの、北と南は別の屋敷だったのである。その二代あと、頼通の時代には、南と北を合わせた二町分の敷地になっている。二町という広い敷地は、一一世紀中頃に南北の敷地を一緒にした結果なのである。

早速、東三条殿に入ってみよう。さて、どこから入るのか。

東三条殿の敷地は、先に見た通り北が二条大路、西が西洞院大路、東と南は小路に面していて、接する道路の幅は北、西、南・東の順に広い。現代の私たちは、主要な入口は最も大きな通り、この場合北側の二条大路にあると考えがちだが、北は屋敷の裏側で、北に表門を開けることはない。南を表側とするのは、儀式との関係による。では、逆に表側である南に門を開けるかというと、これもまたない。南門は、天皇にのみ許される門だったからだ。とすると、残る西か東のいずれかに表門を置くことになる。当時の言葉で、西に表門をもうけることを「西を礼とする」といい、表門のことを「礼門」とか「晴門」と呼んだ。東三条殿の場合、東西の両方に門を設けたが、正式には西洞院大路に面する西門を晴門とし、日常は東門を用いた。東西二つの道のうち、大きい方の西洞院大路に晴門を設けるのは当然のようだが、大路には三位《さんみ》以上の公卿《くぎょう》か参議《さんぎ》しか門を開けてはいけないと『延喜式』に定められていて、誰でも許されるものではない。大路に門を設けるのはいわばステイタスシンボルだったのである。

では、西門から入ろう。東三条殿の場合、晴門である西門を使うのは公式の場面、すなわち儀式の時である。西門を入った客は、南へ進み、西中門《にしちゅうもん》をくぐった後、さらに西透廊を通り抜ける（図5）。出た先は広い庭で、「南庭《なんてい》」と呼ぶ。ここは単なる庭ではなく、建物と連続して使う儀式の場でもある。南庭があるからこそ、建物も南を表とするのである。

この南庭の前に寝殿が建つ。東三条殿のような平安時代の上流住宅を「寝殿造《しんでんづくり》」と呼ぶが、この名は寝殿を中心にしていることに因《ちな》んで付けられた。実は、江戸時代後期の有職故実家《ゆうそくこじつ》・沢田名垂《さわだのなたり》が名付け親で、東三条殿が存在した平安時代当時の名称ではないが、寝殿が最も大事な建物だったことをよく反映している。

寝殿造の内部空間

この寝殿はどんな建物であり、人々はそこでどのように生活していたのだろうか。

東三条殿の寝殿は、当時の日記や記録にしばしば登場する。図2もそのひとつで、永久《えいきゅう》三年（一一一五）七月二十一日、左大臣藤原忠実《ただざね》が他の屋敷から東三条殿に住まいを移す（「移徙《いし》」という）際の儀式の図である。この図から東三条殿の寝殿の様子と、公的な場面での使い方をみることができる。図には様々な記号が描かれている。例えば、黒丸は柱、柱と柱を結ぶ線は空間の境界に当たる。こ

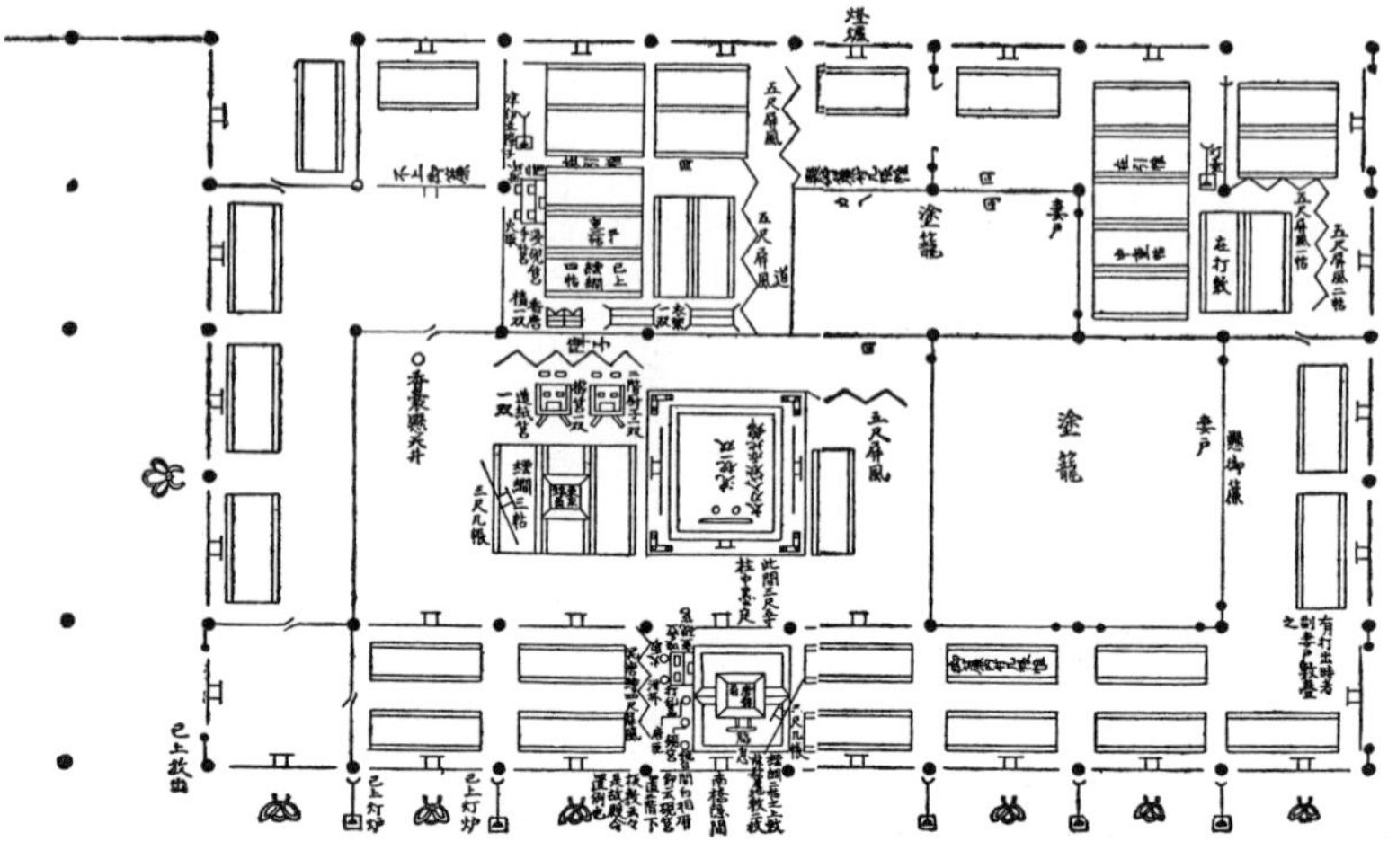

図2　東三条殿指図（『類聚雑要抄』永久3年7月21日条）

の柱を頼りに、寝殿の全体の大きさを柱間数で数えると、南北五間・東西九間になる。しかし、当時は建物をこのように外形全体の大きさで呼ぶことはなく、前章でみた長屋王邸と同じように、構造上の中心である「母屋《もや》」と、その周囲の「庇《ひさし》」に分けて言い表した。図2をみると、中央やや南東寄りに奥行二間・間口六間の長方形の部分があることに気づくが、ここが「母屋」で、この四周を幅一間で囲んでいるのが「庇」、さらにその外に設けられているのが「孫庇《まごびさし》」である。つまり東三条殿の寝殿は、二間×六間の母屋を中心に、東西南北四面に庇を付け、さらに北と西の二間に孫庇を付けた構成といえる。

　母屋と庇の区分は、構造や平面だけに関係するわけではない。庇は、母屋の屋根より一段低く掛けるから、外から見てもその違いはよくわかる

（第2章図4）。また、屋根が低くなる分床も一段低くなる。図2を見ると、母屋と庇の境、庇と孫庇の境に線があるが、これは床に段差があることを示している。上を見上げれば天井はなく、屋根の傾きがそのまま見える。化粧屋根裏《けしょうやねうら》という形式である。天井を平らに張らない分、空間は高く高く広がる。

さて、図2には他にも細かな記号がたくさんある。例えば、室内に並んでいる長方形は畳《たたみ》であり、ギザギザの記号は屏風《びょうぶ》である。小さな正方形の記号は茵《しとね》という座具だし、他に几帳《きちょう》という脚付きのカーテンのような調度もある。

これらの調度に共通するのは、「可動式」という点だ。実は、寝殿造の内部は、母屋と庇の境に段差があるものの、間を仕切る壁や戸などの固定した間仕切りがほとんどなかった。小さな部屋に区切られない、一体の広い空間である。その代わり、間仕切りが必要な場合は屏風や几帳を移動して仕切り、人が座る場所や寝る場所には畳や茵を置いた。当時の畳は、現在のような床の仕上げ材ではなく、動かして使う座具だったのである。このため、来客を迎えるにはそれにふさわしく畳を敷き並べ、屏風や几帳で場を仕切る。図2では、盛大な儀式にふさわしく、多くの畳が敷かれているのがわかる。

こうした使い方は、『源氏物語絵巻』などの絵画にもみることができる（図3）。人がいる部分にのみ畳が置かれ、屏風や几帳で空間が区切られている。よくみると、畳の縁《へり》の柄が場所によって異なる。これは、畳の縁によって、畳の格、言い換えれば坐る人の格や身分を表していたからだ。例えば、縞

図３ 『源氏物語絵巻』「宿木」

模様のようにみえるのは「繧繝縁《うんげんべり》」といい、天皇とその家族しか使うことが許されていなかった。桃の節句に飾るお雛様《ひなさま》を思い出すとわかりやすい。お内裏《だいり》様もお雛様も、三人官女も、みなよくみれば小さな畳に坐っている。そしてお内裏様の畳と三人官女の畳は縁の柄が異なる。これが本来の畳の使い方だったのである。

寝殿造はひとつも現存しないが、その空間を伝える建物はある。京都御所《ごしょ》である。京都御所は、江戸時代の天皇の住まいであり、火災のたびに建て替えられてきた。現在の建物は、幕末の安政《あんせい》二年（一八五五）に建てられたものだが、その前の建て替え、寛政《かんせい》二年（一七九〇）完成の建物は平安時代の内裏への復古が意図され、それに続く安政二年の建物は前回を踏襲して建てられた。つまり、現在の京都御所は、江戸時代の人々が考えた平安時代の内裏《だいり》の姿

図4　京都御所紫宸殿

ということになる。当時、公家社会では、宮中儀式を古制に復するという動きが盛んで、天皇の住まいである内裏でその姿が具現化されたのである。京都御所のうち、寝殿造の寝殿に当たる中心の建物は紫《し》宸殿《しんでん》と呼ばれる（図4）。その内部は、太い丸柱が立ち並び、間仕切りも天井もなく、横にも上部にも空間が大きく広がる。私たちが「日本的」だと考える姿とは大きく異なる。現代の建物にたとえるなら、住宅というより体育館に近い開放的な大空間、それが寝殿造の内部空間なのである。

晴の空間、褻の空間

広い空間を場面や用途に合わせて可動式の道具でしつらえる、可変性の高い空間。こうしたフレキシブルな空間が寝殿造の最大の特徴だが、全くルールがなく好きな場所を使ったわけではない。

図2には、壁や、スライドして開く引違戸《ひきちがいど》、両開きの唐戸《からど》など、固定した壁や建具も存在する。これらの記号が連続する所、つまり集中して設けられている場所が二か所ある。

ひとつは母屋の東端、周りを壁と戸で完全に区切られた二間×二間の部屋で、ここを「塗籠《ぬりごめ》」という。開放的な寝殿の中では異例なほど閉鎖的な空間である。塗籠は、本来は寝所であり、外敵から身を守るためにこうした閉鎖的な空間が作られた。しかし、日本の夏の蒸し暑さに適さず、次第に寝所は別の場所に移り、塗籠はものを仕舞う納戸《なんど》に変わっていった。ただ、機能が変わっても変わらないのは、この塗籠が儀式の際の座席を決める基準だったことである。寝殿の中で、最も塗籠に近い場所が上座であり、ここから離れるほど末席とされた。

もうひとつは、母屋と北庇の境である。境界をはっきり区分するように、壁や建具が並んでいる。ここは、この住宅の空間の性格の境界といえる。その好例が先にみた京都御所紫宸殿の賢聖障子《けんじようのしようじ》で、母屋と北庇の境に九間にわたって張付障子(壁)が一列に並び、両者を明確に区切っている。

この境界より南側は、儀式を中心とする公的な空間である。このように寝殿の南側を公的な場とするのは南庭に面しているからで、南庭は寝殿と一体となって使う儀式の場だった。客は晴門である西門から屋敷内に入り、中門を通って南庭に至ったのち、寝殿南面の階の下で沓《くつ》を脱ぎ、ここから寝殿に昇って自分の座に着いた。

一方、北側は日常生活のための私的な空間である。身支度をしたり、寝たりするのはこの北側で、儀式の場合と同じように、寝る場所に畳を敷き、周囲を屏風や几帳で区切って場を設えた。現代の感覚で見ると、東三条殿のどこにトイレや浴室があるのか、疑問を持つ人も多いだろう。当時は現代のように浴室やトイレが独立した部屋ではなく、畳や屏風と同じように清筥《しのはこ》・虎子《おおつぼ》など携帯用の便器を移動し、周囲を屏風などで囲って用いた。また、身づくろいには角盥《つのだらい》や坩坏《ゆするつき》（髪をかく際に用いる米のとぎ汁を入れる器）などが用いられた。畳や間仕切りだけではなく、家具も、そしてトイレなどの設備までもが移動式だったのである。

当時の人々は、公的・儀礼的なことを「晴」、私的・日常的なことを「褻《け》」と呼んで区別し、生活や行動の基本とした。この概念はもちろん住宅にも当てはまり、寝殿の南側は晴の空間、北側は褻の空間といえる。開放的な空間だからこそ、それを律するルールが必要だったのである。

寝殿造の裏側

東三条殿には、寝殿以外に東対《ひがしのたい》や東二棟廊《ふたむねろう》、東侍廊《さぶらいろう》など多くの建物があった（図5）。対《たい》（対屋《たいのや》）は、寝殿に準じる建物で、寝殿の東や西、北に建てられるため、通常方位を付けて「東対」などと呼ぶ。寝殿に主人夫婦が暮らしたのに対し、対屋には主人の娘夫婦が暮らした。「息子」ではなく「娘」なのは、平安時代末頃まで家の財産は男子ではなく女子が相続したからで、こうした寝殿や対屋を「廊」と呼ばれる細長い建物で繋いでいた。

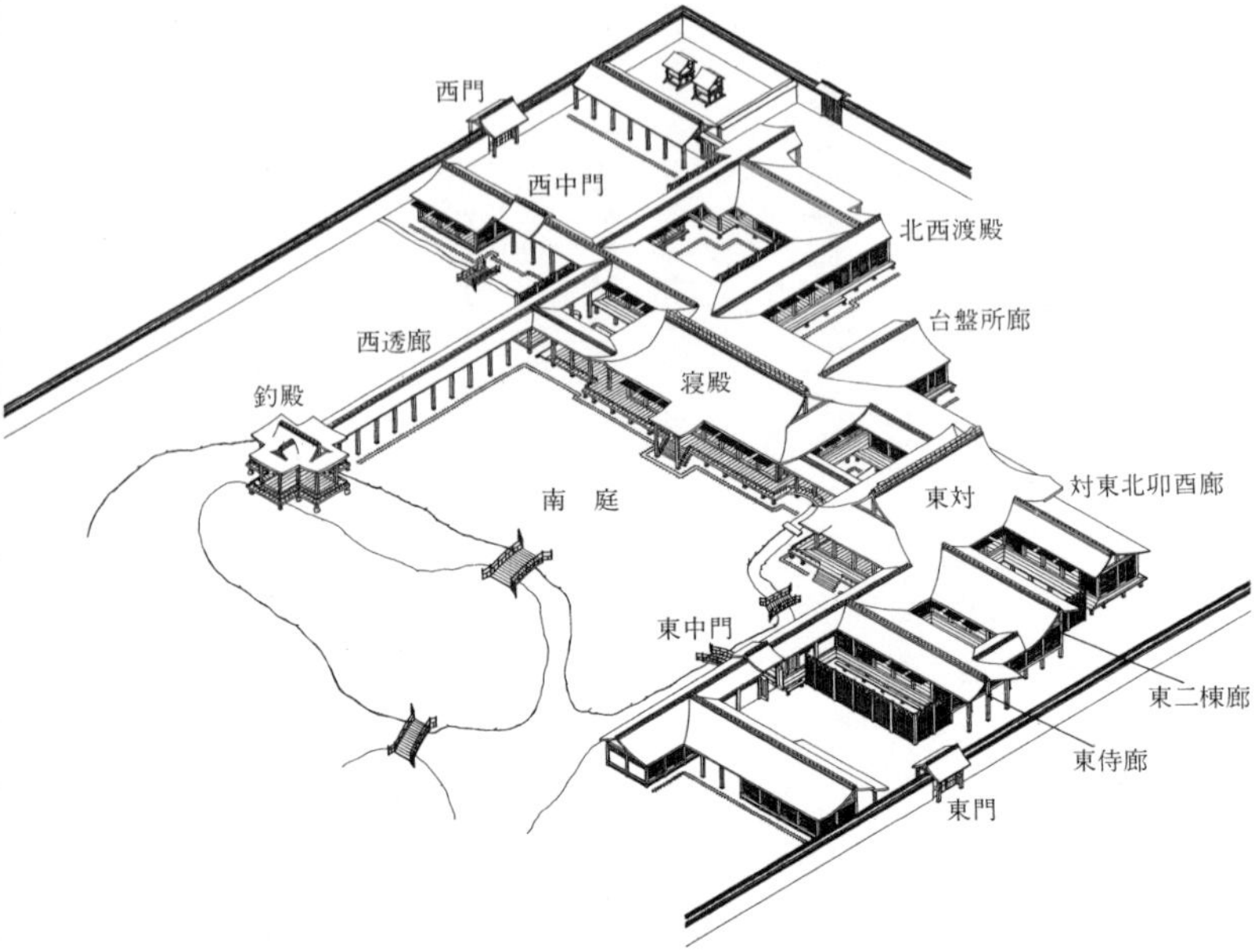

図５　東三条殿復原図（川本重雄氏による．建物名のみ加筆）

寝殿と東対を比べると、東対も寝殿と同様、母屋と庇で構成され、母屋の一角に塗籠が置かれていて、平面がよく似ている。寝殿も東対も、一棟に一家族の公・私の空間をおさめる点は同じだからだ。対屋に限らず、先に見た寝殿の平面や空間は、この時代の建物全体に共通する特徴といえる。

ところで、東三条殿は長方形の敷地のはずなのに、図5の復原図では東北の部分が描かれていない。これは、様子がわからないからである。こうした復原図の基になったのは、先にみてきたよう日記などの記録だが、日記に記すのはその日の特別な出来事、普段とは異なることであって、日常的なことは書かない。このため、どうしても儀式の記録が多くなる。また、当主が関わらない裏方の部分、例えば当主の家族以外にどのくらいの家臣がどこで暮らしていたかは、記録に残りにくい。だから、北側の様子を知ることができないのだ。

しかし、こうした屋敷の「裏側」を知る遺構が一九九一年に発掘された。右京六条一坊五町、現在のJR丹波口《たんばぐち》駅近くに位置する四分の三町の屋敷である（図6）。平安京は京都という大都市として現代まで継続したため、地下遺構が後世の工事で破壊されやすく、平安時代の遺構が出土する可能性は極めて低い。ただ平安京のうち右京は、地勢が悪かったために平安時代からすでに衰退し、近代以降も開発が遅れた。これが幸いして、古い遺構が残ったのである。

平安時代前期の遺構とされるこの右京六条一坊五町の屋敷の北寄りには、小規模の土間の建物が複数置かれていた。そのうち一棟は、そばに井戸があり、厨《くりや》（台所）と推測されている。東三条殿では、

図6　平安京右京六条一坊五町遺跡復原模型

寝殿近くに台所に当たる空間がなかったが、それは貴族自身が食事を作ることはないからで、当主に仕える人々がこのように裏方に設けられた厨で食事を作り、当主たちの元へ運んでいたのである。

建物以外には、小さいながら畑もあった。慶滋保胤《よししげやすたね》が記した『池亭記《ちていき》』に「後園に入り、あるいは糞し、あるいは灌《そそ》ぐ」とあるように、屋敷裏側の菜園は一般的な存在だったといえる。寝殿造の裏側は、生活感あふれる空間だったのだ。

名前はよく知られるものの、ひとつの実例も現存しない寝殿造。その実像を知るには、まだまだ研究が必要なのである。

4 寝殿造の最小単位　鎌倉時代

藤原定家邸

鎌倉時代前期の歌人・藤原定家（一一六二―一二四一）は、『新古今和歌集』『新勅撰和歌集』の撰集や歌論書、日記『明月記』などで知られたが、朝廷政治では厚遇されなかった。晩年の貞応元年（一二二二）から没するまで住んだ邸は、一条大路の北、東京極大路の外側、原「平安京」の範囲外にあった。

身分差と住宅

藤原氏といえば、お金も力も備えた名家として名高い。栄華を極めた藤原道長の印象はあまりにも強いし、平安時代後期には政権の主要なポストを藤原氏が独占して「藤原氏にあらずんば人にあらず」とまで言われた。しかし、藤原氏といっても、道長の北家は本家に当たる氏長者で、これ以外に複数の家系があり、同じ藤原姓を名乗っていても富裕な家もそうではない家もある。

鎌倉時代の歌人、藤原定家《さだいえ》（「ていか」ともいう）も藤原氏のひとりである。遠く遡《さかのぼ》れば道長の四男長家《ながいえ》（一〇〇五―一〇六四）に至る家柄で、御子左《みこひだり》家と称した。長家も、その子忠家《ただいえ》も、孫の俊忠《としただ》もみな勅撰歌人《ちょくせんかじん》であり、その次の代の、やはり歌人として知られた俊成《としなり》（「しゅんぜい」ともいう）が定家の父である。つまり定家は、道長から数えると五代目になる。御子左家は、代が下がるにつれて摂関家《せっかんけ》との血縁が薄くなり、政治的な地位はいまひとつだったが、「和歌の家」として重用された。定家もそのひとりで、『新古今和歌集』に四六首もの和歌が収められ、この勅撰歌集の撰者も務めたように、歌人として高く評価されていたが、四十一歳でやっと左中将になるまで昇進がなく、従三位《じゅさんみ》に上がったのも五十歳になってからで、権力からは遠い位置にいた。

富と権力を欲しいままにした藤原道長と、歌人として生きた藤原定家では、住宅の規模は当然異なる。東三条殿は敷地が広く、ここに多くの建物が存在したが、同じ寝殿造でも敷地の規模が小さくなれば、建物の数も限られる。寝殿造をどんどん小さくしていくと一体何が残るのだろう。

藤原定家の住まいを通して、寝殿造の必要条件を探ってみよう。

藤原定家の住宅遍歴

藤原定家は長寿の人だった。応保《おうほう》二年（一一六二）に生まれ、仁治《にんじ》二年（一二四一）に八十歳で亡くなるまで、いわゆる本邸として住んだ住宅は四か所ある。

最初は当然生まれた家で、父俊成の住宅五条邸である。五条京極《きょうごく》、つまり五条大路と東京極大路の交わる辺りにあり、定家はここに二十九歳頃まで住んだという。次に、三十歳頃からの約一〇年間に住んだ家は九条邸と呼ばれる。その名から九条大路付近にあったことは確かだが、それ以上の位置はよくわかっていない。当時は、嵯峨野《さがの》や高倉（高倉小路付近の意）などに別邸があり、本邸と併用していた。三番目の家は冷泉《れいぜい》邸で、四十一歳から六十歳頃まで住んだ。その位置は、冷泉小路の南、二条大路の北とされるが、これでは南北方向の位置は決まるものの東西方向の位置がいまひとつはっきりしない。

そして、定家が六十一歳の貞応《じょうおう》元年（一二二二）頃に移り住み、没するまで暮らしたのが一条京極邸である。場所は、一条大路の北、東京極大路の東。四か所の住宅を最初の五条邸から順に地図に落としてみると、九条邸が南に下がるものの、次第に位置が北へ移動していることがわかる（図1）。

「北へ、北へ」というこの定家の引っ越しは、実は平安京そのものの変化といってよい。

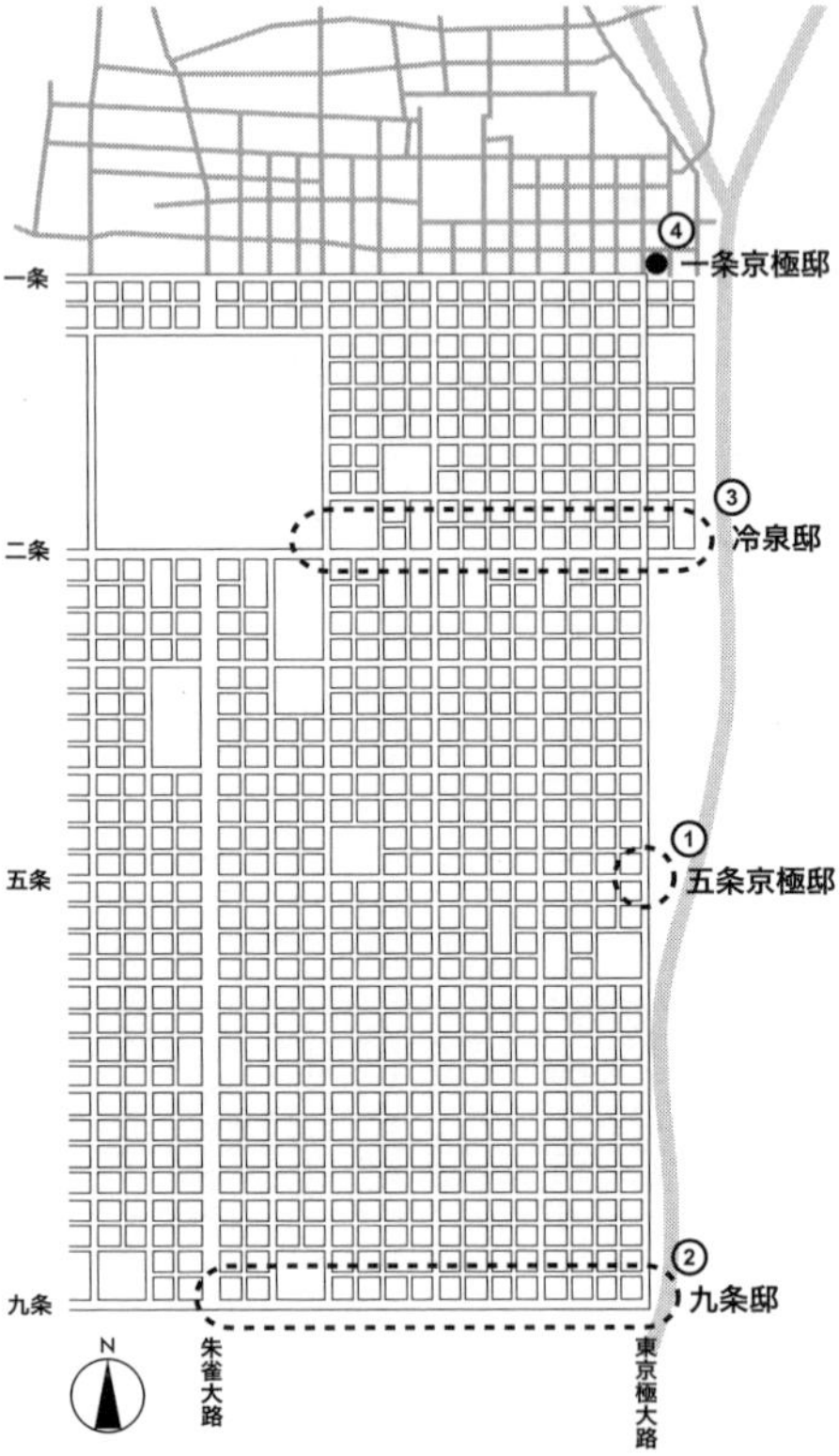

図１　藤原定家の住まいの変遷

一条京極邸の場所は、平安京の北辺の一条大路より北、東辺の東京極大路より東で、平安京の範囲の外になる。平安京のうち、西半分の右京が湿地で住みにくく、早くから衰退したのは三章でみた通りで、東半分の左京のみが市街地として継続した。左京が発展すると、西が住みにくくて広げられない分、町は東と北へ広がることになる。北側への拡大は平安時代中期にすでに始まったとされ、平安京の南北方向の道路が延伸され、東西の道路が新しく通されて、平安京のような格子状の町割が広げられた。また、東は、東辺の東京極大路と鴨川《かもがわ》との間に道が開かれ、さらに鴨川を越えて東山の麓《ふもと》へと町が広がっていった。

定家の一条京極邸の位置は、平安京が北と東へ拡張された部分に当たる。前章でみた東三条殿の立地が、大内裏《だいだいり》に近い高級住宅地だったのに対し、定家の一条京極邸の立地は、いわば平安京の新興住宅地である。定家の住宅遍歴は、平安京の発展と足並みをそろえるように、北へ北へと進んだのである。

一条京極邸

一条京極邸の敷地をもう少し詳しくみてみよう。

定家がここに住み始めたのは、先にみたように貞応年間（一二二二―一二二三）である。よく知られるように、定家は、『明月記《めいげつき》』という日記を十九歳の治承《じしょう》四年（一一八〇）から亡くなるまで書き続けた。記録の詳細さ、丹念さは気が遠くなるほどで、そのお陰で定家の生活や一条京極邸の建物の変化を、私たちは手に取るように知ることができる。

定家が最初に入手した土地は、一町（四〇丈×四〇丈＝約一二〇メートル×一二〇メートル）の四分の一の広さだった（図2）。前章の東三条殿の場合、一町の二倍、二町分の敷地だったから、定家の土地はその八分の一の広さしかなかったことになる。一条京極邸の周りには、新興住宅地にふさわしく、様々な身分や職業の人々が住んでいた。南側は「老媼《ろうおう》」つまり老婆と、その息子の大工や、「山法師《やまほうし》」と呼ぶ

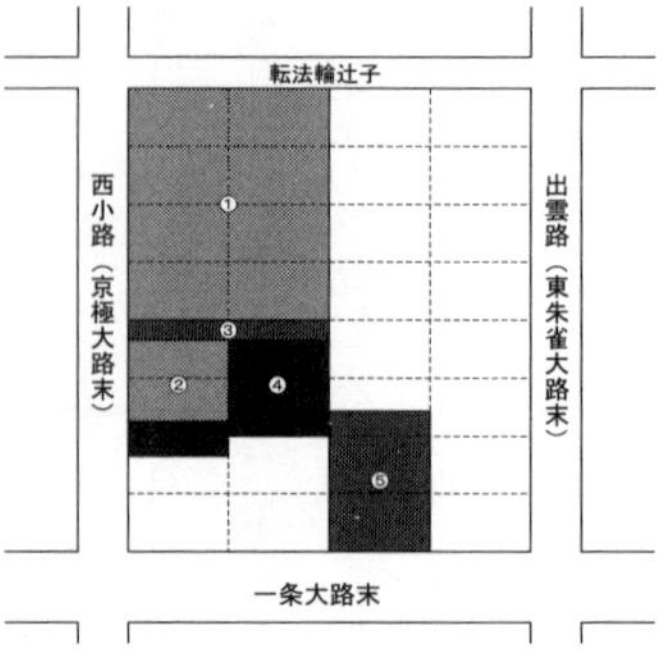

図2　一条京極邸　敷地復原図
（藤田盟児氏による．①〜⑤は取得順を示す）

図3　平安京四行八門制　模式図

修験者《しゅげんしゃ》。東隣は陰陽師《おんみょうじ》や、「左衛門佐《さえもんのすけ》」という女房。通りを挟んだ北側は社司の妹や定平朝臣《さだひらあそん》という下級貴族。定家をはじめとする貴族と、職人や社司・山法師らが雑多に入り混じり、まるで現代の都市居住のような姿をみせている。

さて定家は、四分の一町の敷地を広げるべく、これら周囲の住人の土地を順番に入手している。まず南側の土地を嘉禄《かろく》元年（一二二五）と翌年の二度にわたって「老嫗」から買い取り、さらに安貞《あんてい》元年（一二二七）には東側の土地を妻の実家である西園寺《さいおんじ》家からの贈与で入手した。敷地の拡張に合わせ、嘉禄二年には建物の新築に取りかかり、このとき西の東京極大路末から引き込んだいわば私道を作って、敷地南面に門を構えている。

この拡張した土地の寸法を見ていくと、最初の四分の一町の土地の南北四等分、東西二等分の広さ、つまり南北五〇尺（約一五メートル）、東西一〇〇尺（約三〇メートル）の長方形の等倍になっていることに気づく。実はこの広さは、平安京での庶民の宅地の基本単位なのだ。四分の一町を南北四等分、東西二等分、いいかえれば一町を南北八等分、東西四等分に割る方法を「四行八門制《しぎょうはちもんのせい》」といい（図3）、これによって三二分の一に分けられた一区画を「戸主《へぬし》」と呼んだ。貴族の宅地が一町を基準にしたのに対し、庶民住宅はその三二分の一の一戸主を基準にしていたのである。一条京極邸が位置したのは、平安京の外に広げられた市域だが、定家が買い足した敷地が戸主を基準にしていたということは、この新興住宅地でもなお平安京と同じ宅地割が踏襲されていたことになる。

こうして定家は、六戸主分の土地を買い足して、最終的には二分の一町近い敷地を所有することになったのである。

寝殿造の最小単位

一条京極邸には、寝殿や持仏堂《じぶつどう》・侍所《さむらいどころ》・小雑舎などがあった（図4）。寝殿は、「三間四面」の規模である。「三間四面」とは、桁行《けたゆき》三間×梁間《はりま》二間の母屋の東西南北四面に庇を付けた形をいい、前章でみた東三条殿の寝殿が桁行六間×梁間二間の母屋の四面に庇、東・北二面に孫庇を付けていたことと比べると、母屋の長さが半分しかなく、かわいらしいほど小さい。ただ、小さくても使い方は同じで、例えば寝殿の南側に三段の階《きざはし》を付けているのは、南庭から寝殿へと上がる公的な儀式があることを意味する。名門の「和歌の家」として、体面を調える必要があっ

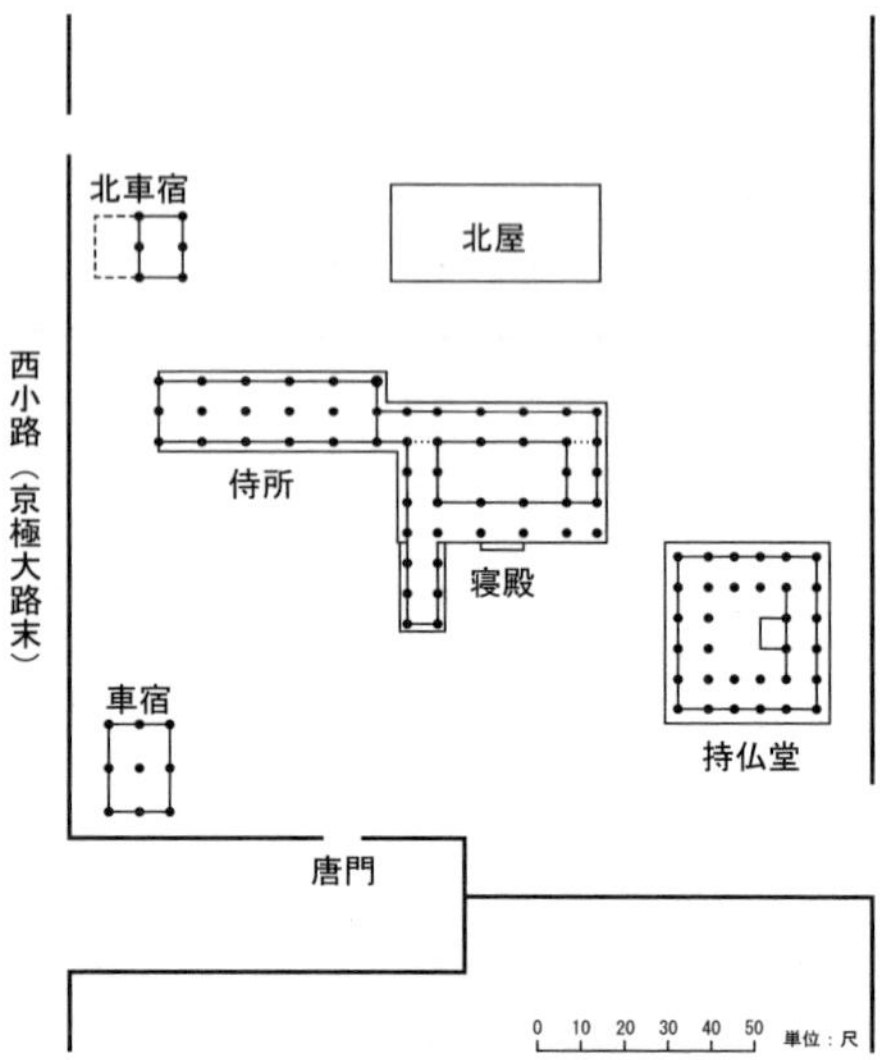

図４　一条京極邸　復原平面図
（藤田盟児氏による）

たのだろう。一方北庇は、これも寝殿造の定型通り、定家の日常生活の場所だった。残る東と西のうち、西庇は客を迎える場、東庇は定家の居間として用いたようで、このように寝殿のそれぞれの場所に機能を割り当て、使い方を固定している点は新しい傾向といえる。

後の改造もある。当初、寝殿南面の西庇寄りには妻戸《つまど》があり、ここを「車寄《くるまよせ》」と呼んでいたが、寛喜《かんき》二年（一二三〇）には同じ場所に長さ二間（寝殿との接続部分も入れると三間）の「中門廊代」を増築している。もともと中門廊《ちゅうもんろう》とは、「中門」という門を途中に開いた廊のはずだが、この一条京極邸では中門はなく、短い尾のように廊だけが延びている。

なぜ、こんな中途半端な中門廊が必要だったのだろう。

前章の東三条殿では、儀式の際、来客は西門から敷地に入り、中門をくぐって南庭に出て、ここから寝殿の南面の階を上って、直接寝殿の中に入った。しかし、いつも寝殿南階から出入りするわけではない。儀式以外の場合、例えば来客と主人との面談や内輪の集まりのときは、中門廊から南庭に入らず、中門の脇にある妻戸（開き戸）を入口とした。東三条殿では、儀式以外の場合は東門を用いたから、東中門の北脇にある戸がこれに当たる。東三条殿の復原図（3章図5）をみても、ここが入口とはとてもみえず、まるで裏口のようだが、当時は玄関のようなスペースは基本的になく、かわりにこの中門廊がその役割を担っていたのである。

改めて一条京極邸を見てみよう。一条京極邸の中門廊は、中門もないただの廊だが、この西側にある戸が建物への入口となる。寝殿のうち西庇を客を迎える場として用いていたのも、ここが入口である中門廊から直結する場所だったからなのだ。

東三条殿は、寝殿造として当時最大級の住宅であり、欲《ほっ》すればどんな建物も建てることができた。しかし、定家の一条京極邸は敷地も資金も限界がある。寝殿造の建物の中で、どうしても必要な建物を選ぶとすれば、主屋である寝殿は当然だが、入口としての中門廊もまた不可欠だった。寝殿に短い中門廊を付けた構成は、寝殿造の必要条件を集めた姿といえる。

この姿は、絵巻物にもみることができる。『法然上人絵伝《ほうねんしょうにんえでん》』に描かれた漆間時国《うるまときくに》の住宅（図5）もそのひとつで、絵巻からは小さな主屋に短い中門廊を突き出した、一条京極邸と同じ構成が見て取れる。この中門廊に使われている曲線を帯びた屋根の形を「唐破風《からはふ》」という。一条京極邸でも、中門廊は「唐棟《からむね》」とあるから、この唐破風が使われていたようだ。唐破風を中門廊に付けるのは当時の慣例

図５　漆間時国邸（『法然上人絵伝』）

で、入口のサインとしてよく用いられた。寺院のお堂の向拝《こうはい》（入口）や、銭湯の入口などでみたことがある人もいるだろう。

定家の一条京極邸は、寝殿造の最小単位として、典型的な姿だったといえる。

定家の建築観

一条京極邸には持仏堂もあった。その規模は「三間四面」。文字で書くと寝殿と同じだが、持仏堂は方形を基本とするから梁間が三間と長く、逆に柱間の長さは寝殿が一〇尺（約三メートル）であるのに対し、持仏堂は六尺（約一・八メートル）と短い。敷地が狭く、かつ寝殿や中門廊を小規模に押さえているのにこの持仏堂が建てられたのは、定家にとって大切な建物だったからに違いなく、文暦《ぶんりやく》元年（一二三四）九月にはここに釈迦三尊《しやかさんぞん》が安置されている。寝殿と持仏堂は同じ嘉禄二年（一二二六）十一月に造営が始められたが、寝殿が同年十二月に一応完成したのに対し、持仏堂は一年近く経ってもなお未完成だった。

この持仏堂は、造営途中の安貞元年（一二二七）九月、一度倒壊している。造営途中の建物が倒れるとは大変な事故だが、定家は倒れた理由を『明月記』に「長押《なげし》無きに依る也」と記している。長押は、現在一般には和室の鴨居《かもい》の上に打つ水平材を指すが、定家のいう長押はこれとは異なる。現在の長押は、デザイン上の意味から付けるもので、建物を支える構造上はほとんど効果がないが、古代から中世初期の長押は、柱の内と外から打ち付けて建物を固める構造材だった。事実、寝殿の方は完成間近の嘉禄二年十二月十五日に「新屋長押打ち了《おわんぬ》」とあって、長押を打っている。長押を打つと構造的に強いという知識を、定家は持っていたのである。

『明月記』には、こうした定家の建築観がよくあらわれる。

たとえば、一条京極邸は敷地も寝殿も小さかったが、定家自身も規模が小さいことを気にしていたようで、『明月記』でもその事に触れている。規模が小さいのは、「倹約を以て本と為す」、つまり倹約を旨としたためで、しかもこの造営は「予《よ》其事を知らず、只《ただ》入道法師之を営む」、自分はほとんど関与せず、家司《けいし》（定家の家臣）の忠弘入道が全部担当したからだという。自分の日記なのに、まるで誰かへの言い訳のように述べているのがおもしろい。

庭にも関心が深かった。『明月記』には、「西紅梅、北白梅盛開」（寛喜二年二月十五日）とある梅、

「桜南庭三各開始」(寛喜二年二月十八日)とある南庭の桜、「八重桜花漸開」(寛喜二年三月七日)とある八重桜など、梅や桜が開く様子が毎年記されている。また、定家は梅の実を集め、梨の実を関白家に贈っていて、庭には果樹も実っていたし、桔梗《ききょう》・萩・薄《すすき》・菊・蘭《らん》など四季折々の草花が咲いていたことがわかる。

梅は、平安人に最も好まれた樹木のひとつで、定家が青年時代を過ごした五条邸にも植えられていた。定家は十九歳のとき「天晴、明月無片雲、庭梅盛開、芬芳四散」と日記に書いた。月が冴《さ》え冴えと光る中、梅花が咲き、庭の四方に香りが散る、早春の気配が伝わってくる。四季の花々を庭に植えるのは、単に花を愛《め》でるだけではなく、「和歌の家」として四季の景物を歌に詠むためでもあっただろう。

過密な都市の中で、四季を敏感に感じることができる生活が、定家の歌を支えたのである。

都市住民の住まい

ところで、一条京極邸の近隣の人々はどんな住宅に住んでいたのだろう。

平安京で、一町の三二分の一に当たる一戸主が庶民の宅地の基準だったことはすでにみた。間口五〇尺(約一五メートル)、奥行一〇〇尺(約三〇メートル)の広さは、庶民住宅といっても現代の一戸建の敷地より十分広い。三二戸分の宅地は、全て西か東に入口を置く方法を採っており、基本的に一町の南北道路

図6　平安京右京八条二坊二町出土遺跡　復原図

側は垣根にして入口を設けず、東西の道路に面する家はその道から、残りは一町の中央に設けた道路から出入りした。

この敷地にどんな住宅を建てたのか。平安京草創期の様子を、京都七条小学校グランドで発掘された遺構にみることができる（図6）。ここは、かつての右京八条二坊二町。西市《にしのいち》という官設の商業地に近い場所である。道との境には水路があり、これを渡って敷地に入る。水路は、道路や宅地とともに平安京全体で計画されたもので、その幅や敷地境界からの距離まで厳密に規定されていた。出土した住宅は、水路との境界に柵を建て、ここから少し離れて梁間二間の建物を建てている。敷地の残りの部分には畑もあった。いうなれば、現代の戸建住宅とほぼ同じで、道路から距離を置いて家を建て、残りをガーデニングに利用するようなものだ。

しかし、次第に住宅の建て方が変化する。きっかけのひとつは、都市人口の増加である。平安京のような大都市に人が集まるのは自然の流れだが、新しく来た人のための宅地はない。こうした人々は、既存の宅地と道路の境界に目を付けた。平安京では、敷地境界の塀と道路の間には、水路を含めれば一番狭い小路でも六尺（約一・八メートル）の幅があったから、塀に寄りかかる形で小屋掛けすれば住む場所が得られる。このため、道路から全く距離を置かず、ぎりぎりに建つ住宅が登場した。

その普及に拍車をかけたのが、官設の市以外の商業空間の成立である。平安京では、当初商業は西市・東市のみで認められていたが、一一世紀初頭には「町座《まちざ》」と呼ぶ商業形態が認められ、市以外の場所でも商売を営むことができるようになった。商売をするなら、お客の目を引きつけるよう、できるだけ建物が道と近い方が得だ。こうして、道路境界に直接面して家を建てる形式が浸透していった。この形は、商売をするからこそ、また何よりも都市に住むからこそ現れた形である。道路と緊密な関係を持つ都市型住宅を「町家《まちや》」と呼ぶが、平安時代末期に現れたこの住宅は

図7　『年中行事絵巻』にみる町家

その萌芽といえるだろう。
『年中行事絵巻』には、この町家の姿がよく描かれている（図7）。道に面して家々が連なり、間口四、五間程度の半分ほどを土間として、残る半分に床を張る。屋根は板葺、周囲の壁は網代で、土間の入口には板戸が見える。土間は、道を家の中に引き込むようなもので、「通り土間」と呼ばれる形式だ。『年中行事絵巻』では祭礼の際、板や筵《むしろ》を敷いて桟敷《さじき》としている様子が見られる。祭の喧噪《けんそう》まで家の中に引き込んでいるようだ。住宅と道が密接な関係を持っている。

定家の一条京極邸の周囲にどんな住宅があったのか、具体的にはよくわからないが、定家が生きた鎌倉時代初期にこうした都市型住宅が定着していたことは間違いない。

平安京という都市には、種々雑多な人々が暮らす場だからこそ、それぞれの生活にふさわしい住宅が共存していたのである。

5 室町将軍の公私の空間　室町時代中期

室町殿

室町北小路に所在した室町幕府将軍の住居兼政庁。「花御所」の呼称でも知られる。同じ室町殿という名称でも、三代将軍義満や六代将軍義教、八代将軍義政では建物が異なる。義教時代の建物は指図等から様相が知られ、日常生活は常御所、接客は会所、儀式は寝殿という使い分けがなされていた。

（上杉本『洛中洛外図屛風』より）

公家の住まい、武家の住まい

住宅は「生活の器」だと言われる。確かに、住む人の身分や職業、生活習慣によって住宅の平面や意匠は大きく違う。現代でも、社長と平社員のように地位や財力が違えば住宅も異なるし、商店や開業医のように自宅と職場が同じ場合と、会社に通うサラリーマンではまた異なる。

近世以前の上流階級で考えるなら、最も大きな住み手の違いは「公家《くげ》」と「武家《ぶけ》」だろう。特に鎌倉時代以降、武家が支配階級となって、天皇を頂点とする公家をしのぐ権力を持った。武家が公家と異なり、武芸を業とするからには、その住宅も大きく異なるはずだと、当然思う。

ところが、武家政権がはじめて確立した鎌倉時代の場合、実は公家と武家とで住まいに大きな違いはなかった。鎌倉時代の武家住宅については、近年鎌倉の各地で発掘が進み、御家人の邸宅の遺構も出土してはいるものの、住宅の平面など詳しい様子は残念ながらよくわかっていない。ただ、四章でみた『法然上人絵伝』の漆間時国《うるまときくに》邸は、押領使《おうりようし》という官職に就いた地方武士の住宅だが、公家の藤原定家邸と同じく寝殿《しんでん》に中門廊《ちゆうもんろう》を付けた形であり、他の文献からも当時の武家住宅が寝殿を中心に対屋《たいのや》・小御所《こごしょ》・二棟廊《ふたむねろう》等を持ち、寝殿造と同様の構成を採っていたことがわかる。公家の寝殿造に対して、武家独自の住宅様式が確立していたのではなく、武家も公家と同様に寝殿造を基本としていたのである。当時は武家も、大饗《だいきょう》や拝礼など公家の儀式を踏襲していたから、当然儀式空間は公家住宅と同じ構成を取る必要があったし、新興勢力である武家がステイタスシンボルとして公家の住宅を模倣する必要もあったのだろう。

続く室町時代も、武家住宅はやはり寝殿造を基本とした。鎌倉幕府が京都を遠く離れた関東に拠点を構えたのに対し、室町幕府は天皇と同じ京都に拠点を置いたから、公家文化との接近も改めて意図された。室町時代は、鎌倉時代に比べると武家住宅、特にその棟梁《とうりょう》たる将軍の住まいの様子を、史料や図面から具体的に知ることができ、そこには寝殿造を踏襲しながらも、近世へと続く、武家ならではの住宅の特徴も見えている。

ここでは、室町幕府の将軍邸を通して、寝殿造の変化と近世の武家住宅への萌芽を見ることにしよう。

室町幕府の将軍御所

将軍邸は、ちょうど現在の総理官邸のように、将軍の住まいであると同時に、政治の場でもあり、公家住宅と同様「御所《ごしょ》」とか「○○殿《どの》」と呼ばれた。ここでも、以下「将軍御所」と呼ぶことにしよう。室町幕府の将軍御所は、室町時代を通して一か所に固定されたのではなく、複数設けられた。

まず本邸。初代将軍足利尊氏《あしかがたかうじ》は、建武《けんむ》三年（一三三六）に鎌倉から上洛した当初、押小路高倉《おしこうじたかくら》に御所（後の等持寺《とうじじ》）を構えたが、康永《こうえい》三年（一三四四）に土御門高倉《つちみかどたかくら》に御所を建造して移った。しかし、貞和《じょうわ》五年（一三四九）の火災・再建を経て、観応《かんのう》二年（一三五一）にここが再び焼失すると、以後定まった御所を持たず、公家の屋敷等を転々として延文《えんぶん》三年（一三五八）に亡くなった。

続く二代義詮《よしあきら》は、貞治《じょうじ》三年（一三六四）、初代尊氏の御所跡である等持寺に近い三条坊門《さんじょうぼうもん》通の南、万里小路《までのこうじ》の東に新しい御所を造営し、翌年ここに移った。これを「三条坊門殿」という。一方、三代義満《よしみつ》は、襲職当初は三条坊門殿に住んだが、永和《えいわ》四年（一三七八）、北小路室町《きたこうじむろまち》東に新たな御所を建てた。これが「室町殿《むろまちどの》」、通称「花御所《はなのごしょ》」である。この室町殿は、「室町殿」といえば将軍その人を指すほど将軍御所としてよく知られ、三条坊門殿が当時の京都の南寄り、下京地域に位置したのに対し、北寄りの上京《かみぎょう》地域に位置した（図1）。以後、八代義政《よしまさ》の代まで、この二つの御所が将軍の代替わりごとにほぼ交互に本邸として使われたのである。

ただし、公家の住宅と異なるのは、建物を何代にも渡って引き継ぐのではなく、代替わりごとに建物を新築することだ。例えば、室町殿の場合、最初に三代義満が造営した後、六代義教が永享三年（一四三一）に移るときは新たに建物を造営し、さらに八代義政が長禄《ちょうろく》三年（一四五九）に移るときも新築している。同じ室町殿でも、義満の御所と義教の御所、義政の御所はみな違う建物なのだ。同様に三条坊門殿も、二代義詮の後、応永《おうえい》十六年（一四〇九）には四代将軍義持《よしもち》が造営している。このため、ただ「室町殿」と呼ぶのではなく、通常、義満の室町殿とか、義政の室町殿と呼んで区別している。

次に別邸。これも複数存在した。室町殿も、元は「上山荘」と呼ばれた二代義詮の別邸で、義詮の

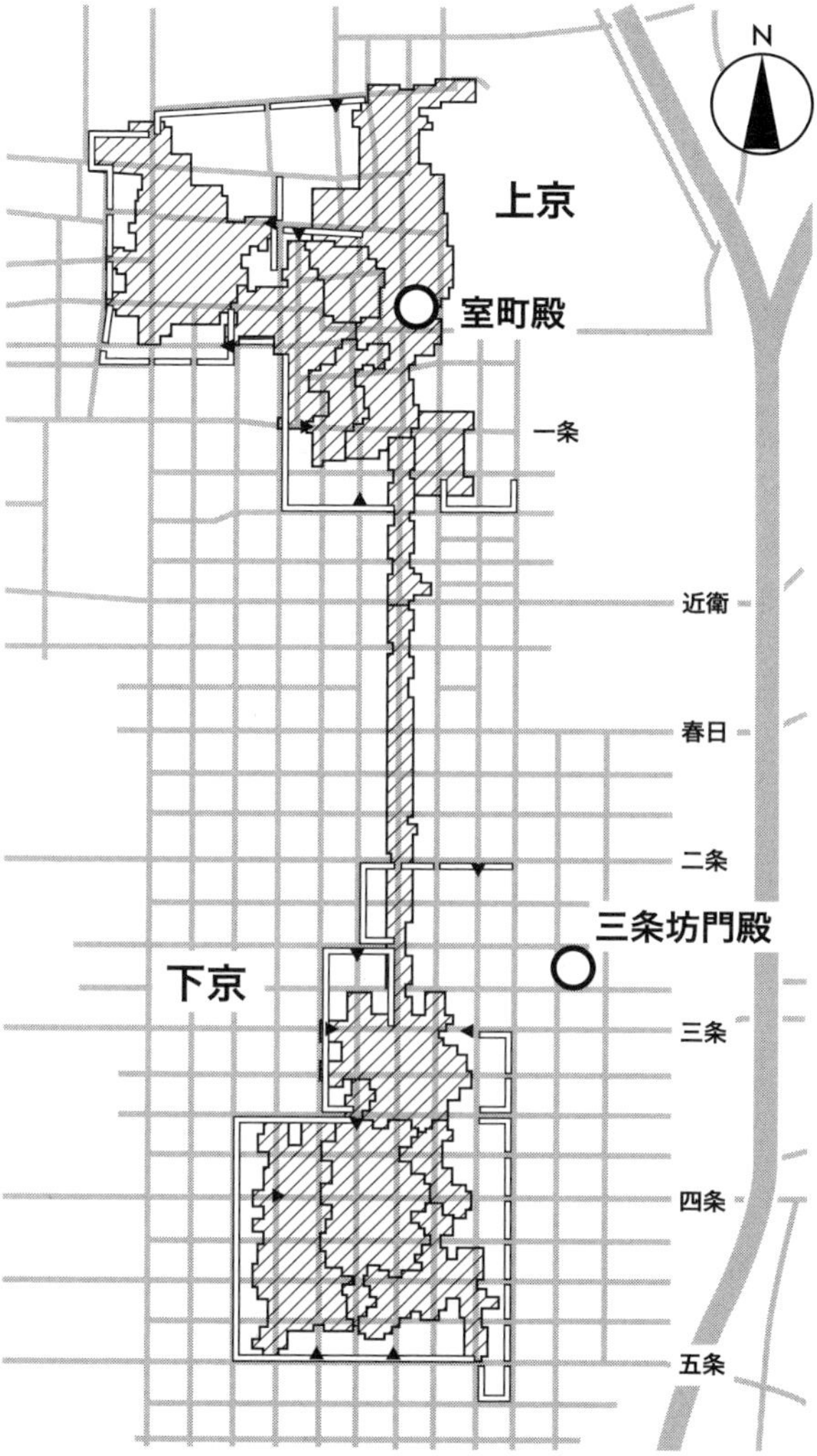

図１　上京・下京と将軍御所
（上京・下京の範囲は，戦国期の様相を示す）

死後崇光《すこう》上皇の御所となり、それを再び取り戻して本邸にしたものである。別邸は、いずれも景勝地を選んで造られたが、中でも義満が造営した北山殿《きたやまどの》と、義政の造営した東山殿《ひがしやまどの》はよく知られている。

別邸が本邸と異なるのは、一代限りという点だ。義満の北山殿には寝殿をはじめ多くの建物が存在したが、義満とその妻日野康子《ひのやすこ》が亡くなると、建物は取り壊されて方々に移築され、跡地は寺となった。その寺が現在の鹿苑寺《ろくおんじ》（金閣寺）、当時観音殿と呼ばれていた建物が金閣である（ただし、現在の建物は昭和二十五年焼失後の再建）。同様に東山殿も、義政の死後は寺とされ、現在の慈照寺《じしょうじ》（銀閣寺）に継承されている。このように、建物のみならず施設そのものも一代限りで廃される点が本邸と異なっている。この別邸、特に東山殿については次章で詳しく取り上げよう。

足利義教の室町殿

室町幕府の代名詞・室町殿は、「花御所」という美しい呼称を持ち、どんな邸宅なのか想像をかき立てられる。

三回造営された室町殿のうち、最も有名なのは義満の御所だろう。そもそも花御所という名そのものが、義満が邸内に多くの名花を植えたために付けられたとされる。ただし、実際には義満の造営以前、崇光上皇の御所当時から「花亭」の名が使われており、義満のときに付けられた名ではないようだ。一方、三回の造営の最後に当たる八代義政の御所は、竣工の八年後に応仁の乱が勃発した後、天皇と院もこの御所に身を寄せていて、応仁の乱の前後を見続けた御所といえる。この義満と義政の室町殿については、建物の名前や配置はわかるものの、残念ながら建物の様子を具体的に知る史料は見出されていない。

残るひとつ、永享《えいきょう》三年（一四三一）から八年にかけて造営された六代義教《よしのり》の御所は、部分的ではあるが建物の平面を描いた図があり、その他の部分に関しても平面を推測する史料が残されている。歴代将軍御所の中では最も様子がよくわかる例であり、中世住宅全体でも貴重な例といえる。

この義教は、歴代将軍の中でも小説さながらの生涯と性格の特異さで群を抜く。三代義満の三男で、本来なら将軍の座に着く順位は低かったため、出家して青蓮院門跡《しょうれんいんもんぜき》の僧となった。四代将軍の座は義満の長男義持《よしもち》が順当に継承したが、五代将軍を継いだ義持の嫡子義量《よしかず》が夭折《ようせつ》し、替わる継嗣を決めないまま父の義持も没したため、六代将軍は義持の弟四人からくじ引きで決めることになった。このくじを引き当てたのが義教である。僧から還俗《げんぞく》して将軍になった義教は、その劇的な人生転換にふさわしい激しい気性で、各国の守護らの弾圧をはかり、「万人恐怖す」とまでいわれた専制政治を行った。その施政が不満を買い、最後は播磨守護《はりましゅご》赤松満祐《あかまつみつすけ》に暗殺された。まさに波瀾万丈《はらんばんじょう》の生涯である。

しかし義教は、こうした専制的な顔を持つ一方、文芸全般に深い関心を持っていた。例えば、猿楽《さるがく》、和歌や連歌《れんが》、立花《りっか》、さらに「東山御物《ひがしやまぎょぶつ》」と総称される大陸伝来の絵画や工芸品の収集。義教の室町殿の建物の様子がわかる理由のひとつは、こうした芸能の場となった建物が詳しく記録されているからなのである。

以下、義教の室町殿を詳しくみてゆこう。

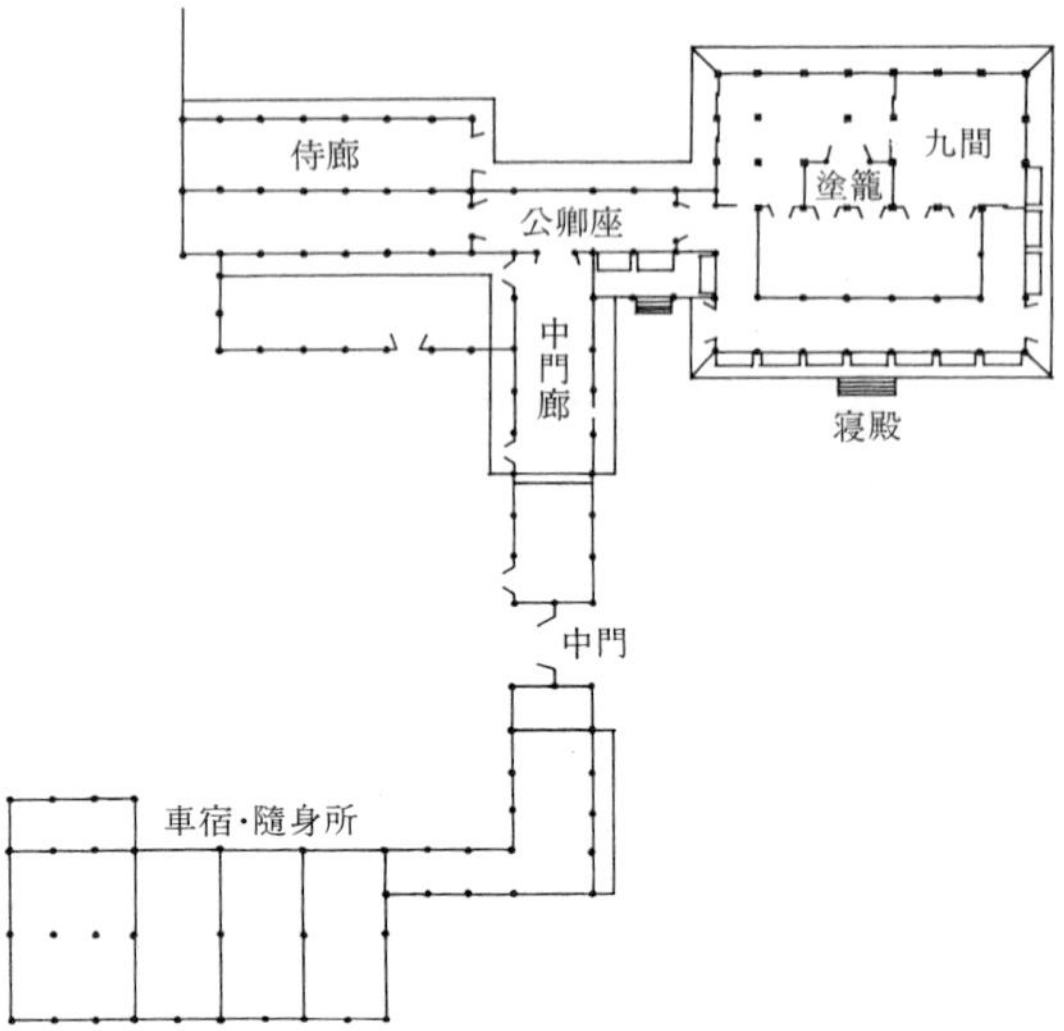

図2　『室町殿御亭大饗指図』

寝殿の変化

義教が移った翌年の永享四年七月二十一日、室町殿では義教の内大臣《ないだいじん》就任の大饗《だいきょう》が行われた。「大饗」とは盛大な饗宴のことで、この大饗の様子は『室町殿御亭大饗指図《さしず》』（国立国会図書館蔵）として残されている（図2）。儀式の記録のため、敷地全体のうち儀式に用いた表向きの部分しか描かれていないが、西門から車宿《くるまやどり》・随《ずい》身所《しんどころ》、西中門廊《ちゅうもんろう》、侍廊《さぶらいろう》、そして寝殿の様子が詳細にわかる。西門を含む敷地の西半分だけが描かれているのは、この室町殿が西礼、つまり西の室町小路側に正門（晴門）を設けた構成であることを意味する。中門廊から寝殿へと繋がる構成は、三章で見た東三条殿とほとんど変わりがない。

しかし、寝殿をよく見ると、その平面は東三条殿と大きく異なる。室町殿の寝殿は、全体では七間×六間、母屋《もや》と庇《ひさし》の構成でいえば、二間×五間の母屋の四面に庇、北に孫庇《まごひさし》とひ孫庇を付けた規模になる。母屋と北庇の境には唐戸《からど》が連続し、ここを境に寝殿は南北に分断されている。

注目したいのは、南と北がまるで別の建物のように異なる平面を採っていることだ。南半分は、母屋の周囲に庇を付けたという構成がはっきりわかり、寝殿造の特徴がそのまま踏襲されている。一方北半分は、壁や建具《たてぐ》で三つの部屋に分けられていて、南側の開放的な造りとは異なっている。特に東北隅の「九間《ここのま》」という部屋では、本来庇と孫庇の間に立つはずの柱がなく、境界がはっきりしない。

この南と北の違いは、空間の性格の差を反映する。平安時代、寝殿は母屋・北庇境を境界に、南寄りが儀式を中心とする公的な空間、北寄りが日常生活を送る私的な空間とおよそ分けられていた。この『室町殿御亭大饗指図』を見ても、大饗の儀式に使われているのは主に南側で、この時代もやはり南が公的な空間、北が私的な空間だったことがわかる。公的な空間は、儀式の方法が変わらない限り、平面を変えるわけにはいかない。このため南半分は寝殿造の平面がそのまま踏襲された。一方、私的な空間は、生活が変化すれば自然と平面も変化する。寝殿の北半分は、寝殿造の内部空間が変化した姿を示しているのである。

では、何が変わっただろう。

本来寝殿造は、固定した間仕切りがほとんどなく、場面に応じて可動式の間仕切りや道具で場を調えるフレキシブルな使い方が特徴だった。しかし、寝たり、着替えをするといった日常の動作は、毎日同じことを繰り返すうちに、だんだん使う場所が定型化してくるものだ。とすれば、いちいち間仕切りを動かしたりせず、毎日使う間仕切りはあらかじめ固定しておいた方が楽だと思うだろう。このため、日常生活の場、すなわち寝殿の北側は、次第に用途に沿って小さな部屋に区切るようになった。

こうした部屋を区切るのに用いられたのが、横にスライドして開く戸、襖《ふすま》に代表される引違戸《ひきちがいど》である。引違戸は、開くとき広いスペースを使わずに済み、小さな部屋を区切るのに適している。ただ問題は、丸柱と丸柱の間に引違戸を入れると、柱の曲面と戸の間に扇状の隙間《すきま》ができてしまうことだ。この隙間を無くすため、引違戸を使う場所では四角い柱、角柱《かくばしら》が用いられるようになった。

改めて室町殿の寝殿をよく見ると、南側半分は柱が丸柱であるのに対し、北側は角柱を用いている。また外廻りは、南側が蔀戸《しとみど》であるのに対し、北側は引違戸である。当時は、角柱は丸柱に比べて格が低いものと考えられていたから、公的な場である南側では丸柱が踏襲されたのである。一方北半分は、平面だけではなく、柱や建具も寝殿造からの離脱が進んでいることがわかる。室町殿の場合、後に見るように、将軍が実際に生活する建物は別棟で設けられていたから、寝殿の北側が将軍自身の居住空間として使われることはなかった。しかし、来客の滞在や歴代の宝物の保管など、南側に比べれば内向きの空間であり、南と北との性格の差が平面や仕様の差として現れたのだろう。

ところで、この北半分の姿は、襖や障子《しょうじ》による間仕切りや角柱の使用など、私たちがよく知っている和室の様子に近い。近世初めに完成する書院造《しょいんづくり》は、この特徴が建物の一部ではなく全体に及んだものであり、それが現代の和室へとつながっている。室町殿の寝殿は、寝殿造から書院造への過渡的な状態をよく示しているのである。

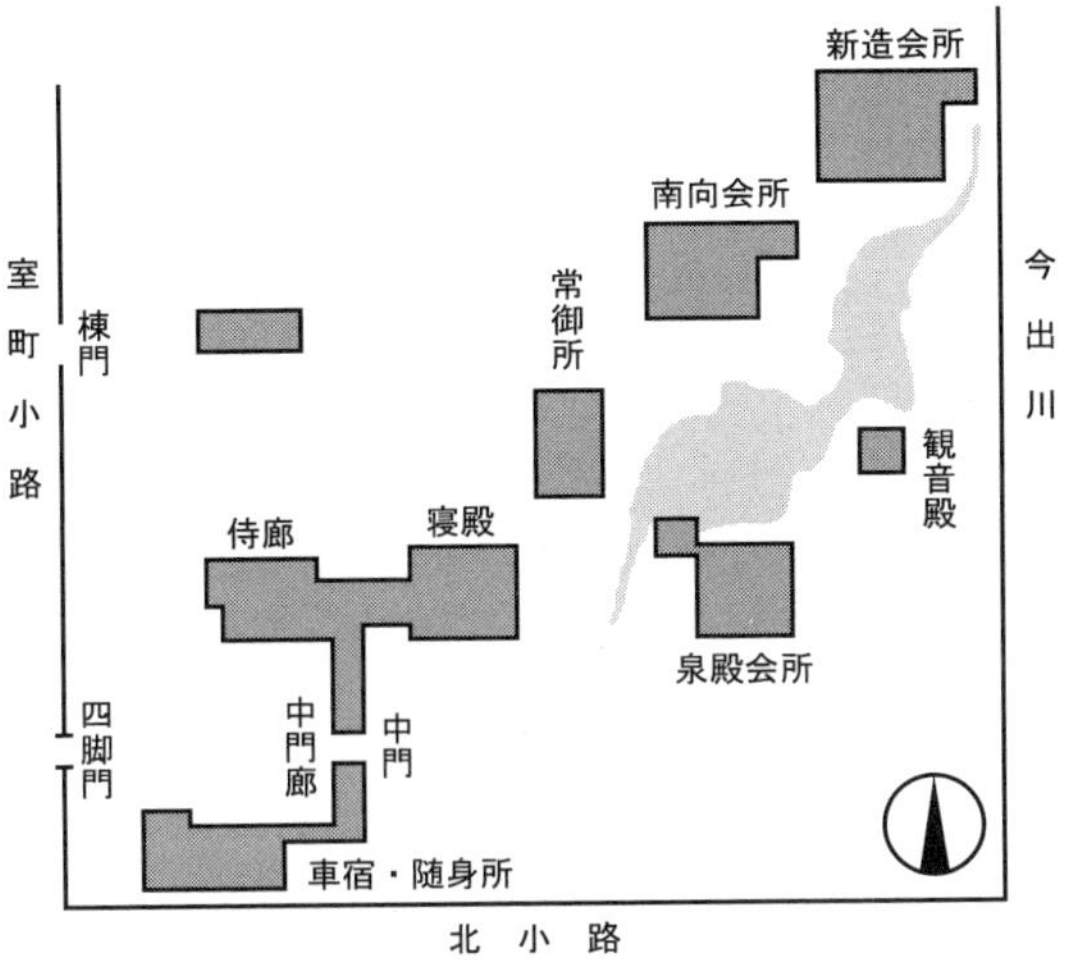

図3　室町殿配置模式図
（中村利則氏による）

常御所と会所

義教の室町殿には、ほかにどんな建物があったのだろう。

義教のブレーンといわれた醍醐寺三宝院《だいごじさんぽういん》の僧満《まん》済《さい》の日記によると、室町殿では義教が移った後も造営が続けられ、永享四年二月には会所《かいしょ》、十月には持仏堂《じぶつどう》、翌五年八月には会所泉殿《いずみどの》、翌六年には新会所、さらに同九年に新造小御所・厩《うまや》が完成している。またこの他に、常御所《つねのごしょ》・小御所・観音殿・対屋・台所などの建物があったという（図3）。

このうち注目したいのは、会所と常御所である。

特に会所は、同じ敷地の中に三棟が次々に建てられて、新会所が完成した際に招かれた満済は、「悉《ことごと》く御座敷拝見驚目《きょうもく》し了《おわ》んぬ、善を尽し美を尽す」（『満済准后日記』）とその様子を絶賛している。常御所も、会所も、寝殿造では見られなかった建物といえる。

常御所は、「常」の場、つまり日常生活を送るための建物である。先に見たように、寝殿造ではひとつの建物を公的な用途と私的な用途に使い分けていた。このうち私的空間である北半分が、使いやすいように小さな部屋に分化したのは既にみた通りだが、それでもなお同じ建物の中に性格の違う空間が混在するのは暮らしにくい。例えるなら、盛大なパーティをする大ホールと戸一枚隔てた場所に、寝室や浴室があるようなものだ。そこで、寝殿から日常生活の空間を分け、別の建物として独立させるようになった。これが「常御所」である。天皇の住む内裏では、平安時代からすでに儀式の場としての紫宸殿《ししんでん》と別に、生活の場としての清涼殿《せいりょうでん》が設けられていたが、天皇を退位した院の御所の場合、鎌倉時代中期の弘安《こうあん》六年（一二八三）造営の二条高倉殿で寝殿と別に常御所が設けられたのが早い例である。室町将軍御所では、遅くとも三代義満の室町殿には常御所が設けられていることが確認できるから、常御所は室町時代前期にはほぼ定着したとみて良いだろう。

一方、会所は、「会う」所、つまり人が集う建物である。寝殿造の時代、訪問客と主人との面談や内輪の集まりの場合、中門廊と寝殿の間に位置する二棟廊の一部が用いられた。ここには主人が「出」て「居」るところという意味で「出居《でい》」と呼ばれた場所があり、「会所」は本来その一角を指した。こんな入口に近い、格の低い場所で客を迎えるのは、現代の感覚では違和感があるが、当時は自宅に自分より身分が高い人物を迎える場面があまりなく、客をもてなすという感覚が薄かったのである。出居は、主人の私的な空間に属するものだから、常御所が別棟で設けられるようになると、常御所に付属して寝殿から離れた。しかし、連歌や茶の湯など文芸を媒介にして人が集う場面も増え、さらに武家ならではの作法として主従が直接会ってその関係を確認する「対面」が重視されるようになると、人と会うための専用の空間が必要になってくる。こうして、常御所からさらに分離する形で、会所が独立した建物として設けられるようになったのである。「会所」という名の建物は、後鳥羽上皇の鳥羽離宮《とばりきゅう》で、建仁《けんにん》元年（一二〇一）に連歌の場として設けられたのが初出である。しかし、本格的に作られるようになるのは室町時代で、内裏や院御所にも建てられてはいるものの、何と言っても将軍御所に例が多い。

義教は、永享九年（一四三七）十月二十六日、この室町殿に後花園《ごはなぞの》天皇を迎えている。天皇を自分の家に迎えるのは、武士にとって名誉なことだ。この行幸《ぎょうこう》で使われたのは、三つの会所のうちの「会所泉殿」と「新会所」で、天皇を迎えるために様々な準備が行われた。その様子を記録したのが『室町殿行幸御飾記《おかざりき》』である。「御飾記」という名の通り、室町殿の建物の内部を行幸の際どのように飾り付けたのか、その室礼《しつらい》の記録だが、飾り付けだけではなく、会所がどんな建物だったのかも窺《うかが》うことができる。例えば新会所は、「橋立之御間」「御三間」「御十二間」など一一の部屋から成り、「橋立之御間」には「御床《とこ》」「御書院」「西御違棚」があって、「御床」には掛軸《かけじく》が二幅と象牙《ぞうげ》でできた棚、その上に花瓶や盆花などが飾られている。

この「御三間」や「御十二間」の「間」は「ま」と読み、部屋の広さを示す単位である。長さの単位である一間《けん》と紛らわしいが、一間《けん》×一間《けん》の広さのことを一間《ま》と呼んでいる。現在でいう一坪と同じ広さである。とすると、「三間《ま》」とは一間《けん》×三間《けん》の広さの部屋という意味で、室町殿の会所はこうした小さな部屋にそれぞれ区切られていたことがわかる。また、床《とこ》や書院、違棚《ちがいだな》、押板《おしいた》などを総称して「座敷飾」と呼ぶ。床や違棚は今も和室に設けられることが多いからなじみがあるかもしれないが、この『御飾記』に見る室町時代の床や違棚と、後世の床や違棚は、形は同じでも意味は異なる。そして、その差こそが近世の書院造の大きな特徴なのだが、この点は次章に譲ろう。

寝殿とは別に常御所を置き、さらに会所を三棟置いた義教の室町殿は、室町将軍御所の典型的な姿といえる。この室町殿の配置を模式的に描いたのが図3で、寝殿は儀式の場、常御所は日常生活の場、会所は対面や文芸の場など、ひとつひとつの建物はそれぞれ用途が異なっていて、寝殿一棟を複数の用途に使い分けていた平安時代とは大きく異なる。近世が近づくにつれ、武家にとって対面がさらに重視され、公家風の儀式が不要になると、会所が最も重要な建物としてさらに発達し、一方寝殿は建てられなくなっていく。建物の平面だけではなく配置も、近世への萌芽を示しているのである。

将軍邸から京の町へ

室町殿から少し外へ出てみよう。

最初にみたように、室町殿があったのは京都の北寄り、上京《かみぎょう》という地域である（図1）。平安京からスタートした京都の町は、幾度もの災害と戦乱によって次第に形が変化し、格子状の町割りは残しながらも旧平安京のごく一部、二つの地域へと家々が集中していった。この一方が上京、もう一方が下京《しもぎょう》と呼ばれる地域であり、この二つの町の間は室町通という通りで結ばれていた。平安京当時南北に通っていた幾本もの街路のうち、室町時代後期にはこの一本が生き残っていたのである。室町殿がある上京は、天皇の住む内裏もあったため、この二つの御所を核に公家や武家が集住した。もう一方の下京は、もともと平安時代に官設の市が置かれた場所であり、商人が集まる商業地だった。それぞれの町は、町会所（町堂）とよぶ集会所兼鎮守を持ち、戦乱から町を守るために周囲を土塁《どるい》や堀、櫓《やぐら》などで防備した。上京と下京は、同じ京都にありながら、全く性格が異なる、そして全く別の町だったといえる。

図４　祇園祭山鉾

下京は、東山の祇園社の氏子が集まる町で

もあった。この祇園社の祭礼が、現在も続く祇園祭である（図4）。もともと疫病退散を祈願する御霊会《ごりょうえ》に始まるこの祭は、当初は官によって行われたが、次第に町衆の祭りへと変化し、応仁の乱による中断後は下京の氏子たちによって再開された。現在もなお祇園祭の山鉾《やまほこ》はかつての下京の地域から出されており、中世以来の町を継承していることがわかる。祇園祭は、下京の経済力と結束力の象徴だったといえる。

室町時代は、住まいも町も、平安時代の姿を大きく変える転換点だったのである。

6 床の間の誕生　室町時代後期

東山殿

室町幕府八代将軍足利義政（一四三五—九五）が、文明五年（一四七三）に将軍職を辞した後に営んだ別邸。現在の慈照寺（京都市左京区銀閣寺町）にあたる。楼閣建築の銀閣と、持仏堂である東求堂が現存する。失われた建物群の中にも寝殿はなく、儀式のための空間を伴わない。銀閣・東求堂はともに国宝。

（慈照寺東求堂）

別荘への憧れ

「別荘」という言葉は憧れを誘う。普段の生活を離れ、景色や気候のよい場所でゆったりと過ごすのは、現代でも最高のぜいたくだが、これはどんな時代も変わらない。すでに平安時代から、人々は平安京の外に別荘を構え、四季折々の景物を楽しんだ。

別荘が多くの人にとって魅力的に映るのは、単に美しい風景を眺めるためだけではなく、人がいつの世も今の生活から離れること、言い換えれば「世を捨てる」ことに憧れを持ってきたからだ。例えば西行《さいぎょう》。俗名を佐藤義清《さとうよしきよ》といい、鳥羽院の北面《ほくめん》の武士だったが、保延《ほうえん》六年（一一四〇）に遁世《とんせい》し、各地を遍歴しながら『山家集《さんかしゅう》』という和歌集をまとめた。鴨長明《かものちょうめい》も同様だ。下鴨社《しもかもしゃ》の神主《かんぬし》の子として生まれ、藤原定家とともに『新古今和歌集』編纂の和歌所寄人《わかどころよりうど》をつとめたが、元久《げんきゅう》元年（一二〇四）に遁世し、京都南東の日野山に隠棲《いんせい》した。中世には、この西行や長明の生き方に影響され、世間を離れて山に籠《こ》もり、文芸の道に生きるという隠遁思想が、上流階級で支持された。そして、たとえ世を捨てることができなくても、せめて煩《わずら》わしい日常から離れるという願いを叶《かな》えるため、京都市中から離れた北山や東山に別荘を構えたのである。

室町幕府の将軍も同じである。前章でみたような本邸があっても、各代の将軍はそれぞれ別邸を営んだ。一般の住宅が「日常生活の場」であるのに対し、別邸は「日常生活から離れる」ことが目的であって、住宅といっても考え方は大きく異なる。ここでは別邸の例として、八代将軍義政《よしまさ》の「東山殿」をみることにしよう。

足利義政の東山殿

この義政、どうも評判のよくない人物である。応仁の乱の最中に将軍職にありながら全く統率せず、被災した庶民を救うための手だても講じなかった。そもそも乱の直接の契機が、義政の実子と養子の家督争いである。どうも武士像からはほど遠い、優柔不断な人物といわねばならない。ただし、文化面では功績が大きかった。山水《せんずい》の名手とうたわれた善阿弥《ぜんあみ》や立花《りつか》の立阿弥、唐物目利《からものめき》きの千阿弥らを庇護《ひご》し、種々の芸能を支えた。現実から逃避し、風流の世界にのみ生きた義政は、武士、そして政治家というよりむしろ、文化・芸能の名パトロンと呼ぶにふさわしいだろう。

義政は、応仁の乱が終結すると、将軍職を実子の義尚《よしひさ》に譲って隠居し、京都の東山に別邸を建てて引き籠もった。この別邸が「東山殿」である。したがって東山殿は、本邸から通って使うのではなく、最初から義政の常住用に建てられたもので、通常の別邸とはやや性格が異なる。しかし、隠遁願望が人一倍強い義政が、自分の好きな風流の世界に没頭するために作った理想郷として、東山殿はまさに別邸の王道を行く存在といえる。

義政が別邸の土地を探し始めたのは寛正《かんしょう》六年(一四六五)頃のことである。当時は、禅宗思想のひとつとして、建物と自然が一体化した景観美を理想とする「境致《きょうち》」という概念が説かれ、禅宗寺院のみならず庭園や邸宅の計画に大きな影響を及ぼしていた。このため、理想的な別邸の計画には、それにふさわしい敷地の選定がなにより大切だったのだ。義政の別邸の土地は、東山・南禅寺山内の恵雲院の地に一時は決定したものの、応仁の乱によって実現できず、義政は北山の長谷にあった聖護《しょうご》院《いん》の山荘に借住しながら土地探しを続けた。最終的に、最初の候補地だった南禅寺《なんぜんじ》山内よりさらに北、東山の浄土寺《じょうどじ》の土地が選ばれ、文明《ぶんめい》十四年（一四八二）二月に造営が始められた。

造営に着手したものの、乱後の厳しい時期のため、経費や職人が思うように集まらず、工事は滞った。八年後の延徳《えんとく》二年（一四九〇）に義政が亡くなったときもなお未完成だったが、それでも常御所や会所、観音殿や持仏堂など複数の建築が完成し、東山の自然を活かした庭と相まって、応仁の乱で荒廃した京の町とは別世界の景観が形成されていた。東山殿は、義政の死後、その遺言により寺院に改められ、相国寺《しょうこくじ》の僧が迎えられて禅寺となった。これが現在の慈照寺《じしょうじ》（銀閣寺）である。永禄《えいろく》元年（一五五八）に戦火に遭《あ》い、多くの建物を焼失したが、東山殿当時の建物が現在も二棟残っている。創建当時「観音殿」と呼ばれていた「銀閣」と、持仏堂として建てられた「東求堂《とうぐどう》」である（扉図版）。このうち東求堂は、阿弥陀《あみだ》仏を本尊として祀《まつ》るが、一角に義政の書斎が設けられていて、住宅建築としての機能も持っていた。

前章までに扱った住宅は、現存する建物がひとつもなく、当時の文献や指図から想像するしかなかったが、やっと現実の建物を見ることができる。では、東求堂の内部を眺めてみよう。

東求堂の内部空間

東求堂は四つの部屋で構成されている（図1）。庭園に面する南側は西に仏間、東に四畳があり、さらに北側には六畳と、義政の書斎だったとされる「同仁斎《どうじんさい》」という部屋がある（図2）。持仏堂だから、仏間が南の中心にあり、広さも最も広い。一方同仁斎は、広さは四畳半、北側に付書院と違棚があり、西と南は襖《ふすま》で隣室と仕切られている。もしかしたら以前に見て「どうってことない部屋だ」

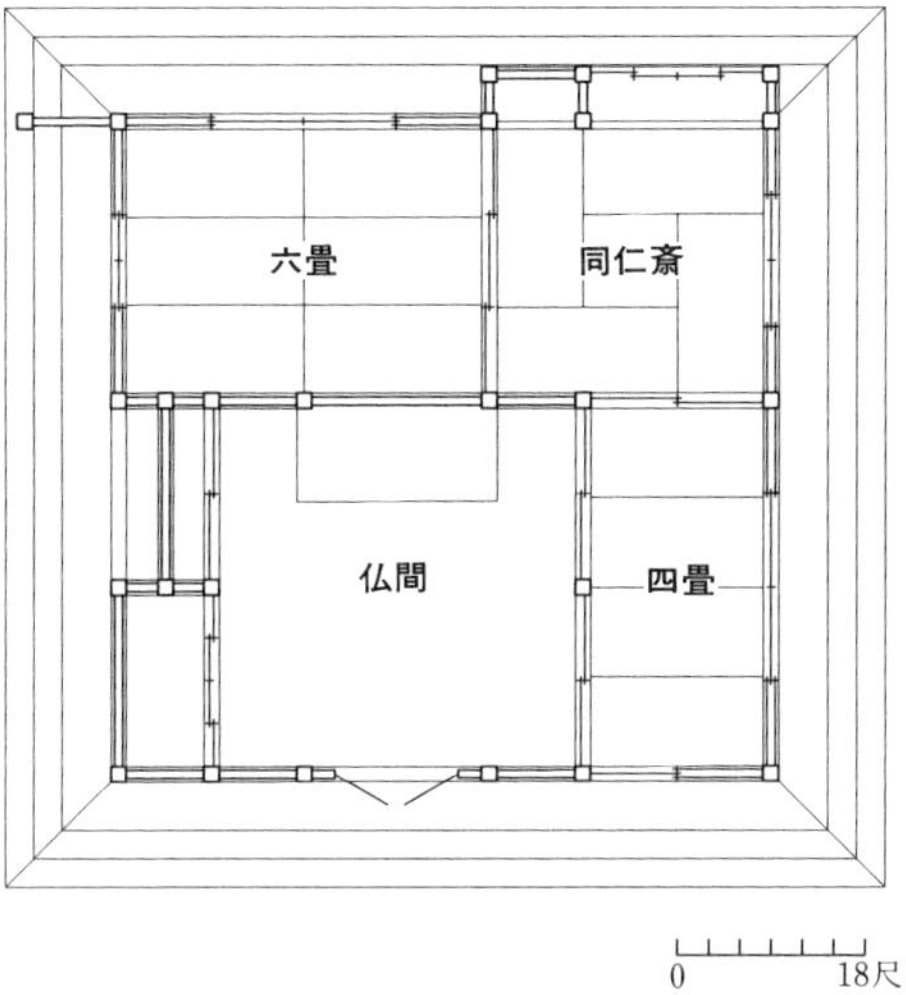

図1　慈照寺東求堂平面図

図2　慈照寺東求堂同仁斎

と思った人もいるかもしれない。

実は、この「どうってことない」という事実が東求堂のすごいところなのだ。「どうってことない」とは、いい換えれば「見慣れている」とか「普通だ」ということだろう。そう、同仁斎の四畳半の空間は、いわば「普通」の和室であって、現代にあっても何の違和感もない。ということは、逆に寝殿造と比べれば、劇的に変わっていることを意味する。前章で、寝殿造のうち、特に日常生活の空間が次第に変化する様子を見たが、その変化が建物全体に及んだ姿が東求堂なのである。

では、何が新しいのか。

最も大きいのは、畳が敷き詰められていることだ。寝殿造の寝殿を思い出してみると、床は板敷で、畳は座布団のように坐る場所や寝る場所に動かして使うものだった。しかし、前章でみたように、もとは可動式だった部屋の間仕切りが次第に固定化し、機能に応じて小さな部屋に区切られるようになると、畳もいちいち動かすのではなく、よく使う場所では置き放しにするようになる。どうせ置き放しにするなら、畳が部屋の一部ではなく、全体にあった方が便利である。こうして、小さな部屋では畳を床に敷き詰める方法が採られるようになり、次第に建物全体に採用されることとなった。

畳の敷き詰めの背景には、単に畳を置くだけではない、技術的な進歩が隠されている。それは、畳の大きさがほぼ一定であり、その大きさを基準にして部屋が設計されていることだ。例えば、同仁斎の四畳半という広さは、一間《けん》半×一間半の広さだが、一間の半分の寸法を使うのは、この寸法が畳の短辺寸法だからである。畳を基準にして設計しているからこそ、部屋の大きさにちょうど合わせて畳を敷くことができるのであり、畳の長辺と短辺が二対一の比率になっているのも、組み合わせ易いよう工夫された結果だろう。

改めて考えると、私たちの身体には畳の大きさを基準にした広さの感覚が深く染みついている。例えば、六畳《じょう》の広さはほぼ一〇平方《メートル》に当たるが、「一〇平方《メートル》」といわれて広さを思い浮かべることができない人も、「六畳」と言われればおよその広さを思い描くことができる。建築のプロでなくても空間の広さを想像できるこの優れた設計術は、畳の敷き詰めと連動して「発明」された方法なのである。

さて、東求堂を見回すと、他にも寝殿造との違いが発見できる。寝殿造が丸柱を用いていたのに対し、東求堂はすべて角柱《かくばしら》であり、部屋廻りの建具には全て引違戸が用いられている。これは前章で見た通り、いずれも本来私的な空間で用いられ始めた手法だが、東求堂では建物全体に及んでいる。特に外廻りは、柱と柱の間ごとに板戸（舞良戸《まいらど》と呼ぶ）を二枚と障子を一枚、計三枚の建具を入れていて、引違戸の種類の多様化と使い方の発達をみることができる。障子が一枚しかないのは、舞良戸はどう開けても一枚分しか開かないから、そこを埋める障子も一枚分しか要らないためである。実は、本来「障子」とは、木で作った枠に紙や布、板を張ったパネルの総称であって、絹を張れば「絹障子」、杉板を張れば「杉障子」、唐紙《からかみ》を張れば「唐紙障子」と呼んでおり、今でいう襖も「障子」の一種だった。現在の障子は、薄い紙を張れば光を通すことを利用した「発明」で、かつては外光を透す明るい障子という意味で「明障子《あかりしょうじ》」と呼ばれていた。東求堂ではこの明障子が外廻りに使われている点でも新しい。

もうひとつ、天井があることも大きな変化だ。寝殿造では、天井はなく、屋根の傾きがそのまま室内から見える化粧屋根裏《けしょうやねうら》という方法が一般的だった。いい換えれば、建物の構造がそのまま室内空間と直結していたのだ。ところが、天井は屋根の傾きの下に水平に板を張るから、天井によってその上と下、つまり屋根裏と室内は全く無関係な空間に仕切られることになる。天井という薄い板によって、構造とは無関係に室内の間仕切りを考えることができるようになったのである。この結果、それまでは母屋と庇による構造に平面が縛られていたが、平面には関係なく建物全体に大屋根を懸ける方法が採られるようになり、母屋・庇構造は次第に消滅していった。東求堂の場合、外から見ても中から見ても、もう母屋と庇の区別は全くない。

東求堂の「普通」は、新しい技術と考え方の集大成なのである。

座敷飾と唐物荘厳

東山殿には、現存する銀閣と東求堂以外に、かつては会所・常御所・泉殿・大台所・対屋《たいのや》などがあった。寝殿がないのは、義政の隠居用の別邸のため儀式空間を必要としなかったからで、東山殿では会所が最も公的な建物といえる。会所は、前章でみた通り、人と「会」う「所」、つまり人が集まって連歌や茶の湯などを営んだり、対面したりするための建物である。

東山殿の会所は、『御飾書』という資料にその様子を窺うことができる。義教の室町殿の会所の場合、その飾り付けが『室町殿行幸御飾記《ぎょうこうおかざりき》』に記録されていたように、『御飾書』には東山殿での飾り付けが記されている。いつの飾り付けを記録したものか定かではないが、巻頭に「一乱中、小河御所御かざり、其《それ》已《い》後《ご》、東山殿御かざり、少々覚申候分、注付候也」とあって、覚書として書き留められたもののようだ。東山殿の会所については、「九間」から「御茶湯の間」まで七つの部屋が書き上げられており、その記事を整理すると表のようになる。

『御飾書』にみる東山殿会所

部屋名	座敷飾
九間	北東二間押板
西の六間	
東狩の間	南に三帖の床、一間間中の書院、東に一間の違棚
同北かきづくしの間	西北に一間違棚
同北の石山の間	北東一間間中の床、上に押板、東に間中の違棚、東の方床の下違棚に沿いて書院
同北西納戸間	北向東に間中の違棚
同西御茶湯の間	西北一間違棚

部屋名の下に、押板《おしいた》・床《とこ》・違棚《ちがいだな》・書院《しょいん》などの名がみえる。これらを総称して「座敷飾《ざしきかざり》」と呼ぶ。文字通り、物を飾るための場所だが、いずれももとは「飾る」ためだけではない別の機能があった。例えば押板は、仏画の前に置く仏具を供える机が作りつけになったもので、もとは机だから奥行き

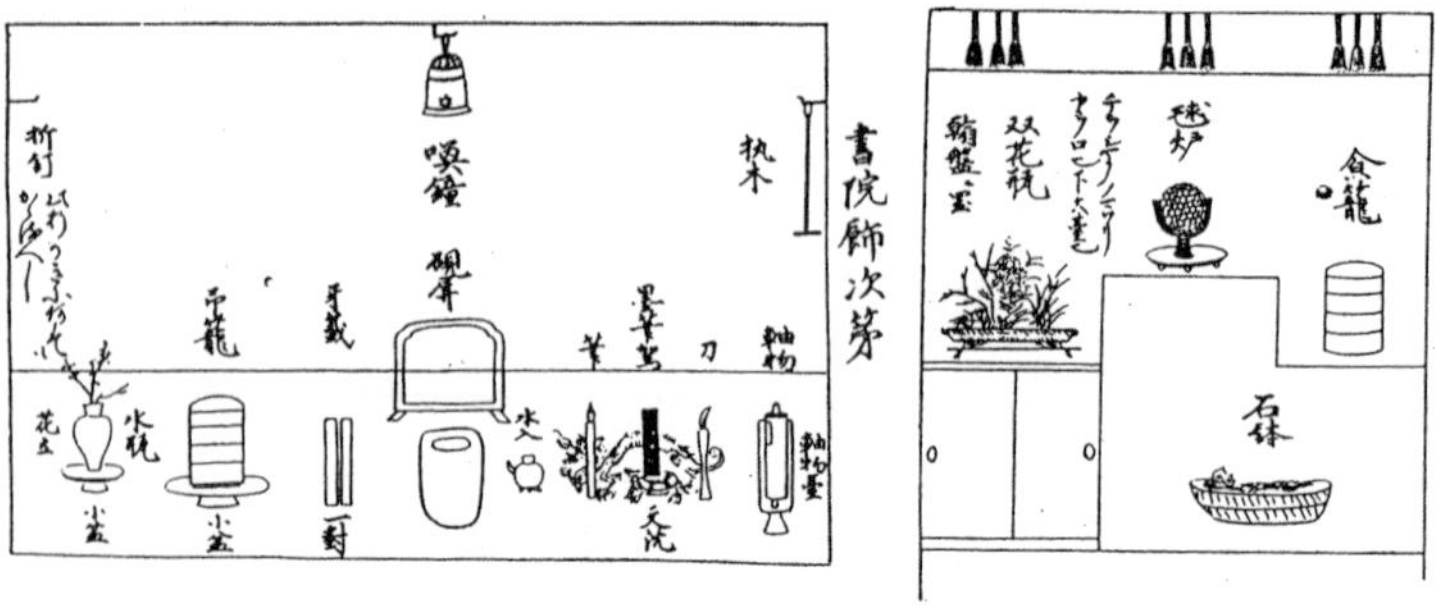

図3　『御飾書』
左より押板飾，書院飾，棚飾

が浅く、板で作られているのが特徴である。一方、床《とこ》は、一段高くなった床《ゆか》、つまり畳敷きの上段を指す。書院は、「付書院《つけしょいん》」ともいい、本を読んだり文を書いたりする文机《ふづくえ》が作りつけになったもので、光を取り入れ易いよう外に向かって張り出し、明障子を立てている。また違棚は、寝殿造で使われていた移動式の二階棚が作りつけになったもので、板が段違いになっていることからこの名が付けられた。このように、座敷飾はいずれももとは可動式だった机や棚が作りつけになり、さらに本来の用途を離れて「物を飾る場」として定着したといえる。

こうした座敷飾の普及の背景には、「唐物《からもの》」と呼ばれる大陸伝来の絵画・工芸品の流行がある。鎌倉・室町時代、唐物は非常に珍重され、収集した唐物で部屋を設《しつら》えることを「唐物荘厳《からものしょうごん》」と呼んでいた。当時の唐物や唐絵《からえ》の飾り方は、数少ない文物をさりげなく飾るなどという方法ではない。大量に飾るのだ。例えば、『祭礼草紙《さいれいのそうし》』（尊経閣文庫蔵）という絵巻には、七夕《たなばた》の日に花器を持ち寄って花を立て、その部屋で和歌や連歌を催す「花座敷」と

呼ばれる行事の様子が描かれているが、その花器の数は二面にわたる押板を埋め尽くすほどで、さらに隣室の違棚には茶道具が飾られている。

工芸品と同様絵画も、「三幅対《さんぷくつい》」「四幅対」などと呼んで三本、四本と組で飾るのが基本である。「唐絵」と呼ばれる大陸伝来の絵画は、日本の従来の絵画とはそもそも形や鑑賞方法が異なる。平安時代の日本では、絵巻物や、建具に絵を描く障子絵などが一般的で、掛軸はあっても仏画や肖像画ばかりだった。ところが、唐絵の主流は山水や花鳥を描いた掛軸である。絵巻物なら手にとって眺めればよいが、掛軸は鑑賞するためにはどこかに掛けなければならない。こうした絵画の新しい形態に合わせ、掛軸を飾る場所として押板が重宝されることになった。『御飾書』をみると、東山殿会所では「九間」一室に、押板に三幅対、東西に八幅対と四幅対と、合計一五本の掛軸を飾っていて、工芸品と同様、まさに唐絵を飾り立てる様子がよくわかる。このように、唐物や唐絵を飾り、鑑賞する場として座敷飾は定着したのである。

現存する東求堂にも、同仁斎の北面に違棚と書院が設けられている。『御飾書』によれば、この同仁斎では書院に硯《すずり》・筆架・筆・墨などを飾り、その前に据えた文台に歌書を一帖置いて脇に漢書と巻物を積んだ。書院はもともとが文机だから、文房具を飾ることが多かった。また、違棚には上段に建盞・台・小壺・茶筅《ちゃせん》・茶杓《ちゃしゃく》などの茶道具、下段に食籠《じきろ》を置いている。現在の同仁斎は「簡素な和室」というイメージが強いが、これらの唐物をすべて飾り付けた姿を想像して欲しい。建築と多くの文物が重なり合って、濃厚な内部空間が演出されていたのである。

ものを「飾る」場から座敷を「飾る」装置へ

さて、東山殿の会所がどんな建物だったのか、『御飾書』をもとに復原してみよう。

まずは、それぞれの部屋の広さ。一間《ま》は、前章でみた通り一間《けん》×一間《けん》の広さだから、「九間」は三間×三間、「六間」は二間×三間だろう。方眼紙に四角を描きながら考えてみるとわかりやすい。また、東求堂でみたように、一間《けん》単位ではなくその半分の長さ、半間《はんげん》も用いられている。例えば、「石山の間」の床《とこ》は「一間間中」とあり、「間中」は「まなか」と読んで一間の半分の長さを意味する。つまり「一間間中」は一間半のことである。こうしてみてゆけば、部屋の広さと座敷飾の大きさや種類、方位がおよそわかってくる。

ただ『御飾書』では、部屋と部屋がどのように繋がっていたのか記事がない。その代わり、他のヒントがある。延徳元年《えんとく》(一一一一)年十月の『蔭涼軒日録《いんりょうけんにちろく》』(相国寺の蔭涼軒主の日記)には、東山殿会所での祈禱の記録があり、部屋の説明として「九間 并《ならびに》西之六間」とか「九間之東三間」「三間之北之三間」などとある。これで、「九間」の西に「六間」、東に「三間」があったこと、その「三間」の北にさらに「三間」があったこと、その位置関係から『御飾書』にみる「狩の間」「かきづくしの間」がそれぞれ「東三間」「北之三間」に当たることなどがわかる。

以上を総合して復原された平面図が図4である。この平面図を見て気づくのは、座敷飾が建物内に分散して置かれていることだ。例えば、押板は「九間」にも「石山の間」にもあるし、書院も「狩の間」と「石山の間」にある。確かに物を飾る場として置くなら、様々な部屋にあった方が役に立つ。しかし、この座敷飾の配置は、現代の私たちの常識とやや異なる。もし今、二室続きの和室のうちどちらが格の高い部屋かと尋ねられたら、多くの人は床《とこ》や違棚がある部屋だと答えるだろう。言い換えれば、座敷飾はその建物の主室に集中して設けられるものだという暗黙のルールが存在して

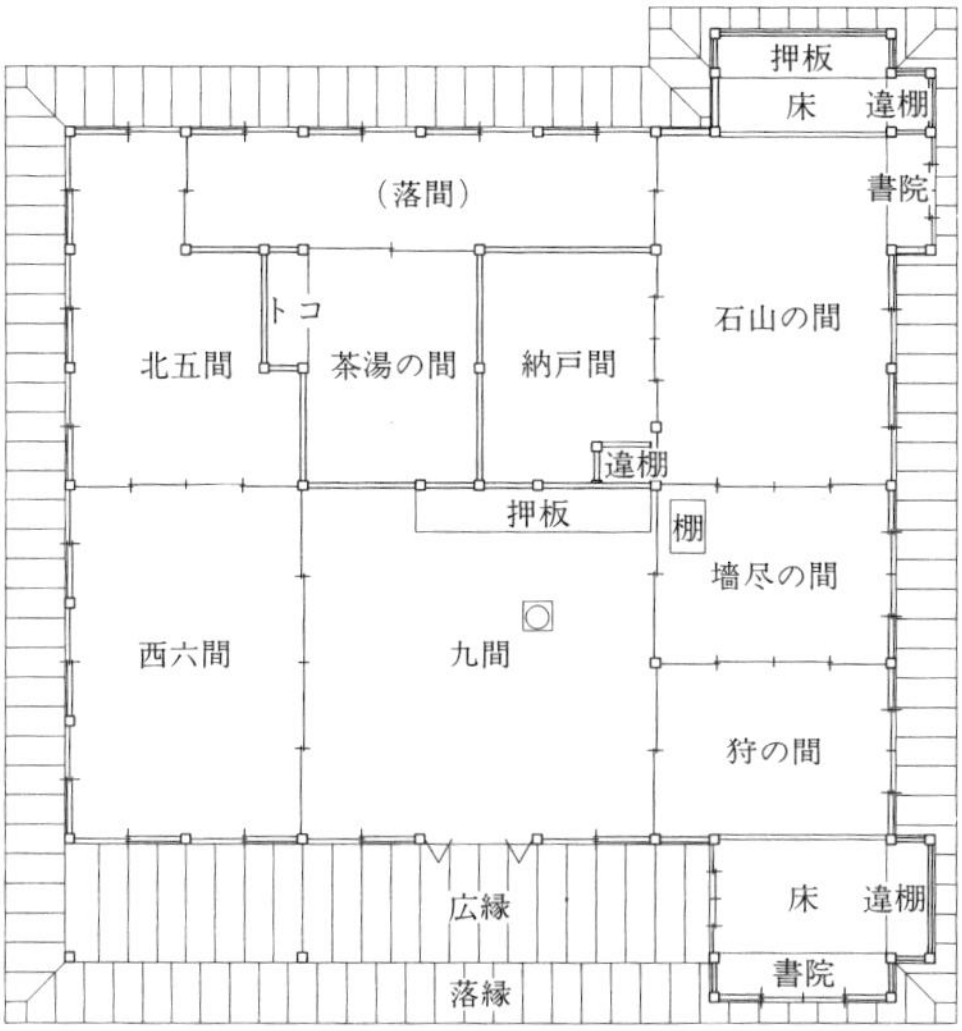

図4　東山殿会所復原平面図
（中村利則氏による）

いることになる。

では、東山殿会所の場合、どの部屋が一番格の高い部屋だろう。座敷飾は「九間」にも「石山の間」にも「狩の間」にもある。座敷飾がたくさんある「石山の間」も格が高そうだし、「狩の間」は床《とこ》（上段）が広くてこれも格が高そうだ。「九間」は何より広いし、押板も大きい。どれが一番格が高い部屋か、現代の常識では判断できない。

実は、東山殿会所の主室は「九間」である。寝殿造の建物では、南に面した部屋が格の高い場所であり、そのルールが室町時代にも残っていたからだ。当時、部屋の格を決めるのは位置と部屋の大きさであって、座敷飾の有無とは無関係だったのである。

しかし次第に、座敷飾は部屋の格を示す存在へと変化してゆく。

例えば近世初期の茶室では、千利休《せんのりきゅう》が「座中狭ばき時は床《とこ》へも上りて苦しからず」（『野村宗覚宛伝書』）と記したように、客が多いときは床《とこ》も座所として、ここに正客が坐った。今、お茶会で床《とこ》の間に坐ったらひんしゅくを買うところだが、もともと床《とこ》は上段が転じたものだから、その部屋の中で最も格が高い場所という意識があったのだ。このため床《とこ》に坐ることがなくなり、床《とこ》が押板と融合して形が整えられても、床《とこ》イコール「格が高い場所」という図式だけは残った。

さらに時代が下がると、この床《とこ》を中心に、他の座敷飾を一室に集める傾向が現れ、床・違棚・付書院の並べ方にも一定の規範が設けられるようになる。こうして座敷飾は、ものを「飾る」場から、部

図5　慈照寺銀閣

屋の格を示す、いわば座敷を「飾る」装置へと変わっていったのである。

東山殿の境致

もう一度、東山殿に戻ろう。

東山殿のもうひとつの遺構銀閣《ぎんかく》（図5）は、当時観音殿と呼ばれた建物で、上層に観音像を祀る。近世以前の建築は平家《ひらや》が一般的で、二階以上の建築は珍しい。例えば寺院の塔も、高さは高いが途中に床《ゆか》はなく、上るための建築ではなかった。しかし禅宗庭園の場合、銀閣のような楼閣《ろうかく》建築を設ける例は多く、三代義満の別邸北山殿には金閣、苔寺《こけでら》として知られる西芳寺《さいほうじ》にも瑠璃殿《るりでん》と呼ばれる楼閣があった。

この西芳寺の庭園を造ったのは、夢窓疎石《むそうそせき》（一二七五―一三五一）である。禅僧としての教養や人柄が当時の崇敬を集めていたが、同時に作庭の名手としても世に知られ、生まれ故郷の甲斐の恵林《えりん》寺《じ》をはじめ、京都の天竜寺《てんりゅうじ》や鎌倉の瑞泉寺《ずいせんじ》などの禅院を開き、庭園を造った。夢窓がすぐれていたのは、禅宗の思想のひとつである「境致《きょうち》」を日本的に昇華《しょうか》した点で、敷地内での単なる作庭に留まらず、自然景観や地形、建築が一体となった理想境を作り出した。なかでも、最後に造った西芳寺は、応仁の乱で建物のほとんどを失ってもなお名園と讃えられ、大きな影響を残したのである。

義政は、夢窓と同時代に生きたわけではない。しかし、義満が夢窓とその弟子春屋妙葩《しゅんおくみょうは》に心酔して北山殿を造ったように、義政もまた夢窓の西芳寺庭園に影響を受けて東山殿を作った。錦鏡池《きんきょうち》と呼ばれる池を中心に、かつては汀《みぎわ》に沿うように銀閣と東求堂、会所が並び、さらに東北の山腹に西指庵《せいしあん》という庵があった。この構成は、黄金池《おうごんち》を中心に本堂や楼閣の瑠璃殿、湘南亭《しょうなんてい》などの小亭を配し、北側の山腹に石組庭園と指東庵《しとうあん》を置いた西芳寺の姿と極めて近い。

今も、銀閣から庭を臨めば、池や石組、そして東山が屏風のように広がる。山と池と建築群が一体となったこの景観を、相国寺の蔭涼軒主は「西方浄土《さいほうじょうど》」と呼んだ。東山殿は、義政にとって、戦乱後の京の町から離れ、さらに俗世からも離れる、まさに「西方浄土」だったに違いない。

7 書院造、対面儀式の空間　江戸時代

二条城二の丸御殿

京都市中京区二条城町に所在。江戸幕府初代将軍徳川家康（一五四二―一六一六）が創建、三代将軍家光（一六〇四―五一）が天皇行幸を迎えるために増改築を行った。当初は本丸にも同規模の御殿があったが焼失。幕末の大政奉還もこの二の丸御殿で行われた。御殿は国宝。

城と御殿

この章から近世が始まる。近世といえば武士、そして江戸時代といえば徳川家の時代だろう。そこで、この章では徳川将軍家の城をみることにしたい。

「城」というと、天守閣や櫓《やぐら》、石垣など防御のための設備が思い浮かび、「住宅」として見る人は少ないかもしれない。しかし、大名たちにとって、城は戦いの拠点であると同時に、藩主やその家族、家臣が暮らす住宅であり、政治を行う政庁でもあった。このため、城の中には「御殿《ごてん》」と呼ばれる建物群が広い面積を占めた。徳川将軍家ももちろん同様で、本城の江戸城は「幕府の城」にふさわしく、本丸だけで一万坪を越す広大な御殿群が建てられていたし、駿府《すんぷ》城・大坂城などにもそれぞれかつては御殿が存在した。

「かつては」というのは、これらの城の御殿がほとんど残っていないからである。各藩に範囲を広げてみても、廃藩置県の際に多くの城で建物を取り壊したから、現存例は掛川《かけがわ》城などごくわずかしかない。その中で京都の二条城は、本丸と二の丸の二つのエリアのうち二の丸の御殿が現存し、将軍が用いた空間をほぼ完全な形で体験できる。二条城は、将軍家の住空間を知る唯一の例であるとともに、江戸時代の城郭御殿としても希有な例なのである。

天皇と将軍

徳川家康《とくがわいえやす》がこの二条城の造営を始めたのは、関ヶ原の戦の翌年、慶長《けいちょう》六年（一六〇一）である。場所は、京都の西側、かつて豊臣秀吉《とよとみひでよし》が聚楽第《じゅらくだい》を築いた場所のやや南で、二年後の慶長八年に完成した。この時期、本城である江戸城は整備の途中で、天守閣も本丸御殿もまだ無い。二条城が本城に先がけて建てられたのは、家康の征夷大将軍《せいいたいしょうぐん》就任を見越したためである。

征夷大将軍の職は天皇から任ぜられるものだ。江戸時代、天皇は内裏《だいり》（天皇の住まい）の造営費用をすべて出してもらうほど幕府に依存しており、政治的にも経済的にも天皇と将軍の力の差ははっきりしていた。しかし、征夷大将軍が天皇の勅許《ちょっきょ》で任ぜられる以上、天皇は「将軍」を存在させるために不可欠な人物といえる。天皇と将軍は、お互いに相手を支え合う関係であり、二条城が内裏に面する東側に正門を開ける形で計画されているのも、天皇との関係を意識したためだろう。家康は、慶長四年にすでに伏見城を手にいれていたが、自分の征夷大将軍宣下《せんげ》の晴の舞台として、より京都の中心部に近い城を必要としたのである。

目論見《もくろみ》通り、慶長八年二月十二日、家康は征夷大将軍となる。天皇の勅許を受けたのは伏見城だが、三月二十日には将軍宣下の拝礼のため二条城から参内し、同月二十七日には勅使《ちょくし》を二条城に迎えて儀式を行った。次代の秀忠《ひでただ》も、この二年後に二条城から将軍拝賀の礼に参内したから、二条城は、親子二代の晴の舞台の役目を務めたことになる。

二条城は、その後も徳川家と天皇家の節目に立ち会ってきた。

創建から一七年後の元和《げんな》六年（一六二〇）、徳川二代将軍秀忠の娘和子《まさこ》がこの二条城から後水尾《ごみずのお》天皇の元へ入内《じゅだい》した。娘を天皇に嫁がせ、天皇の親戚として箔をつけるのは、平安時代以来続けられてきた古典的な手法だが、将軍の娘の入内は鎌倉時代の源頼朝の娘の例以来のことである。和子の入内は家康の悲願だったが、実現を見る前に没し、秀忠の代にようやく実現した。この入内に備え、二条城内には和子のための御殿が新たに用意され、六〇万石という費用をかけた入内行列が二条城から御所へと進んだのである。

逆に、天皇を二条城へ迎えたこともある。寛永《かんえい》三年（一六二六）の後水尾天皇の二条城行幸《ぎょうこう》である。天皇を自分の城に招くのは、これもまた武家が自らの権力を示す典型的な手法で、秀吉も後陽成《ごようぜい》天皇を聚楽第《じゅらくだい》に迎えている。後水尾天皇の行幸は、徳川家の威信を世に示すためのものだから、聚楽第行幸をはるかに上回る盛大なものでなければならない。このため、行幸に備えて二条城の大改修が行われた。

まず、現在の二の丸部分だけだった城域を西へ拡張して新たに本丸部分を増築し、ここに本丸御殿を新築した。現在の二条城の城域は、西に向いた凸型をしているが（図1）、この西に突き出した部分が寛永に増築されたところである。一方、慶長創建の御殿は、大改修を施して二の丸御殿として利用された。現在残る御殿がこの建物で、私たちが目にしているのは、慶長に創建され、寛永に改造された姿なのである。ちなみに当時は、二の丸御殿の南に天皇一行のための行幸御殿が造営され、さらに本丸にも二の丸とほぼ同規模の御殿が存在したが、これらは残っていない。こうして寛永三年九月六日、後水尾天皇は二条城へ迎えられ、九月九日までの四日間、大広間で能を楽しみ、天守閣に登って京都の町を見下ろした。

そして、徳川幕府の歴史を閉じた場所も二条城だった。慶応《けいおう》三年（一八六七）十月十三日、一五代将軍慶喜《よしのぶ》は二の丸御殿大広間で政権の奉還を宣言し、二か月後に王政復古《おうせいふっこ》の大号令が発せられて、政権は徳川家から天皇へ移ったのである。

二の丸御殿の内部空間

では二の丸御殿に入ってみよう。

二の丸御殿は、遠侍《とおざむらい》・式台《しきだい》・大広間・蘇鉄《そてつ》の間・黒書院・白書院の六棟の建物から成り（図1）、その建物のひとつひとつがまた多くの部屋から成っている。建物が複数あるのは、それぞれ異なる用途に用いられたためだ。

まず、将軍が普段生活するのは、御殿の北端にある白書院である。寛永の行幸当時は、白書院の奥に「北之御殿」と呼ばれるより内向きの建物があり、この二つが将軍の休息の場だった。その南に続く黒書院は、将軍と御三家との対面などに用いられた場所で、日中将軍が政務を行うのもこの建物だった。もっと公的な、諸大名との対面の際には、さらに南にある大広間がその場となる。諸大名

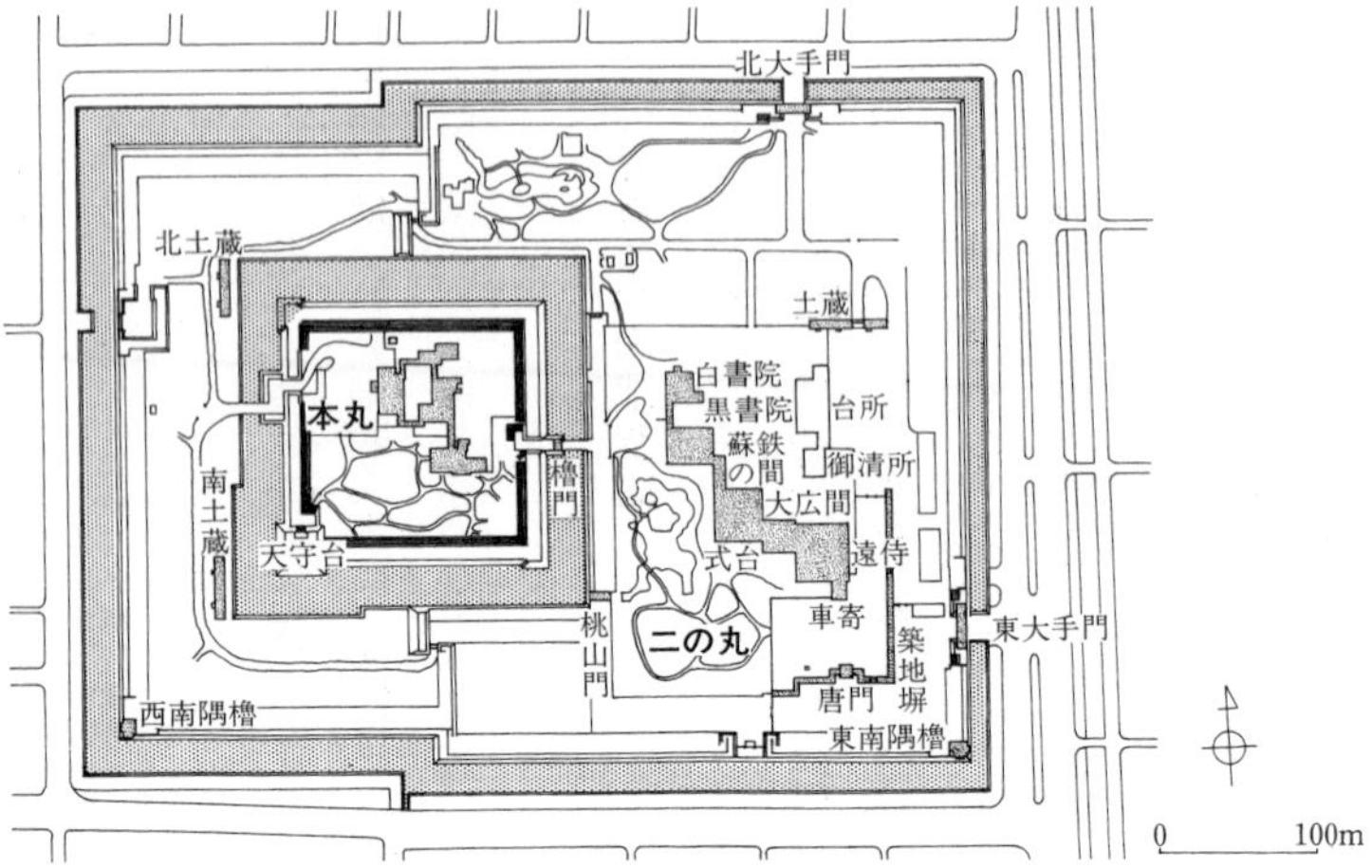

図1　二条城二の丸御殿配置図

が将軍と謁見する場合、まず南東の車寄から入って遠侍で対面を待ち、式台を経てこの大広間へ通された。このように、入口から遠い場所ほど私的な建物を置く配置は近世の定型で、手前の公的なエリアを「表」、位置的に奥にある私的なエリアを「奥」と呼ぶ。「表」と「奥」は近世住宅のキーワードのひとつだが、この点は次章で詳しくみることにしよう。

　この二の丸御殿で最も重要な建物は大広間だろう。南北一五・五間、東西一三・五間の広大な建物は、六つの部屋で構成されている（図2）。主室は一の間と二の間。一の間は四八畳、二の間は四四畳、この二室だけで九二畳もある。入ってみると、まずその広さに圧倒される。

　二の間から一の間を見ると（口絵2）、一の間の床が一段高いことに気づく。高さの差は八寸（約二四センチ）。一の間を「上段の間」とも呼ぶのはこのためである。よく見ると、天井も床と同じ高さ分だけ一の間の方が高く、一の間の中央付近だけがさらに一段高い。また、鴨居《かもい》の上の水平材（長押《なげし》と呼ぶ）も一の間の方が高くなっている。

一の間には、二の間側から見た正面に床《とこ》と違棚《ちがいだな》、右手に帳台構《ちようだいがまえ》、左手に付書院《つけしよいん》が置かれている。この床・違棚・付書院・帳台構の四種を総称して座敷飾《ざしきかざり》と呼ぶ。一の間中央の、ちょうど将軍が坐《すわ》る場所を取り囲むように座敷飾が並び、二の間に坐るとまるで舞台の大道具をみているような気がする。

この大広間のような住宅様式を「書院造《しよいんづくり》」という。畳敷の床《ゆか》も角柱も、障子《しようじ》や襖《ふすま》など引違戸も、そして座敷飾も、前章でみたように室町時代にすでに登場している。書院造は、中世の住宅を、近世という時代の要求に合わせ、整えることによって完成したのである。

身分差を表現する

近世ならではの「時代の要求」は、「身分差の表現」という言葉に集約される。

近世は厳格な身分秩序が確立した時代である。このため、「対面」によって互いの主従関係を確認するという政治的な意味合いが強くなり、対面の場となる建物には「主」と「従」の立場の差を明確に示す演出が求められた。

床高や天井高の違いは、その演出手法のひとつである。身分の高い人物が坐る場所ほど床の高さや天井の高さを上げ、さらには長押の高さも変えて、高さの差で空間の格の違い、すなわち坐る人の身

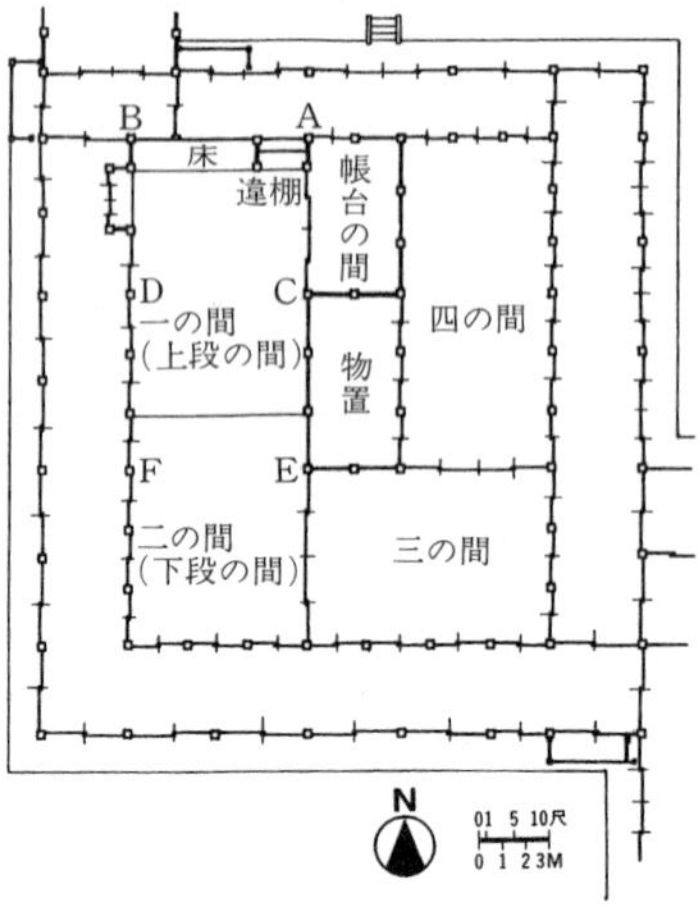

図2　二条城二の丸御殿大広間
現状平面図

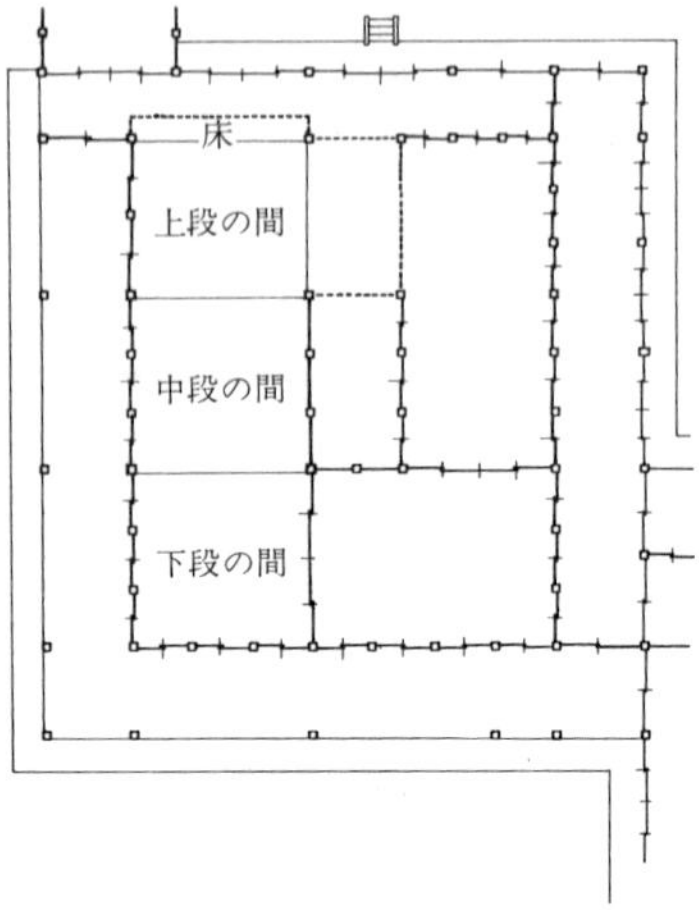

図3　二条城二の丸御殿大広間
復原平面図（創建時）

分の差を表現している。

天井の仕様も重要な要素である。一の間・二の間のような格子状の天井を格天井《ごうてんじょう》といい、特に四辺を支輪《しりん》（曲線状の支え）で持ち上げた形式を折上《おりあげ》格天井という。平らな格天井より、折上格天井の方が格《かく》が高く、一の間のように中央をもう一段持ち上げた二重折上格天井はさらに格が高い。大広間の各室（図2）の天井の仕様を比べると、一の間が二重折上格天井、二の間が折上格天井であるのに対し、三の間・四の間・帳台の間は格天井、物置は竿縁《さおぶち》天井で、部屋の格が下がるにつれて天井の仕様が変えられている。

そして、格の高さを演出する最も大切な舞台装置が、座敷飾である。四種の座敷飾のうち床・違棚・付書院は、前章でみたように、いずれも室町時代は「ものを飾る場」であって、ひとつの建物の中でも複数の部屋に分散して置かれていた。

残る帳台構は、他とは少し起源が異なる。「帳台」とは寝台を意味し、転じて寝室全体を指す語で、帳台構とは寝室の入口のことである。寝室の入口は、入りにくいよう敷居を上げ、鴨居を下げて襖を小さくする慣習があり、この構えを帳台構と呼んだ。したがって、本来帳台構の奥には寝室（または納戸《なんど》）があるはずで、主室というより内向きの部屋に設けられるものだった。しかし、次第に入口である帳台構だけが形式化し、床《とこ》・違棚・付書院とともに主室に設けられるようになる。二の丸御殿大広間の場合、帳台構の奥には「帳台の間」という小部屋があるが、ここを将軍が寝室に使ったわけではなく、帳台構が床・違棚・付書院とともに主室である一の間に置かれていることに意味がある。座敷飾は、座敷を「飾る」ものであり、その存在そのものが「将軍の座所」という部屋の格の高さを示す。座敷飾は、それを背にして坐る人の身分の高さを演出する舞台装置なのである。

改めて考えると、「格」とは不思議なものだ。空間の「格」が高いか低いかは、そこにいる全員に共通の認識がなければ成り立たない。同じ尺度を持っていなければ測れないものなのだ。床《ゆか》や天井の高さの差、仕様の差、座敷飾の有無など、格を高めるための手法が広く認知されてこそ、「対面」の舞台は整う。その規範が確立した姿が二条城二の丸御殿といえる。

この書院造の空間秩序は、封建社会が崩壊した今も根強く残っている。例えば複数の人で和室に入る場合、床《とこ》を背にする席が最も上席であり、一座の中で一番地位の高い人か年齢の高い人がその席に坐るという暗黙のルールは、まだまだ通用している。もし、床《とこ》が単に掛軸や花などを飾る場であれば、床《とこ》を背にする席より、床《とこ》を正面に見る席の方が上席になるはずだろう。「床《とこ》を背にして坐る人は身分が高い」という書院造のルールは、現代にも脈々と生き続けているのである。

慶長の大広間、寛永の大広間

ところで、二の丸御殿はすでに見たように、慶長に建てられ、寛永の行幸時に大改造を受けている。とすると、現存する二の丸御殿大広間には、慶長創建の御殿の姿が隠されているはずだ。

大広間の内部を改めて眺めてみよう。

一の間・二の間には、全部で一八本の柱が立つ。一本一本の柱は、大広間の巨大な空間を支えるため、現代の住宅に比べれば相当太い。ところが、よくみると太さはみな同じではなく、図2のA〜Fの柱は特に太い。試みにEの柱をよくみると、柱の二の間側の面（西面）には、天井に接する高い位置に木で埋めた跡があり、長押より下は別の木が被されている。前者は埋木《うめぎ》、後者は当木《あてぎ》と呼ぶもので、建物を改造した証拠である。

例えば、もともと壁だった箇所を襖に改造すれば、本来壁をささえていた水平材を抜き取り、その残った穴を目立たないよう塞がなければならない。この穴の部分だけを別の木で塞ぐのが埋木、穴が大きい（多い）場合にその面全体を別の木で覆うのが当木で、こうした改造の跡を「痕跡」と呼んでいる。建物を丹念に見て痕跡を探し、その意味を探っていくと、建物の本来の姿がみえてくる。まるで証拠を探し、謎を解いていく、推理小説のようだ。

そう思いながらEの向かいに当たるFの柱を見ると、東面にEの痕跡と対応するように埋木があることに気づく。とすると、EとFの間には今は何も無いけれど、かつてはここを繋ぐように水平材が入っていた、いいかえればここが部屋と部屋の境だったことになる。同様に、CとDにも痕跡があり、ここも部屋境だった。EとF、CとDの間が部屋境だとすれば、三つの部屋に区切られていたことになる。つまり、現在二室構成の一の間・二の間は、慶長創建時には三室構成だったのである（図3）。

本当に、慶長の大広間は三室構成だったのだろうか。幸いなことに、この建物を使った記録が残されている。

二条城が創建されて間もない慶長八年四月四日、家康は大名や公家を二条城に招き、対面を行った。このとき使われたのは「広間」と呼ばれる建物で、これが現在の大広間の前身に当たる。この日、家康と対面したのは全部で二〇人。このうち、醍醐寺三宝院門跡《だいごじさんぼういんもんぜき》の僧義演《ぎえん》と、公家《くげ》の山科言経《やましなときつぐ》は、それぞれ自分の日記に対面の様子を記している。

義演は、自分と将軍が「上壇」に坐ったと書いた後、それ以外に「中壇」に一一人、「下壇」に七人が坐ったとして、その名前と場所を記録している（図4）。合計すると、客が一九名で一名足りないが、どうも一人は忘れてしまったようだ。

もうひとり、「中壇」に坐った山科言経もまた、一人忘れて一八人分の名前と着座を記録した。義演の記録と比べると、人名の順番は異なるものの、「上壇」「中壇」「下壇」のどこにいたかは完全に一致する。大広間が、慶長創建時に上・中・下段の三室構成だったことは間違いない。

改造は、部屋の間仕切だけではない。現在の座敷飾はすべて寛永の改造の結果である（図2・3）。床と違棚は慶長には北側の廊下に張り出していたし、付書院は存在しなかった。帳台構もやはり無く、帳台の間は現在の一の間と繋がっていたようだ。つまり、慶長の大広間には座敷飾は床と違棚の二つしかなかったことになる。座敷飾が近世に入って定型化する過程は前章でみた通りで、この二の丸御殿大広間にも、慶長と寛永の二〇年あまりの差があらわれている。

現在みる一の間・二の間の濃厚な空間演出は、寛永に生み出された姿なのである。

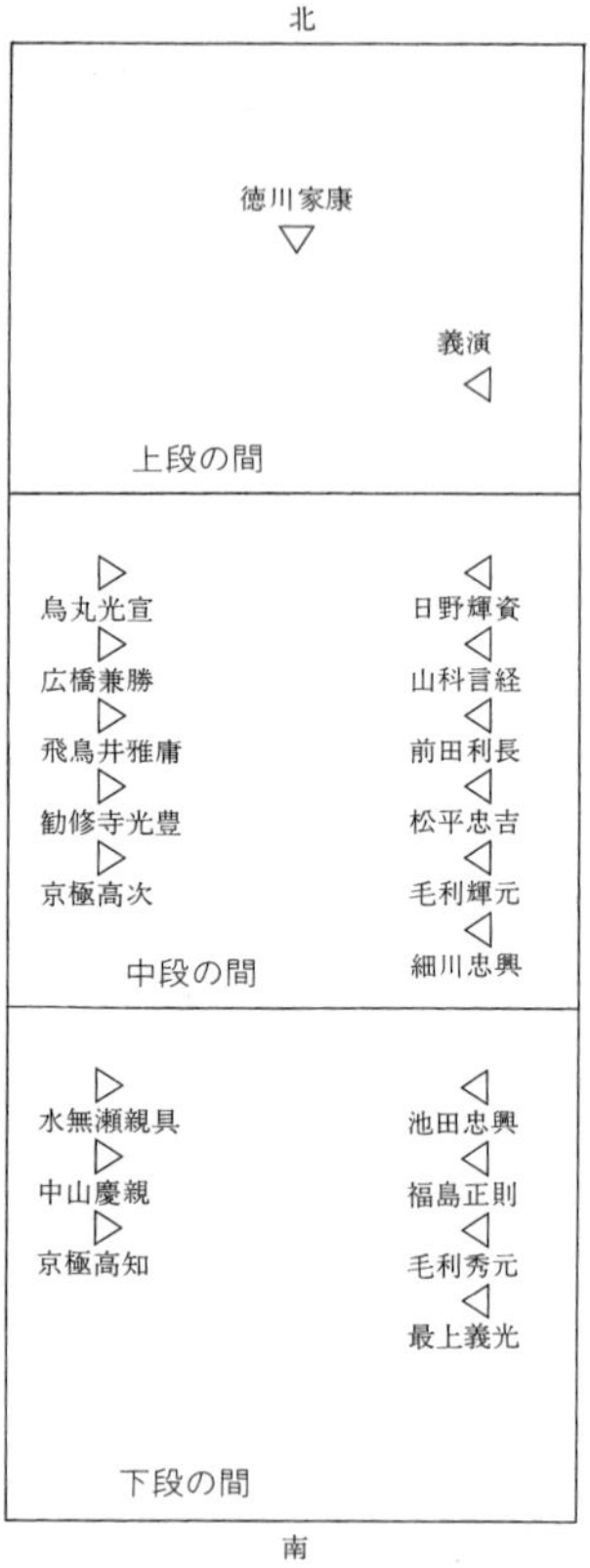

図4　慶長創建大広間の席次（『義演准后日記』『言経卿記』による）

権力を視覚化する

もう一度、義演と山科言経が記録した着座をみてみよう。

上段にいるのは義演と将軍。義演が「上壇、只《ただ》将軍ト予《よ》ト二人也」と自慢しているところが憎らしい。

中段にいるのは公家の烏丸光宣《からすまみつのぶ》、大名の前田利長《まえだとしなが》など一一人。気をつけてみると、将軍に近い側に正二位《しょうにい》、遠い側に従三位《じゅさんみ》の人物が坐っていて、一一人はほぼ位階の順に並んでいる。同じ位階なら、原則として官職が高い方が上座で、下段も中段と同じルールである。中段の東側列では、従四位《じゅしい》の松《まつ》平忠吉《だいらただよし》が従三位の毛利輝元より上座にいて、一見このルールが狂っているようにみえるが、この松平忠吉は家康の実子だから特別扱いだったのだ。こうした特例を除けば、極めて厳密なルールによって座所が決められていることがわかる。

この規範は、時代が下がって幕府の制度が整備されると、より細かく厳密になる。江戸城本丸御殿大広間での年始の儀式をみてみよう（図5）。左側のまるでグラフのようにみえる図は、下段の間の畳を拡大したもので、将軍から太刀を拝領する際下段の間のどこに坐るかを、畳の位置で指定している。例えば、中将なら縁から四枚目の畳、少将なら三枚目の畳に坐る。まるで将棋の駒のように、ひとりひとりの人物の位置に意味があり、「人」もインテリアの要素のような気さえする。建築の意匠だけではなく、人の配置までもが「格」を表現していたのである。

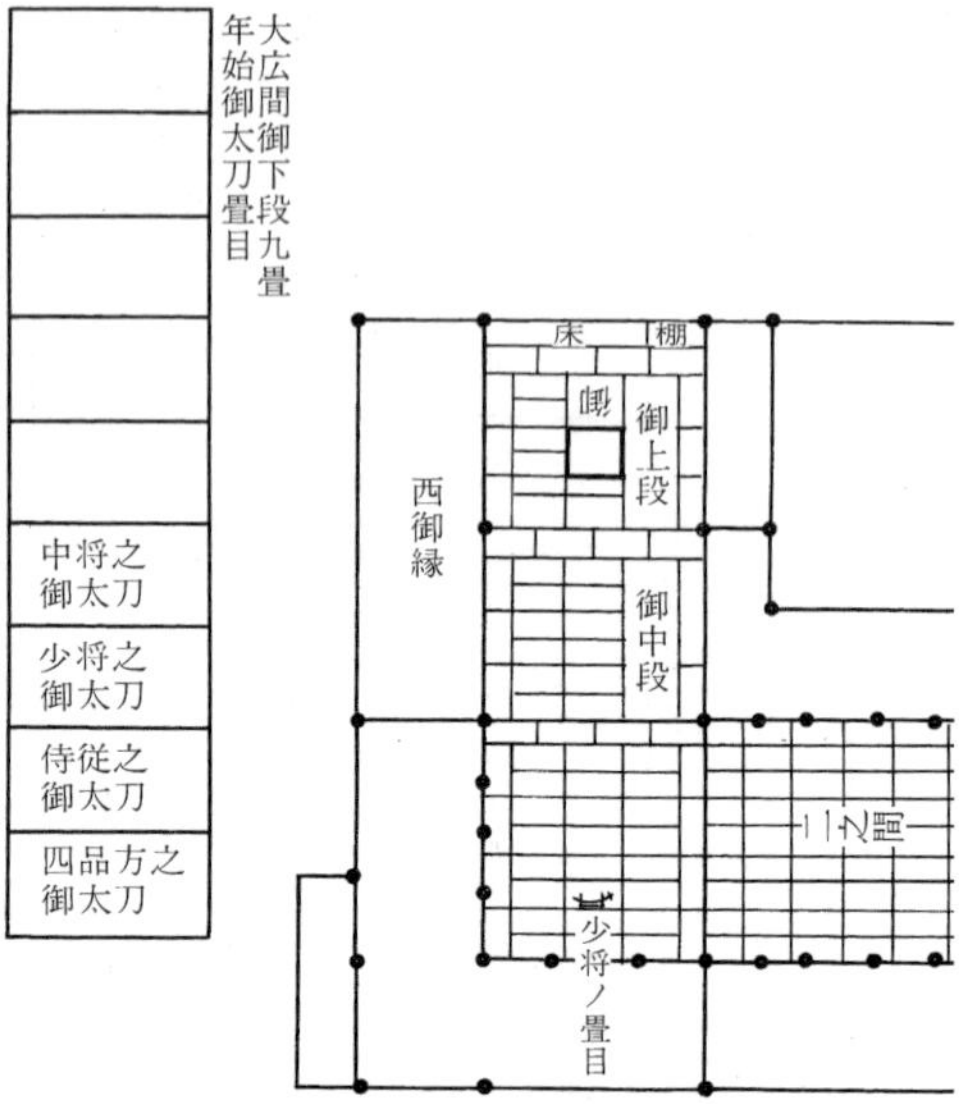

図5　江戸城本丸御殿大広間年始御礼の席図
（池田文庫蔵．平井聖『日本の近世住宅』より）

「格」とは、対面する人の権力の大きさといいかえることができる。権力は本来目に見えないものだ。だから人は、地位が上がると服装や態度を変え、権力を持ったことを目に見える形で示そうとする。目に見えないものだからこそ、何か目に見えるものに置き換えて表現する必要がある。書院造は、そこに坐る人の持つ権力を目に見える形で示した建築、つまり権力を視覚化した建築といえる。

寝殿造のおおらかな空間やフレキシブルな使い方とは逆に、書院造は多くのルールがあってこそ成り立つ。書院造は、「権力の視覚化」という目的のために、様々な要素を駆使して壮大な演出を行う、まさに舞台装置のような建築様式なのである。

住まいの使い分け

近世は「多様化の時代」である。住む人の身分、用途、そして立地や気候・風土など、異なる条件に合わせて様々な住宅が要求され、それに応える建築技術も整った。そして、公的な空間である「表」と私的な空間である「奥」（第八章）、公的な場を演出する書院造と、日常生活や遊興の場にふさわしい数寄屋造（第九章）、日常住まう本邸と、日常から離れて過ごす別荘（第一〇章）など、相対する空間や様式が併存した。それぞれの住宅様式をどんな場に使うのか、人々に共通の認識があってはじめて空間の秩序は成立する。近世はまた、「ルールの時代」ともいえる。

都市も同様である。江戸は百万人の大都市として、大名やその家臣、町人や僧侶など様々な身分の人々が異なる住宅に暮らし（第一一章）、城下と農村もまた、生活や住宅が相違した（第一二章）。

ここでは、近世に生きる人々の多様な住まいをみてみたい。

8 将軍御殿の表と奥　江戸時代

江戸城

現在の東京都千代田区に所在。江戸幕府三代将軍徳川家光（一六〇四―五一）の時代に完成。天守は明暦の大火（明暦三・一六五七）による焼失後、再建されなかった。御殿は、焼失と再建を繰り返し、最後の造営は元治元年（一八六四）。現在は櫓門などを残すのみで、西の丸部分は皇居に、本丸・二の丸などは東御苑として公開されている。

（『江戸図屏風』より）

江戸城

徳川家康が江戸城に入ったのは天正《てんしょう》十八年（一五九〇）八月一日のことである。家康が入府した当時の江戸城は、室町時代に太田道灌《おおたどうかん》が築いたままで、数棟の御殿が存在するだけだった。それが近世を代表する大城郭に発展するには、家康・秀忠・家光《いえみつ》の三代の手を経なければならない。

まず文禄《ぶんろく》元年（一五九二）、家康が西の丸を築き、慶長《けいちょう》十一年（一六〇六）には二代秀忠が城の大増築工事に着手、本丸・二の丸・三の丸など内郭と、それを取り巻く外郭を築いた。本格的な御殿や天守が建てられたのもこのときが最初である。さらに、三代家光が寛永《かんえい》六年（一六二九）に城域の拡張に着手、江戸城の外郭・内郭は寛永十三年（一六三六）にようやく完成した。家光は、同十五年には新たな天守を造営、十六年には同年に焼失した本丸御殿の再建も成った。

ところが、江戸城の造営はこれで終わらなかった。「火事と喧嘩《けんか》は江戸の華《はな》」という言葉通り、江戸城は江戸時代を通じて八回も焼失し、その度に再建されてきた。江戸時代最後の造営は、文久《ぶんきゅう》三年（一八六三）六月の西の丸焼失、十一月の本丸焼失によるもので、このとき本丸は再建されず、西の丸にのみ仮御殿が建てられた。この最後の西の丸御殿は、明治初年に天皇の住まいとなったが、これも明治六年（一八七三）に焼失、江戸城の御殿は永久に失われた。

現在、江戸城本丸の跡は、皇居東御苑《ひがしぎょえん》として公開されている。広々とした庭園に立ってみると、この場所が一万坪を超す建物で埋め尽くされていたとは信じがたい。そして、その御殿が今、全く残っていないこともまるで夢のようである。江戸城の建物は、門などごく一部しか残っていないのだ。

ただ幸いなことに、設計図が残されている。江戸城は何度も焼失し、何度も造営されたため、その回ごとに大量の図面が作成され、蓄積された。造営時期によっては、間取りを示す平面図のみならず、高さを知る断面図や、構造を示す床伏図《ゆかふせず》・小屋伏図も現存するから、これを総合すれば、江戸城の御殿がどのような建物だったのか、具体的にみえてくる。特に、江戸時代末期、天保《てんぽう》十年（一八三九）再建の西の丸御殿（天保度西の丸御殿と呼ぶ）と、弘化《こうか》二年（一八四五）再建の本丸御殿（弘化度本丸御殿と呼ぶ）は、後に詳しくみるように、御殿の図面だけではなく、その内部を飾った障壁画の小下絵《こじたえ》（現実より縮小して描いた下絵）が残っていることでも知られる。

この図面と小下絵を手がかりに、江戸城の御殿の様子をみてゆこう。

本丸と西の丸

広い江戸城をみるには、まず全体像を知らねばならない（図1）。

江戸城の中心は本丸と西の丸である。このうち本丸は将軍が住むところで、単なる居住機能以外に、幕府の中核として、政庁の機能も持っている。現代の首相官邸に近い。一方西の丸は、前将軍または次期将軍が住むところで、本丸よりやや規模が小さい。将軍と世継《よつぎ》、前将軍と将軍など、父と跡継息

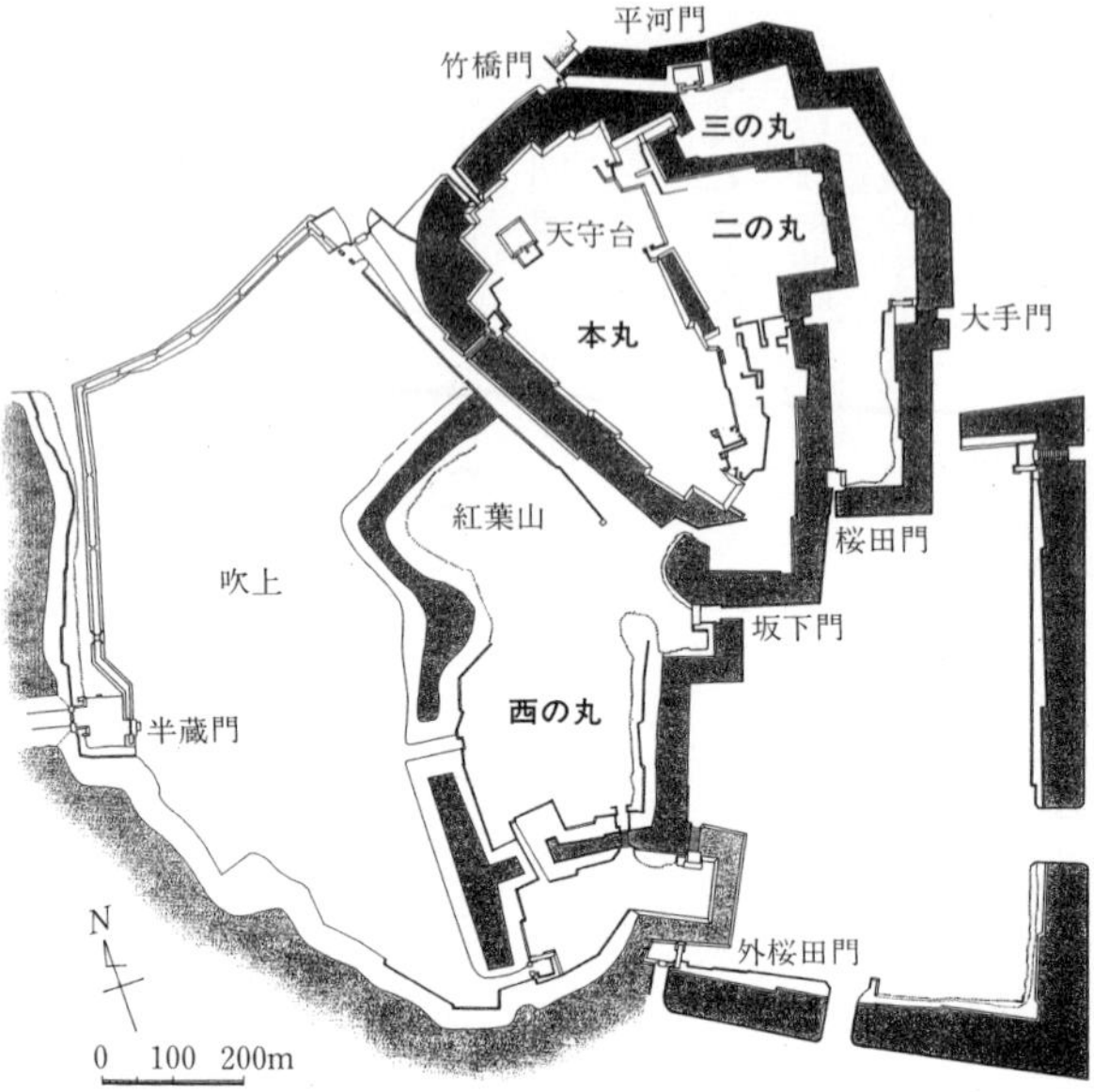

図1　江戸城縄張図
（『江戸城障壁画の下絵』より）

子はたとえ親子であっても同じ建物に住むことはなかったのである。

この本丸と西の丸の住み分けを八代吉《よし》宗《むね》から順にみてみよう（『東京市史稿　皇城篇』）。

吉宗が将軍職を継いだのは享保《きょうほう》元年（一七一六）である。当時紀伊《きい》徳川家の藩主だった吉宗は、前将軍家継《いえつぐ》がわずか八歳で亡くなったため、急遽《きゅうきょ》八代将軍の座につくことになり、この年八月江戸城の本丸に入った。

この吉宗には息子が四人いた（うち一人は早世）。長男家重《いえしげ》が病弱で言語不明瞭だったのに対し、次男宗武《むねたけ》と四男宗尹《むねただ》は才気煥発《さいきかんぱつ》で、跡継をめぐる諍《あらそ》いが起きたことは有名である。しかし、享保十年（一七二五）に家重が元服して正式に世継と定められると、家重はそれまで暮らしていた二の丸から西の丸へと移った。「西の丸に移る」ことが、「将軍世継になった」と表明することを意味したのだ。そして、延享《えんきょう》二年（一七四五）、八代吉宗が隠居し、家重が九代将軍の座に付くと、家重は今度は本丸に移り、入れ替わりに吉宗が西の丸に移って、西の丸は前将軍の隠居御殿となった。

このシステムはその後も同様だ。家重の子家治《いえはる》も、世継に決まると二の丸から西の丸に移り、前将軍家重の隠居によって一〇代将軍になると同時に、西の丸から本丸へと移っている。一一代家斉《いえなり》の場合、もともと御三卿《ごさんきょう》の田安《たやす》家の生まれで、一〇代家治の長男家基《いえもと》の急死により天明元年（一七八一）に将軍の世継と決まったため、田安家の屋敷から江戸城の西の丸へ入った。そして、天明《てんめい》七年四月、家治の死去によって将軍職を継ぎ、本丸へ移った。後で詳しくみる天保度西の丸御殿の主は、天保八年（一八三七）に引退して西の丸に移ったこの家斉であり、その六年後の弘化二年に造営された弘化度本丸御殿の主は、家斉の子で一二代将軍の家慶《いえよし》である。

本丸も西の丸も、本来は単なる城の地域の名称でしかない。しかし、本丸が将軍の居所と決められていたからこそ、本丸に「入る」「出る」という動きそのものが象徴性を帯びてくる。西の丸から本丸へ移るのは将軍の座に着くことを意味し、逆に本丸から西の丸に移るのは将軍を引退することを意味したのである。

表と奥

この本丸や西の丸にはどんな御殿があったのだろう。

城の御殿というと、よく「大奥《おおおく》」の名を耳にする。時代劇や小説の影響か、女性がたくさんいる怖い場所というマイナスイメージがあるが、この「大奥」は御殿のエリアの名称である。そもそも「奥」とは、広大な御殿のうち私的な用途に用いる範囲を指し、反対に公的な用途に用いる範囲は「表」と呼んだ。御殿の用途や性格だけではなく位置的にも、文字通り入口に近い部分が「表」、それより奥に当たる部分が「奥」で、江戸城の場合、この「奥」をさらに二つに分けて、将軍が起居し日中政務に当たる部分を「中奥《なかおく》」、正室をはじめとする女性が生活する最も私的な部分を「大奥」と呼んだ。これは、本丸も西の丸も同じである。前章でみた二条城の場合、江戸城と比べると「表」や「中奥」に当たる建物はあるが、「大奥」に当たる建物がない。これは、二条城が将軍が上洛したときにだけ利用する御殿であって、正室たちは逗留しなかったからである。

このように、公的な空間を手前側、私的な空間を奥側に置く配置は近世に確立した定型であり、規模は異なっても当時の御殿に共通したルールである。「表」と「奥」は近世住宅の基本といえる。

弘化度本丸御殿を例に、具体的にみてみよう（図2）。

江戸城本丸は南北に長い敷地を持ち、その南隅に本丸への正門に当たる書院門がある。大名が登《と》城《じょう》するときは大手門か内桜田《うちさくらだ》門からが一般的で（混雑時のみ和田倉《わだくら》門なども使用）、ここから大手三之門（下乗門）、大手中之門を経て、書院門から本丸に入った。書院門のすぐ前に玄関があり、この玄関に続く一角が「表」である。「表」では、正月元日からはじまる幕府の様々な儀式や大名との対面が行われ、また幕府の政庁として、諸役人が勤める部屋もほとんど「表」に置かれている。大広間から松《まつ》之《の》廊《ろう》下《か》を通って白書院、竹之廊下を通って黒書院と続く一角が「表」の中心で、いずれも二条城二の丸御殿と同様、天井や床の高さと仕様、座敷飾、障壁画などによって公的な空間にふさわしい格

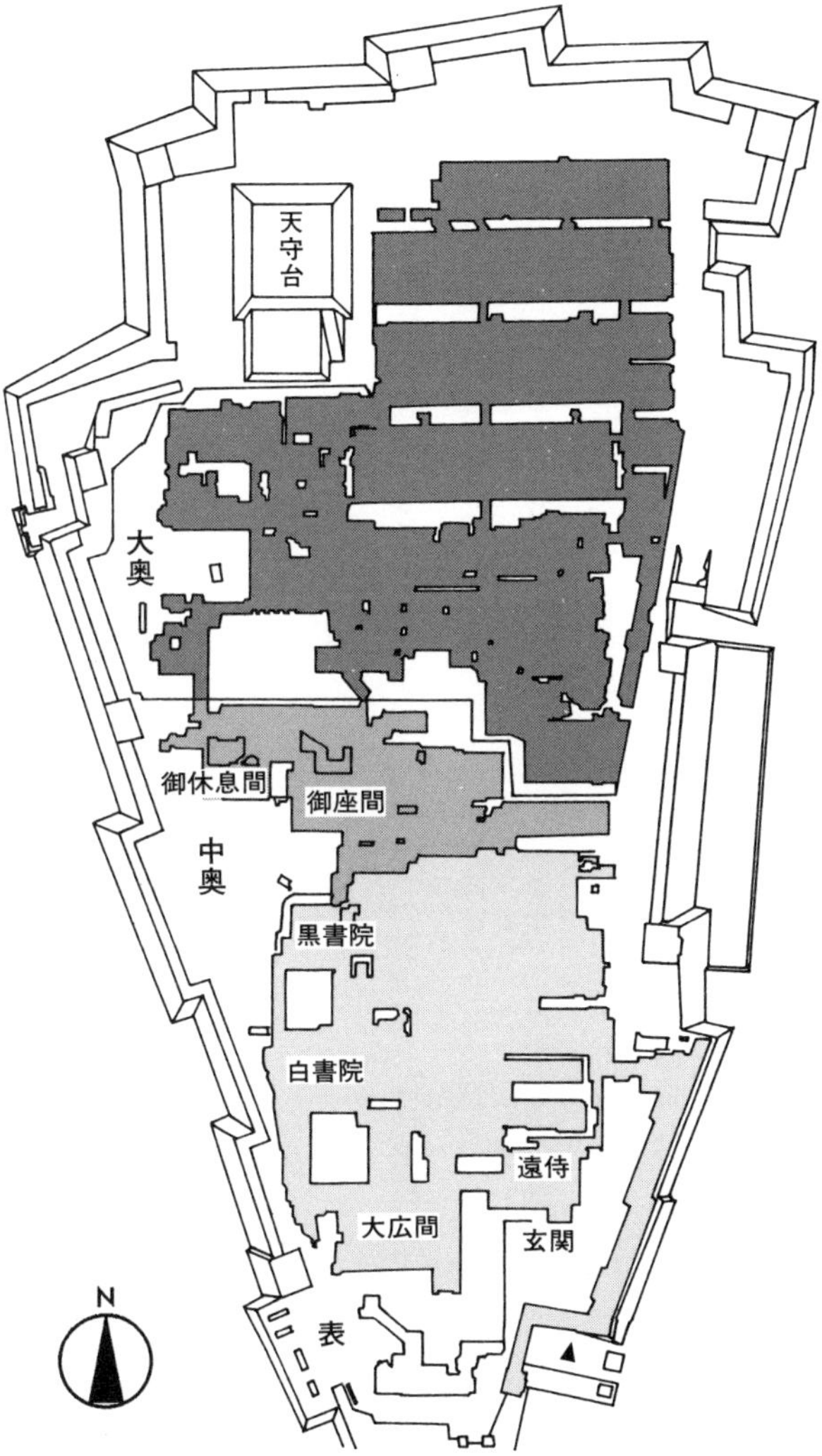

図２　弘化度江戸城本丸御殿配置図

式が演出されている。

中でも大広間は、上段の間をはじめ六室から成る大建築である。将軍が坐る上段の間は、幅三間の大床を中心に違棚・付書院・帳台構と四種の座敷飾を備え、松に鶴を画題とした金碧障壁画《きんぺきしょうへきが》で室内を包み込む。天井は二重折上格天井《おりあげごうてんじょう》。将軍家の対面の場にふさわしい内部空間だが、どうも「住む」場所という印象は薄い。ここは、現代でいえばレセプションホールであり、幕府の「顔」に当たる場所であって、だからこそまさに「表」なのだ。

では、将軍が「住む」建物はどこかといえば、「中奥」の御座間と御休息間がそれに当たる。江戸城ができた当初は御休息間はなく、御座間一棟で将軍が政務を執り寝起きもしていたが、幕府の組織が大きくなると、私的な生活を政務から独立させる必要が生じ、御座間とは別に生活の場として御休息間が置かれるようになった。その時期は明確ではないが、延宝《えんぽう》八年（一六八〇）に四代将軍家綱《いえつな》が亡くなったとき、棺が御休息間に置かれているから、遅くともこの頃には将軍の居室として御休息間が存在したようだ。

将軍の「住まい」である御休息間は、弘化度の本丸御殿を例にみると、上段・下段の二室からなる小規模な建物である。上段は床《ゆか》を一段高くし、床《とこ》と違棚を備える。こうしてみると、規模や仕様はやや異なっても、基本は大広間とほとんど変わらない。御休息間もまた書院造を基本にしているのだ。

では、対面の場である大広間と、生活の場である御休息間では何が違うのだろう。

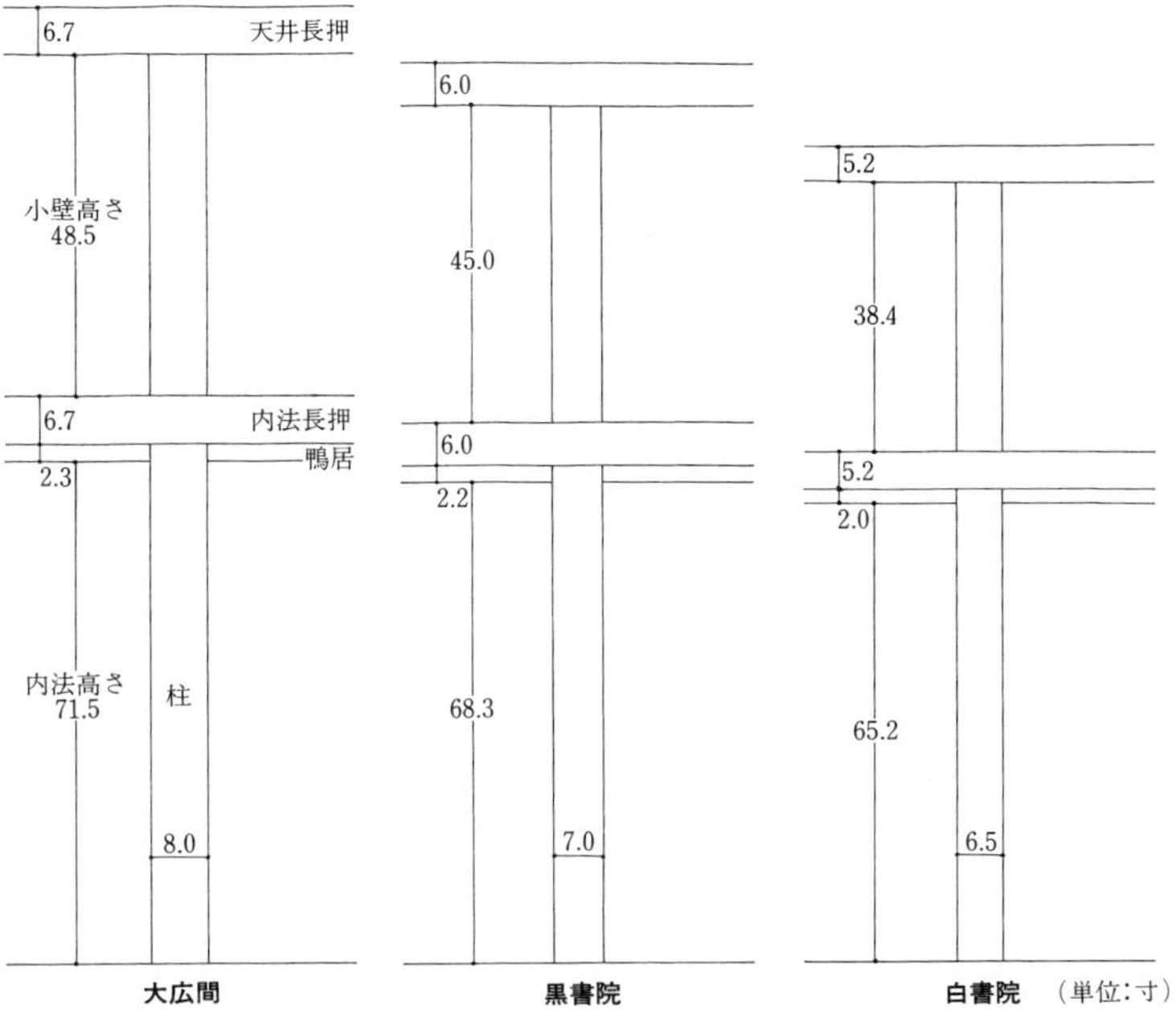

図3　二条城二の丸御殿　高さの比較

一番大きな違いは寸法である。前章でみた二条城二の丸御殿を例に、「表」の大広間・黒書院と、「中奥」の白書院の三つの建物を比べると、天井の高さや内法《うちのり》（建具の上端）高さが順に低くなっている（図3）。また、大広間の柱の太さが八寸（約二四㌢）なのに対し、黒書院は七寸（約二一㌢）、白書院は六寸五分（約一九・五㌢）で、この柱太さに応じて鴨居や敷居などの背《せい》（縦寸法）も小さく、一本一本の部材も華奢《きゃしゃ》に造られている。こうしたひとつひとつの寸法が相まって、それぞれの用途にふさわしい空間が演出されていたのである。

「有形の通り」と「御好み」

ところで、本来住宅には、その時代の生活や住む人の希望が反映するものだ。江戸城本丸御殿なら、当然、主である将軍の意見や好みを反映するはずだろう。しかし、江戸城の大広間や白書院、御座間の平面は、江戸前期から幕末までの約二五〇年間ほとんど変わらない。年代が違う図面を並べてみても、区別がつかないほどだ。こうした表向の建物は儀式に使うものだから、儀式の次第が変わらない限り建物も古い形式を踏襲したためだ。

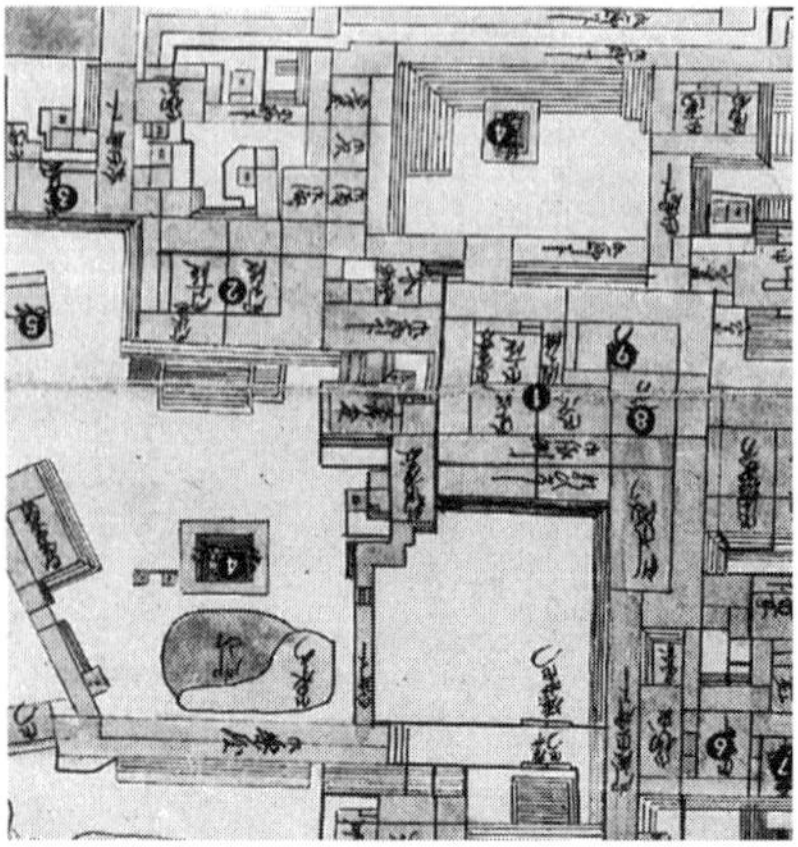

図4『江戸城御本丸御表御中奥御大奥総絵図』中奥部分

当時、前例の通りに建てることを「有形《ありかた》の通り」と言った。実は「有形の通り」は、儀式に縛《しば》られるからだけではなく、工期短縮と費用節約のための究極の武器でもあった。火災で再建するたびに、広大な御殿を一から設計したら時間がかかるが、前例通りに建てれば設計の手間が少なく、工事の期間も短縮される。弘化度の本丸御殿の場合、焼失してから全ての建物を再建するまでに一年かかっていない。驚異的なスピードである。そして、前例通りに建てれば、工事期間が短いから大工の手間賃が安く済み、工事費の節約になる。幕府の城である江戸城には、個人の意志が反

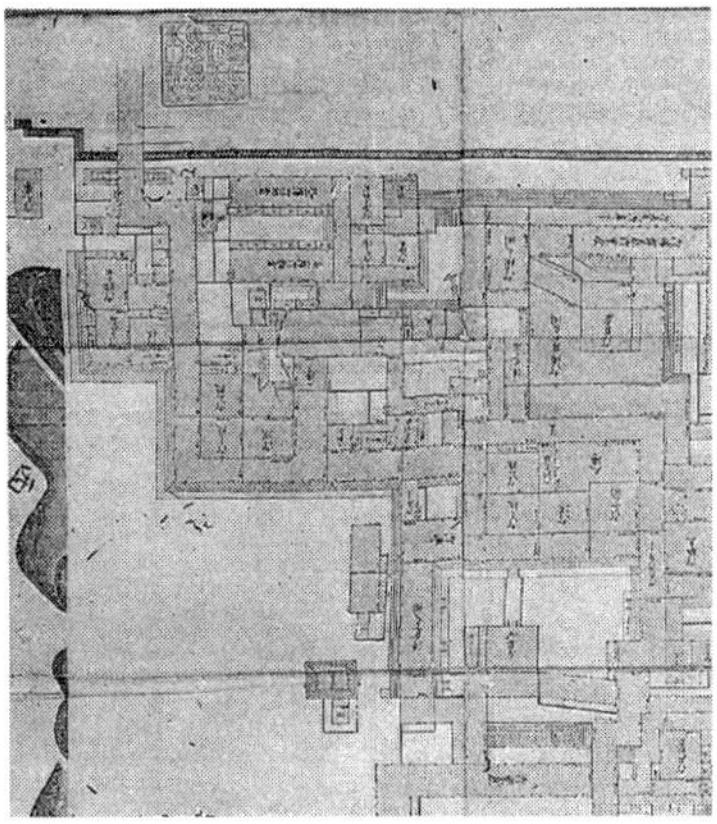

図５　『御本丸御表方惣絵図』中奥部分（訂正前の状態）

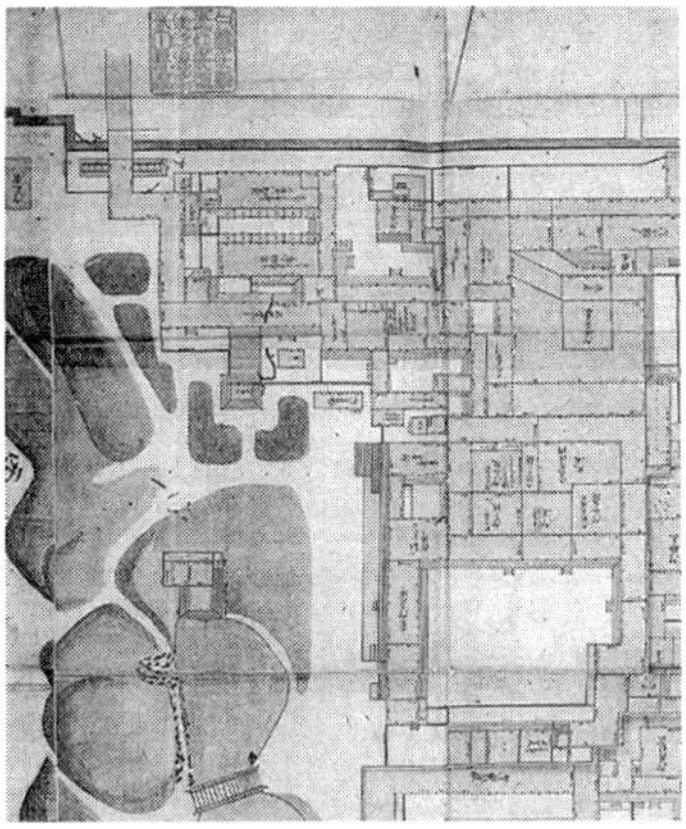

図６　『御本丸御表方惣絵図』中奥部分（訂正後の状態）

映する余地はほとんどないといっていい。

その中で、御休息間は将軍の私室として、将軍個人の希望が取り入れられた数少ない建物である。御休息間の周辺は、将軍の代替わりごとに建て直しや改造が行われたため、表向きの御殿と異なり、時期によって少しずつ様子が異なる。当時、将軍（前将軍）の意向のことを「御好み」といった。つまり、御休息間には、各代の将軍の「御好み」が反映しているのだ。

例えば、万治《まんじ》二年（一六五九）に建てられた本丸御殿は、天保十五年（一八四四）に焼失するまで一八五年間存続したが、御休息間周辺だけは複数の平面図が残されている。この間に本丸に住んだ将軍は、四代家綱から一二代家慶まで九人。御休息間が住み手によってどう変わったのか、平面図から見てみよう。

図４は、図の中に書き込まれた老中らの名前から、五代綱吉《つなよし》の時代の様子と考えられている。御休息間は

上段・下段の二室から成り、さらに西に一室の御小座敷がある。この一角が将軍の生活の場であることは、御座間の北側に御湯殿が置かれていることからもわかる。西側には御休息間から見物するための舞台、南側には御座間から見物するための舞台と、二つも舞台がある。綱吉は、多くの猿楽師《さるがくし》を召し抱え、自身も能を趣味としていたから、御休息間の舞台は自分が舞うためのものかもしれない。

ところが、図5を見ると、御座間は変わらないものの、御休息間は一室増えて三室となり、御小座敷も部屋数が増えている。この改造は、五代綱吉が亡くなり、正徳《しょうとく》三年（一七一三）六代家宣《いえのぶ》が将軍職を継いだときに行われたものだ。しかし、家宣はわずか四年で没してしまう。派手好みで知られた綱吉の時代よりさらに規模が大きいこの御殿は、わずか五歳で将軍職を継いだ家宣の子家継の時代を経て、八代吉宗へと引き継がれる。

享保元年（一七一六）に将軍の座についた八代吉宗は、先代が住んだあまりに豪華な御休息間を嫌って取り壊し、建て替えまでの間、廊下の一部を区切って御休息間の替わりにしたと伝えられている。「廊下に住む」とは極端な話だが、図5の上に張り紙をして訂正された中奥の様子（図6）を見ると、御座間はあるものの、御休息間も、御小座敷も、御座間南の舞台も無い。取り壊されたのである。では将軍の生活スペースはどこかというと、御座間の北の小さな上段・下段の二室しか見あたらない。図5との落差はあまりに大きいが、この図6の状態は八代吉宗が華美を嫌って改造した姿なのだ。その後、享保十二年に御休息間が再び建てられるが、その間吉宗はこの建物で暮らしたことになる。この質実さこそが、吉宗の「御好み」だったのである。

内部空間と障壁画

もうひとつ、将軍の希望が反映された部分がある。御殿の室内を彩る障壁画である。

障壁画は単なる「絵」ではなく、ただ美しければ良いものでもない。障壁画は、御殿の数多い部屋を区別し、それぞれの部屋の性格や機能を視覚的に示すサインといえる。だから、どんな用途、どんなランクの部屋に何を描くべきか、当然障壁画の画題にはルールがあった。例えば江戸時代中期、狩野永納《かのうえいのう》の『本朝画史《ほんちょうがし》』には「山水を以て殿中の上段に為《な》す。人物を以て殿中の中段に為す。花鳥を以て殿中の下段と為す。走獣を以て庇間《ひさしのま》の中に為す」とあって、御殿の上段、中段、下段、庇の順に、障壁画の画題として山水、人物、花鳥、走獣を当てるようにと説いている。上・中・下段にこのままの順番で障壁画が描かれた例はほとんどないが、「上段」や「中段」を個々の部屋ではなく御殿の配置に読み替えてみると、この一文が障壁画の序列を示していることがよくわかる。

江戸城では、こうした規範の存在を背景に、建物と同様障壁画もまた「有形の通り」を原則とした。火災で焼けても、以前と同じ画題、絵様の障壁画を同じ手法で描くのだ。ただし、将軍の希望がある場合に限り変更が行われており、中でも御休息間は、建物と同様、将軍や前将軍の「御好み」によって障壁画もしばしば模様替えが行われた。

図７　弘化度江戸城本丸御殿御休息間　障壁画小下絵

これら江戸城の障壁画は、建物と共に火災ですべて失われてしまったが、江戸時代末期の小下絵《こじたえ》が残されている。この小下絵は、当時は「伺下絵《うかがいしたえ》」と呼ばれ、実際の障壁画制作に取りかかる前に将軍や前将軍に見せて意向を伺うために制作したもので、画面を小さく縮小して巻物のように描いている。東京国立博物館に残る天保度西の丸御殿、弘化度本丸御殿の小下絵は全部で二六四巻。では、さきほど見た本丸御休息間にどんな絵が描かれていたのかというと、三組の小下絵が残されている。

このうち二組は、名所絵を題材にしたもので、上段の床《とこ》には大きな富士山が描かれている（図７）。駿河《するが》は、徳川家にとって関東移封以前の領地であり、しかも家康が幼少期と晩年を過ごした特別な地で、富士山はその象徴的な存在といえる。天保度西の丸の御休息間もやはり名所絵で、床《とこ》は富士山だったし、天保度・弘化度の制作では「有形の通り」に名所絵を描くよう指示がされているから、これ以前も富士山が描かれていたようだ。本丸御休息間の残る一組の小下絵は、耕作図である。田に水を張り、田植えをし、秋には刈り取って、収穫を祝って歌い舞うという一連の様子が細かに描かれている。この案が誰の「御好み」によるものなのか、また実際に障壁画として制作されたのかは残念ながらわからないが、将軍の希望によって模様替えが試みられた様子を伺うことができる。

この小下絵の多くを描き、天保度西の丸御殿造営と弘化度本丸御殿造営の二度の障壁画制作を指揮したのは、狩野《かのう》晴川院《せいせんいん》養信《おさのぶ》という絵師である。将軍家の御用を勤める御用絵師の中でも、「奥絵師」という最高の地位に付いた人物で、しかも筆まめな晴川院は、仕事内容を『公用日記』という日記に詳細に記録した。将軍が障壁画にどのように注文を付けたのか、日記にはその情景も垣間見える。

図8　『公用日記』天保12年10月14日条
図中央の「上」とある人物が家慶.

例えば、天保十二年（一八四一）、本丸大奥御小座敷の障壁画の描き直しに関する記事がある。大奥御小座敷は、中奥から大奥に入ってすぐの場所にあり、大奥における将軍の寝室といわれている。大奥にあって将軍自身が使う建物であり、中奥の御休息間と同様、将軍の生活の場といえる。この模様替え以前、御小座敷には「竹に雀」の絵が描かれていたが、当時将軍職にあった一二代家慶の「御好み」によって「竹に鶴」の絵に改められた。家慶は、この図様を決める段階から注文を出し、さらには実際に絵を描いている最中もその様子を見に出かけた。図8は、晴川院が日記に描いた挿絵で、御小座敷の内部で台に乗って絵を描く晴川院、その手伝いをする弟子達、そして後ろに立って指示をする家慶の姿が描かれている。家慶は、自身が生活するこの部屋の障壁画に強い関心を持っていたのだろう。なんとなく、自分の部屋の模様替えを楽しむ現代の我々の姿と重なり、将軍への親近感すら湧いてくる。

広大な江戸城の中で希望を反映できる数少ない場所。御休息間や御小座敷は、将軍にとって本当の意味での「自分の城」といえるかもしれない。

9 数寄屋造、遊びの空間　江戸時代

本願寺黒書院

京都市下京区堀川通り花屋町下ル門前町。本願寺（西本願寺）は、浄土真宗本願寺派の総本山で、巨大な御影堂・阿弥陀堂で知られる。黒書院は、明暦二年（一六五七）に建てられた本願寺門主良如（一六一二—六二）の生活空間で、他に対面のための書院や、楼閣建築である飛雲閣なども現存。

寺院に暮らす

この章でみるのは、京都を代表する寺院、本願寺《ほんがんじ》（西本願寺）である。京都駅にほど近い堀川七条に広大な寺地を持ち、御影堂《みえどう》や阿弥陀堂《あみだどう》など巨大なお堂がそびえ立つ。現代の日本で、最も信者（本願寺では門徒《もんと》と呼ぶ）が多いのが本願寺派だという。お寺というと、やはりこうしたお堂や塔など宗教空間がまず浮かぶ。

しかし、大きな寺院になればなるほど、そこに暮らす僧侶も多い。当然、その生活空間も必要になる。例えば禅宗寺院では、生活そのものが修行であるという教義から、僧が暮らす僧房や浴室・東司《とうす》（トイレ）などが伽藍《がらん》の中心に置かれていた。

また、大寺院の「長」ともなれば、公家や武家に匹敵する力を持つ。特に本願寺は、開山である親鸞《しんらん》の子孫が教団の宗主（門主《もんしゅ》という）を代々世襲し、江戸時代には「西門跡」と呼ばれて公家に準ずる扱いを受けた。公家や武家との交流も深く、この章で中心にみる良如《りょうにょ》門主（一六一一―一六六二）の場合、最初の妻を公家の九条家から、二度目の妻を天皇の親戚である八条宮家から迎えている。京都・本願寺の寺域の奥には、この門主と家族のための広大な居住空間が存在したのである。

本願寺の配置は、城郭に置き換えると理解しやすい。前章の江戸城を例にすると、諸役人の執務空間など幕府という機能のための建物が、寺院である本願寺では御影堂や阿弥陀堂に当たる。そして、江戸城に将軍のための御殿が置かれたように、本願寺でも堂塔の背後に、近世住宅のセオリー通り、

図1　本願寺書院対面所

れたのである。

門主のための「表」と「奥」の御殿が建てら

対面所と黒書院

まず、「表」の建物を紹介しよう。書院という（図1）。

本願寺書院は、対面所と白書院の大きく二つの部分から成り立っている。対面所と白書院は本来別の建物で、これを合体させて一棟にし、現在の姿になった。このうち対面所は門主の対面に用い、白書院はそれよりやや内向きの対面に用いた。もともと二棟分の建物だから全体も巨大だが、対面所だけでも十分大きい。この対面所が、本願寺の居住空間では一番公的な空間である。

対面所の内部空間は、「豪華絢爛《ごうかけんらん》」と呼ぶ

にふさわしい。もちろん、すでにみた二条城や江戸城の大広間も大きく豪華だったが、この本願寺の対面所も目を驚かす。下段は一六二畳、上段と上々段は合わせて四五畳。二条城や江戸城の御殿と異なり、奥行だけではなく横にも広い。壁や襖、天井まで金碧障壁画《きんぺきしょうへきが》で覆い尽くし、上段・下段境には鴻《こう》（コウノトリ）を彫り込んだ欄間《らんま》を入れ、上段の正面には、本願寺独特の構成で床・違棚・帳台構を一列に並べる。本願寺という大教団の門主の対面にふさわしい豪壮な大空間である。

実はこの対面所は、もともと元和《げんな》四年（一六一八）にわずか一か月半で建てられた建物だ。このあまりに短い工期は、火事の後の再建のためで、当初は「仮営」、つまり仮の間に合わせのつもりだった。その後、寛永十年（一六三三）に境内の西方に移築され、このとき白書院と合体されたようだ。本願寺は、三代将軍家光《いえみつ》をここに招く計画があり、それにふさわしい建物を準備する必要があった。現在みる豪華な意匠は、将軍を迎える空間として改造された結果なのである。

この書院の北東隅に、透かし彫りを施した唐戸《からど》（両開きの戸）がある。美しい扉の向こうには廊下が続き、その先に黒書院と呼ぶ建物がある。ここが本願寺の「奥」で、かつては常御殿《つねのごてん》などさらに内向の御殿が北側に存在したが、今は門主の御座所だったこの黒書院だけが残っている。建てられたのは明暦《めいれき》二年（一六五七）、良如門主のときである。

黒書院は、一の間と二の間を中心とする（扉図版・図2）。広さは一の間が一一畳、二の間が二〇畳。対面所とは規模も大きく違うが、受ける印象も全く違う。対面所が豪華さと威圧感を感じさせるのに対し、黒書院は穏やかで落ち着いた印象を与える。この印象の違いこそが、建物の用途の違いを反映したものなのだ。

いったいどこが違うのだろう。

例えば柱。対面所の柱は角柱である。角柱《かくばしら》は、「角」とはいうものの、実は四角ではなく、通常四隅を四五度に落としている。正確には八角形なのだ。このように隅を落とすことを「面取《めんとり》」といい、落とした部分を「面」という。ところが、黒書院の柱は、角は角だが、この面の部分が曲線である。「面皮柱《めんかわばしら》」といって、丸太の四面を切り落とし、隅に丸太の自然の丸みを残したものだ。さらに、柱は素木のままではなく、灰汁《あく》を使って黒く色付が施されている。

例えば壁。対面所では、壁や襖《ふすま》も長押《なげし》の上の小壁も金碧障壁画で覆っていたが、黒書院ではこの小壁が黄色の土壁で、障壁画も金碧ではなく落ち着いた水墨画が選ばれている。黒みがかった木部と土壁がよく合って、引き締まった印象を与える。

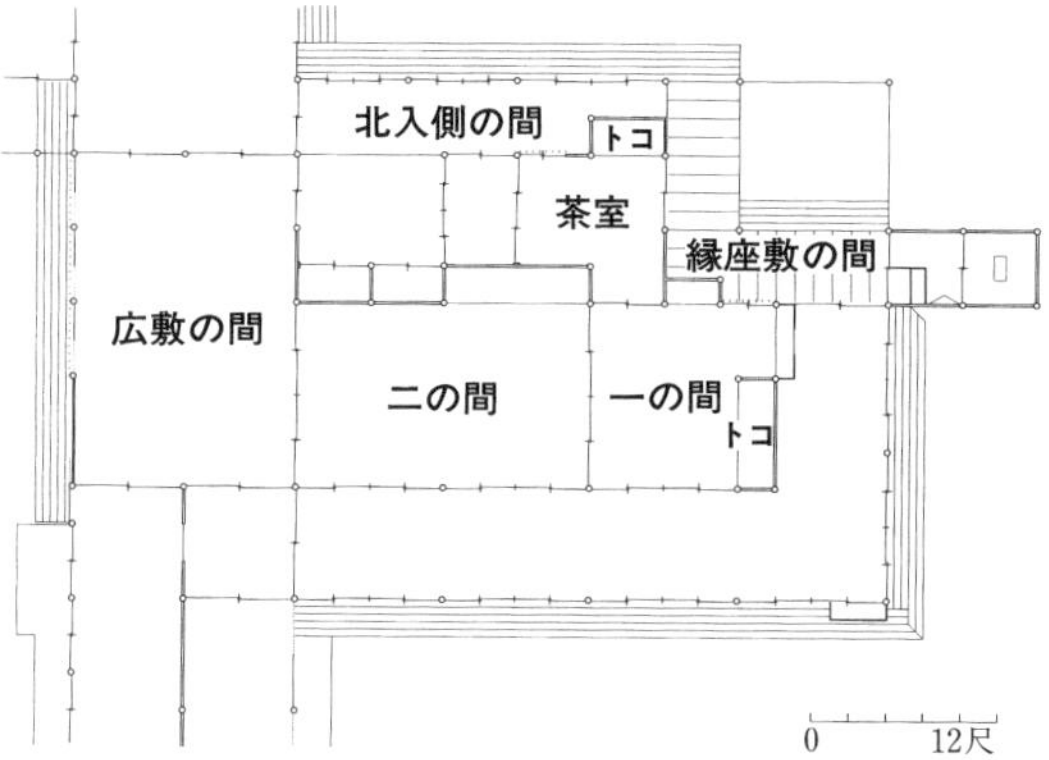

図2　本願寺黒書院平面図

この黒書院のような建築様式を「数寄屋造《すきやづくり》」という。ただし、書院造の特徴である角柱の使用、畳の敷詰、襖や障子など引違戸の使用、座敷飾の存在などは、いずれもこの黒書院に当てはまる。黒書院と対面所を比べてもわかるように、基本的な要素はほとんど変わらない。数寄屋造は、書院造を基本として生まれた様式なのである。

数寄と数寄屋

そもそも「数寄屋」とは何だろう。

数寄屋という言葉を分解すると、「数寄《すき》」と「屋」になる。つまり「数寄のための建物」という意味だ。この「数寄」とは、物事に執着するさまをいう。ただ「好き」ではなく、好きで好きでたまらないこと、他を忘れてそのひとつにのめり込むことを指し、転じて一道を極める姿を指した。例えば、六章でみたような唐物《からもの》を蒐集する「唐物数寄」などがこれに当たる。そのひとつが「茶数寄」つまり茶の湯を極めることで、次第に茶の湯そのものを「数寄」といい、茶の湯などの芸能や遊びに用いる建物を「数寄屋」と呼ぶようになった。

書院造は、そのコンセプトが「格の表現」であり、対面の場にはふさわしいが、ここで一日中過ごすと思うと肩が凝《こ》る。本願寺の対面所も豪華ではあるが、ここでくつろぎ、心や身体を休めることはできないだろう。遊びや風流の場、普段の生活の場には、それにふさわしい建物が必要だ。こうして、書院造の堅苦しさを取り、軽くすることで数寄屋造が生み出されたのである。

書院造を「軽く」するとは、ファッションでいえば堅いスーツを着崩して、遊びっぽくアレンジするようなものだ。言葉でいうのは簡単だが、具体的にどうすれば「軽く」なるのだろう。

まず柱は、黒書院のような面皮柱をよく用いる。面皮柱は、自然のままの曲線を使うから、面をきちんと取った角柱とは異なり、一本一本の柱に微妙に違いがでる。このばらつきが室内全体に「遊び」を生む。また、長押も同様に、面皮丸太を用いるか、または打たない場合が多い。長押は、「化粧長押」とも呼ぶように構造的な意味がない意匠上の材で、太い水平材を部屋中に廻すことで全体を引き締める効果を持つ。室内に鉢巻を締めるようなものだ。これを取ってしまえば、細い鴨居だけになるから、ずっと華奢《きゃしゃ》でおだやかになる。

室内の色調のトーンを落とすことも必要だ。書院造の場合、障壁画を描くのが普通で、壁を残す場合も白漆喰塗《しろしっくいぬり》が多い。色彩の基調となるのは金と白だ。一方数寄屋造では、壁は色のある土壁が多く、障壁画も金箔《きんぱく》を使わない水墨画や、「唐紙《からかみ》」という木版刷りの紙を使う。

書院造が基本だから、もちろん座敷飾も設けるが、配置や意匠は定型にこだわらない。格を示す必要はないからだ。本願寺黒書院の場合も、床・違棚・付書院が設けられているが、付書院が床の左隣、違棚が付書院の手前にあって、定型を崩している。また、付書院に花灯窓《かとうまど》を用い、棚に透かし彫りを入れるなど、デザインにも凝っている。違棚の透かし彫りは、背後の壁から離れていて、室内に明かりを灯《とも》せば、彫物の影が背後の壁に映ってゆらめく。数寄屋造では、同じ座敷飾でも「楽しむこと」に力点が置かれている。

書院造を軽くする、これが数寄屋造の基本なのである。

数寄屋の手法

しかし、ただ落ち着いているだけでは、遊びの空間にふさわしくない。高い教養と美意識を持つ上流階級の「遊び」の場には、空間を彩るポイントが必要だ。ファッションでいえば、ここまでは本体の洋服の部分で、さらにアクセサリーを付けていくと考えてほしい。

黒書院を見ながら、数寄屋造の手法を探ってみよう。

建築の内部空間は、柱や壁、天井など大きな構成材だけではなく、実に細かく小さな部品を積み重ねて作られている。黒書院の長押を見ると、途中に小さな金具があるが、これは長押を打ち付けた釘の頭を隠すためのもので釘隠《くぎかくし》という。黒書院では、一の間は橘《たちばな》、二の間は亀甲《きっこう》に菊と丁字《ちょうじ》、入側は筏《いかだ》と桜をモチーフにする。ひとつひとつの金具は手のひらに載るほどの大きさだが、七宝《しっぽう》焼きの色彩が鮮やかで、色彩を押さえた室内のさりげないポイントになる。数寄屋造では、この釘隠以外に、襖や杉戸の引手にも凝ったデザインが用いられる。曼殊院《まんしゅいん》書院（明暦二年・一六五六）の釘隠は、なんと富士山（図3）。よくみると、入道雲あり、細くたなびく雲あり、ちぎれ雲あり、ひとつひとつ雲の形が異なる。室内に入り、こんな発見があるとうれしくなる。こうした細部に目を留めさせ、それを話題に話がはずみ、場が盛り上がる。これが数寄屋の極意なのである。

金具以外に、欄間《らんま》や障子にも凝る。「障子なんて、縦桟と横桟の格子だから凝りようがない」と思うのは大間違いで、実に多くのバリエーションがある。例えば、桟の間隔を一本おきに狭めてみる。吹寄《ふきよせ》という手法で、三本の吹寄や四本の吹寄、一本のみと吹寄の交互など、アレンジは無限だ。黒書院の欄間もこの吹寄で、さらに花狭間《はなはざま》と呼ばれるデザインを組み合わせている。曲線を使うこともある。三渓園臨春閣《さんけいえんりんしゆんかく》（慶安二年・一六四九頃）の付書院の障子は波形。一見、桟を曲げて作ったようだが、そうではなく長方形の板から一本一本波形を切り出している。数寄屋は、こうした高い大工技術の集大成でもある。

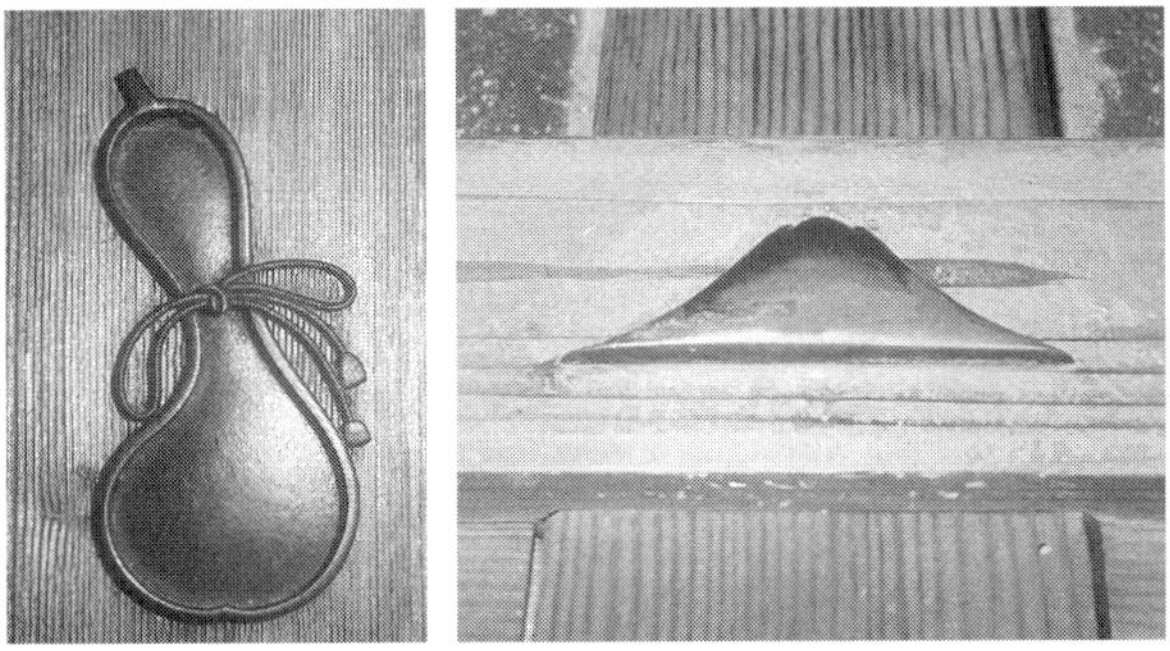

図3　釘隠・引手（曼殊院書院）

次は色。色調を落とすことが数寄屋造の基本と書いたのに矛盾するようだが、全体ではなくポイントに色を使う。床框や襖の框《かまち》（枠）など小さな部材を朱塗にしたり、釘隠のような金具に鮮やかな色を使ってアクセントにする。

壁にも様々な色土を用いる。例えば赤壁《あかかべ》。赤土を用いたり、弁《べん》柄《がら》を混ぜて作られる。赤い壁なんて派手だと思うかもしれないが、落ち着きのある華やかさがまさに数寄屋向きだ。他にも、灰青色の壁（九条壁）、黒い壁（鉄砂壁）、螺鈿《らでん》を埋め込んだ壁、さらには輸入の顔料を使う例もある。金沢・兼六園《けんろくえん》内にある成巽閣《せいそんかく》（文久三年・一八六三）は、藩主の母の隠居御殿として建てられた。この二階の「群青《ぐんじょう》の間」は圧巻だ。壁は赤壁、天井は鮮やかな青で、ウルトラマリンブルーという西欧から輸入した顔料である。赤壁は、金沢では町家でも用いられるほど普及していた。こうした色彩を用いることで、見慣れた壁や座敷飾も新鮮な意匠に見える。色彩の持つ力は大きいのである。

遊びの空間

ところで、数寄屋を「遊びの空間」というけれど、何をして「遊ぶ」のか。

ここでいう「遊び」とは、和歌や漢詩などの文芸、管弦や舞、謡《うたい》や能などの芸能、茶の湯、立花《りっか》などを指す。四季折々の風景を楽しみ、月を眺め、花を愛《め》でる。それを話題に会話を楽しみ、歌を詠む。そうした行為すべてが「遊び」といえる。

良如が生きた時代の公家社会では、後水尾院《ごみずのお》（一五九六―一六八〇）を中心に、高い教養に裏付けされた文化サロンが形成されていた。良如の二度目の妻は、桂離宮の創設者として知られる八条宮智《とし》仁《ひと》親王の娘で、後水尾院の従姉妹に当たる。良如も、こうした公家文化の担い手のひとりだった。

後水尾院の「遊び」を見てみよう。

本願寺黒書院が完成する三年前の承応《じょうおう》三年（一六五四）二月二十七日、後水尾院の御所では観桜を主題とした「二日一夜之御遊」が行われた。参加したのは二〇人余、鹿苑寺の僧鳳林承章《ほうりんしょうしょう》がその様子を日記『隔蓂記《かくめいき》』に記している。最初は香合せ。複数の香を薫き、その香りを嗅いで（「香を聞く」という）種類を当てる一種のゲームで、当時は大変人気があった。終わると料理の振舞があり、舟遊に移る。ここは京都の中心、御所の中だから、池といってもそれほど大きいわけではない。しかし、舟に乗ることで普段とは違う空間が体験できる。それを楽しむのである。舟から降りると酒宴、その後は俳諧《はいかい》、さらに碁や双六《すごろく》などの盤上の遊びが続く。夜中の二時頃からは今度は踊りを楽しみ、夜が明ける頃やっと終わる。翌日もまた、朝食の後、盤上・俳諧・酒宴・謡が続き、本当に「二日一夜」を遊び通している。ちなみに、このとき後水尾院は五十九歳。遊びには強靱《きょうじん》な体力も必要らしい。

また、明暦《めいれき》四年（一六五八）六月二十二日には、後水尾院御所で能が行われている。演じられた能は全部で一一番。院御所の能舞台には、前に舞台を観るための座敷が設けられているが、舞台前の庭にも見物席が用意された。当日は大雨、それでも庭で見物する人々は一人も帰らなかった。能は、当時最高の楽しみだったのである。

本願寺にも能舞台はある。しかも、四つもあるのだ。ひとつは北能舞台（図4）。国内現存最古の能舞台とされるこの舞台は、書院の北側にあり、白書院を見所《けんじょ》とする。逆に、書院の南側にある南能

図4　本願寺北能舞台

舞台は、対面所から眺めるように作られている。残る二つは室内能舞台で、対面所と白書院にひとつずつある。対面所の場合、下段の中央の畳を上げると能舞台として使えるよう設計されており、音が響くよう床下には瓶《かめ》が埋められ、楽屋からの通り口に当たる戸は、被《かぶ》り物が支《つか》えないよう鴨居と小壁を取り外すことができる。南能舞台で能を演じる場合、人は対面所の下段に坐らなければ観ることができないが、この室内能舞台なら上段に坐ったまま眺めることができる。高貴な人を客とした場合には、この室内能舞台の方がふさわしい。本願寺では、坊官（本願寺の家司《けいし》）の下間《しもづま》家が代々能の名手として知られ、その腕前は天皇に招かれ内裏で舞うほどだった。四つの能舞台の存在は、いかに本願寺で能が大切にされていたかを窺わせる。

本願寺にとって、能は最大の「遊び」であり、客に対する最高のもてなしだったのである。

花鳥風月への招待

本願寺には、黒書院以外にも数寄屋がある。飛雲閣《ひうんかく》というこの建物は、御殿群から離れた庭の中、池に面して建つ（図５）。

図５　本願寺飛雲閣

飛雲閣は謎の多い建物である。そもそもいつ建てられたのかはっきりしない。豊臣秀吉の聚楽第《じゅらくだい》の遺構という伝承もあるが定かではなく、慶長十五年（一六一〇）頃に建てられた「御亭」がこの建物に当たるともいわれている。

外観も普通ではない。三階建てのこの建物の魅力は、その「普通ではない」ところにある。左右対称を避けて三階を中央からずらして置き、様々な形と大きさの屋根を複雑に組み合わせる。アンバランスなのに美しい、絶妙のプロポーションである。

内部も異色だ。一階は、平面だけを見れば、上段と上々段があり、床や付書院もあって、格式の高い書院造のように見える。

しかし実際に入ってみると、普通は壁を立てる床《とこ》の背後に段差を付けた障子を入れ、付書院に軍配型の窓をあける。長押を打ち、金碧障壁画を描く格の高い造りでありながら、随所で基本を崩し、斬新な意匠を散りばめる。これも数寄屋なのだ。

二階は「歌仙《かせん》の間」の通り、周囲の板戸の内側にも外側にも三十六歌仙の人物を描く。歌を詠《よ》むにはふさわしい空間だ。最上階の三階は「摘星楼《てきせいろう》」、つまり星を摘むほど天に近い場所という美しい名前が付いている。高所からの眺望を楽しむ楼閣建築にふさわしい。摘星楼は八畳一室のみ。しかしこの小さな空間に、珍奇な銘木《めいぼく》の床柱《とこばしら》、朱塗の菱格子の障子、赤壁など、数寄屋の手法が詰め込まれている。

この建物が変わっている点は他にもある。実は、この建物の正式な入口は、池なのだ。飛雲閣が面する池は滄浪池《そうろうち》という立派な名前が付いているものの、それほど大きいわけではない。しかし、飛雲閣へはこの池に舟を浮かべ、一階の舟入の間から入る。たとえ小さな庭であっても、舟で建物へたどり着くことで、日常を離れ、異空間へと旅する気分が味わえる。

京都の町中にいながら、旅の気分を味わう。飛雲閣の趣向は、裏を返せば、それほど日常と違う世界、外の世界に憧れていたことを窺わせる。数寄屋造は、書院造から「格や身分を表現する」ための要素を取り除くことから生まれた。だからこそ数寄屋造は、格や身分に縛られた俗世から離れ、花鳥風月の世界に入るための舞台装置ともいえるのである。

10 洛中の本邸、洛外の別荘　江戸時代

桂離宮

京都市西京区桂御園。八条宮家（のち桂宮家）の別荘。正親町《おおぎまち》天皇の孫にあたる初代智仁親王（一五七九―一六二九）の時に古書院、二代智忠親王（一六一九―六二）の時に中書院を増築するなど、段階を追って造営された。智仁親王は、豊臣秀吉の猶子となるが、その後破棄、政治の表舞台から退いたものの、和歌など文芸全般に優れた文化人として知られた。

洛中と洛外

都市は生き物だ。身近な町も、少し時間をおいただけで建物が建て替わり、道の様子が一変して、かつての姿がわからなくなる。現代ほど変化は早くはないが、いつの時代もやはり都市は日々刻々と姿を変えるものである。

こうした変化は、ジグソーパズルが徐々に出来上がっていくように、所有者が異なるそれぞれの土地の変化が少しずつ集まって都市全体に及ぶこともあるが、もっと劇的に、都市の骨格そのものが変えられる場合もある。こんな大がかりな都市改造は、現代ならではの事象と思われがちだが、実際には近世以前にも、そして古い歴史を持つ都市でも行われた。

そのひとつが京都だ。平安京を母体とするこの都市は、災害や戦乱によって次第に姿を変え、室町時代には上京《かみぎょう》と下京《しもぎょう》という二つの核に集約されていた。平安京という長方形の都市から、上京・下京という二つの町を室町通で結んだ天秤のような都市への変化は、長い年月をかけて自然に起きたものだが、一六世紀末にはひとりの為政者によって劇的な改造が行われた。

この人物が豊臣秀吉である。秀吉は、従来の格子状の町割りの都市密度をあげるため、その真ん中に「突抜《つきぬけ》」と呼ぶ道を通して短冊型の街区にしたり、寺院を強制的に移転させて寺町を形成するなど、壮大な都市計画をいくつも行ったが、その最も大きな改造が「御土居《おどい》」の築造である。御土居とは、土を持って作った土塁のことで、上京・下京という二つの地域を囲むように、総延長二三キロに渡って輪のように築かれ、京都という都市の範囲を改めて区画した。主要な街道と御土居との接点は七口と呼ばれ、ここを出ることは京都を出ることを意味した。そして、この御土居の内側を「洛中《らくちゆう》」、外側を「洛外《らくがい》」と呼び、区別することになったのである（図1）。

ところで、洛中・洛外という言葉自体は、御土居の築造以前からすでに使われている。洛中の「洛」とは、北魏《ほくぎ》の都洛陽《らくよう》のことで、かつて平安京で右京に長安《ちようあん》（唐の都）、左京に洛陽というニックネームが付けられていたことに由来する。右京はすでにみたように早くに衰退し、左京だけが市街として残ったから、京都イコール左京、つまり洛陽であって、京都の内と外という意味で、平安時代後期からすでに「洛中」「洛外」という言葉が使われていたのである。当時洛中・洛外の境界は厳密なものではなかったが、御土居の完成によって明快な区分が定められた。洛中と洛外は、江戸時代に入ると、洛中は京都町奉行の管轄、洛外は京都代官の管轄と行政上の掌握も異なったが、さらに地形も風土も文化も歴史も、全く異なる世界として認識された。洛外には、洛中とは異なる独特の文化圏が形成されることとなったのである。

洛中に住む人々にとって、洛外は憧《あこが》れの地だった。すでに、中世の上流階級の間で世を捨てて山に籠もるという隠遁《いんとん》思想が流行した様子をみたが、この思想は中世にとどまらず、江戸時代まで脈々と続いている。特に、公家《くげ》たちにとって、西行《さいぎよう》や鴨長明《かものちようめい》のような文学者は、歌を詠《よ》む上での先達であり、崇拝の対象でもある。その人々が自由に暮らした洛外という地は、江戸時代の公家たちにとって

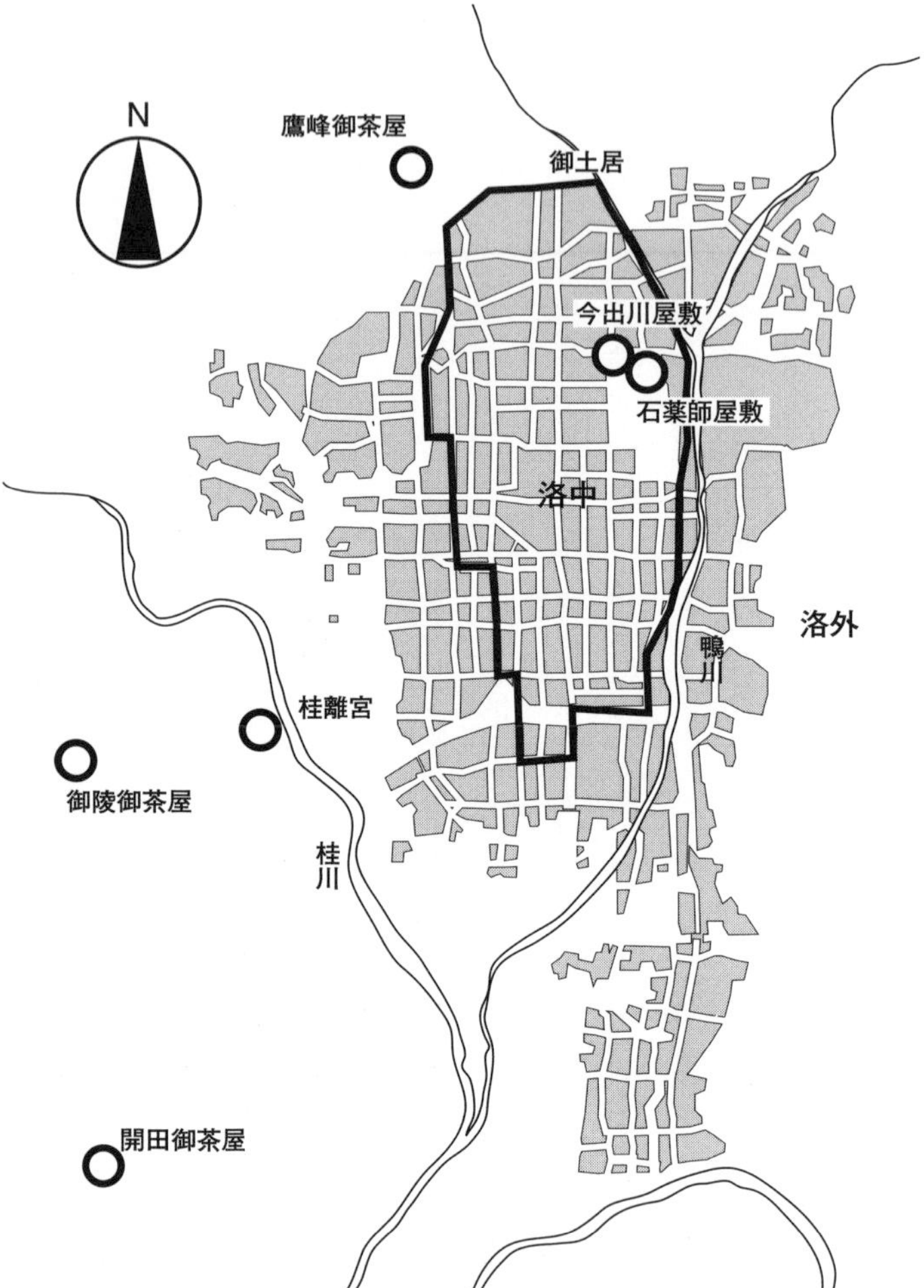

図1　洛中・洛外と八条宮家の別荘

やはり憧れの地だったのである。

さらに洛外は、「行きたくても行けない」場所でもあった。江戸時代、公家たちは幕府から厳しく管理されていた。現在では、天皇が日本のみならず外国まで訪問しているから、いつの世も天皇はこんなに外に出かけるものだと思いがちだが、これは明治天皇以降のことで、近世に限ってみれば、天皇は在位中に洛外はおろか内裏の外に出たことすらない。近世を通じて、在位中に災害以外の理由で内裏の外に出たのは、後陽成《ごようぜい》天皇の聚楽第行幸《じゅらくだいぎょうこう》、後水尾《ごみずのお》天皇の二条城行幸の二度の行幸のあと、幕末の孝明《こうめい》天皇まで例がない。本当に籠《かご》の鳥のようだ。これは公家たちも同じで、洛外へ出る場合は京都所司代《しょしだい》への届け出が必要だった。行きたくても行きにくい場所、だからこそよけいに洛外への思慕は募ったのである。

八条宮家と桂離宮

この洛外に営まれた別荘として、最もよく知られているのが修学院離宮《しゅがくいんりきゅう》と桂離宮だろう。現在はどちらも宮内庁の所有になっているが、建設された江戸時代には、修学院離宮は院（天皇を退位した人物）の別荘、桂離宮は天皇の親戚筋に当たる宮家（親王家）のひとつ、八条宮家の別荘だった。同じ洛外でも、修学院離宮が御所からみて北東の比叡山の麓にあるのに対し、桂離宮はそのちょうど対称の位置に当たる南西の桂川のほとりにある（図1）。

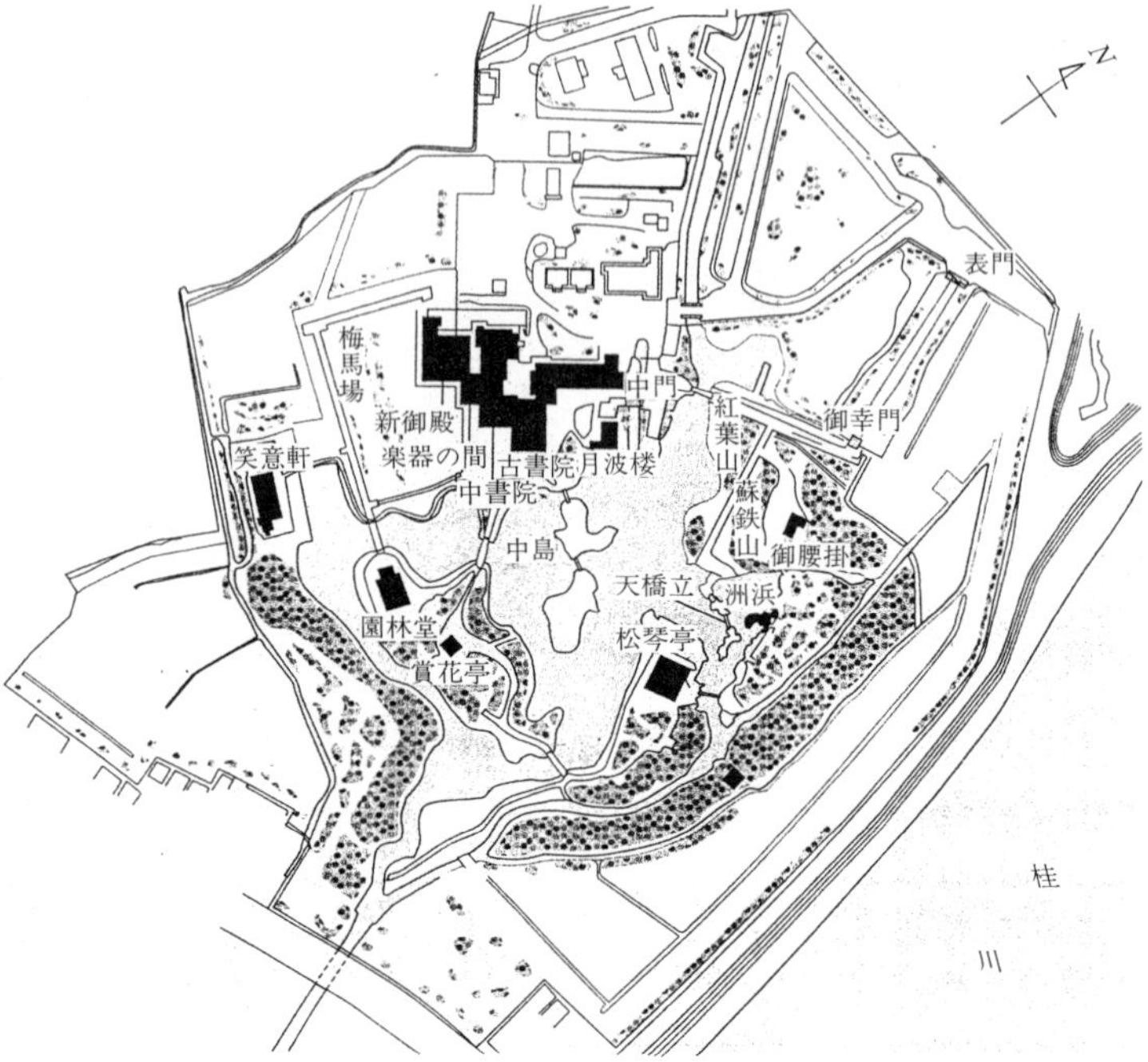

図2　桂離宮配置図

八条宮家は、正親町《おおぎまち》天皇第一皇子誠仁《さねひと》親王（夭折したため天皇位を継がなかった）の第六皇子である智仁《としひと》親王を初代とする。智仁親王は、一時は豊臣秀吉の養子となり、跡継ぎと目されたが、実子鶴松の誕生によって養子縁組を解消され、代わりに所領三〇〇〇石を献じられて新しい宮家を創設した。秀吉に体よく追い出された形である。その後、後陽成天皇の次の天皇にとの話が浮上したこともあるが、今度は徳川家康の反対で消滅、智仁親王は二人の権力者によって何度も運命を流転させられた。その一方、智仁親王は和歌にも漢詩

図3　上空から見た桂離宮

にも、茶道や書にも秀でた文化人として知られた。例えば、智仁親王は、「古今伝授《こきんでんじゅ》」を細川幽斎《ほそかわゆうさい》から受けている。「古今伝授」とは、古今和歌集の解釈の秘伝を口伝えに伝授することで、これを受けることは最高の教養を証明するものだったのだ。桂離宮は、その当時随一の文化人智仁親王が創設した別荘なのである。なお、八条宮家は、その後京極宮・桂宮と名前を変えるが、煩わしいので、ここでは八条宮家という名前で統一することにしよう。

桂離宮は、江戸時代には「桂別業《べつぎょう》」とか「桂御茶屋」と呼ばれていた。「御茶屋」とは、今でいう別荘を指す場合もあるし、庭園に建てられたひとつの建物を指す場合もある。名前だけを聞くとまるで小さな別荘のようだが、桂離宮は一万二〇〇〇坪に及ぶ敷地に、古書院・中書院・楽器の間・新御殿の四棟が連なる御殿群と、松琴亭《しょうきんてい》・賞花亭《しょうかてい》・笑意軒《しょういけん》・月波楼《げっぱろう》・園林堂《おんりんどう》の五つの庭間建築が点在する広大な施設である（図2、3）。

まず智仁親王が御殿群のうち古書院を元和《げんな》二年（一六一六）頃に創設し、二代智忠《としただ》親王が寛永《かんえい》十八年（一六四二）頃に中書院を増築した。さらに後水尾院の御幸《ごこう》を迎えるために楽器の間・新御殿を増築、遅くとも寛文《かんぶん》三年（一六六三）には完成して現在の姿となった。庭の御茶屋はいずれも年代がはっきりしないが、松琴亭や月波楼は新御殿とほぼ同時に造営され、その他は江戸時代中期にかけて整備されたと考えられている。桂離宮は、このように長い年月をかけて整備されたものなのだ。

ところで、別荘とは、本邸があってはじめて成り立つものだ。八条宮家の本邸は、京都御所の北側、公家町と呼ばれた一角にあり、ここから輿《こし》に乗って行った。桂離宮まではおよそ九キロ。智仁親王やその子智忠親王の時代まではおおらかだったものの、時代が下ると幕府の管理は厳しさを増し、洛外に宿泊することは原則として許されなかった。とすると、この距離を日帰りしなければならない。遊びに行くのも一苦労だ。

だからこそ、八条宮家の歴代の当主は、桂離宮に泊まることを切望していた。江戸時代中期、八代家仁《やかひと》親王はその望みを宝暦《ほうれき》九年（一七五九）にかなえた。八条宮家は、当主が夭折したり、跡継ぎに恵まれなかったりとやや不運な家だったが、その中で家仁親王は六十五歳まで長生きし、初代・二代以後、桂離宮をはじめとする別荘を最も よく利用した人だ。家仁親王の別荘ライフを、その記録から見てみよう。

桂への御成

宝暦五年(一七五五)三月二十六日、家仁親王は、息子公仁《きんひと》親王の妃である格宮室子《かくのみやむれこ》女王を誘って桂離宮に出かけた。こうした高貴な人々が出かけることを「御成《おなり》」という。室子女王が八条宮家に嫁したのは前年の宝暦四年。室子女王にとって初めての桂離宮への御成だ。一方の家仁親王は、十一歳のときに初めて桂を訪れて以来、三十代半ばからはほぼ毎年、欠かすことなく春秋の桂を楽しんでいた。ただし、寛延《かんえん》三年(一七五〇)から五年間は、宮家の財政難から別荘への御成を止められており、やっとその禁則が解けたのが前年の宝暦四年だった。前年も、そして今年も桂に行けるという喜びが家仁親王にはあっただろう。

この御成については、室子女王と家仁親王のそれぞれが著した二つの『桂紀行』という紀行文が残されていて、桂での一日の様子を私たちに教えてくれる。

二人が本邸を出発したのは夜明け前である。雲もなく晴れ渡った空に月がまだ見えていたが、四条の辺りで夜が明けた。田圃一杯の花盛りの菜の花がまるで黄金を敷いたように見える。その後、壬生《みぶ》寺《でら》で一度休息し、桂川の渡しを渡れば桂離宮に到着である。このとき、具体的にどのくらい時間がかかったのか記録にないが、他の例を見ると休憩時間も入れて四時間弱だったようだ。道々、二人は目に映る風景を次々に和歌に詠んでいく。歌を詠むことも別荘へ行く楽しみのひとつだったのである。

さて、桂離宮では、初めて訪れた室子女王が御茶屋のあちらこちらを逍遙《しようよう》し、庭の池に舟を浮かべて漕《こ》ぎ巡った。春爛漫《はるらんまん》の池には杜若《かきつばた》が花を咲かせ、松の色も殊《こと》に冴《さ》える。桂離宮の池は、ただ鑑賞するためだけではなく、舟に乗り、歌を詠み、お酒を楽しむ、実際に使う池だったのである。

八条宮家は、庭用とは別に、桂川に漕ぎ出すための「歩月」という名の舟を持っており、これは松平土佐守《まつだいらとさのかみ》が宮家に寄進した屋形船で、前後の襖《ふすま》に幕の絵を描き、襖を開ければ幕を引き開けて外を眺めるように見えるという趣向を凝らしたものだった。この船で桂川を上流の嵐山《あらしやま》まで漕ぎ上ったり、逆に下流の石清水八幡宮《いわしみずはちまんぐう》に参詣したり、また季節にはここから鮎獲《あゆと》りの様子を眺めることもある。この御成でも、家仁親王は歩月に乗り込み、鮎を獲る様子を眺めつつ、また歌を詠む。初夏には間がある季節なので鮎はまだ小さい。この間、室子女王は歩月には乗らず、竹林亭から鮎獲りの様子を眺めた。竹林亭は、現存していないが、かつては桂離宮の東端、桂川に面して建てられていた御茶屋だった。

次第に日も傾き、帰路についたのは亥《い》の刻（午後九時頃）。再び桂川を渡り、途中六角堂で休んで、本邸に帰りついたのは子《ね》の刻（午後一一時頃）だった。別荘への御成も楽ではない。

宝暦九年には、家仁親王が念願の泊まりでの御成に出かけた。ただし、これは幕府が正式に許したわけではない。「桂に泊まりたい」との希望を京都所司代宛てに何度も出していた家仁親王に対し、武家伝奏《ぶけでんそう》の広橋言胤《ひろはしことたね》が「桂へ出かけて、疲れ過ぎれば、一晩泊まって翌日帰るのはやむを得ない」と智恵を授け、いわば済し崩しに実行したものだった。こうして、六月二十六日、家仁親王は桂へ出かけたのである。この御成の様子も、家仁親王自身の手になる『かつら別業宿日記』という史料に詳しい。

季節は夏。五十七歳の家仁親王にとって、長時間の行程は堪《こた》える。桂に着くと、まず御殿で休息し、朝食が出る。暑さの厳しい時期なので、日中は庭に出ず、日が翳《かげ》ってから池に舟を浮かべた。池には河骨《こうほね》の黄色い花が咲き、蒲《がま》の青々とした葉が涼しげである。舟から上がると、御殿の御湯殿で汗を流し、月波楼で夕涼みの宴を催した。庭のあちこちの灯籠《とうろう》に火が入る。松琴亭の前にある「夜雨」、御書院（古書院）向かいの「水蛍《みずほたる》」、中島脇の「蛍橋」など、風流な名を持つ灯籠の灯が池の水面に揺れる。月波楼ではお供の者たちも集まり、お酒が酌み交わされ、謡《うたい》も始まる。家仁親王が新御殿の御寝の間で眠りについたのは夜半過ぎ。翌日、本邸に帰ったのは申刻《さるのこく》（午後三時頃）だった。

こうして見ると、桂離宮の建物は単体で完結するのではなく、庭に点在する御茶屋や、庭、池と一体で使われるものだとわかる。いや、もっと広く、敷地の外の川や山までがこの別荘の要素なのだ。自然と一体になった建築、それが桂離宮に代表される洛外の別荘の姿なのである。

八条宮家の四つの別荘

八条宮家はこの桂離宮だけではなく、全部で四つの別荘を持っていた（図1）。このうち桂離宮を含む三か所は、いずれも八条宮家の所領内にある。所領というと違和感があるかもしれないが、江戸時代、武家と同じように公家も所領から上がる年貢米が主たる収入源だった。八条宮家の三〇〇〇石という所領は、公家たちの中では抜群に多いものの、武家と較べれば旗本クラスの石高に過ぎず、いかに公家が弱い立場だったかよくわかる。いずれにせよ、自分の所領内なら地形などの様子もよくわかるし、別荘を設ける際に自由が利きやすい。こうして八条宮家は、下桂村に桂離宮、開田村《かいでん》（現在の長岡京市）に開田御茶屋、御陵村《みささぎ》に御陵御茶屋を設けたのである。

これら三箇所が洛中から見て南西にあるのに対し、残るひとつ、鷹峯《たかがみね》御茶屋は北西にある。鷹峯は、本阿弥光悦《ほんあみこうえつ》が家康から所領を賜って一族で移り住んだ場所として名高いが、その後所有者は移り、ここに霊元院《れいげんいん》の妃敬法門院《けいほうもんいん》の別荘が設けられた。八条宮家の六代文仁《あやひと》親王は、霊元院と敬法門院の皇子で、八条宮家に養子に入った人物である。敬法門院の没後、この縁のある人の別荘を八条宮家が譲り受け、鷹峯御茶屋としたのである。

しかし、四つも別荘を持っていても、使わなければ意味がない。四つの別荘はそれぞれに特徴があった。

一番古くからあったのは桂離宮だが、御陵御茶屋も二代目の智忠《としただ》親王の時代に遡《さかのぼ》る。平安時代の創

図4　水前寺公園　古今伝授の間

始という染殿《そめどの》地蔵堂を別荘の敷地内に再建し、この傍らに書院などの建物を置いた。そもそもの計画は初代智仁親王にあったが、実現したのは智忠親王の代になってからである。御茶屋そのものはすでに失われたが、今もこの地蔵堂だけが残っている。背後には「御茶屋山」と呼ばれる小高い山があり、かつて山上には「雲台」と呼ばれる小さな建物が設けられていた。ここに登れば東に眺望が開け、田圃が広がる風景を見渡すことができる。この眺望や、松茸狩り、土筆《つくし》摘みが御陵御茶屋での楽しみ方だった。

開田御茶屋は、長岡天満宮（開田天満宮）の敷地内にあった。八条宮家が築いたという「八条池」という広い池に面して建物が建てられ、天満宮への参詣の折にここで休息したようだ。この建物は、「古今伝授《こきんでんじゅ》の間」と呼ばれ、智仁親王が細《ほそ》川幽斎《かわゆうさい》から古今伝授を受けた際に使用した本邸の御学問所を、智忠親王が開田へ移築したとの由緒を持つ。明治初年に公家が所有していた別荘はすべて新政府に上知《じょうち》（没収）されたから、開田御茶屋もすでにないが、古今伝授の間は細川幽斎ゆかりの建物という理由で熊本藩に下賜され、熊本市の水前《すいぜん》寺《じ》公園に移築された（図4）。外観は、茅葺《かやぶ》きの大仰な屋根に変えられているが、平面はよく開田御茶屋の姿を伝えている。今、古今伝授の間に坐れば、水前寺公園の池や緑がひろびろと眼前に広がる。かつては同じように開田天満宮の池や名物というツツジの群生が眺められたはずだ。

一方、鷹峯御茶屋は、起伏のある景観が特徴だ。北山を背負う傾斜地に位置し、敷地内に二〇《メートル》もの高低差がある。ここに五つの茶屋が点在し、西には鷹峯《たかがみね》・鷲峰《わしがみね》という美しい山容を臨む。こうしたダイナミックな景観は北山ならではのもので、洛西の桂離宮近辺とは地形も風景も全く異なる。八条宮家が所領外にあるこの別荘を譲り受けた気持ちがよくわかる。特に紅葉が美しかったことが日記等に見え、利用は秋に集中していた。

別荘の必須条件

こうしてみると、四つの別荘には景観や利用方法、時期などにそれぞれ個性がある一方、共通する要素があることがわかってくる。それは、別荘の必須条件ともいえる。

地形としてはまず山だろう。いずれも高所に眺望を楽しむための建物を設けている。御陵と鷹峯の様子はすでに見た通りだが、開田御茶屋でも江戸時代初期には「上之御茶屋」と呼ぶ山上の御茶屋を設けていたし、桂離宮の場合、現在も賞花亭（図5）が築山《つきやま》の頂上に位置する。興味深いのは、賞花亭は現在は池側、つまり敷地の内側を向いて建てられているが、古図を見ると一八〇度逆を向いていたことがわかる点だ。賞花亭は、本来は高所から敷地の外側、西山の風景を眺めることが意図されていたのである。

図5　桂離宮賞花亭

もうひとつは水である。いずれも池や川に面して建物が設けられている。桂離宮の庭内の池はただ眺めるだけのものではなく、舟遊びを楽しむ場であって、かつてはそのまま桂川へ漕ぎ出し、上流の嵐山《あらしやま》や下流の石清水八幡宮《いわしみずはちまんぐう》を訪れることもあった。また、桂離宮の池の汀が、笑意軒や松琴亭などの御茶屋の前のみ切石で直線に揃えられているのは、舟を着けやすくするためだ。庭内の御茶屋を舟で訪れることで、日常から離れた世界を楽しんだのだろう。さらに、今は失われているものの、江戸時代中期までは竹林亭《ちくりんてい》という茶屋が桂川に近い場所に建ち、川の眺めを楽しむことができた。

田圃《たんぼ》も大きな要素だ。御陵御茶屋の場合、山上から眺める田圃の風景がみどころのひとつだったし、鷹峯御茶屋では敷地内に観賞用の田圃を設けていた。こうした田は「庭田」と呼ばれ、八条宮家では洛中の本邸の中にもこの庭田があった。桂離宮の場合、笑意軒が敷地の南周に位置し、ここから敷地外の田圃を眺めている。田圃は、四季折々に姿を変える楽しみがある上、そこに働く人々の姿も、公家にとっては普段は見ることができない珍しい風景だったのである。

ところで、こうした山や水、田圃などの条件は、単に楽しむためだけに求められたわけではない。その景色や風情、四季の移り変わりは和歌や漢詩の題材となって興を深めたからだ。このため、別荘にはこうした地形条件だけではなく、優れた人物との関わりや古くからの歴史など「由緒」も必要とされた。開田御茶屋が開田天満宮の敷地内に置かれたり、御陵御茶屋の敷地内に地蔵堂が作られたように、遊びの空間ともいうべき別荘に神社やお堂のような宗教施設が同居しているのは違和感があるかもしれない。しかし、古い歴史を持つ社や堂を置くことで別荘に由緒を移植しようとしたといえる。

同様に「人との由緒」も重視された。鷹峯の場合、元の所有者だった敬法門院の位牌が御茶屋の中に祀《まつ》られていたし、開田では細川幽斎の命日に古今伝授の間の床《とこ》に幽斎の肖像が祀られたという。また桂離宮の園林堂には、宮家代々の位牌が祀られていた。位牌と御茶屋の組み合わせはびっくりするが、細川幽斎や智仁親王のような優れた教養人に縁のある場所だということが別荘の価値を高める意味を持ち、風景と同じように別荘の条件として大切にされたのである。

桂離宮は、八条宮家の四つの別荘の中でも、こうした必要条件を全て収録した集大成といえる。宮家の当主が実際に宿泊をしたのも桂離宮のみで、また領地からの年貢米を収納し管理をする役所の機能も兼ね備え、担当の家臣が常駐していた。

たくさんある別荘の中でも特別な存在、それが桂離宮だったのである。

本邸と別荘

ところで、八条宮家の場合、別荘だけではなく本邸の建物も残っている。

八条宮家の本邸は、すでに見たように、内裏の北側にあった。別荘が四か所もあったように、洛中の屋敷も二か所あり、それぞれ面する通りの名前をとって「今出川《いまでがわ》屋敷」「石薬師《いしやくし》屋敷」と呼ばれている。二つの屋敷は、ちょうど江戸城の本丸と西の丸のように、一方が当主の住居、もう一方が隠居した前当主の住居として使われ、どちらが本邸、すなわち当主の住居になるかは時期によって異なった。二つの屋敷は、いずれも天明《てんめい》八年（一七八八）に火災で焼失し、このとき本邸だった石薬師屋敷のみ御殿が再建されたが、その後宮家では当主の夭折など不幸が続いたため、弘化《こうか》四年（一八四七）には今出川屋敷に本邸を移し、ここに御殿を新築して、新規一転を図ることとなった。

図6　二条城本丸御殿御常御殿（旧八条宮家御殿）

このとき、石薬師屋敷にあった建物は、一部が今出川屋敷に移築されて再利用された。そして明治十四年、当主不在のため宮家が断絶すると、この御殿は当時天皇家所有の離宮となっていた二条城に移築された。こうして、江戸時代後期に建てられた八条宮家の本邸の建物は、本来は徳川家の城だった二条城の本丸で生き続けることになったのである。

さて、二条城に移築された御殿は、二条城二の丸御殿や江戸城の御殿と同様、複数の建物から成り、「表」と「奥」で構成されるものだ。

「表」の中心は「御書院」という建物で、これは石薬師屋敷の御殿を移築・転用した部分である。三室続きの広い空間を持ち、一の間は他の二室より一段床《ゆか》が高い上段で、天井は格天井、正面には幅二間近い大床と違棚を備える。将軍家や大名家と同じ書院造の空間である。

一方、「奥」の中心は「御常御殿」で、「御書院」が厳めしい姿であるのに対し、こちらは三階建ての瀟洒《しょうしゃ》な建物である（図6）。「むくり」といって、屋根に少しふくらませた曲線を用いていることも、穏やかな印象を強調している。小さく載せた三階は、一〇畳ほどの三室から成り、二方向に縁側を巡らし、広い窓を開ける。眺望を楽しむ空間である。八条宮家の本邸にあった当時は、東側を正面として建っており、この窓から鴨川や東山、そして五山の送り火も眺められたという。長押《なげし》に丸太を用い、壁に鮮やかな唐紙を貼る手法は数寄屋ならではのもので、高所からの広々とした眺望といい、数寄屋の意匠といい、まるで別荘のような気分である。そう、まさにここは、本邸の中での別荘の空間なのである。洛外にしばしば出かけられない分、本邸の中でも別荘のように自然に親しみ、四季折々の眺めを楽しむ場が必要だったといえる。

時代は遡《さかのぼ》るが、家仁親王の時代の今出川屋敷には「ミニ桂離宮」ともいうべき空間が作られていた。たとえば、桂離宮の松琴亭にある茶室とそっくり同じ茶室を今出川屋敷に作り、小さな築山の上には「雲台」つまり雲の上から眺めるという意味の御茶屋を建てていた。このように茶室をそっくりにコピーすることを「写し」といい、頻繁に用いられた手法だが、家仁親王の場合、念の入ったことに、両方にそっくりの建物があるという意味で「双葉亭」と名付けていた。また、邸内に小さな田圃まで作り、ちょうど桂離宮の笑意軒のように田圃を眺める建物を用意した。

洛外は遠く、桂離宮も遠い。だからこそ洛中にも、洛外の別荘と同じような楽しみ味わう空間が必要だった。家仁親王の桂に対する執着が、小さな茶室には詰まっていたのである。

11 大名屋敷と江戸の町家　江戸時代

加賀藩本郷屋敷

加賀藩前田家の江戸藩邸。現在の東京大学本郷キャンパス（東京都文京区本郷）に当たる。当初は下屋敷として拝領したが、天和三年（一六八三）以降上屋敷とされた。現在する赤門は、文政十年（一八二七）、一一代将軍家斉の息女溶姫の輿入の際に建築。

（『江戸図屏風』より）

図1　東京大学赤門（旧加賀藩本郷屋敷御守殿門）

将軍家の姫君

文京区本郷の東京大学には「赤門《あかもん》」と呼ばれる門がある（図1）。東京大学そのものを「赤門」と俗称するほど大学のシンボルになっているが、もともと大学のために建てられたわけではない。よく見ると、棟瓦《むながわら》に葵紋《あおい》が打たれている。この門ができたのは文政《ぶんせい》十年（一八二七）、一一代将軍家斉《いえなり》の息女溶姫《ようひめ》の加賀《かが》前田家への輿入《こしい》れの時である。東大の本郷キャンパスは、江戸時代には加賀藩の江戸藩邸《はんてい》だったのだ。

江戸時代、将軍の息女が大名に嫁ぐ際、朱塗《しゅぬ》りの門を構えるきまりがあった。前田家は、加賀百万石の呼称で知られる通り、大名の中でも群を抜く石高を持ち、将軍の娘を正室に迎えるのはこの溶姫が三度目である。溶姫は、将軍家斉の三四番目の子として文化十年に産まれた。「三四番目」で驚くのは早く、家斉は実に五七人の子をもうけている。姫君だけで数えても溶姫は二一番目で、姉や妹も鍋島《なべしま》家など他の大名家へ輿入《こしい》れしているから、この時期赤門は前田家だけではなく方々に作られた。溶姫は、文政六年に前田家一三代斉泰《なりやす》との婚約が整い、文政十年に輿入れしたが、この間前田家では前述の赤門のみならず、姫君のための御殿を新築して婚礼を迎えた。当時は、参勤交代の制があり、妻女は原則として江戸藩邸で暮らさなければならなかった。幕末にこの制度が廃止となり、溶姫も文久《ぶんきゅう》三年（一八六三）に金沢へ住まいを移すが、それまでの三六年間、現在の東大キャンパス内の御殿で生活したのである。

夫である斉泰は、堅実な性格だった。父の一二代斉広《なりなが》は、斉泰が十二歳のときに家督を譲り、好きな能楽にふけった。財政難にもかかわらず、自分の隠居屋敷として豪壮な竹沢御殿を建設し、その御殿に移ってわずか二年で亡くなった。現在残る兼六園《けんろくえん》の原型がこれに当たる。一方、その子斉泰は、ペリー来航を受けて、外敵に対する海防に力を入れ、大砲の鋳造や洋式軍備の購入、航海や測量を学ぶ軍艦所の設置などに力を入れた。発機丸《はっきまる》などヨーロッパから購入した六隻の洋式軍艦による船隊は、前田家の家紋を取って「梅鉢《うめばち》海軍」と呼ばれた。佐幕派として知られ、勤皇派の息子慶寧《よしやす》と意見が対立、蛤御門《はまぐりごもん》の変では長州攻めに反対する慶寧が宮中警護の任を放棄するという事件が起きた。斉泰は慶寧の助命のため奔走《ほんそう》、慶寧は謹慎、慶寧の側用人《そばようにん》が全責任を負って自刃し、藩内の勤皇派を一掃することでようやく決着した。前田家が幕府方から勤皇《きんのう》方に翻意したのは鳥羽伏見《とばふしみ》戦のときである。

斉泰は孝行息子としても知られる。養母真龍院《しんりゅういん》のために、父の隠居所竹沢御殿の跡地に「巽御殿《たつみごてん》」

と呼ばれる広壮な隠居所を建設する。これが現在兼六園の一角に残る成巽閣《せいそんかく》である。このとき庭も整備され、現在みる兼六園の姿が完成したのである。

兼六園については、次章で詳しくみることにして、まずは江戸を取り上げよう。江戸は、幕府の城を擁する「武士の町」であると同時に、商業の中心地でもある。一八世紀初め、すでに一〇〇万人の人口を抱えた大都市には、溶姫が育った江戸城を筆頭に、前田家のような大名の屋敷、旗本・御家人の屋敷、そして町人たちの住宅など、幅広い身分の人々の多様な住宅が存在した。この章では、加賀前田家を起点として、江戸の住宅事情をみて歩くことにしよう。

江戸の大名屋敷

東大本郷キャンパスの場所は、江戸時代には「本郷屋敷」と呼ばれた。本郷屋敷は、江戸時代初期に前田家が「下屋敷《しもやしき》」として拝領したもので、前田家は別に「龍口屋敷《たつのくち》」と呼ばれる「上屋敷《かみ》」を持っていた。この上屋敷・下屋敷とは大名屋敷の種別で、当主が住むいわゆる江戸本邸が上屋敷、これに対し郊外に設けられる別荘等が下屋敷である。この他に「中屋敷」もあり、これは隠居した藩主や世継《よつぎ》の住まいとされたが、すべての大名が中屋敷を持つわけではなく、石高の大きい約半数が所有した。

前田家の場合、上屋敷として龍口屋敷を拝領したのは慶長《けいちょう》十年（一六〇五）で、続いて下屋敷である本郷屋敷を元和《げんな》二年（一六一六）頃、さらに中屋敷として牛込屋敷を正保《しょうほう》二年（一六四九）に拝領している。この三か所の屋敷のうち龍口屋敷と牛込《うしごめ》屋敷を明暦《めいれき》の大火で焼失、このため両者に替わって上屋敷として筋違《すじかい》屋敷、中屋敷として駒込《こまごめ》屋敷を新たに拝領した。しかし、三〇年ほど後の天和《てんな》二年（一六八二）、再び三か所の屋敷は火災に遭《あ》い、以後下屋敷だった本郷屋敷を上屋敷とし、替わりの下屋敷として平尾屋敷を拝領、駒込屋敷はそのまま中屋敷として存続し、この構成が幕末まで継続した。なお、前田家は他に深川《ふかがわ》にも下屋敷を所有している。つまり、前田家の本郷屋敷は、最初下屋敷として使われ、江戸時代中期以降上屋敷とされたのである。

これらの屋敷の位置をみてみよう。

江戸は、江戸城を中心として、時計回りに渦巻きを描くように内堀・外堀が配置された都市構造を持つ。江戸初期に拝領した三屋敷のうち龍口屋敷は、江戸城の東下の大手前《おおてまえ》（現在の千代田区大手町）に位置し、城の正門である大手門にも近い。一方、中屋敷の牛込屋敷は、現在の新宿区市谷加賀町付近、外堀の外側に当たり、本郷屋敷も同様に外堀の外に位置する（図2）。上屋敷が藩主の住む屋敷として、登城に便利な江戸城近くに設けられたことがわかる。当時の龍口屋敷の近辺には、福井藩松平家（四五万石）など大藩の屋敷が並んでおり、その様子は『江戸図屏風《えどずびょうぶ》』（国立歴史民俗博物館蔵）や『江戸天下祭図屏風』（個人蔵）に描かれている。前田家の龍口屋敷は、『江戸図屏風』では北面に櫓《やぐら》門を構え、北西と南西の隅に櫓を載せ、さらに西面には唐破風《からはふ》を付けた大棟《おおむね》門を置く。金色に輝く金具を随所に打ったこの豪華な門は、将軍を自邸に迎える「御成《おなり》」に備え、御成門として設けられたものだ。将軍の御成は、江戸時代初期には頻繁に行われ、特に前田家のような外様《とざま》の大大名家への御成は、将軍の権威を誇示する政治的な意味合いが強いものだったが、秀忠没後は遊興的な意味合いが強くなっていく。前田家は、寛永《かんえい》六年（一六二九）、下屋敷だった本郷屋敷にも秀忠・家光の御成を迎えており、『江戸図屏風』には当時の本郷屋敷の姿も窺《うかが》うことができる（扉図版）。御殿の奥に広がる庭には、滝や奇岩、様々な樹木が描かれ、池の傍《かたわ》らには茅葺《かやぶ》き・丸太造の小さな瀟洒《しょうしゃ》な建物が建つ。広さに限りがある本邸では味わい難い、こうした風雅な趣が下屋敷ならではの特徴だった。

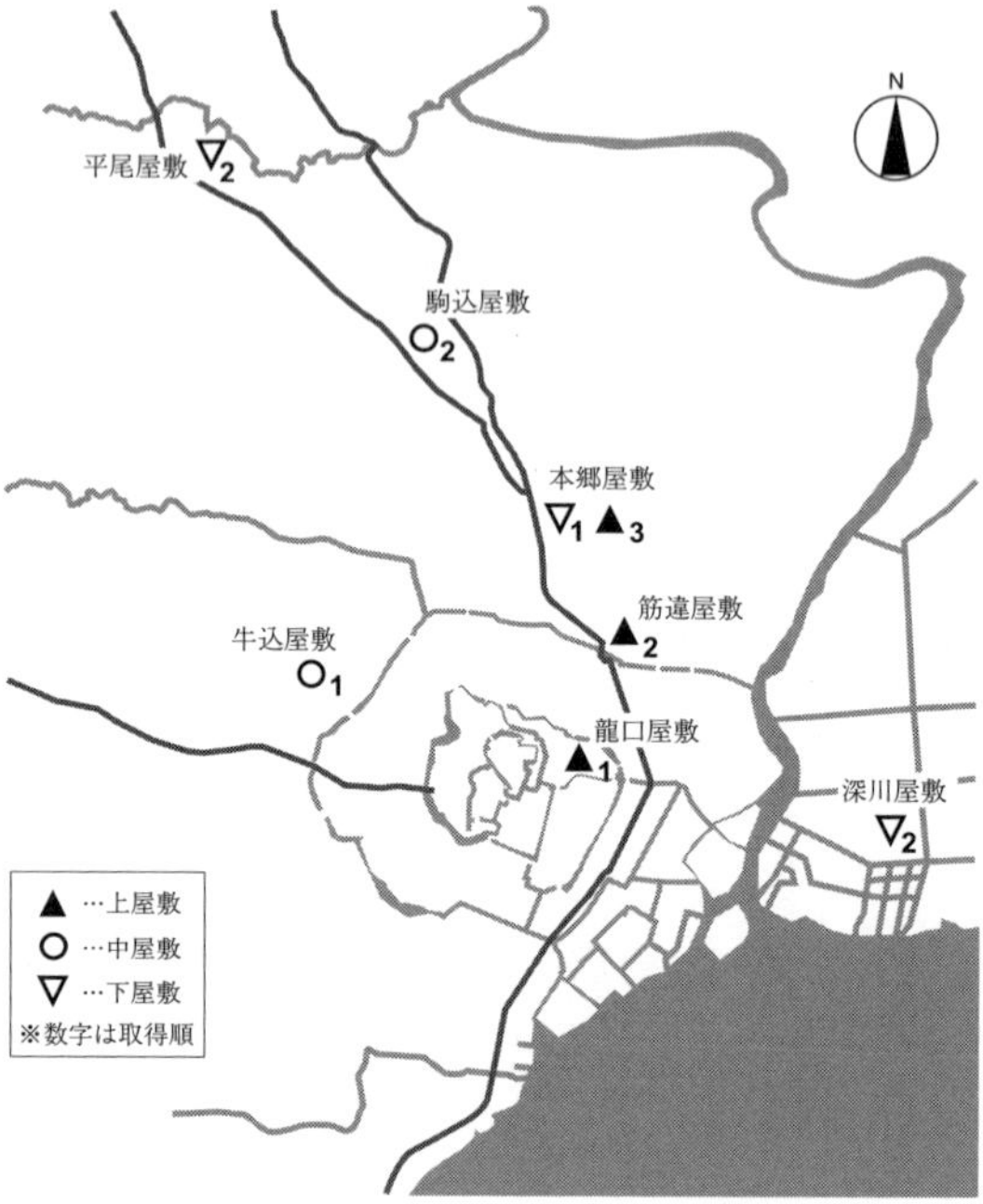

図2　加賀藩江戸藩邸の位置と変遷

前田家のその後の屋敷替えを追ってみると、上屋敷は龍口屋敷からまず外堀の外周に位置する筋違屋敷（現在の千代田区外神田三丁目付近）に移り、さらに遠い本郷屋敷に移っている。このように上屋敷を江戸城のお膝元から外堀外へ移したのは前田家だけではなく、紀州・尾張・水戸の御三家も移転を経験している。御三家の上屋敷は、元は江戸城本丸の西側に位置したが、明暦の大火後、屋敷の密集による延焼を防ぐため、いずれも外堀外へ屋敷を移され、元の屋敷跡は「吹上《ふきあげ》」と呼ばれる広大な庭園となった。この移転後の屋敷地の現在の姿を見ると、紀州徳川家は迎賓館《げいひんかん》（赤坂離宮）、尾張徳川家は市ヶ谷の自衛隊駐屯地、水戸徳川家は東京ドームのある後楽園《こうらくえん》で、前田家が広大な東大キャンパスになったことと同様、いずれもその広さを保持したまま転用されている。江戸から東京への変革の際、大名屋敷は広い面積で存在する豊かな資産として活かされたことがわかる。

さて、改めて天和二年の火災以降の前田家の江戸藩邸の位置を確認しよう。図2をみると、上屋敷である本郷屋敷、中屋敷である駒込屋敷（文京区本駒込六丁目付近）、そして下屋敷である平尾屋敷（板橋区加賀一・二丁目付近）と深川屋敷（江東区白河四丁目付近）は、順に江戸城から遠い位置にあることがわかる。他の藩の屋敷地も、同様に地図上にプロットすると、上屋敷、中屋敷、下屋敷の順に、まるで同心円を描くように、江戸城から離れていく傾向にある。それぞれの屋敷の機能が異なるからこそ、立地が重要とされるのだ。諸大名の下屋敷の分布は海側と内陸側に大きく二分されるが、これは前田家の平尾屋敷のように郊外に位置するのは別荘的な施設、深川屋敷のように海や川沿いの船運の便利な場所に位置するのは「蔵屋敷」と呼ばれ、年貢米を収蔵し江戸で売りさばく拠点とされた。

江戸は、江戸城を中心に、大名屋敷が惑星のように点在する「武士の町」だったといえる。

上屋敷の建築と生活

しかし、こうして前田家の歴史を見ると、大名たちがいかに火災に翻弄されていたかがよくわかる。江戸城でさえ、江戸時代を通じて六度も火災に遭っているから、市中にあればさらに危険は増す。本郷屋敷も、下屋敷時代から通算すると慶安《けいあん》三年（一六五〇）、天和二年（一六八二）、元禄《げんろく》十六年（一七〇三）、享保《きょうほう》十五年（一七三〇）、文政八年（一八二五）の五回火災に遭い、最後は明治元年に焼失した。御殿の一部を焼く小規模な火災はもっと頻繁に起きている。溶姫の婚礼道具の中に「火伏人形《ひぶせ》」があるのもこのためだろう。火事を防ぐといわれるこの人形は、江戸城に秘蔵されていたものという。溶姫が輿入後、本郷屋敷で火災に遭わなかったのは、火伏人形の効き目かもしれない。

この溶姫の輿入の際に新築された御殿は、図面のみ残されている（図3）。西側の赤門から入ると、玄関・広座敷が続く。逆に、南側に建つ御本殿（藩主が住む御殿）から廊下伝いに入ると、御寝所や御座間、さらにその先には対面所がある。奥方である溶姫の御殿は、藩主にとっての奥向の御殿ともいえ、本郷屋敷全体で見れば、江戸城と同様、表と奥で構成されていたのである。

これでも十分に広大な御殿だと思うが、溶姫より八〇年ほど前の宝永《ほうえい》五年（一七〇八）に前田家へ輿入れした五代綱吉《つなよし》の養女松姫の御殿は、これをさらに上回る。特に、玄関から続く式台や広間、客

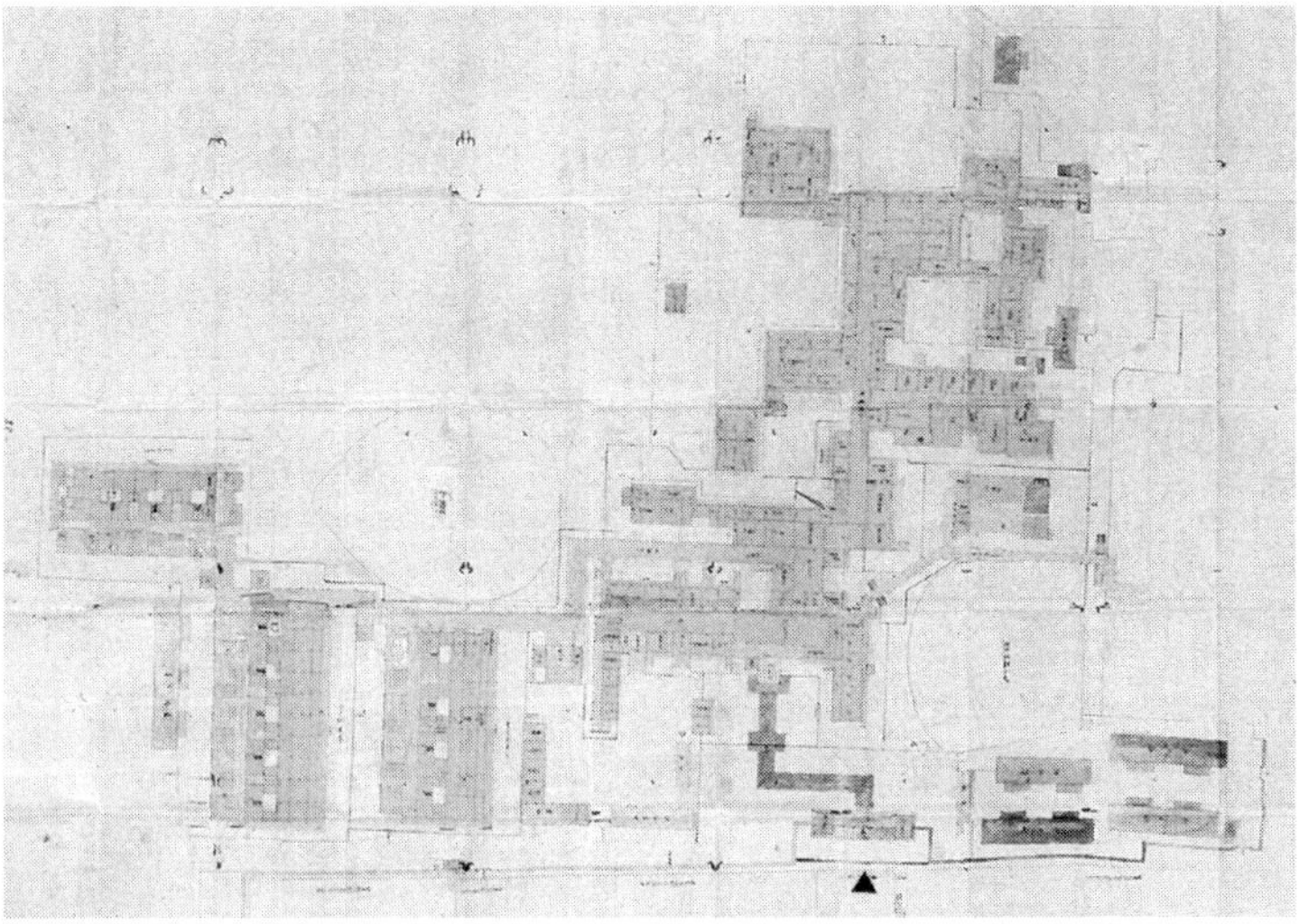

図３　『御住居向富士山之方云々指図』
溶姫の御殿の平面図．図中▲が赤門．図の右側（南側）に藩主の住む御本殿が続く．

座敷などの公的な部分が充実していることが目に付く。御本殿すら凌ぐ規模で、内部の障壁画は、狩野探信《かのうたんしん》・探雪《たんせつ》以下、狩野派の絵師達が担当した。溶姫の御殿も、規模はやや小さいものの、将軍息女にふさわしく「殊之外《ことのほか》結構《けっこう》」な造り（『官私随筆』）で、階段などには天鵝絨《びろうど》が敷かれたという。なかでも赤門は、「御住居之御門かかり、江戸一番と沙汰いたし候旨也」とあって、同時期に作られた赤門の中でも最も費用がかけられたようだ。

松姫の御殿で最も広い面積を占めているのは、東側に建つ局《つぼね》である。小さな部屋がまるでアパートのように連なるこの建物は、姫君に仕える奥女中たちの住まいで、江戸城をはじめ、大名屋敷や公家住宅など上流階級の屋敷には必要なものだ。ただ、松姫の屋敷では、これがとにかく大きい。広さは異なるものの、六室から二〇室で構成される棟が六棟も並ぶ。ちなみに、溶姫の御殿の場合、局は北側に張り出して設けられ、三棟で構成されている。江戸城から溶姫に付き従ったのは、奥向を束ねる大上臈《おおじょうろう》以下七三人の女性と、御用人や医師など男性一二名、合計八七名だった。溶姫でさえこの人数だから、その二倍以上の面積を持つ松姫のときは、一体何人の家臣がここに暮らしたのだろう。

藩主の住む御本殿の周囲にも、家臣達の住まいが建つ。溶姫が暮らした時代の本郷屋敷を上空から見ると、藩主と奥方が住む御殿の周りを、藩士や女中らが用いる長屋などの建物群が取り巻いていることがよくわかる。その構成は、城を中心に武家屋敷が建ち並ぶ城下町の姿に近い。大名屋敷は、江戸の中の小さな「都市」だったともいえる。延享《えんきょう》四年（一七四七）の記録では、前田家の上・中・下屋敷に暮らしていた藩士は全部で四二五〇人。その住まいは、知行高に応じて広さが定められ、一〇〇〇石以上の藩士は間口《まぐち》一〇間・梁間《はりま》三間（三〇坪）、一五〇石以下では間口五間・梁間二間（一〇坪）だった。現代の社宅と同じ感覚である。一戸分の平面を見ると、台所を置く土間に、座敷が二室、これに家来の部屋らしい二〜三畳程度の部屋や玄関が付き、外には便所と二階建ての小屋と、狭いながら庭がある。広さは変わってもこの構成はほぼ共通する。ただし、江戸詰は原則的に単身赴任だったから家族はいない。江戸藩邸の長屋は現代の単身赴任寮だったのである。

江戸の町家

さて、本郷屋敷から外に出ると、本物の都市、江戸の町が広がる。「御府内《ごふない》」すなわち都市としての江戸の範囲は、町奉行の支配範囲や、「江戸払《えどばらい》」という刑罰のための限定地など行政系統によって複数存在したが、文政元年（一八一八）に「朱引《しゆびき》」と呼ぶ範囲が定められた。この「朱引」の範囲は、町奉行の支配範囲より一回り大きく、一致しなかったから、やはり二種類の区画が存在したものの、以後は「朱引」の範囲を通常江戸の範囲と考えるようになった。この範囲は、江戸時代初期の様相と較べると二周りほど広く、大名屋敷が次第に外へ外へと移っていくのも、この都市膨張と連動している。

現在、東大の近く、本郷通りと春日通りの交差点に「かねやす」という店があるが、ここは「本郷も　かねやすまでは　江戸のうち」と詠《うた》われた江戸時代から続く小間物屋である。本郷一帯は、享保十五年（一七三〇）の大火に遭い、その後町奉行所の命により、現在の春日《かすが》通りより南側は耐火性の高い瓦葺《かわらぶき》・土蔵造《どぞうづくり》とされ、北側、つまり本郷屋敷側は板葺や茅葺の町家のままとされた。かねやすは、ちょうどその境目だったのだ。

江戸の町家で初めて瓦葺にしたのは、『慶長見聞集』によれば、慶長六年（一六〇一）本町二丁目の滝山弥次兵衛《たきやまやじべえ》だという。先の『江戸図屏風』を見ると、東海道に続くメインストリートである本町通り付近には、柿葺《こけらぶき》に混じって瓦葺の町家が建ち並び、特に交差点に面した家では、三階建ての櫓《やぐら》を載せた城郭のような建物が目立つ。この三階櫓の主は有力町人で、武士的な性格を併せ持っていたためとされるが、慶安二年（一六四九）に町家の三階建てが禁止されてから新築されず、明暦の大火による焼失後は見られなくなった。こうした特別な家を除けば、江戸時代前期にはまだまだ柿葺や板葺が多かったのである。

しかし、板葺や柿葺では火事にひとたまりもない。江戸は火事の多い都市だったが、特に明暦三年（一六五七）の大火の後、幕府は江戸の町の防火策に乗り出した。まずは、明暦の大火直後、茅葺や柿葺の上を土で覆って延焼を防ごうとしたが、耐久性が悪く普及しない。そこで享保五年（一七二〇）、一時は町人に禁止していた瓦葺や、壁を土蔵《どぞう》のように土で塗り籠める土蔵造など、本格的な防火対策を推奨した。本郷で同様の触れが出されたのは一〇年後である。この後、土蔵造の塗壁に瓦を載せた町家が広く普及していった。

ところで、『江戸図屏風』に見る瓦葺は、本瓦葺という葺き方だ。現在、和瓦として広く用いられている瓦は桟瓦《さんがわら》といい一種類の瓦で屋根を葺くが、本瓦葺は半円形の筒型の丸瓦と幅が広く曲線の緩い平瓦を交互に用いて葺いていく。桟瓦に較べて重なる部分が多いから重量が大きく、しかも値段が高い。現在のような桟瓦は、延宝《えんぽう》二年（一六四七）に京都の瓦師西村半兵衛が発明したとされ、軽くて安いことから広く用いられるようになった。江戸の町家に瓦葺が普及したのは、この桟瓦葺の発明が大きい。

江戸時代後期の作家喜田川守貞《きたがわもりさだ》は、江戸の町家について「見世土蔵は表外面必らず黒漆喰《くろしっくい》ぬり也」とし、土蔵造の表面を黒漆喰で仕上げることを特徴にあげている。黒漆喰塗は、白漆喰の上に墨などを混ぜて黒くした漆喰を塗り上げて仕上げるもので、手間とお金がかかる仕上げだった。江戸の町を描いた絵画を見ると、文化六年（一八〇九）の『江戸景観図屏風』（鍬形蕙斎《くわがたけいさい》筆、津山市立津山郷土館蔵）でも、同じく文化頃とされる『江戸名所図会』でも、土蔵造の壁はほとんど白く描かれているが、幕末に入ると、東海道沿いの通町一丁目付近を中心に、黒塗りの土蔵造が一気に増加する。

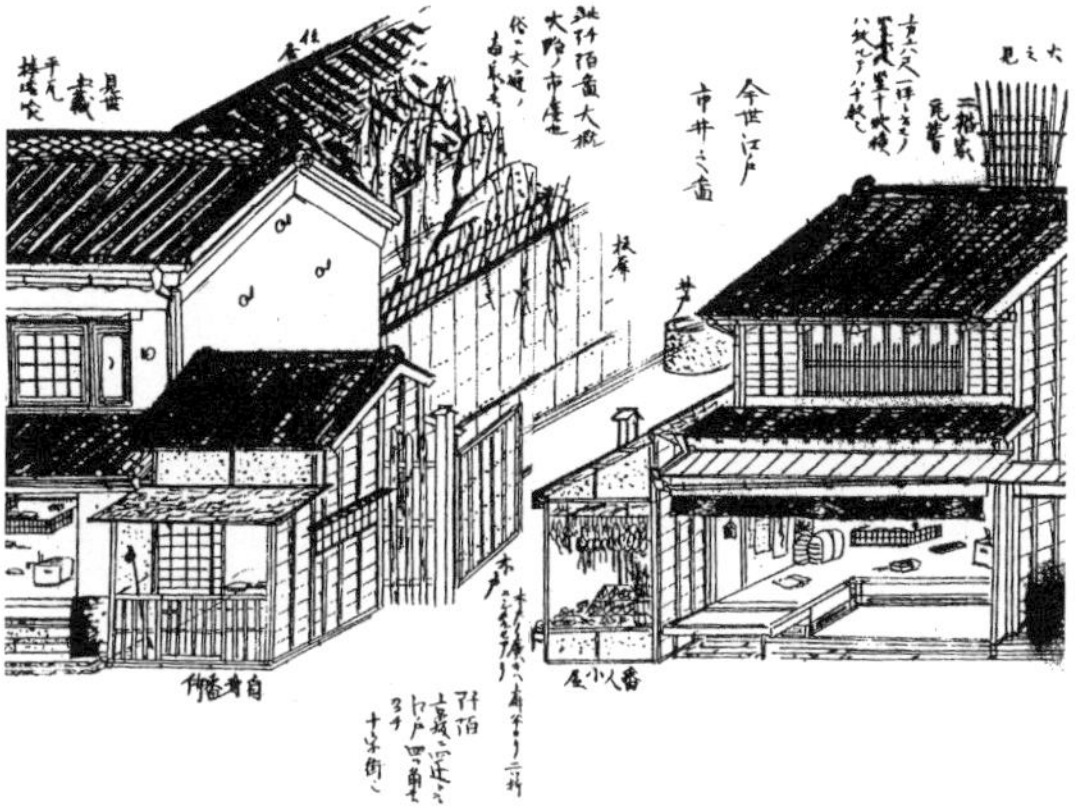

図４　『守貞漫稿』にみる江戸の町家
左は土蔵造，右は「焼屋」と呼ばれる木造の町家．

　この形式は、明治時代にも引き継がれ、さらに江戸型の町家として江戸近郊の町にも伝わっていった。今の東京には、江戸時代どころか明治時代の町家さえ数えるほどしか残っていないが、川越（埼玉県）や佐原（千葉県）などではこうした江戸の町家の様子を伝える建物を見ることができる。そのひとつ、川越の大沢家住宅を見てみよう（図５）。大沢家住宅は、寛政四年（一七九二）に建てられた、関東地方に残る土蔵造

図5　大沢家住宅（川越市）

としては最古の住宅である。もとは呉服商の西村家が建てたもので、大正八年に大沢家に譲られた。一階が店舗、二階が住居部分で、一階は正面の庇《ひさし》部分を土間、他を広い畳敷きとしている。壁も軒裏も漆喰で塗り籠め、正面の庇部分は内側の天井も漆喰塗りである。さらに、店の正面には漆喰を塗った防火戸が立つから、建物全体を漆喰で包み込み、火災から守っていることになる。時代が下がると、軒を何段も蛇腹《じゃばら》状に張り出し、二階に装飾的な観音開《かんのんびら》きの戸を付けたり、屋根に高い箱棟《はこむね》を乗せるなど、重厚な外観の町家が表れるが、大沢家は簡素でおとなしい。大沢家のような土蔵造の町家が、江戸の町並みを飾っていたのだろう。

表店と裏長屋

しかし、庶民がみなこんな町家に住んでいたわけではない。通りに面するこうした町家の背後には、もうひとつの世界が存在した。

江戸の町人地の町割りは、道から道までの内法が京間《きようま》（一間＝六尺五寸、約二メートル）六〇間《けん》で計画された。この正方形の大きさは、内法制《うちのり》（第二章参照）を採用する点も含め、平安京の一町の寸法とほぼ同じで、京都を意識して計画されたことが指摘されている。ただし、京都と異なるのは、この正方形の内側を有効に使うため、六〇間を三等分して道を通している点で、このため通りに面する町家の敷地の奥行は二〇間に統一されることになる。では、この奥行二〇間を一軒で全て使うのかといえばそうでもない。もちろん大店の場合、通り側を店とし、その奥に商品を保管する蔵や奉公人の住まいを設けて、敷地を目一杯利用したが、多くの場合は通り側に「表店《おもてだな》」と呼ばれる店舗兼住居を建て、その背後に「裏長屋《うらながや》」と呼ばれる長屋を設けた。表店の主人が裏長屋の大家《おおや》として、店子《たなこ》に貸し出すわけである。裏長屋へは、二軒の表店の間に設けられた木戸を潜《くぐ》り、路次を通って辿《たど》り着いた。

このように、表店を五間程度の奥行に押さえ、その奥に裏長屋を取る構成はかなり定型化されており、長屋の各戸の間取りも「九尺二間の裏長屋」といわれるように、間口一間半、奥行二間ほどで、土間まで含めた広さ六畳程度が定番である（図6）。手前側に設けた土間に竃《かまど》と流しを備え、畳敷きの部分は四畳半ほど。隣りも、そのまた隣りも同じ平面で、この長屋が表店の間口が三間程度なら片側、五間程度なら両側に並んでいた。路次の一角に、便所と井戸が共同で設けられる点も定型で、この井戸は井戸水ではなく、神田上水《かんだじようすい》や玉川上水から分岐した、いわば水道水である。「上水で産湯《うぶゆ》を

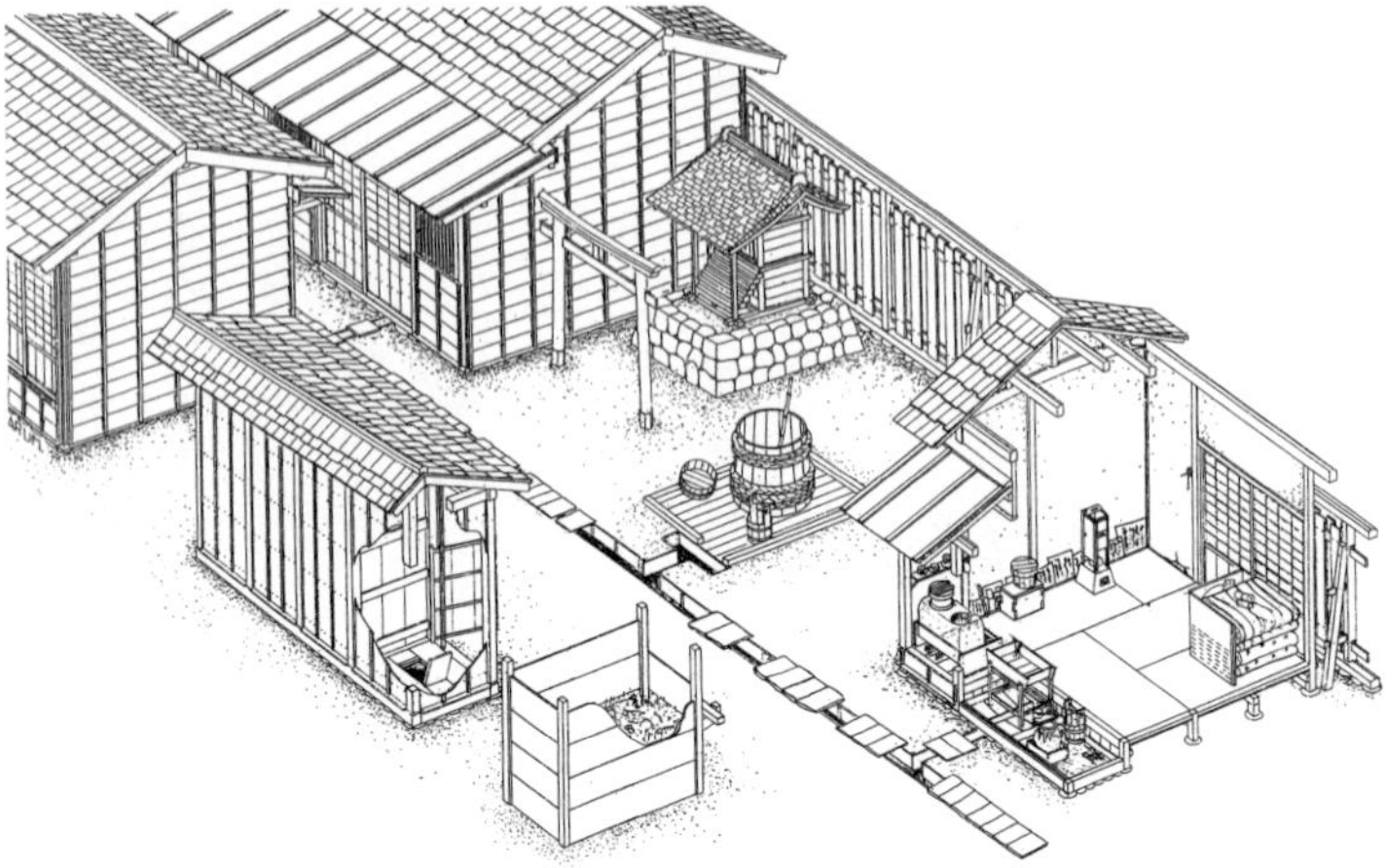

図6　裏長屋復原図（波多野純氏による）

使った」ことが、都市住民・江戸っ子の自慢だったのである。こうした「表店」と「裏長屋」の構成が、いつごろから一般化したかは明らかではないが、享保頃の図で表と裏に分かれていることが確認できるから、ほぼ江戸時代中期には成立したとみられている。

その背景には、江戸の人口増加がある。江戸の人口は、江戸中期以降毎年調査が行われており、享保七年（一七二二）の調査をもとに構成をみてみると、まず武士は、旗本が五二〇五家、御家人が一万七三九九家で、そこに仕える家臣も含めればおよそ二〇～三〇万人、同様に大名家に仕える江戸在住の人々も三〇～四〇万人ほどいて、合わせると江戸に住む武士はおよそ五〇～七〇万人だった。一方、町人は同じ年の調査では四八万三三五五人で、以後幕末まで五〇万人を越えることはなかった。これに僧侶など寺社方の五～六万人を加えると、江戸の人口はこの享保年間ですでに一〇〇万人を越え、町人はその半分を占めていたことがわかる。裏長屋は、この巨大な人口を収容するために生まれた、過密都市ならではの住居といえる。

江戸のゾーニング

ところで、こうした表店や裏長屋はどこにあったのだろう。

明治初年の調査によると、江戸の町の約六割は武家地、残りの四割が町人地と寺社地で、人口にほぼ比例している。ただし、外堀の内側に限れば、江戸城に近い場所は大名屋敷、城の北西部に当たる番町《ばんちょう》一帯は旗本の屋敷地で占められ、町人地は城の東側の神田《かんだ》・室町・日本橋などごく限られた地域のみだった。江戸の町には、身分による明確なゾーニングが存在していたのである。

ただし、江戸の町が次第に広がると、外堀の外側では武家地と町人地が入り混じるところも現れる。前田家の本郷屋敷周辺もそのひとつで、前田家上屋敷や水戸徳川家中屋敷、本多家下屋敷など大名屋敷がある一方、通り沿いには町人の住む町家も混在した。

前田家の本郷屋敷の地には、かつて富士塚が存在した。富士塚とは、富士山を模したいわばミニチュア富士のことで、本物の富士山に登る替わりに富士登山の擬似体験ができる施設として人気を集めた。江戸は高密度ではあったが、現在とは異なり高いビルもマンションもなかったから、空は高く、景色も良かったはずで、特に富士山は江戸のどこからでも見ることができたという。例えば、先に見た町人地の一角、日本橋にほど近い駿河《するが》町も、道の正面に富士山が見える様子が浮世絵に描かれている。だからこそ、江戸の庶民の富士山に対する信仰心は強く、富士塚は町人の住む地域に競って造られた。

江戸時代の富士塚の分布を見ると、外堀より外側の、農村部との境目に位置していることがわかる。前田家本郷屋敷の富士塚も同様だが、屋敷の拡張に伴って江戸時代中期には富士塚は駒込《こまごめ》に移された。元々町人地だったからこそ本郷に富士塚があったはずで、武家屋敷が都市の周辺部へと広がり、それにつれて町人も郊外へと住む場所を広げていくと、富士塚もまた町人地を追うように場所が移されていった。

本郷から駒込に移った富士塚は、現在もなお駒込富士神社として残っている。前田家の富士塚移転には、江戸という都市全体の変化が潜んでいるといえるのである。

12 金沢、都市と村の住まい　江戸時代

金沢城下町

加賀百万石前田家の城下町。現在の石川県金沢市。中世に浄土真宗寺内町として基礎が作られ、天正十一年（一五八三）前田家の金沢城入城後、城下町として発展。北国街道が貫通する交通の要衝でもあり、街道沿いに京都風の町家が並んだ。一方、農村支配のための十村の役宅は、豪農の住居であると同時に、藩主接待にも耐える造りであった。

（『農業図絵』より）

華やかな隠居生活

赤、青、紫、黒。部屋に入ると鮮やかな色が眼に迫る。ここは、金沢兼六園《けんろくえん》の一角、成巽閣《せいそんかく》の二階である。主室の「群青書見の間《ぐんじょうしょけんのま》」は紫色の土壁、赤と青の市松の天井、黒の砂壁の床の間、さらに次の間の「群青の間」も赤壁に天井は青。この青は、ウルトラマリンブルーという輸入染料である。日本住宅は簡素であるという現代の常識を簡単に覆すほど色鮮やかなこの建物は、加賀藩一三代藩主前田斉泰《なりやす》が義母真龍院《しんりゅういん》のために文久《ぶんきゅう》三年（一八六三）に造営したものだ。当時真龍院はすでに七十七歳。成巽閣は隠居御殿として建てられたものだが、あまりにも華やかだ。

成巽閣は、江戸時代には「巽御殿」と呼ばれた。金沢城からみて巽《たつみ》、つまり東南の方向にあることに因《ちな》んだ名で、明治七年（一八七四）兼六園が公園とされた際に成巽閣と改名された。もとこの地には、文政《ぶんせい》五年（一八二二）に完成した竹沢御殿と呼ばれる一二代藩主斉広《なりなが》の隠居御殿が存在した。建坪四〇〇〇坪、部屋数二〇〇室余りの広大な御殿は、一一代治脩《はるなが》が造った庭園と一体となり、別世界を形成していた。しかし、完成の二年後に斉広が急死した後、建物は次第に取り払われ、他の御殿に転用された。そして、文久三年に再度整備され、巽御殿が造営されたのである。

巽御殿に暮らした真龍院は、公家の鷹司《たかつかさ》家の出身である。京都から江戸へ嫁し、五十二歳で金沢へ下った。巽御殿で、江戸から明治への時代の変換を見届け、明治三年に八十四歳で生涯を閉じた。一方、孝行息子の前田斉泰は、前章で見た通り一一代将軍家斉の息女を正室に迎え、幕末の激動期に四五年に渡って藩主の座にあった。斉泰の名は、元服して初めて将軍家斉に拝謁し、若狭守《わかさのかみ》に任じられた際、家斉の「斉」の字を拝領して改めたものである。長い治世のためその事蹟は多いが、なかでも嘉永《かえい》六年（一八五三）に行われた能登巡見《のとじゅんけん》は名高い。ロシアなどの外国船が頻々《ひんぴん》と出没する不安定な対外情勢の中、海防視察を目的に能登半島の海岸線沿いを一周したこの巡見の後、前田家では海防の徹底や村民による銃卒《じゅうそつ》隊の組織が行われた。しかし斉泰にとっては、城を出て、三週間にわたって村々を泊まり歩いた体験が何より大きかっただろう。

この章では、金沢城下の家々や、城下から離れた農漁村の住まいを、斉泰の能登巡見を通して見てみよう。

北国街道と板葺の町家

まず、成巽閣から金沢の町を眺めてみよう。

金沢は、浅野川と犀川《さいかわ》という二つの川に挟まれ、北西から南東へと帯状に広がる城下町である（図1）。二本の川のほぼ中央に金沢城が位置し、この東南に兼六園が続く。成巽閣はここに建つ。城を中心とした城下の大部分は侍《さむらい》屋敷や足軽《あしがる》屋敷、すなわち武士の住宅で占められている。

一方、町人の住宅は、武家地の周辺部や道沿いに線状に配置されている。その中心は北国《ほっこく》街道だ。北国街道は、中山道の関ヶ原から分岐する北陸の大動脈で、金沢と周辺の藩を結ぶ重要な道である。

図1　金沢城下町（延宝期の状況.『図集　日本都市史』より）

図2 『農業図絵』にみる町家

南西の上口《かみのくち》（上往還口）から犀川を渡って城下に入り、城の西から北側を迂回して浅野川を渡って、北東の下口《しものくち》（下往還口）から越中へと抜ける。ちょうど城下町の軸線と直交するようだ。上口と下口には、道の両脇に二本の松が立つ。「松門」と呼ばれるこの松が城下と郡部の境だった。

この城下の街道沿いの様子を絵画史料に見てみよう。『農業図絵』（個人蔵）は金沢郊外の石川郡御供田《ごくでん》村（現金沢市神田・新神田付近）の住人土屋又三郎が一年間の農事を描いたもので、享保《きょうほう》二年（一七一七）の制作である。その最初の部分には、上口から下口までの北国街道沿いの正月風景が描かれている（図2）。松門が立つ上口付近は茅葺《かやぶき》屋根《やね》の家が多いが、犀川に近い野町辺りから道沿いに町家が並ぶようになる。屋根は切妻《きりづま》、平入《ひらいり》といって棟《むね》を道と並行にかける形式である。屋根を板で葺き、その上を石で押さえる。石置板葺《いしおきいたぶき》という方法で、石を置くのは板が風で飛ぶのを防ぐためである。こうした板葺屋根の町家は、犀川を渡った城下の中心でも、大店が並ぶ香林坊《こうりんぼう》や武蔵辻辺《あた》りでも同様で、城下に近いほど二階建ての町家が多くなる。

他の絵画史料にも見ることができる。『金沢城下図屏風』（犀川口町図、石川県立歴史博物館蔵）も、北国街道の上口側、犀川の両岸を描く屏風である。右隻・左隻とも下端に犀川が流れ、中央に北国街道の犀川大橋を大きく描く。伴《とも》を連れた武士、荷を背負った旅人など、多くの人が犀川大橋を行き交い、北国街道が賑《にぎ》わう様子がよくわかる。そして、橋から続く道沿いには、やはり石置板葺屋根の二階建ての町家が並ぶ（図3）。この屏風は江戸時代後期の作とされるから、先にみた『農業図絵』より一〇〇年以上後の姿になるが、金沢では江戸時代を通じて板葺屋根が町家の主流だったことになる。下級武士である足軽の住まいもまた板葺で、成巽閣の二階から見る金沢は板屋根が連なる町だったのである。

この『金沢城下図屏風』が描く辺り、北国街道の上口近くの町家が残っている。松下家住宅は一九六六年に金沢市郊外の江戸村へ移築されたが、かつては北国街道沿いの泉新町で種物商のほか旅人相手の茶店を営んでいた。一見平屋に見えるほど軒の低い二階建てで、屋根は石置板葺、間口四間の小さな住宅である。四間のうち幅一間を裏まで貫通する「通り土間」とし、土間沿いに帳場と居間、座敷を一直線に並べる。通り土間は、間口が狭く奥行きが深い都市型の敷地ならではの平面である。

図3 『金沢城下図屏風』(犀川口町図)にみる町家

もう少し大きな町家も見てみよう。喜多《きた》家住宅(石川郡野々市《ののいち》町)(図4)は、もと金沢城下の材木町にあった江戸時代後期の住宅を、明治二十四年の野々市の大火の後に移築したものである。材木町は、北国街道沿いではないものの、浅野川大橋のたもとで街道に繋がる商業地である。元の所有者は田井《たい》屋惣兵衛といい、味噌などの醸造業と両替商を営んでいた。加賀の長者番付にも載った豪商で、それにふさわしく道に面した間口は一〇間以上ある。屋根は今は瓦葺だがもと板葺で、正面の庇の下に小壁が付く点が松下家住宅と異なる。こうした小壁は「サガリ」とも呼ばれ、『金沢城下図屏風』(犀川口町図)でも町家の庇にサガリが描かれている。特に香林坊や片町周辺の大店ではサガリを段違いにするなど凝った意匠も見られ、このサガリにのれんの連なる姿が金沢のメインス

図４　喜多家住宅（野々市町）

トリートの景観だった。内部に通り土間を設け、土間に面する部屋との境に建具を入れず一体とする点は、規模は異なるものの松下家と共通する。

板屋根、通り土間、正面の庇が金沢の町家の共通項だったのである。

金沢の町家と京の町家

こうした金沢の町家の特徴は、実は京都の町家と共通点が多い。

前章でみた『守貞漫稿《もりさだまんこう》』の著者喜《き》田《た》川《がわ》守貞《もりさだ》は、江戸と京・大坂の町家の違いとして、江戸の町家が一階部分のみを三〜六尺（約〇・九〜一・八メートル）前に出す「下《げ》屋《や》庇《びさし》」という形式をとるのに対し、京坂の町家は一階と二階の前面の壁が同じ位置で立ち上がり、支柱のない小庇を付ける点をあげた。金沢の町家は、絵画史料でも現存例でも、道に面した一階の壁と二階の壁が同じ位置で連続し、庇の奥行きが狭い。庇はまさに付け足しであって、守貞が記す京坂の町家の形式に近い。

板屋根はどうだろう。京都は瓦屋根が並ぶ町並みのイメージが大きいが、近世初期の『洛中洛外図屏風』（上杉本、国立歴史民俗博物館蔵）などでは石置板屋根の町家が軒を連ねる姿が描かれる。『金沢城下図屏風』に見る金沢の町は、この『洛中洛外図屏風』の世界を彷彿《ほうふつ》とさせる。通り土間を持ち、奥に向かって部屋を配する平面も共通点のひとつだ。

京都の町家の形式は、近畿圏を中心に広く分布している。京都の東側にも広がりを見せる。近江八幡《おうみはちまん》（滋賀県）も関宿《せきじゅく》（三重県）も飛驒高山（岐阜県）も京坂型の町家であり、高山の町家には金沢と同様サガリが見られ、この形式は飛驒街道を北上した八尾《やお》（富山県）や井波《いなみ》（富山県）にも広がる。

さらに視野を広げれば、前章でみた江戸もまた、江戸時代前期には板葺の町家が主流だった。『江戸名所図屏風』（出光美術館蔵）などには、板葺で、隣家との間に「卯建《うだつ》」と呼ぶ小屋根を設けた町並みが描かれる。江戸は創設当初京都の町を理想として、京都の町家の形式を導入したとされ、江戸以外にも、長崎、名古屋など、近世初期に京都の町家に倣った都市は多い。町家は、為政者の意図の下に都市と一体で計画される住宅であり、だからこそ地域を越えて「みやこ」としての京都の町家が広く導入されたと大場修氏は指摘している。金沢もまた、その一例だったのである。

さて、もう一度『農業図絵』の上口の場面に戻ってみよう。松門を境に、郡部側では茅葺屋根が見える。逆の下口側も同じであり、町と村では住まいの形が異なることを如実に示している。

参勤交代の際、斉泰をはじめとする代々の藩主は、城の北側、大手に当たる尾坂御門から出立し、北国街道の下口から城下を出た。越中、越後、さらに中山道を経由して江戸に向かうルートが定番だったからだ。そして、能登巡見に向かう斉泰もまた、まず下口から北国街道を北へ向かった。城から町へ、そして町から村へ、斉泰はその変化を自分の目で確かめたのである。

能登巡見と加賀十村の住まい

斉泰の能登巡見は、嘉永六年（一八五三）四月四日に始まった。総距離約三〇〇キロ、訪れた村は七〇か所余りにのぼる。半年前から綿密に計画されたこの巡見の際、斉泰はその多くの夜を「十村《とむら》」の家に宿泊した。「十村」とは、加賀藩で郡奉行の下で農村を束《たば》ねる役職をいい、他藩の大庄屋と代官を兼ねた役目に相当する。先にみた『農業図絵』の作者土屋又三郎もまた、御供田村の十村役だった。十村は、農民でありながら武士の末端でもある微妙な立場であり、その住まいは十村としての役宅も兼ねていたから、いずれも大規模であった。

そのひとつ、斉泰が巡見最終日の四月二十四日に宿泊した喜多孫平《きたまごへい》家の様子をみてみよう。喜多家は、能登半島の付け根の北川尻村（現在の石川県羽咋《はくい》郡押水《おしみず》町北川尻）に位置し、能登・加賀を合わせて二〇〇村余りを治めた名家である。屋敷林も含めると敷地は二万五〇〇〇平方メートル余り。住居の一角は茅葺きの長屋門で区画され、その先に大屋根を見せる主屋《おもや》が建つ。長屋門も主屋も建築年代は明確ではないが、江戸時代後期と考えられている。

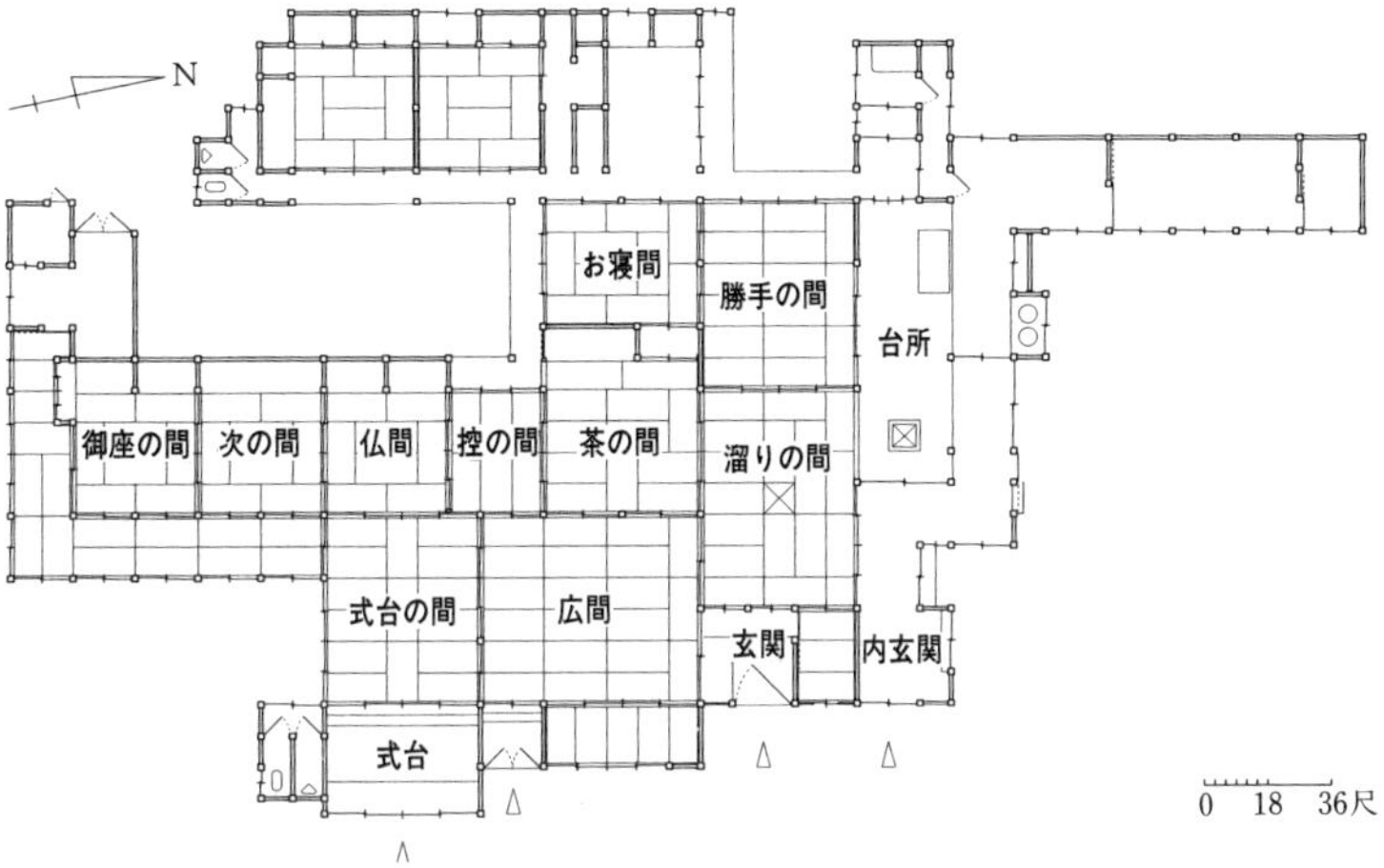

図5　喜多家住宅（押水町）平面図

個人の住宅であると同時に十村の役宅でもあるこの住宅は、通常の民家に役所部分をプラスした複雑な平面を持ち、このため入口が四か所もある（図5）。ひとつは、通常の玄関で、「溜《た》まりの間」と呼ばれる部屋に直結する。ここは、村役人たちが集まる十村としての職務のための空間である。上を見上げると、本来なら隠してしまう梁《はり》や貫《ぬき》などの構造材を欅《けやき》の良材を用いて意匠的に見せ、その上部に天井を張っている。この形式は「枠《わく》の内造《うち》り」と呼ばれ、この地方の財力のある上層住宅で好んで用いられた。この玄関の右手は家族が日常的に使う内玄関、左手は式台と供回りの者が使う入口が並ぶ。式台を用いるのは、藩主や藩の役人など身分が高い人物を迎えるときのみで、式台から続く「御座の間」「次の間」はこの住宅の中で一番格の高い空間である。斉泰が喜多家に宿泊した際も、当然この式台から入り、

「御座の間」に宿泊した。床や付書院などの座敷飾を備えたこの部屋を持つことが、喜多家の家格を象徴していたのである。

喜多家の前夜、四月二十三日に宿泊した荻谷村《おぎのやち》（現在の石川県羽咋郡志雄《しお》町荻谷）の岡部七左衛門家もまた十村役だった。元禄七年（一六九四）以降十村役を務めたが、一時は贅沢を疑われて家主が流《る》刑《けい》にあった。それほど巨大な力を持っていたともいえる。敷地に入ると、茅葺きの大屋根に圧倒される。かつてあった表門は失われているが、現在の主屋のうち最も古い部分は元文《げんぶん》元年（一七三六）に遡《さかのぼ》る。岡部家の場合、十村としての公用と接客のための空間を主屋の前面に置き、家族の生活空間を奥へ突き出して設ける。式台から続く接客部分は二間幅の大床《おおどこ》を持つ格の高い造りで、床を背にして坐《すわ》れば左手に庭園が広がる。斉泰はこの岡部家の庭園を特に気に入ったという。岡部家では、斉泰を迎えるに当たって座布団や脇息《きょうそく》、燭台《しょくだい》、火鉢《ひばち》などの調度はもちろん、食器や箸、さらには庭で履く下駄まで新たに用意した。加賀藩側でも、巡見に先立って宿泊する家の図面を取り寄せ、不備がないか細かくチェックしている。この一泊のために膨大な労力が費やされたのである。

藩からの指示は、藩主が用いる水や当日の献立にまで及ぶ。岡部家で斉泰が取った夕食の献立表が伝えられており、これによると京菜・水菜・しそ・茗荷竹《みょうがたけ》・つくね草・ふき・せんまい・うど・みつばなどの山菜が並んでいる。これに近隣で取れた海草なども加えられたというが、意外に質素である。しかもこの材料は、前日もその前日もほとんど同じだった。巡見が行われたのは旧暦四月。雪国の金沢としては早春の時期であり、山菜が最大のご馳走だったのだろう。

『農業図絵』と農民の生活

ところで、巡見に付き添った家臣たちはどこに泊まったのだろう。

岡部家に残る行列帳によれば、巡見には総勢八〇〇人に及ぶ供が付き添った。八〇〇人とは多い気がするが、加賀藩の場合参勤交代も大人数で、先代斉広が享和《きようわ》二年（一八〇二）に初めてお国入りしたときの行列人数は三五〇〇人もいた。一般に、藩主になって初めての帰国は供の数を増やす傾向にあり、斉泰が巡見の七年後の万延《まんえん》元年（一八六〇）に江戸から帰国した際はやや少なめで二二三八人。いずれにしても大人数である。これに比べれば、八〇〇人という巡見の行列人数は決して多くはないが、家臣たちは藩主が泊まる村だけでは入りきらず、近隣の村々にも宿所を割り当てられた。巡見は、周辺の村々まで巻き込んだ一大イベントだったのである。

家臣が宿泊した家々は、十村家より当然小さな家である。しかし、現在も残り、かつ文化財に指定されて様子がよくわかる民家は、全国的にも十村クラスの大規模な住宅が多いため、なかなか庶民の住まいの本当の姿は伝わりにくい。

先の『農業図絵』には、十村役土屋《つちや》又三郎《またさぶろう》の目を通してみた江戸時代中期の加賀の農村の姿が記されている。『農業図絵』を描いたとき、土屋又三郎は七十六歳。又三郎は、元禄七年（一六九四）五十歳のとき、上司に当たる改作奉行の罪に連座して十村役を免ぜられ、引退後は十村時代に培った篤《とく》農家《のうか》としての知識を活かして、『耕稼春秋《こうかしゅんじゅう》』や『農業図絵』の著述に専念した。

『農業図絵』に描かれた住宅は、いずれも茅葺屋根の入母屋造《いりもやづくり》である。よく見ると、二つの茅葺屋根を直交して連続させる家がある。こうした形式は角家造《つのやづくり》と呼ばれ、旧加賀藩領の標準的な民家形式である。雪国の場合、雪の重みに屋根を耐えさせるため、複数の棟をL字やT字に組み合わせて構造を強くする方法を採る場合が多く、角家造もそのひとつといえる。

『農業図絵』で目を引くのは、農作業の多くが家の土間で行われていることだ。一年の農事は、正月四日、農作業に必要な農具を作ることから始まる。縄をない、俵を編むのは、馬屋に隣接する広い土間である。秋に刈り取った稲の稲扱《いねこ》きをするのも、脱穀して米にするのも、俵に詰めるのも、みな土間で行っている。農家にとって広い土間は、農業で生計を立てるために不可欠な空間だったのである。このため、農家の場合、土間が住宅の内部空間に高い比率を占めることが多い。例えば、石川県に隣接する福井県丸岡町の坪川家住宅は、地元で「千古の家」と呼ばれるほど古式な家として知られるが、総面積の三分の一ほどを土間が占める。これは十村の住まいと異なる点で、十村の場合土間はあるものの、接客空間も含めて床上部分が充実する分、土間が占める割合は低くなる。

この土間に象徴されるように、『農業図絵』からは「土」との距離が近い農民の生活が窺える。田植休みや稲刈りのお祝いの場面では、酒を汲み、ご馳走を食べる人々のすぐ脇で、馬が飼い葉を与えられている。また、家の外に集う人々は、土の上に筵《むしろ》を敷き、坐ったり横たわったり、思い思いにくつろぐ。家の内部に土間や馬屋など屋外に近い空間が取り込まれていることと同様、庭もまた室内の延長として人がくつろぐ場所になる。こうした姿は、つい最近まで私たちの身近にあったものだ。『農業図絵』は、土の匂《にお》いのする農村の生活を思い起こさせてくれるのである。

海と生活

巡見では、十村以外にも富裕な家が藩主の宿所として用いられた。

巡見四日目の四月七日、能登半島西岸の黒島村で宿所を務めたのは森岡又四郎家である。黒島は北前船《きたまえぶね》の寄港地のひとつであり、森岡家は曹洞宗《そうどうしゅう》大本山総持寺《そうじじ》の御用を務めた廻船主だった。能登は今でこそ交通が不便だが、かつては日本海に突きだしたその地形を活かして、船運で栄えた場所だったのである。

半島をさらに北上した時国《ときくに》村もまた、廻船の港である。斉泰が四月十日に宿泊したのは時国左門家、現在上時国家《かみときくにけ》と呼ばれる家である（図6）。先にみた岡部家も大きいが、時国家はもっと大きい。梁間九間半、桁行一四間半の規模は、国内の民家では最大級である。屋根の高さは一八《メートル》もあり、茅葺屋根が小山のように見える。能登という交通が不便な地にある茅葺民家として現在の時国家を見れば、「大きな農家」という印象が一般的だろう。確かに時国家は、二〇〇石余りの石高に相当する田畑を

図6　時国健太郎家住宅（上時国家）

経営していたが、こうした豪農としての姿は実際には全体のごく一部にすぎない。海岸に塩浜を持って製塩を行い、背後の山で取れる木を用いて炭を焼く。そして、こうした塩や炭を自身が所有する廻船に載せて、佐渡や敦賀、さらには松前や京、大坂まで運んで商売を行っていた。歴史学者の網野善彦氏は、こうした時国家の活動を、従来の歴史学では適切な用語がないため、企業家的精神をもって多角的な経営をしている家、「多角的企業家」と呼んでいる。時国家の巨大な家は、こうした活動の拠点としての意味を持っていたといえる。時国家は、江戸時代初期に現在の上時国家と下時国家の二家に分立したが、分立以前の時国家の建物はこれよりさらに大きかった。西和夫氏は、その大きさは廻船を営む家として、海を眺め、海から見えることを意図したためと指摘している。能登の家々は、様々な形で海と結びついて生きてきたのである。

斉泰が能登巡見から戻った一か月半後、ペリーが浦賀に来訪する。知らせを受けた斉泰は、異国船に対する警戒を命令、さらに九月には能登と越中の沿岸に兵を配置して海防の徹底を図った。海に対する警戒は、長い海岸線を持つ加賀藩の宿命ともいえる。

しかし、海は物資を運ぶ豊かな道でもある。先にみた時国家もその海を最大限に活かした家だったし、銭屋五兵衛《ぜにやごへえ》もまたそのひとりだろう。「銭五」の名で知られる銭屋五兵衛は、幕末の加賀で最盛期には三五艘の船を持ち、海の商人として一代で財を築いた人物である。その成功ゆえに妬《ねた》みも買い、最後は河北《かほく》潟に毒を流したとして投獄され、牢死した。銭屋は家財没収・家名断絶を言い渡され、一気に表舞台から姿を消した。斉泰が能登巡見にでかける前年、嘉永五年(一八五二)のことだった。

色壁の町・金沢

銭五が活躍した拠点は宮腰(現在の金沢市金石《かないわ》)である。宮腰は、犀川《さいかわ》の河口に位置し、江戸時代には金沢藩の港町として北前船の寄港で賑った。廻船問屋が店を構え、船を相手とする遊郭や料亭も軒を連ねた。その様子は、文久三年頃とされる『宮腰町風俗図屏風』(石川県銭屋五兵衛記念館蔵)に見ることができる。画面中央に医師中島尚伯の屋敷と湯治のために設けた湯宿の様子が描かれ、人々が湯にくつろぐ様子が見て取れる。庭園に面した中島家の奥座敷は、成巽閣でみたような赤い土壁で囲まれている。赤壁は、「大坂壁」とも呼ばれ、主に数寄屋造《すきやづくり》に用いられた。「赤」といっても鮮やかな色ではなく、弁柄《べんがら》色と呼ばれるくすんだ朱色である。宮腰には、銭屋の屋敷の一部が現存しているが、その奥座敷もまた赤壁であり、人々の生活に赤壁が根付いていたことが窺える。最初にみた成巽閣の色壁はあまりにも鮮やかだが、金沢では特に珍しいものではなく、広く用いられた伝統がある。

北国街道の上口に近い「ひがし茶屋町」を見てみよう。「茶屋」とは芸妓《げいぎ》と遊ぶ場所を指し、「ひがし茶屋町」は「にし茶屋町」とともに文政三年（一八二〇）、周囲に点在していた茶屋を集めて作られた廓《くるわ》（遊廓街《ゆうかく》）である。「ひがし」「にし」と呼ぶのは、金沢城から見てそれぞれ北東と南西に位置するからで、「ひがし茶屋町」は天保二年（一八三一）に一旦廃止され、慶応三年（一八六七）に「東新地」という名で再び栄えた。その中程に位置する「志摩」は、文政三年の茶屋町創設当初に建設された茶屋であり、当時の富裕な商人たちの遊びの場として、二階は赤壁によって瀟洒《しょうしゃ》な室内が演出されている。

こうした遊びの場だけではなく、町家にも赤壁は根付いている。金沢市長町の野村家住宅は、幕末期に金沢藩の支藩大聖寺《だいしょうじ》藩の豪商久保彦兵衛が藩主を招くために建てた建物である。拝謁の間に対して藩主の座を一段高い上段とし、また檜《ひのき》の柱に格天井《ごうてんじょう》、銘木を用いた床《とこ》・棚など格の高い造りだが、壁は赤壁である。こうした格式ある場でも用いられた点に、色壁文化の裾野の広さが窺える。

色壁は、加賀百万石の大城下町金沢の財力と文化の象徴ともいえる。板屋根の町並みの奥には、鮮やかな室内空間が隠されていたのである。

13 和風と洋風、オランダ人の住まい　江戸時代

出島オランダ商館

現在の長崎市出島町に所在した、近世日蘭貿易の拠点。寛永十三年（一六三六）に築造され、寛永十八年以降オランダ商館が置かれた。商館長の住居であるカピタン部屋をはじめ、オランダ人の居宅や蔵、出島町人の役宅などが狭い区域に建ち並んだが、明治以降取り壊された。二〇〇〇年四月にヘトル部屋など五棟を復原、現在第二期の復原工事が進んでいる。

図1 『長崎港図』

出島

出島《でじま》は、長崎の海に浮かぶ扇形をした人工島である（図1）。東西二一〇メートル、南北七〇メートル、総面積約一万五〇〇〇平方メートル。小学校二つ分ほどの面積しかない。こんな小さな島にもかかわらず、出島はおそらく日本史上最も著名な島だろう。

出島は、寛永《かんえい》十三年（一六三六）に築造された。当初はポルトガル人の居住地として計画されたが、鎖国政策によるポルトガル人の追放後、平戸にあったオランダ商館が寛永十八年に出島に移され、以後幕末まで存続した。このため、鎖国時代にオランダ、すなわち西洋と交流を行った唯一の場所として、出島は「西洋に開かれた唯一の窓」と表現されることが多い。鎖国下の日本にとって、出島は西洋の情報や文化・技術を知る唯一の情報源であるとともに、日本の文化を西洋に向けて発信する場であり続けたのである。

一方出島は、オランダにとっても重要な意味を持つ場所だった。東南アジア貿易の一拠点であることは当然だが、それならバタビア（現在のジャカルタ）にオランダ東インド会社の総督府があり、こちらの方が植民地支配の中心としては重要度が高く、出島は取引高でも施設の規模でも明らかに劣る。にもかかわらず、出島がオランダにとって大切な場所だったのは、出島が「オランダそのもの」だった時期があるからだ。

一八世紀末、オランダはフランス革命の余波を受け、革命派によるクーデターが勃発《ぼっぱつ》、一七九五年からフランスの統治下におかれ、一八〇六年にはルイ・ナポレオンが王としてオランダを統治した。さらに不幸なことに、この不安定な状態に乗じてイギリスのラッフルズ艦隊が一八一一年にバタビアを奪取、ジャワ諸島の植民地もまた占領されてしまう。本国は一八一三年、バタビアは一八一六年に独立を回復するが、この間世界地図から「オランダ」という国が消えてしまったのである。ところが、日本だけは、鎖国政策のためにその直接的な影響を受けなかった。確かに、一八〇八年から一八一六年に出島に到着したのはラッフルズが送ったイギリス船のみで、実質的に日蘭貿易は中断したが、出島オランダ商館はこの間も存続した。こうして出島は、オランダが占領から回復した後、世界で唯一オランダ国旗がはためき続けた場所、そしてオランダが消滅しなかった証として、人々の深い敬愛を

集め、歴史に名を留めることになった。
　この激動の時期、一四年にわたって出島オランダ商館長（カピタン）を務めたのがヘンドリック・ドゥーフ二世、その片腕がヤン・コック・ブロンホフである。ブロンホフは一七七九年オランダのアムステルダムに生まれ、一八〇九年に荷倉役として来日した。一八一二年にラッフルズがバタビアに続いて出島も支配下に置こうと試みた際、ブロンホフは交渉に当たるため商館長ドゥーフからバタビアに派遣され、この席で出島のイギリスへの譲渡を拒んだために捕虜としてイギリスに送還された。三年後にオランダに帰国、そして一八一七年、今度は商館長として再び来日した。二度目の来日の際、ブロンホフが妻ティティア・ベルフスマと幼い息子ヨハネス、乳母《うば》を同行したことはよく知られ

図2 『出島図』

ており、日本人絵師が描いた家族の肖像も残されている。しかし、幕府は外国人女性と子どもの入国を禁じ、家族はブロンホフを残して来日した船で再びバタビアへと戻った。ティティアは二年後の一八一九年に亡くなっており、出島からの船出が今生の別れとなった。

ブロンホフは、他にも日本とオランダを結ぶ重要な功績を残した。占領から回復したオランダでは、東南アジア、特にオランダ国旗がはためき続けた出島に対する関心が高まっていた。国王ヴィレム一世は、植民地の回復と確かな知識による東南アジア貿易の発展のため、各国の自然と文化に関する文物を収集・展示する王立骨董陳列室を一八一六年にデン・ハーグに開設、ブロンホフは二度の来日で収集した絵画、模型、骨董《こっとう》など様々な文物をこの骨董陳列室に寄贈した。展示されたコレクションはオランダにおける日本ブームの牽引役となり、さらにはライデン国立民族学博物館設立の母体ともなった。有名なシーボルト・コレクションもこの民族学博物館に収蔵されており、その豊かな蓄積は現在もなおオランダと日本を結ぶ文化の架け橋となっているのである。日本にとっても、オランダにとっても、唯一無二の場所。出島はどんな場所だったのか、そして出島につくられたオランダ人の住まいはどんな建物だったのか。その様子をみていくことにしたい。

出島は誰のものか

ところで、オランダ商館を見る前に、出島そのものについてもう少し詳しく知る必要がある。出島は、歴史上著名な存在にもかかわらず、ごく当たり前のことが意外に知られていないのだ。

例えば、出島はいったい誰のものだったのだろう。土地には必ず持ち主がいるはずで、人工島である出島もまた誰かの所有であるはずだ。例えば、現代でいう国有地は、江戸時代には幕府が所有していた土地に当たるし、都道府県が所有するのは、江戸時代なら各藩が所有することを意味する。当然、個人が持っている土地、いわゆる民有地もあり、出島の場合はその個人が日本人なのか、オランダ人なのか、二つの可能性がある。長崎は、藩が治める土地ではなく幕府が直接治める直轄地だったため、藩の所有という可能性はないものの、所有者として幕府か、長崎の町人や武士か、またはオランダ人か、三つの可能性がありえるのだ。

まるでクイズのようだが、答えは、「出島は長崎町人のもの」である。これは寛永十三年に出島が築造された際、その資金を出したのが長崎の有力町人だったためで、以後出島の土地はこの「出島町人」と呼ばれる二五名が分割して所有し、さらに出島でオランダ人と取引をする権利も有した。この所有権は、後に売買されて当初とは所有者が変わっていくものの、出島が幕府のものでもオランダ人のものでもなく、長崎の町人のものであるという姿は実に戦後まで継続した。

さらに見るなら、その土地に建つ建物もまた、大部分が出島町人の所有だった。塀や門、奉行所の役人が詰める検使部屋などは幕府の費用で建設したし、オランダ人が建て替えや修理に費用を出す建物もあるものの、これらはごく一部に過ぎず、多くは土地の所有者である出島町人が費用を出して建設し、それを所有した。つまり、出島はオランダ人が住む場所だが、オランダ人は間借りしている店《たな》子《こ》に過ぎず、出島町人が大家《おおや》だったことになる。事実、オランダ商館は、出島町人に対して賃貸料を払い続けたが、その額はオランダ商館の総支出の一割強に当たり、財政を圧迫したという。

この点は、オランダ商館の建物を考える上で重要な意味を持つ。それは、オランダ商館の「施主」がオランダ人ではなく、日本人であることを示しているからだ。

私たちは、「西洋への窓口」「オランダ人の住む場所」と聞くと、つい洋風の建物を頭に思い描く。もちろん、オランダ人自身が自分の好みで、しかも自分の費用で建てたのであれば、本来の生活に近い洋風の建物を建てただろう。しかし実際には、オランダ人は家を借りているにすぎず、建物を建てた施主は長崎に住む日本人であり、かつ工事を請け負った大工も日本人だった。このため、実際のオランダ商館の建物は、長崎の町人たちが住むごく普通の町家に近い建物だったのである。

でも、もし家を借りたら、できるだけ自分の好みに近づけたいと、現代に生きる私たちでも思う。同じように、オランダ商館の場合も、借り手であるオランダ人たちは、可能な限り自分たちの生活様式や趣味に合った空間を手に入れようと工夫をした。このためオランダ商館の建物は、後に詳しくみるように、ごく一般的な日本の町家に、窓や扉、手摺《てすり》、照明、壁紙など、船で運搬可能な大きさで、かつ部品ごと差し替え易い部分に限って洋風の要素が付け加えられた。こうして、オランダ商館は、和風に洋風が混在した「唯一無二」の建築になっていったのである。

出島の建築

もうひとつ、出島の持ち主が日本人であるということは、建物単体のデザインや平面だけではなく、全体の建物構成にも関係する。

出島の有名な逸話に、「遊女《ゆうじょ》と高野聖《こうやひじり》の外入るべからず」という高札《こうさつ》の存在がある。この高札は、出島と長崎の町を繋ぐ橋のたもとに立てられ、出島が厳重な監視下に置かれたことを示す例としてよく取り上げられる。「遊女と高野聖」以外、日本人は全く入ることができないようだが、よく読むと、遊女以外の「女性」と、高野聖以外の「出家者《しゅつけ》」は入ってはいけないという意味で、出入りを許可する鑑札《かんさつ》を持つ者は入ることができた。日常の業務以外でも、長崎を訪れる大名はみな出島内を見学することを望んだし、紹介さえあれば町人でも出島を体験できた。出島は、オランダ人が住む場所であると同時に、商取引の場所でもあり、大家である出島町人は当然出島に入り、オランダ人を相手に輸出入品の売買を行った。特に「出島乙名《おとな》」と呼ばれる出島町人の代表（二名、元禄以降は一名）は鑑札の発行や鍵の管理などを行ったから、出島の中には出島町人や出島乙名が待機する建物が必要とされた。つまり出島には、オランダ人のための建物だけではなく、出島に出入りする町人や監理する長崎奉行所の役人など、日本人が用いる建物も存在したのである。

その配置をみてみよう（図2）。

出島は扇形の島である。扇の要に当たる北側の丘の上には長崎奉行所が鎮座し、その真下から出島に渡る橋が架かる。橋を渡ると「表門」があり、これが陸地側の唯一の入口である。この他に海側の入口である「水門」が島の西端に設けられており、長崎湾の入口に停泊したオランダ船は人や荷物を小舟に積み替えて、水門から出島へ入った。この水門から東へ、島の中央を横切るように走る道が出島のメインロードであり、表門から南へ延びる道と直交して、出島全体を大きく四つのエリアに分けている。

水門に近い西半分のエリアが出島の中心である。特に南西は、カピタン部屋やヘトル部屋があり、これらは商館長や副商館長の住まいであると同時に、外来者を迎える公館としての機能も持っていた。

道の向かい側には、オランダ船の船長が滞在する一番船船頭部屋や、オランダ人の通訳や医者のための建物などが並ぶ。オランダ船の来航時のみ滞在する船員を除けば、江戸時代中期以降、出島で常時生活したオランダ人は一〇人前後だったという。一方、道から離れて、カピタン部屋・ヘトル部屋の背後を見ると、乙名部屋・町人部屋など出島町人たちが用いる建物が置かれる。日本人用の建物の多くが、中央通り沿いではなく背後に配置されている点は興味深い。また、北西エリアの裏側は、到着した積荷の荷さばき場として機能した。

逆に、東半分のエリアは、北側に庭園、南側に畑があり、それに付属する遊興のためのカピタン別荘や玉突場、牛小屋・豚小屋などの食料のための施設があった。シーボルトが植物園を作ったのも、この北側の庭園である。出島は、江戸時代初期の商館長ル・メールが「我らは出島から一歩も出られず、ポルトガル人が嘗《かっ》て自由貿易を行っていた時よりも悪い待遇を受けている」(『長崎オランダ商館の日記』)と記したように、公式行事以外の外出は禁止され、表門の鍵さえもオランダ人には渡されていなかった。江戸時代後期にはこうした禁制もやや緩和されたようだが、籠の鳥であることに変わりなく、このため単に生活に必要な施設だけではなく、狭い出島の中で気分転換をする場が必要だったといえる。

しかし、出島で最も多いのは、こうした生活のための建物ではなく、倉庫である。出島は交易の場として、生糸や砂糖、薬種などオランダからの輸入品や、地金・銅・漆器・磁器など日本からの輸出品を保管する必要があった。このため、カピタン部屋をはじめオランダ人の住まいの多くは一階が倉庫に充てられ、独立した土蔵と合わせて高い比率を占めていた。倉庫の中でも、北西にあるイ蔵・ロ蔵（オランダ人はLerry（ゆり）とDoorn（いばら）というニックネームをつけていた）は、商館員の私的な貿易品を納める蔵で、このためオランダ人自身の費用で建設された数少ない建物だった。

ところで、私はこれまでまるで自分の眼で見たように出島を案内してきたが、実は現在の出島には江戸時代当時の建物はひとつも残っていない。それどころか、今は島ですらない。明治以降の埋立によってすっかり市街地に埋没し、その場に立ってもここが出島だと気づかないほど様相を変えている。これではいけないと、長崎市は出島の姿を取り戻すために戦後の早い時期から用地買収に着手、復原事業をスタートした。そして、日蘭交流四〇〇年に当たる二〇〇〇年四月、出島の西側にあったヘトル部屋など五棟が現地に復原され、さらにそれに隣接するカピタン部屋など五棟の復原が二〇〇六年の完成予定で進められている。今見てきた出島の様子は、そうした復原設計の過程で、江戸時代に作られた模型や絵画、指図、オランダ商館長の日記などを総合してわかってきた事実である。建物を復原するということは、単に形を作るだけではなく、そこに住む人、使う人を理解することを意味する。だからこそ、「出島は誰のものか」という問いは、出島の建築を理解する上で知っておかねばならない事実なのである。

オランダ商館の内部空間

出島の建築に戻ろう。オランダ人の住まいは具体的にどんな姿だったのか、今度は内部を詳しくみてみよう。

出島の中心は、商館長の住まいであるカピタン部屋で、正面一五間半、奥行六間半の西寄りに、南に向かってL字形の突出を持つ大規模な建物である。この建物は、道に面した主要部分は大家である出島町人の費用で建てるものの、南側の突き出し部分のほか、浴室・雪隠《せっちん》（トイレ）と「好場所」つまりオランダ人自身の好みで建てたい場所はオランダ人が費用を負担して建設された。とすれば、この建物は単なる日本の伝統的な建物ではなく、オランダ人がその好みで付け加えた部分が入っているということだ。

天明《てんめい》八年（一七八八）に長崎に滞在した絵師司馬江漢《しばこうかん》は、出島のカピタン部屋を訪れた様子を「畳二十デウも敷、四方ヲランマ、下にビイドロに描きたる額を掛ケ並へ、畳の上ニ毛《もう》せんの如キ花を織りたる物をしき、天上（井）ノ中にビイドロにて作る瑠璃燈《るりとう》を釣《つ》り、（中略）障子みなビイドロヲ以テ張ル」（『西遊旅譚』）と書いた。花模様の絨毯《じゅうたん》を敷き、天井からガラス製の照明を吊り、さらにガラス窓を付ける。洋風の生活が見て取れる一方、絨毯の下には畳があり、長押《なげし》の上には欄間《らんま》がある。骨格は日本の町家でありながら、建具や家具、照明によって洋風の室内空間を演出していたことがわかる。

こうした好みは、江漢が残したスケッチでも確認できる（図3）。例えば、長押の上の小壁には「ビ

図3　司馬江漢『西遊旅譚』カピタン部屋室内

イドロ額、人物山水」つまり肖像画や風景画の額を、いくつも並べて掛ける。こうした絵画の飾り方は日本にはないものだ。また江漢のスケッチでは、椅子やテーブルは壁にぴたりと寄せて置かれている。現代の私たちからみると奇異な感じがするが、当時のヨーロッパでは椅子やテーブルは部屋の中央に置くのではなく、壁に付けて使うものだった。出島は日本であり、カピタン部屋も日本的な建物でありながら、本国のスタイルで生活していたのである。

江漢のみたこのカピタン部屋は、一〇年後の寛政十年（一七九八）に火災で焼失し、文化六年（一八〇九）に再建される。カピタン部屋はあまりに大きかったため費用がかかり、すぐには再建できなかったのだ。不幸は重なるもので、出島にカピタン部屋がなかったこの時期は、ちょうど「出島だけがオランダだった時代」に当たる。現在進められている出島オランダ商館の復原は、この火災後の姿を目指している。

現在、オランダのライデン国立民族学博物館には、ブロンホフが日本人大工に作らせた出島オランダ商館の精密な模型が残されている。一八一八年に出島から本国に送りだされ、先述の王立骨董陳列室の日本室の中央に長く展示されて、オランダにおける日本ブームの一翼を担った。この模型は、こうした由緒がはっきりしている上、ちょうど寛政十年の火災後の姿を示していること、また平面の縮尺がおよそ二〇分の一とかなり大型であることなど、出島の江戸時代後期の様子を知る上で貴重なものだ。残念なのは、中心となるカピタン部屋やヘトル部屋が後の事故で失われていることだが、それでもこの模型の価値に変わりはない。特に、オランダ人用の建物の二階のみ、高さを高く、内部も細かに作っているのは、ちょうどドールハウスのように、オランダで出島での生活を説明しやすくするためかもしれない。

この模型を見ると、一番船船頭部屋などオランダ人が用いる建物の大部分は、室内に模様のついた唐紙が貼られている。また、先の司馬江漢のスケッチにはなかったものの、出島を題材にした他の絵画ではオランダ商館の内部の壁に模様のある壁紙を描く。この模型より前、一六九〇～一六九二年に滞在した医師ケンフェルは、自分が住んだ出島の建物について「住宅は二階建てで、一階は倉庫になっている。我々は二階に住んでおり、自費で壁紙代わりに絵柄のついた紙で、この国の慣習通りに整える」（『日本誌』）と記していて、ちょうど洋風の壁紙のように和風の唐紙を貼っていたことがわかる。また、模型や絵画を見ると、ペンキ塗りのドアや洋風の手摺《てすり》が用いられているが、これらは完成品の形で運び込まれたのだろう。

こうして見ると、ここに暮らすオランダ人にとって、建物本体より、自分の好みに整えるための家具や調度が大切だったことが窺える。一八五六年、航海士として出島を訪れたコーニングは、自分の荷物が船から積み出されると、「住宅を飾りたてることができるもの」をすべて運び出し、部屋を整えている（『私の日本滞在』）。こうした荷物をコーニングがたくさん持参したのは、出島の滞在経験者のアドバイスによったからだといい、出島到着後、一夜を過ごした後にこの荷物が運びだされたとき、心からうれしかったと記している。

復原された一番船船頭部屋の二階の内部を見てみよう（図4）。ここは、文政四年（一八二一）に出島で亡くなった一等書記官ヘルマヌス・スミットの遺品目録をもとに調度を再現している。遺品目録とは、遺言状がないまま商館員が亡くなった場合、商館がその遺品を競売にかけるため作成する目録で、スミットが所持していた品々が細かく書き出されている。四脚の椅子、二脚のテーブル、ベッド、屏風のほか、水差しや食器のセット、めがねやひげそり、腕時計、壁に飾る版画など、細かな、そして夥《おびただ》しい文物が、畳敷きの床、唐紙貼りの壁、障子が立てられた室内に置かれている。これらは、オランダやバタビアから運んだほか、家具は長崎の職人に作らせてもいたようだ。実際に揃えられた

図４　一番船船頭部屋　二階内部

品々をみていると、オランダ人たちの快適な生活への執着が伝わってくる。江戸時代を通じて出島に滞在したオランダ人は一〇〇〇人を越えるが、そのひとりひとりがこうして部屋を整えたのだろう。

オランダ商館の生活

では、オランダ人たちは日々どんな生活を送っていたのだろうか。

例えば食事。オランダ商館員たちの食事は、一八二〇年代まではカピタン部屋の裏にある料理部屋でまとめて作られ、給食として供された。マティ・フォラー氏によってそのメニューが紹介されているが、鳥、豚の塩漬け肉、うなぎ、えびなどの他、じゃがいも、ほうれん草などの野菜が用いられ、同じメニューが一〇日ほどの周期で繰り返されている。事実、出島の発掘調査では豚や牛の骨も出土する。ただし、絵画の中では、食卓に豚の頭や鳥、パンや野菜などが華やかに描かれているが、これは特別な日の限られた一場面であって、実際には単調な食生活が続いていたようだ。

オランダ船は、旧暦の六月から七月に入港し、九月末に出島から出港する。オランダ船の滞在期間は人も増え、積荷の確認や見張りのための役人や商取引を行う日本人も出入りして、忙しく活気のある日々が続くが、残りの八か月余りは食事のメニュー同様、平穏で単調な毎日が続く。オランダ船の来航は、出島に暮らすオランダ人にとって、また出島と関わる日本人にとっても待ちこがれることだったといえる。

図５　ヘトル部屋　物見台

復原された出島のヘトル部屋の屋根の上には、一間四方ほどの物見台が設けられている（図５）。絵画でも、この物見台から望遠鏡で海を眺めるオランダ人の姿がしばしば描かれている。現在は周囲を大きなビルに囲まれて、海はわずかしか見えないが、本来は出島の中でも特別眺めの良い場所だった。バタビア、そして本国オランダへと続く海が、出島のオランダ人にとって最も大切なものだったのだ。

現在はすっかり陸続きになってしまった出島だが、実は島であった名残がまだ残っている。一九九六年、かつて長崎湾に面していた島の南側の発掘調査が行われ、もとの石垣が出土した。発掘調査の際に印象的だったのは、掘り下げた地面からまるで呼吸をするように水が上下していたことだ。その間隔は、ちょうど海の潮の満ち引きと符号する。出島は陸地として埋め立てられながらも、地中深くに海の記憶を閉じこめていたことになる。

出島では現在二〇〇六年四月の完成に向けて第二期復原が進んでいる。最大の建物であるカピタン部屋も今回復原が予定されており、発掘調査ではその礎石も出土した。地中に眠り続けた出島の記憶が、形になろうとしている。

住まいの変貌

ここで扱うのは近代の住まいである。開国は近世までに培われてきた日本人の生活を大きく揺れ動かした。住まいも変貌の時を迎える。開国とともに上陸した「洋風」という名の台風は「近代」という地殻変動とともに日本列島を横断し、徐々にではあるが確実に日本の住まいは変貌を遂げ始めた。

横浜居留地のヘボン邸は日本に直輸入された西洋を知る格好の題材である（一四章）。次いで、上流階級の住まいに洋館が登場した（一五章）。しかし、洋風化の様相は一様ではなく、国家を背負った皇室の住まいには伝統と洋風の相克を見て取ることができる（一六章）。また、新興ブルジョア階級の中から生まれた数寄者達は、伝統と向き合いながら独自の美学で住まいをつくった（一七章）。一方、近代ならではの存在といえる都市中流階級はその住まいを郊外に展開しながら（一八章）、階級独自の住まいのあり方を住宅改良運動などの中で模索した（一九章）。

14 開港場横浜と居留地の住まい　幕末

ヘボン邸

ヘボン（一八一五―一九一一）は、アメリカ生まれの宣教医師。医療伝導のため安政六年（一八五九）来日し、文久元年（一八六一）一旦神奈川宿に施療所を開設した後、横浜居留地三九番、現在の横浜市中区山下町に住宅と診療所を新築。医療伝導の傍ら、英語教授や翻訳・出版にも尽力した。ヘボンの伝えたローマ字が、日本のローマ字の基礎になった。

横浜居留地全景

幕末横浜居留地のヘボン邸

イギリス人写真家フェリクス・ベアトが元治《げんじ》元年（一八六四）に撮影した横浜居留地《きょりゅうち》の写真がある（図1）。開港からわずか六年、寒村だった横浜村は急速にその姿を変え始めていた。居留地には各国の領事館や商館が建ち並び、湾内には帆船が停泊する。写真中央、手前にかかる谷戸《やと》橋の左袖、居留地三九番にたつ白い三角形の壁面を見せた瓦葺の住宅は、アメリカ人宣教師ジェームス・カーチス・ヘップバーン、通称ヘボン博士の住まいである。ヘボン博士は日本語のローマ字表記を整えた人物として著名だが、医師でもあり、また和親《わしん》条約締結後日本に上陸した最初の宣教師でもある。安政《あんせい》六年（一八五九）に来日し、まず神奈川宿の成仏寺《じょうぶつじ》に落ち着いた。その後、文久《ぶんきゅう》二年（一八六二）にこの地に移り診療所を開設した。

ヘボン邸をみてみよう。屋根は瓦葺の大きな入母屋《いりもや》である。白い三角形の壁面、すなわち妻壁《つまかべ》が異常に広いが、

図1　ベアトの撮影した

日本の伝統的な建築が基本となっていることは間違いない。しかし、その妻側の壁には、ペディメント（三角形の破風飾《はふかざ》り）をのせた開き窓が穿《うが》たれる。階下にはベランダが巡り、深い軒下の空間を作っている。ベランダには白い縦桟《たてさん》の手すりが行儀良くとりつく。屋根には小さな煙突がみられ、この下に暖炉か台所の火があることを知らせる。つまり、基本は日本の伝統的な建築にあるが、ペディメントをはじめ西洋建築の断片が付け加えられ、以て非なる建築になっている。一方、ヘボン自身が描いた自邸の簡略な間取り図によれば（図2）、この建物の一階にはParlor（応接室）、Study（書斎）、Chamber（居室）、Dining room（食堂）、Pantry（食器庫）、Kitchen（台所）が設けられ、ベランダは四周をぐるりと回っていた。屋根裏には大きなクローゼットを間にはさんで居室二室が並ぶ。こうした居室の構成は、同時期の中小規模アメリカ住宅にしばしば見られる構成であり、当時の日本の住宅には決して見られない間取りだった。ヘボン邸はヘボンの描いた簡略な間取り図をもとに、日本人大工たちが間取りとは無関係に、伝統的な建築に工夫を加えて造りあげた建物とすることができよう。

ベアトの写真に目を戻せば、ヘボン邸ばかりでなく多くの建物が入母屋や寄棟《よせむね》の瓦葺屋根をのせ、一部に海鼠壁《なまこかべ》や石造の壁は採用するものの、全体としては伝統的な形式による建物であることがわかる。居留地を作り上げていったのは他ならぬ日本人の大工たちだったからである。

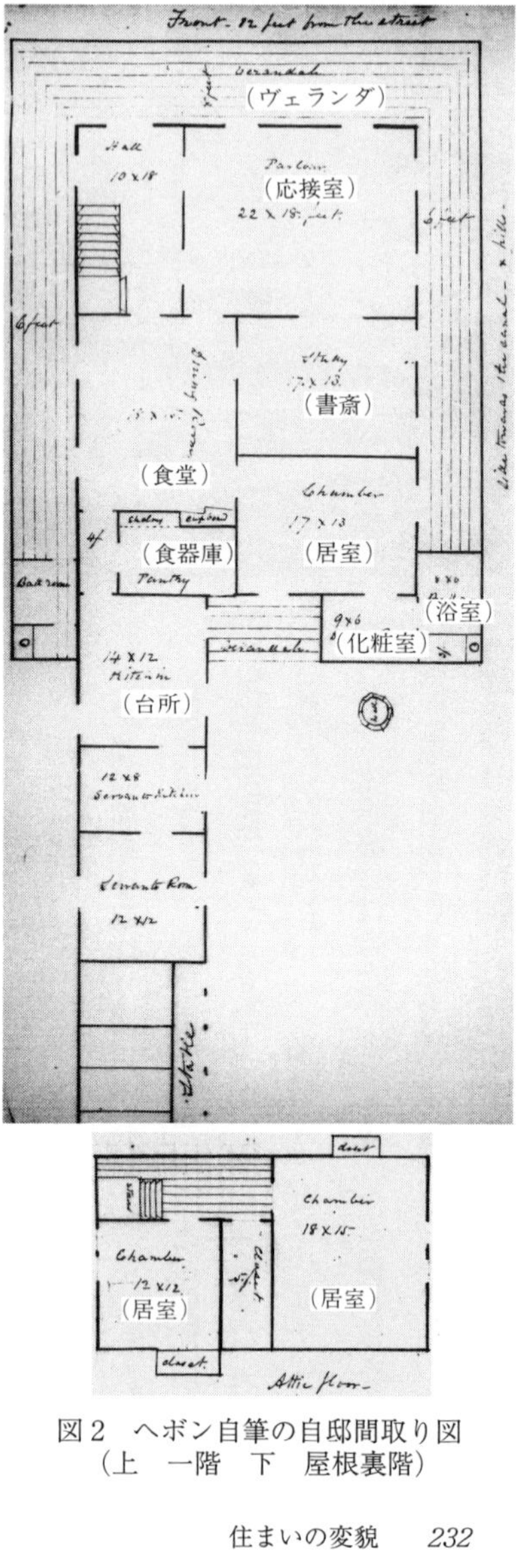

図２　ヘボン自筆の自邸間取り図
(上　一階　下　屋根裏階)

居留地の都市計画

さて、話をヘボン邸のある横浜居留地に戻そう。ヘボンは横浜居留地に移るまで神奈川宿の成仏寺にいた。なぜ神奈川宿なのか、黒船まで遡り少しその経緯をみてみたい。

嘉永《かえい》六年（一八五三）、ペリー提督率いるアメリカの日本遠征艦隊は浦賀沖に出現した。黒船来航である。翌安政元年（一八五四）、ペリーは再度来日し、横浜応接所で条約締結交渉を開始し、ついに三月三日横浜の地で日米和親条約を締結した。黒船来航以来揺れ動いた江戸幕府はこの時、およそ二〇〇年間にわたり継続した鎖国という扉を自らの手で打ち開くことになった。安政五年には、日米修好通商条約に調印し、既に開いていた下田、函館以外に横浜、長崎、新潟、兵庫を開港し、アメリカ人の「居留」を許すことになった。アメリカに次いでイギリス・フランス・オランダ・ロシアとも同様の条約を結び、外国籍の商人たちは開港場の定められた地域内での居住や営業を認められた。その地域を「居留地」とよぶ。時あたかも産業革命による市場開拓をねらう列強諸国の中で「アジア」が大きく注目されていた時であり、アジアの東端に位置する日本は市場としても中継地としても大きく期待されていたのだった。

横浜の場合、宿場町としてにぎわっていた神奈川宿近辺を開港場とするようアメリカは要望したが、幕府は一般庶民と外国人の接触を懸念し、また、すでに宿場町として拓けていた神奈川近辺では開港場に必要な広大な用地が得にくかったことなどから、入り江が深く錨《いかり》を下ろしやすい横浜村を開港場

図3　明治20年頃の横浜地図

と主張した。横浜村は海と山によって囲まれており、外国人を隔離するには都合が良かった。外国側の承認なしに居留地の造成に取りかかったのは開港日の三か月ほど前だった。ヘボン博士が当初神奈川宿に居を定めたのは、アメリカは横浜村ではなく神奈川を開港場として譲らなかったからだ。横浜村一帯は湿地帯だったにもかかわらず十分な造成工事も行わず、開港の日を迎えた。しかし、道路、橋、波止場《はとば》をはじめとし奉行所や運上所《うんじょうしょ》、役宅、遊郭までを短期間で作り上げ、開港場の体裁は整えられた。開港場の中心に運上所を置き、その東側に外国人居留地、西側に日本人町を置いた（図3）。町は整然と区画され、奉行所は港を見渡せる丘の上に置かれた。こうした開港場整備の甲斐《かい》あって、開港後は堰《せき》を切ったように人と物が港に流れ込み、当初は神奈川宿にこだわっていたアメリカ側も、結果として横浜を認めざるを得なくなっていった。ヘボンも来日当初は本来の開港場である神奈川宿にいたが、横浜居留地の体裁が整うに従い、本来の目的である施療や布教を本格的に開始するため、谷戸橋近くの居留地三九番に移ったのだった。

居留地の充実

慶応二年（一八六六）、横浜居留地には商館が建ち並び貿易も活発に行われ、町に活気がみなぎり始めた頃、開港場のほぼ三分の二を焼き尽くす大火がおこった。外国人居留地にも被害は及んだ。しかし、外国人たちにとってこの火事は恰好《かっこう》の好機だった。なぜならば、彼らにとって幕府主導であわただしく行われた居留地建設は実に不十分なものだったからだ。幕府と外国公使団との間に「横浜居留地改造及競馬場墓地等約書」が交わされ、再建計画がスタートした。これによって新たに山手《やまて》地区が居留地に編入され、仕事の場を当初からの居留地である山下町、居住の場を山手とする横浜居留地の形が整うのである。山手は山下居留地に隣接し、かつ高台の眺望の良い地であったことから、外国人達は開港直後から居留地としての開放を求めていた。しかし、墓地や駐屯地、領事館など公的施設は認められたものの個人の利用は認められていなかった。火事を契機に山手は外国人に開放され、豊かな住宅地としての歩みを始めることになる。ヘボン博士も明治九年（一八七六）には山下居留地から山手二四五番に移り住んだ。山手居留地には日本初の洋式公園山手公園（図4）が明治三年に開園

図4　山手公園

するなど、外国人にとって望ましい居住地の体裁を整えていった。その骨格は今日まで引き継がれている。

火事がもたらしたものは山手の居留地化だけではなかった。当初からの山下居留地も大きな変革を遂げた。横浜公園の建設や日本大通《おおどおり》の造成、沼地埋立による居留地の拡充、運河の改修などである。前二者は防火帯形成が目的であり、後二者はいわば居住環境の改善といえる。新しい居留地の計画はイギリス人技術者ブラントンに委ねられた。横浜公園は日本人と外国人が共用する初の洋式公園であり、中央にクリケット場をもつ公園だった。また日本大通は、中央に一二メートルの車道、その両側に三メートルの歩道、さらにその外側に各九メートルの植樹帯をもつ合計三六メートルのその名の通り堂々とした大街路だった。

外国人たちは祖国から遥《はる》か離れた異国の地においても、安全で衛生的で利便性の高い生活を営むことを目指した。下水道は、幕末に整備が開始され、明治二十年には幹線を煉瓦管にする改修工事が終了している。下水道のみならず、上水道、ガスなど都市基盤の整備をはじめ、教会、学校、病院、墓地など生活必需施設、生活に潤いをもたらす社交クラブや劇場、ホテル、競馬場、公園、遊歩道なども彼らには不可欠な都市施設だった。居留地には次々と目新しい施設がつくられていった。外国人達は本国から遠く離れた異国の地に於いても生活の「質」を追求したのだった。

図5　初期の山手の洋館

居留地の住宅形式

それでは外国人たちの生活の場となった山手居留地にはどのような住宅が建てられたのだろう。残念ながら関東大震災によって山手居留地はほぼ全壊した。今日残る「山手の西洋館」はそのほぼすべてが震災後に再建されたものである。震災前の山手居留地の様子を資料から眺めてみよう。明治十二年の外国人の住所録ディレクトリーによれば、山手は二四五の敷地に分割され二四四人の居住代表者がいた（『横浜山手』横浜市教育委員会）。わずかの期間で山手は人気ある住宅地となった。

初期の山手の住宅を絵師五姓田義松《ごせだよしまつ》が描いている（図5）。擬宝珠《ぎぼし》がのった不可思議なスタイルは日本の伝統的な住宅を基本としていることは間違いないが、暖炉《だんろ》の煙突は屋根を突き上げ、開放的なベランダが周囲を巡っている。擬宝珠をのせたのは外国人である居住者の好み、いわゆるオリエンタル・スタイルへのあこがれかもしれない。日本の伝統的な建築を基調としている点はさきに見たヘボン邸と共通しており、初期の居留地の住宅に多く見られたものだろう。

また、山手六八番に住んでいたドッドウェル商会のO・M・プールは明治期の山手の様相を次のように述べている。初めは重い瓦葺の屋根と鉄の柵などを取り合わせたオランダのバンガロー風の住宅がいくつかあっただけだったが、やがてありとあらゆる型式の住宅ができた。煉瓦《れんが》は地震に弱いために好まれず、たいていの住宅はニュー・イングランドの田舎を思わせるような下見板《したみいたば》張りの仕上げで、風通しの良いベランダをもつ。ベランダは完全にむき出しのものもあればガラス張りにしたものもあったという。「重い瓦葺の屋根」は義松の絵画にも描かれていた。ここでは、「バンガロー」「ベランダ」「下見板張り」に注目したい。

ヘボン邸、義松の絵画、プールの描写、いずれにも共通するのはベランダである。開港のごく初期から居留地に建つ建物を特徴づけたのはこのベランダである。外国人たちは丘の上に立つベランダ付きの開放的な住宅のことを「バンガロー」と呼んでいた。バンガローとはもともと「ベンガル風住宅」の意であり、インドのベンガル地方原住民の簡便なベランダ付き住宅をさす。ベランダは日差しの強い東南アジアでしばしば用いられていた屋根付の半屋外空間である。東南アジアに進出したヨーロッパ人たちは、少しでも快適に暮らすため、日射しを遮《さえぎ》り風を通すベランダを自らの住宅に取り込み、新たな住宅様式が生まれた。ベランダコロニアル様式と呼ばれることもあるこのスタイルは、先に見たように横浜居留地でも多くの住宅に採り入れられた。ここでは、外国人のために建てられた住宅を「西洋館」と呼ぼう。ベランダコロニアル様式は西洋館の定番だった。また、プールが記述するように、最初は開放的に造られたベランダも、日本の冬の寒さを乗りきるためには屋内化したほうが快適であることが発見された。そこでガラス戸を軒先に立て込むいわばサンルームのような形式に変化した。横浜山手に現存する西洋館はほぼみなこの形式である。

次は下見板張りである。幅の狭い板を横向きに貼り付けた下見板張りも西洋館らしさを決定づける要素である。下見板張りは、北海道開拓のために来日したアメリカ人技師たちが持ち込み、手近にある材料を板状に加工しペンキを塗った。開港場ではそれよりも早くにアメリカからわたってきたのだろう。下見板張りの西洋館のスタイルを下見板コロニアル様式と呼ぶことがある。

ベランダ、下見板張り、それぞれの出自を眺めた。明治二十年代の横浜ではこれらが結合し、西洋館の典型を生み出していった。

実例をみてみよう。山手三七番のウィリアム・ロバード・ベンネット邸（図6）は建築坪数が八七・二五坪、竣工は明治二十二年八月十五日、ジェー・ダイアックの設計で、施工は清水組、外壁をイギリス下見板貼りとする木造二階建ての住宅だった。ウイリアム・ロバート・ベンネットは山下居留地三二一番に店を構える両替仲立人である。写真からは開放的なベランダを持つ端正な本格的西洋

図6　ベンネット邸

館だったことがわかる。設計者のダイアックはイギリス生まれでお雇い技師として来日し、鉄道建設などに従事した後、建築家としても活躍した。明治の半ばになると、居留地には外国人建築家の手になる本格的な住宅建築が登場していたのである。ベンネット邸の特色である「ベランダ」や「下見板」はすでに見たように居留地の西洋館の定番といっても良い要素である。その双方を巧く配し、極めて印象的な西洋館を造りあげた。

ベンネット邸のような西洋館が広々とした園庭の中に見えがくれする山手居留地の景観は、日本の中に出現した外国だった。

長崎居留地の西洋館

横浜には残念ながら震災前の西洋館はほとんど現存しない。しかし長崎や神戸・函館には今日も開港以来の西洋館が現存し当初の姿を今に伝える。ここでは長崎居留地の西洋館を見てみよう。

長崎は横浜と同じく安政六年（一八五九）に開港した。一二章で見たように長崎出島には江戸時代からオランダ商館があったことを考えれば、他の開港都市ほど異文化の衝撃は大きくなかったかもしれない。江戸町から南山手までの沿岸一体が外国人居留地と定められた。文久三年（一八六三）建築の旧グラバー邸は、現存する最古の西洋館である（図7・8）。英国人商人グラバーは、ジャーディ

図7　グラバー邸

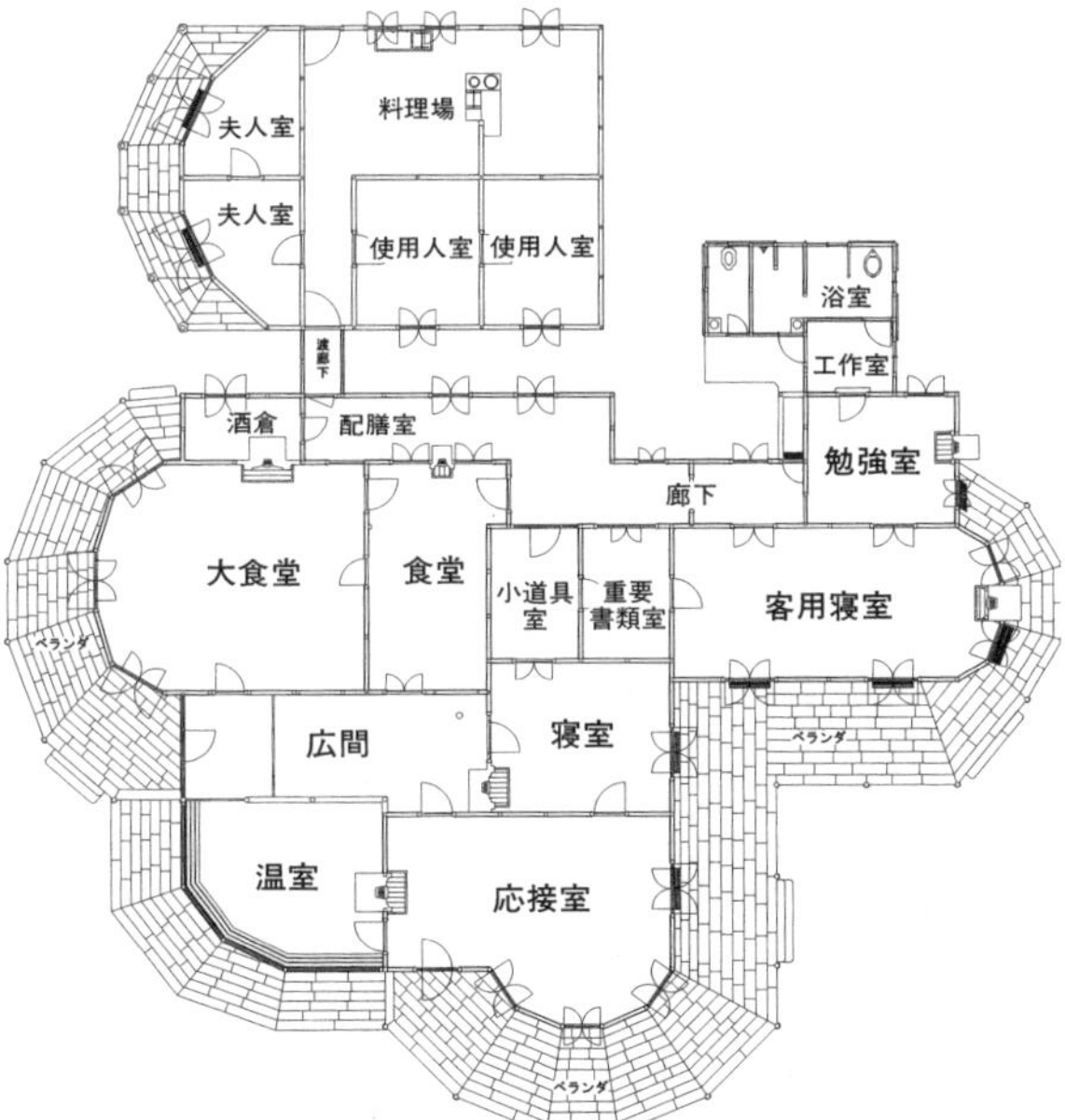

図8　グラバー邸平面図

ン・マセソン商会の極東支配人だった。グラバー邸をもっとも強く印象づけるのはベランダである。すでに見たように居留地の西洋館になくてはならない要素である。グラバー邸の平面は、当初はL字型だったが、増改築の結果現在の翼を広げたような平面形状になった。ベランダはその周囲をぐるりと回る。ベランダの天井やベランダの柱の上部アーチ部分には白いペンキ塗りの菱組ラティスが貼られ、涼しげでかつ華やかな印象を与える。応接室、大食堂など主要な部屋が北向きなのは、この方向に海を臨むがゆえの配置である。居室に続くベランダに置かれた椅子に腰かけ、港の船の出入りを眺め、己《おのれ》が繁栄に満足げに微笑む。そんな姿を容易に想像できる空間である。

目を転じてこれら居留地の外国人住宅の平面を見ると、中廊下をもつ形式やホールを中心とする形式など多様である。しかし、そこに共通するのは、家族の集う居室とプライバシーの高い個室から平面を構成している点である。これは日本の住宅がその後追い求めていく平面の姿に他ならない。

居留地は、日本の中に出現した外国である。しかし居留地のすぐ隣では、日本人が新しい明治という時代の空気を吸いながら生活していた。居留地の生活を支える基盤の整備や生活物資の供給を担っていたのも日本人だった。居留地から吹き込んできた西洋の颪は、じわりじわりと外の世界へ浸透し、やがて洋風化の嵐となっていった。

15 接客施設としての洋館　明治時代

大隈重信早稲田邸

東京都新宿区戸塚町に所在し、現在庭園の一部が早稲田大学大隈会館内に残る。早稲田大学創設者として知られる大隈重信（一八三八―一九二二）は、佐賀藩士の長男として生まれ、尊王攘夷派として活躍した後、明治政府では財政政策を担当。下野後政党政治の先駆者となり、首相も務めた。維新上京後は、いくどか居を移したが、早稲田大学の創設に伴い早稲田の地を本邸とした。

ている。

夫人の好みを反映した洋館

日本建築学会の機関誌『建築雑誌』の明治三十五年（一九〇二）十一月号にこんな記事が掲載されている。

大隈伯爵邸《おおくまはくしやく》西洋館　同館は新築日本館に連続して建てられたるものにて、昨年十一月正員保岡《やすおか》勝也《かつや》氏の設計にかかり、同十二月起工去八月竣成せり。建坪一二一坪二合一勺軒高地盤より一八尺五寸あり。今その構造を聞くに間柱定木柱見え隠れ何れも檜材《ひのき》にてその内外両側に中貫を筋違いに柱に欠き合わせ外部は瓦張りにしその上を漆喰塗《しつくいぬ》りになせり。間内は総て檜上小節を用い光沢消「ペンキ」を塗り天井は食堂と客室は木製、他は漆喰塗りにて大なる中心飾りあり。尤《もつと》も堅牢を主とし特に耐震防火の点に注意し暖房のごときはすべて瓦斯《ガス》ストーブを用う。間内各室の張付は白地に菱形の模様を附せるものにて同伯爵夫人の好みよりなり、またストーブ前飾、窓掛、敷物などは加藤公明氏及同夫人の選択にて注文せる由にて、内外部の「ペンキ」の色も伯爵夫人の好みによりたるものなりという。

大隈伯爵とは大隈重信《しげのぶ》のことであり、屋敷内に洋館が完成したことを伝える記事である。大隈は対外交渉の立て役者として明治二年（一八六九）に長崎から上京したのち、「梁山泊《りようざんぱく》」と称された築地《つきじ》を振り出しに、日比谷《ひびや》、神田錦町《かんだにしきちよう》、雉子橋《きじばし》などに居を構え、別邸として明治七年に取得した早稲田《わせだ》を明治十七年からは常住の地とした。その契機は明治十五年に東京専門学校（後の早稲田大学）を早稲田に創設したことだった。大隈は大正十一年に八十五歳で他界するまでのおよそ四〇年間を早稲田の地を本邸として過ごした。

さて、明治三十五年に自邸を新築したのは、前年に旧邸が焼失したからだった。当時、大隈は内閣総理大臣を歴任するなど要職にあり、地位にふさわしい自邸が必要だった。

新築された洋館には（口絵）、ハーフ・ティンバーとよばれる木造建築の柱や梁《はり》をそのまま外壁に表すスタイルが用いられている。ヨーロッパの住宅によく見られるスタイルで、日本の伝統的な真壁《しんかべ》と呼ばれる表現とも似ていることから、明治以降、洋館にしばしば用いられたスタイルである。高さは「軒高一八尺五寸」つまり五、六㍍ほどあるから、平屋建てとしては背の高い建物である。外部は瓦を張った上にさらに漆喰を塗っており、火災によって旧邸が失われたためかことさらに防火に配慮していることが伺われる。室内木部はペンキを塗り、天井は木製か漆喰塗り、壁は壁紙が貼られ窓にはカーテンが掛けられた。壁紙や内外部のペンキの色は「夫人の好み」によって決定されており、インテリア装飾品は加藤公明夫妻によって決められている。大隈自身はどうも洋館のデザインに関与しなかったらしい。大隈にとってどのような洋館かはさほど重要でなかったのかもしれない。大隈にとって重要なことは洋館を所有することだった。そして洋館を所有することは、一人大隈の趣味ではなく、当時の上流階級に一般的にみられたのである。

新築なった大隈邸は「日本館」と「西洋館」からなる。さきの記事には洋館部分の平面図、玄関

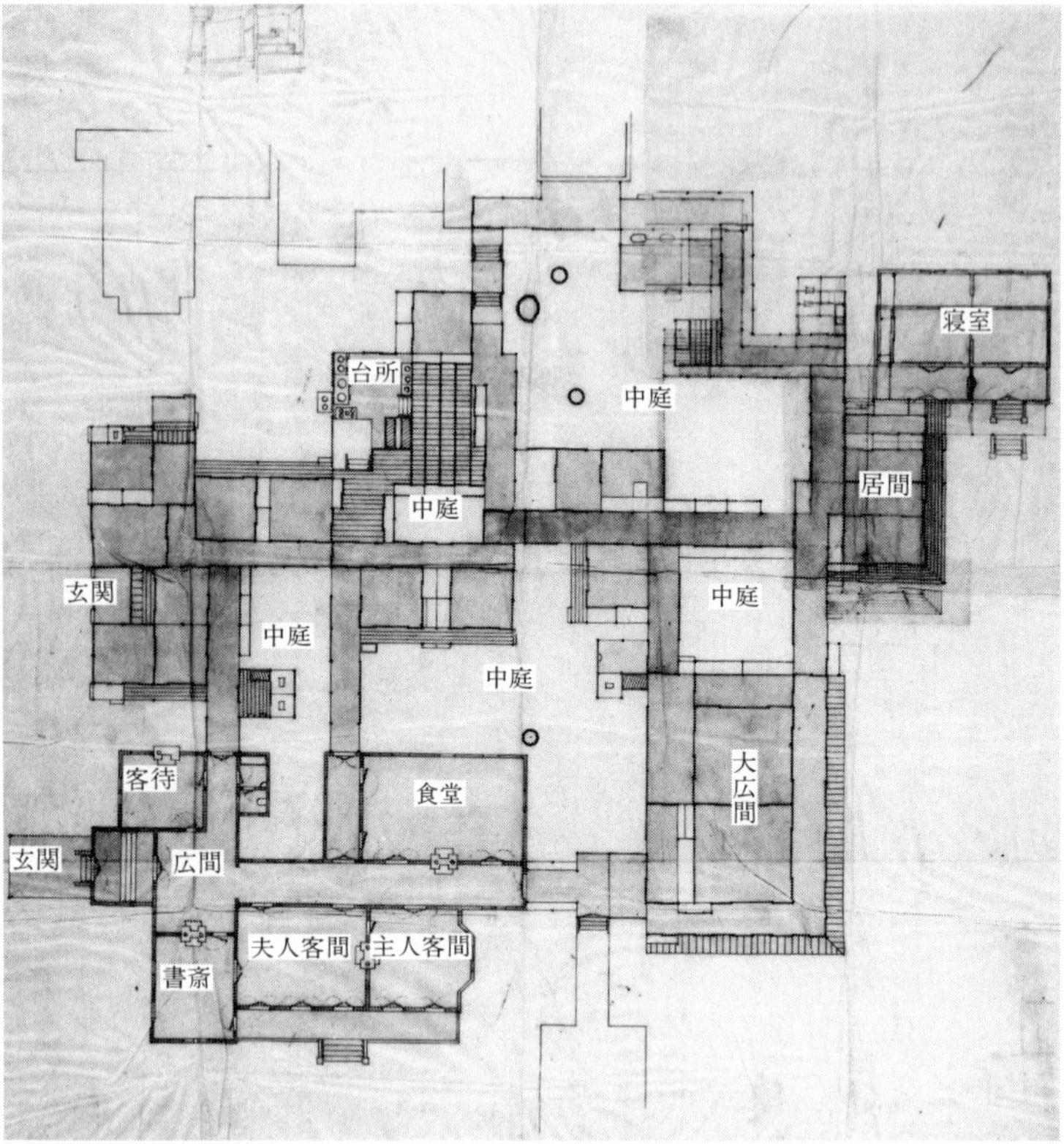

図１　大隈重信早稲田邸平面図

側と庭側からの二葉の写真も付されている。洋館は「広間」「客待」「書斎」「夫人客間」「主人客間」「食堂」からなる。一二二坪もあるにもかかわらず、寝室や浴室がないことは、接客のみを目的とする施設だったことを示している。一方、和館（日本館）の規模は明らかでないが広大であったことは間違いなく、主人関係の部分のみでも雁行《がんこう》する二棟の建物が連なる。洋館に連続して一八畳敷き二室からなる「大広間」、次いで一五畳敷き二室からなる「居間」が置かれる。ここでの「居間」とは、今日のいわゆるリビングルームとは異なり、大隈が日常を過ごす場所である（図1）。「大広間」は言うまでもなく接客のための空間であり、すなわち和館は接客と日常生活と双方の機能を持っており、和館のみでも大隈の生活に必要な機能を充分に満たしていることになる。しかし、大隈邸には洋館が必要だった。なぜなら、ひとつには大隈邸には諸外国からの賓客《ひんきゃく》が多く訪れており、洋館は接客に不可欠だったと想像できる。さらに言えば、当時、和館以外に洋館を「持つ」ことは上流階級の証《あかし》だったからに他ならない。大隈邸には多い時で年間二万人以上もの訪問客があったという。大隈は洋館で、和館で、さらには当時としては極めて珍しい巨大な温室の中で、多くの客と会い多くを語った。大隈の自邸は、自邸とは言え公的な場でもあったのだ。

上流階級の洋館

『明治工業史建築編』によれば、日本人の私邸として最初に「西洋風」を採用したのは赤坂区福吉町の「黒田邸の一部」だった。「一部」とあるのは、和館に隣接して設置されたためである。明治四年起工、七年落成とあるので三年の工期を要したことになる。同書によれば「欧風趣味」を十分に理解していなかったので洋館としての洗練はないが、洋館を造る技術の点ではみるべきものがあったという。黒田邸の洋館は和館に隣接して設けられており、瓦葺《かわらぶき》大壁二階建てで、鎧戸《よろいど》付きの開き窓を規則的に配した外観は、和館とは全く異なる建物であることを充分に示している。当時の黒田邸の当主は、黒田長溥《ながひろ》。福岡藩十一代当主である。この他にも既に明治六年には元長州藩主毛利元徳《もうりもとのり》邸内に木造二階建てで外観を下見板張りペンキ塗りとした洋館が完成しており、明治の極く初期から、上流階級の邸宅内には洋館が設置されていたことがわかる。注目されるのは、洋館は常に和館とセットで設置される点である。大隈邸しかり、毛利邸しかり、黒田邸しかりである。黒田邸や毛利邸では洋館完成後明治天皇の行幸《ぎょうこう》があり、洋館建設の目的の一つは行幸の準備だったのだろう。「接客施設としての洋館」は以後次第に定着し、上流階級の邸宅では和館と併設して接客のための洋館を設けることが一般的になる。洋館と和館を並設する住宅を和洋館並列型住宅と呼ぶ。

明治期の邸宅の資料には和館と洋館が併置されていたことを伝えるものは少なくない。しかし、今日まで和館と洋館が共に現存するものは数少ない。岩崎家茅町邸（図2）には和館の一部と洋館が現存し、当初の様相を知ることができる。岩崎家茅町邸は、日本の建築学の父と言われるジョサイア・コンドルの設計による本格的な洋館だが、当初は広大な和館が併設されていた。洋館は一六〇坪、和

図2　岩崎家茅町邸洋館

館は五〇〇坪に及んだ。洋館は年一回の親族の集まりや外国人の賓客を招いてのパーティーなどに使われていた。和館は日常生活のみに使われたのかと言えばそうではなく、法事や雛祭《ひなまつ》り、結婚式といった冠婚葬祭には和館の大広間が用いられていた。つまり、接客の種類によって洋館と和館の接客空間は使い分けられていた。和館の構成をよくみると、座敷、次の間を中心とする居室が一つの建物を構成し、それらが廊下によって連続する構成である。大隈邸の和館部の構成も同様であり、一団の居室群は、主人夫妻の居間や寝室であったり、長男の居室であったりと、一つの機能に対応している。こうした構成は江戸時代以来の上流住宅の流れを引く構成といえる。つまり、明治期の上流階級の邸宅は、近世の延長上にある和館をそのまま温存し、新たに洋館を付加することで、新しい時代の要求をひとまずクリアしようとしていたといえる。

保岡勝也と洋館

大隈重信早稲田邸にもどろう。大隈邸を設計したのは保岡勝也である。保岡は、大隈邸竣工の二年前に帝国大学を卒業し、三菱地所に在籍していた。しかし、「イギリスの建築家コンデル氏」が設計に参与したとする資料もある。イギリスのコンデル氏とは先の岩崎邸の設計者でもあるジョサイア・コンドルのことだろう。大隈の社会的な地位を考えれば、コンドルが設計を手がけてもおかしくない。むしろ、コンドルこそ大隈邸を手がけるのにふさわしい建築家といえるだろう。

ジョサイア・コンドルは、明治十年政府から招聘《しょうへい》され工部大学校造家学科の教授として来日し、日本における建築教育の礎を築きあげた。コンドルは、日本銀行・東京駅など公共建築を多く手がけた辰野金吾《たつのきんご》、東宮御所《とうぐうごしょ》（現迎賓館赤坂離宮）をはじめとする宮廷建築を手がけた片山東熊《かたやまとうくま》など、明治以降の日本の建築界をリードする建築家を多く育てた。また、建築家としても、鹿鳴館《ろくめいかん》をはじめとし上流階級の邸宅や上野帝室博物館など多くの建築を手がけた。大隈邸建設当時、コンドルは三菱地所の建築顧問もかねていた。ここにコンドルと保岡の接点を見出せる。すでに見たように大隈邸の新築は明治三十四年三月に火災によって旧邸が失われたことに伴うものだった。しかしコンドルは、明治三十四年四月から十二月まで母国の英国に帰国しており、大隈邸の計画に携わりたくとも携われなかった。そこで、多分、卒業後間もない保岡に白羽《しらは》の矢がたったのであろう。コンドルが何らかの指示を出したかもしれない。しかし設計は保岡によって進められた。

保岡は明治四十五年、三菱地所を去り独立する。その後は住宅に関する多数の著作を著し、かつ多数の住宅を設計した。保岡の著書『日本化したる洋風小住宅』『欧米化したる日本小住宅』などには中小住宅の平面図と外観スケッチが掲載されている。掲載されている平面について分析した内田青蔵氏は保岡の設計手法について「住宅設計の際に洋風化現象をどう表現するかに焦点を据え、施主に応じて欧米住宅をベースにするかあるいは在来住宅をベースにするかを決定し、更に施主の意向に合わせて洋風化なり和風化なりを実践していたことがうかがえる」としている。大隈邸の場合、接客用の洋館とは別に、和館の居間の奥にもう一棟洋館があった。大隈の寝室である。内部は畳敷だったというから純粋な洋館というわけではない。なぜそうしたのか、理由は不明である。ただ想像できることは、内部を畳敷とする洋館寝室棟は当時としては極めて珍しく、大隈の特別な要求に保岡が応えた結果にちがいないということだ。大隈重信早稲田邸から始まった保岡の住宅設計の道のりは、和風と洋風をいかに実現するかという明治・大正・昭和にかけての一大テーマへの取り組みであったといえよう。施主に応じた現実的な対応という、住宅の設計に携わるのであればいわば当たり前の答えを提示しながらその時代を生きた保岡にとって、処女作ともいえる大隈重信早稲田邸は、施主の存在の重要性を肝に銘じた作品だったに違いない。

早稲田の地

早稲田の大隈邸の一帯は、江戸時代には高松藩の下屋敷《しもやしき》だったところであり、東京専門学校ができるまでは、極めてひなびた田園地帯で、蛍と摘草の名所としてわずかに知られていたに過ぎない。

江戸から明治への変革の中で、首都における土地所有の形態も大きく変化した。江戸幕末には武家地が全体の約七割を占めたが、明治維新後、武家地は一旦すべて政府によって上地《じょうち》すなわち没収された。旧大名は一族郎党を引き連れそれぞれの領地に帰り、東京の人口は激減した。武家地は放置されたため、荒廃を阻止し産業を振興するため東京での桑や茶畑の開墾が奨励された。俗に桑茶令と呼ばれるものである。明治四年、廃藩置県に伴い旧領地において知藩事として藩政に当たっていた旧大名は罷免され、東京居住を命じられた。彼らは華族《かぞく》という地位と、旧藩邸一か所、大名私邸一か所の所有が認められたのだった。

天皇が居住する宮城《きゅうじょう》付近の大手町や赤坂など一等地は官庁や皇族の邸宅となり、宮城の南西の台地は高燥の地として人気があり、華族や維新に功績のあった幕臣たちの邸宅となった。紀州徳川家の上屋敷《かみやしき》は天皇家の赤坂離宮となり、本郷の加賀前田家の邸宅は東京大学に転用されるなど、明治期の東京のグランドデザインは大名屋敷地の転用によって造られていった。早稲田の大隈邸もそうした大名屋敷地の再活用だった。

大名屋敷地の中には、旧福山藩主阿部家による東京大学近くの西片町の住宅地経営のように、新たな明治という時代を見据えた試みもみられ、政治、経済、教育すべての中心地としての東京という都市の再構築が進められていった。

大隈重信の生家

ここで大隈の足跡を少しだけたどってみよう。

大隈重信は天保九年（一八三八）佐賀城下会所小路《かいしょこうじ》に生まれた。父は佐賀鍋島藩の藩士信保《のぶやす》、母は三井子《みいこ》。大隈家は知行三〇〇石・物成一二〇石の家柄だった。佐賀藩の砲術家だった父は早世し、母三井子はきわめて熱心に長男として生まれた幼名八太郎、後の重信を教育したという。八太郎は佐賀藩藩校弘道館《こうどうかん》に七歳から学び、十六歳で弘道館の寄宿舎に入るまで、動乱の時代をこの生家で過ごしたことになる。

生家は二階建て瓦葺の住宅で、大隈家は天保三年（一八三二）からここに居住した（図3）。当初は平屋だったが、幕末八太郎の勉学のために二階を増設し、その際に瓦葺に改造されたという。改造前の様子は、一部残る葦葺の屋根部分から推察できる。建築面積は五五坪ほどである。玄関を入ると、右手に座敷と次の間、左手には納戸《なんど》、板の間、台所が置かれる。台所は三坪ほどの土間であり、竈《かまど》や流しも土間に置かれる。土間の台所は農家住宅や関西の都市住宅で戦後まで一般的にみられた形式である。

図3　大隈重信の生家（佐賀）
外観・台所

ところで村井《むらい》弦斎《げんさい》の『食道楽』は大隈重信早稲田邸の台所を高く評価し、台所の模範として取り上げ紹介している（図4）。衛生的で、ガスを使う合理性などが評価された。二五坪もある台所は、大隈家を訪れる多くの客人をもてなすのに使われた。三坪の台所で育った大隈が二五坪の理想の台所をもつまでに出世する。それこそが明治という時代だった。

国府津別荘・大磯別荘

大隈は明治三十年、神奈川県大磯に別荘を構える（図5）。後には同じく神奈川県の国府津《こうづ》にも別

図4　大隈重信早稲田邸台所

荘をもつ。早稲田の本邸ももともと別荘であったのを本邸にしたのだから、大隈が実のところどのくらいの不動産を所有していたかは明らかでない。大隈に見られるように、本邸以外にも数棟の邸宅を構えるというスタイルは、明治の元勲たちの常であった。たとえば、大隈とも親交の厚かった松方正《まつかたまさ》義《よし》の場合、東京の本邸以外に神奈川県横浜近郊の富岡、さらに大磯、小田原など数か所に別荘を持った。いずれも東京近郊で、望めば日帰りも可能であるところに立地する。

本邸が公的な機能を色濃く持つ存在とするならば、別荘は普段着が似つかわしい場所である。公的な生活から離れ、家族との楽しいひとときを過ごし、本当に親しい友人や同志と心を割った話をする、そんな場である。そこでは、「あるべき姿」よりは「ありたい姿」すなわち自らの好みが素直に反映した住宅像が実現する。大隈の大磯の別荘は、純粋な和館である。国府津の別荘も同様である。ゆったりと雁行して広がる平屋の和館は、大隈の真にくつろぐことのできる空間であ

図5　大隈重信大磯別荘（現古河電工大磯寮）

ったのだろう。

裃《かみしも》を脱ぎ捨てて、という表現を用いるならば、明治の時代に主導者と呼ばれた人々に共通した裃を脱ぎ捨てた姿とは、近世から連続する生活様式だったとして間違いなかろう。彼らは別荘を造るとき、伝統的な和館を選択した。公的生活で選択した和洋館並列型住宅は、あくまでも公的な生活に対応する形式だった。洋館を持つ住居形式は彼らが「あるべき姿」として選択したものではあっても、あるがままの彼らの生活ではなかった。住生活は保守的なものである。公的な場では洋装でも私生活では和服を用いる。フルコースのフランス料理も毎日でなければ我慢できよう。しかし、住生活は一度変更したら後戻りできない。だからこそ、本邸では和館と洋館を併設し、本来の姿に帰ることのできる別荘では、迷うことなく和館を選択した。彼らにとって洋館とは、表向きの生活を遂行するための舞台装置だったのだ。

[16] 宮殿と住まい　明治時代後期

東宮御所（現迎賓館赤坂離宮）
東京都港区元赤坂に所在し、現在は改装されて国の迎賓館として使われている。敷地一帯は元来、紀州徳川家の所有地だったが、献上後に赤坂離宮と名付けられた。明治六年、皇居炎上後はここに仮皇居が置かれた。現存する本格的な西洋建築は東宮御所として明治三十九年（一九〇六）に完成した。明治時代を代表する記念碑的建築。

九条家の姫

「別段優れたる御長所」はないもののまた「何らの御欠点」もなく、「健康申分なし」。当時学習院の教授兼女学部長だった下田歌子《しもだうたこ》の九条節子《くじょうさだこ》評である。誉められているのか、そうではないのか瞬時には判断できない評価だが、下田はその評価と共に九条節子を時の皇太子明宮嘉仁《はるのみやよしひと》親王、後の大正天皇の妃として推薦した。この推薦を受け、首相伊藤博文《いとうひろふみ》は九条節子を皇太子の妃に決定した。明治三十二年（一八九九）八月のことである。

九条節子は、明治十七年六月、五摂《せっ》家《け》の一つ九条家の当主道孝《みちたか》の四女として生まれた。五摂家とは、摂政関白を出す家柄のことで、鎌倉時代以降は、近衛《このえ》、九条、二条《にじょう》、一条、鷹司《たかつかさ》の五家が独占した。節子は生後七日目から四年間、高円寺《こうえんじ》の豪農大河原家へ里子《さとご》に出された。高円寺の田畑の中で闊達《かったつ》に成長した節子は、五歳で九条家に戻り、華族女学校初等小学科へ入学した。華族女学校の教育方針を決定していた下田歌子は、明治二十八年（一八九五）イギリス留学から帰国すると、イギリス貴族の体育を重視した教育を早速採り入れ実践した。下田歌子の目に、元気がよく「健康申分なし」とみえた節子は、病弱な皇太子の何よりの伴侶と考えられたのだろう。

明治三十三年五月十日、二人の婚儀が行われた。明治になって初めての天皇家の婚儀だったため、直前の四月に皇室婚嫁令が公布されこれに則った儀式であった。二人の婚儀の様子を『皇太子殿下御慶事記念帖』をもとにみてみよう。赤坂区福吉町の九条家では前日より夜を徹して準備が進められていた。二条・鷹司両公爵をはじめ親戚縁者が多数詰めかけ、首を長くして宮内省さしまわしの馬車の到着を待っていた。この慶事に備え新たに造られた九条家の車寄《くるまよせ》には、紫の絹紐で数か所絞り上げた紅白の絹幕が張り回され、表門には大きな日の丸が交差して掲げられた。車寄から馬車の停車位置までおよそ四、五間の敷石上には絨毯《じゅうたん》が敷き詰められ、馬車の昇降口には階段が設けられた。馬車の到着に先立ち、東宮侍従長《とうぐうじじゅうちょう》や御用係、式部官たちはすでに到着していた。馬車が到着したのは朝七時半だった。

十二単衣《じゅうにひとえ》に釵子《さいし》を頭上にいただき、和装の女官を従えた節子の馬車は、赤坂から皇居までゆっくりと進んだ。一方、皇太子も同じく七時半、陸軍少佐の正装に菊花大勲章を付け、新調の馬車にのり東宮御所を出立した。宮城に到着後、皇太子は衣服を束帯《そくたい》に改めた後、賢所《かしこどころ》の神前で厳粛に婚儀が行われた。今日、神前での結婚式は「伝統的」と思われがちだが、実際には、この時新たに創作された「伝統」だった。新しい時代に即した「伝統」の創作こそ、明治以降の皇室に課せられた新たな命題だったのかもしれない。その後、二人そろって一旦東宮御所に還啓《かんけい》し、再び午後四時、今度は二人とも正装の洋装に着替え再び宮城へ参内した。鳳凰《ほうおう》の間で謁見《えつけん》を行った後、豊明殿《ほうめいでん》など複数の会場で饗宴が行われた。天皇、皇后、皇太子、皇太子妃、各親王、王妃たちは一つのテーブルに集い、歓談しながら会食した。和装から洋装とあわただしく着替えたこの婚礼の一日は、和と洋の間を揺れ動いた皇室を象徴するがごとき一日だった。

二人の新居は皇太子が明治三十一年十二月から暮らしていた青山御所内の東宮御所だった。皇太子は立太子に伴ない明治二十二年から赤坂離宮内の花御殿に居住していたが、赤坂離宮内に新たに東宮御所を造営することになったため青山御所に移った。とは言え、赤坂離宮と青山御所はひと続きの広大な敷地であり、その中での居所の変更に過ぎない。新居となった東宮御所は、紀州徳川藩主の邸宅を英照皇太后（孝明天皇皇后）の御所として転用した後東宮御所としたものであり、増改築を繰り返したものの、和館のみで構成された御所だった。

明治以降の宮殿

東宮御所、宮城などはいずれも天皇家の宮殿である。ここで、明治以降の天皇家の宮殿について見ておこう。

江戸時代の最高権力者、将軍の居館は江戸城だった。明治以降戦前まで日本の最高権力者となったのは天皇だった。明治元年四月十一日に徳川慶喜《よしのぶ》が江戸城を朝廷に返還した。江戸城はこの時、徳川幕府の中枢としての二七〇年におよぶ歴史に終止符を打った。その後、城の名称は、しばしば変わったようだ。『明治工業史建築編』によれば、明治元年十月十二日には西の丸を「行宮《あんぐう》」（一時的に置かれる仮の宮）とし、その翌日天皇が入城したので旧江戸城を「東京城」として皇居と定め、「行宮」の名称を止めた。さらに明治二年三月二十八日には東京城を「皇城」と称するようになったが、明治六年五月五日に炎上したため、旧赤坂離宮を仮皇居と定めた。新たな皇居は明治二十一年十月十日に完成し、同月二十七日、宮内省告示によって新皇居を「宮城《きゅうじょう》」と称することになったという。天皇の居館だけにその呼称ひとつとっても簡単に決めるわけにはいかないのである。

図1　大正天皇

図2　節子皇后

天皇家の宮殿は用途によって、宮城、御所、御殿、離宮、御用邸に分類される。すなわち明治以降天皇家は分類できるほどその居館を多種多数所有していたのだった。明治期に天皇家が所有していた宮殿は二十九あり、これらの内、明治以前から宮殿だったものは京都御所・仙洞《せんとう》御所・大宮御所・修学院《しゅがくいん》離宮のみで、数も少なく京都にのみ所在する。他はすべて明治以降に所有するようになった宮殿であり、新たに造営したり、宮城や青山御所、浜離宮などは徳川家の居館をそのまま天皇家の宮殿にした。

明治天皇は、明治維新まで京都御所で過ごした後、東京に移った。生まれてからしばらくは自らが名実ともに日本の最高権力者になるとは思いも寄らなかったにちがいない。一方九条節子の夫、皇太子明宮嘉仁親王は生まれたときからその運命が定められ、その住むべき場所も決められていた。おなじく節子も先に見た婚儀の後に自らが歩むべき道は、既に定められていたのである。

五摂家の住宅

婚儀の朝節子があとにした九条家の邸宅は、赤坂区福吉町にあった。明治維新まで九条家の邸宅は京都御苑内にあったが、明治維新後東京に移りまず神田錦町に本邸を構えた後に福吉町に移った。当時の福吉町の地図によれば北には一条家、東には黒田長溥《ながひろ》家が立地する一等地だった。

福吉町の九条家の邸宅については残念ながら詳らかにしない。そこで隣接する一条家の邸宅を眺めてみよう。一条家も先に見たように九条家と同様に五摂家の家柄で、明治天皇の皇后美子《はるこ》は一条家の出身だった。『建築雑誌』三七二号に紹介された一条邸は宮内省の技師片山東熊の設計による建坪一六〇坪の煉瓦《れんが》造二階建ての洋館で、明治二十四年五月に竣工している。片山東熊は宮内省内匠寮の建築家で明治期に皇室や皇族の邸宅建築を一手に担った人物である。お雇い外国人として来日した英国人建築家ジョサイア・コンドルから本格的な建築教育を受けた東京帝国大学造家学科の第一回生である。片山は後に東宮御所を設計することになる。

明治天皇が率先して洋風化を体現したことはあまりにも有名である。住まいに関してみれば洋風化を先んじて実践したのは有栖川宮《ありすがわのみや》、北白川宮《きたしらかわのみや》といった皇族たちだった。明治十七年（一八八四）竣工の有栖川宮霞ヶ関本邸、北白川宮紀尾井町本邸はいずれも洋館と和館をもつ邸宅だったが、有栖川宮の場合、和館に置かれたのは家従や侍女のための付属的な諸室のみで、生活の本拠は洋館だった。北

図3　一条邸洋館

図4　赤坂区福吉町地図

白川宮の場合も同様に、和館は併置されていたものの生活の本拠は洋館にあった。もっとも北白川宮の場合、洋館内に和室が設けられており生活のすべてが洋風だったわけではない。さらに述べれば、皇族の場合ごく近郊に別邸を持つことが多く、その別邸が和館だったことなどを考えれば、実際のところ洋風一辺倒の生活を送っていたかは疑問のあるところだが、少なくとも本邸は洋館を主たる生活の場としていたことは間違いなく、天皇の洋風化路線を住まいにおいて体現したのは彼らであった。従って一条家における煉瓦造の洋館の設置も、皇后の実家という立場から住宅の洋風化を率先して示したと考えれば何ら不思議はない。

赤坂福吉町九条家の邸宅についてはつまびらかにしないが、五摂家という家柄から考えても和館のみならず洋館も付設する大規模な邸宅だったと想像してよいだろう。

東宮御所の新築

明治三十二年七月、新たな東宮御所の造営が始まった。場所は赤坂離宮内である。計画されたのは、本格的な西洋建築だった。竣工は一〇年後の明治四十二年六月。一〇か年の歳月をかけ、当時の金額で五百十余万円を投じたネオ・バロック様式の建築で、本館は石造、煉瓦造、鉄骨造を併用した地上二階地下一階、建築面積一五六六坪、延床面積四六五三・九七坪、付属建物を加えると総延床面積八一七六・七五二坪にも及ぶ巨大な建築である（図5）。設計は一条邸を手がけた片山東熊である。

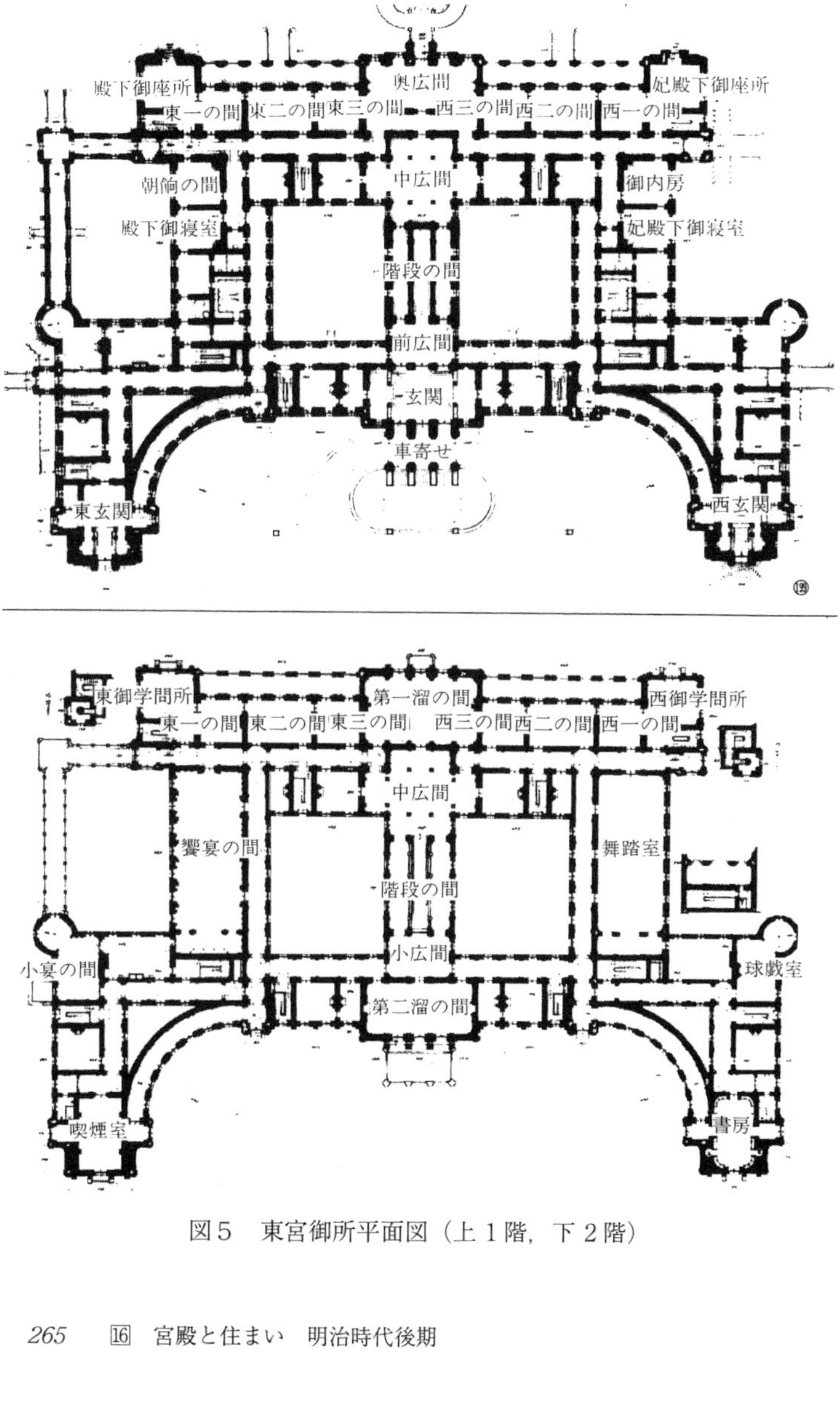

図5　東宮御所平面図（上1階，下2階）

建設の経緯をみてみよう。明治二十六年、まず東宮御所御造営調査委員会が設置され、準備期間を経て明治三十一年に御造営局がおかれ設計が進められた。皇太子夫妻の居住部分については、関係職員の外、特に宮内《くない》大臣からも枢密顧問官《すうみつこもんかん》や皇后宮太夫《こうごうぐうのだいぶ》など一〇名の委員が推薦され検討が加えられた。西欧の先進諸国に肩を並べ、なおかつ日本の皇太子の居所として申し分のない宮殿のあり方を追求するためだった。造営に際しては、無論ヨーロッパ各国の宮殿建築が参考にされた。しかし、居室の構成に関しては、『明治工業史建築編』によれば、「単に欧州各国宮廷の模範にのみ従うことなく専ら従来の御慣例に鑑み」計画された。二階には公式の接客や儀式に使用する居室が配置された。皇太子や皇太子妃の居住部分は一階で、皇太子の居室は東半分に、皇太子妃の居室は西半分に配置された。平面図を見る限りは綺麗な左右対称形に納まっていることから使い方も左右対象の使い方と考えがちだが、使い方は皇太子、皇太子妃という身分の違いに従った慣習的な使い方を踏襲しており、つまり、作画的な平面に従来の使い方を単にあてはめたに過ぎないことがわかる。

本格的な西洋建築として東宮御所が建築されたことは、日本が開国以来追い求めてきた西洋への追随が一つの成果を上げた証《あかし》だった。何よりもその設計者が、明治政府が招請したイギリス人建築家ジヨサイア・コンドルの薫陶《くんとう》を受けた日本人建築家であることが重要だった。その建築家片山東熊は、東宮御所御造営に関わるようになった後、欧米に合計二年半ほど出張し視察や家具調度の調達などを行っている。二〇世紀初頭といえば、西欧諸国では既に過去の様式に即した歴史主義の建築にかげりが見えてきたときである。フランスではアール・ヌーヴォーの建築が登場し、ウィーンでは過去の様式からの離別を図ったセセッションの建築が注目されていた。しかし、明治以降日本が追いつこうとしていた西洋の西洋らしい姿は歴史主義の建築にあった。片山は宮殿を造ろうとしたとき、多分何のためらいもなく壮麗華美なバロック様式を選択した。片山はフランスのヴェルサイユ宮殿、ルーブル宮殿をモデルとしイギリスのバッキンガム宮殿も参考にしたといわれる。また、その両袖を囲い込むような外観はウィーンの新王宮に酷似する。一方、細部には日本固有の楽器や武具などをモチーフとした「和風」の装飾がみられ、和風装飾によって皇太子の権威を表現しようとする工夫が見られる。東宮御所はヨーロッパの宮殿建築をモデルとしながら、居室の配置や細部の意匠には伝統的な要素をたくみに採り入れ、日本における西洋建築摂取の結実を実感させるものだった。

しかし皇太子にとってこの新築なった東宮御所は、常住の場とは考えられなかったようだ。皇太子は竣工後も新築の東宮御所に移らなかった。赤坂離宮の地続きにある旧東宮御所で事足りていた。節子を迎える以前に手も加えた。何よりも嘉仁は御用邸におもむくことや、地方に行啓することを好んでいたため、本邸ともいうべき東宮御所は重要性が低かったのかもしれない。明治天皇は地方巡幸の際に終始一貫して洋風の起居様式を墨守した。室内でも靴をはき、ベッドに寝た。一方大正天皇は皇太子時代の巡啓時には室内では「脱靴」を試み、洋室にわざわざ畳を敷き込み寝室とした。皇太子の「好み」の一端を知るエピソードである。しかし、新築なった東宮御所がなぜ使用されなかったか、その理由は依然として不明である。

東宮御所竣成時建物を見学した時の内務大臣原敬《はらたかし》は、「全くの洋風にて日本においては未曾有《みぞう》の御建築ならん。但し、御住よりは貴賓用を注意せられたるが如し、余の考えにては、総体の御室は少々狭すぎ小間多きが如き感ありたり、（中略）随分壮観なり」と感想を述べている。この原の意見に集約されるように、新しい御所は「貴賓用」すなわち接客には適《かな》っていても、「御住」すなわち日常の住まいとしてはそれまでの生活の慣習を大きく変えない限り住み難いものだったといえる。

ともあれ嘉仁の皇太子時代、節子ともどもこの新築成った東宮御所に居住することはなかった。それはまた、竣工の三年後、明治天皇が崩御《ほうぎょ》し嘉仁が天皇となり、宮城を常の住まいとする日が思いのほか早く到来したからかも知れない。

節子皇后と宮城

明治四十五年（一九一二）、日本を近代に導いた明治天皇が崩御《ほうぎょ》した。皇太子嘉仁が天皇となり、皇太子妃節子は皇后となった。明治天皇の崩御から一年後の大正二年七月、大正天皇と皇后は宮城へ転居した。体調が思わしくない嘉仁は天皇即位後しばらく、青山御所から宮城へ通って公務を行ったが、その後は青山御所で公務を行った。その間に宮城は新しい主を迎える準備を整えていた。庶民の感覚で考えれば、親夫婦が住んでいた職住兼用の住宅に息子夫婦が家業を継ぐために引越すだけなので、それこそ特に問題がなければすぐに引越せるだろう。しかし一年もの準備期間を要するのは、天皇家という特別な家だったからだ。

さきにみたように明治維新の後、天皇の住まいは幕府の居城だった江戸城に定められた。無血での開城によって城も無傷のまま存続し皇居となった。しかし、明治六年、皇居は炎上し、その後、世情が安定するのを待って明治十二年に皇居御造営局が設置され、天皇の新しい住まいを造る開国以来の大事業が始まった。どのような宮殿にするのか、政治家をはじめ当代一流の工匠や建築家たちがさまざまな観点から議論し、本格的な西洋建築とする案など二転三転した後にようやく意見が集約され、工事のための縄張りと図面の天覧が行われたのは明治十七年四月のことだった。

図6　明治宮殿表宮殿正殿内部

新しい宮殿は明治二十一年に竣工した（図6・7）。竣工時の宮殿の様子をみてみよう。儀式や公的な行事に用いる表宮殿は西の丸（図7下方）に配置され、天皇と皇后の私的な生活の場である奥宮殿は山里地区（図7上方）に設けられた。表宮殿のうち、中心となるのは正殿《せいでん》・豊明《ほうめい》

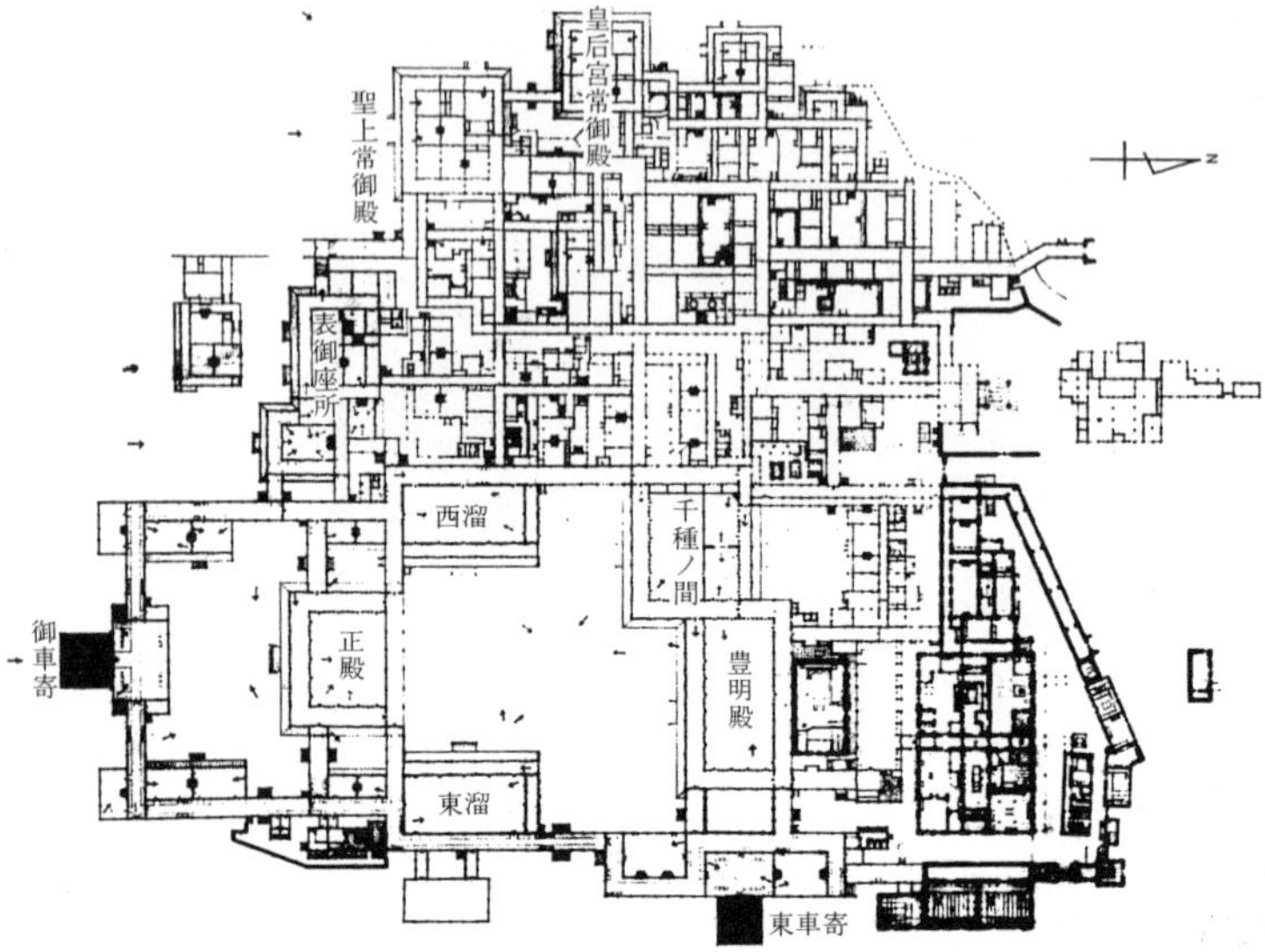

図７　明治宮殿平面図

殿《でん》である。正殿・豊明殿とも木造平屋建て、入母屋造瓦棒銅板葺《いりもやづくりかわらぼうどうばんぶき》と伝統に則った建物だが、内部の床には寄木《よせぎ》が貼られる。天井は二重折上格天井《おりあげごうてんじょう》で、格縁《ごうふち》は漆《うるし》で塗られ格間には極彩色の模様が描かれる。壁は布張りの張付壁、腰板には漆を塗ったり蒔絵を施している。インテリアの骨格は伝統的な建築に依拠しているものの、表層の装飾や暖炉《だんろ》、照明器具、輸入家具などにみられるように内部空間には洋風の意匠が導入されていた。更にここで注目したいのは、床の寄木貼りである。すなわち畳が敷かれていないということは、床に直接座るのでなく、椅子など家具を用いる生活様式―椅子座という―で使用することを示している。正殿では謁見が行われ、豊明殿では饗宴が行われる。そのいずれにも椅子座が用いられたのだ。

生活の場となるのは奥宮殿である。奥宮殿には「聖上常御殿《せいじょうつねのごてん》」「皇后宮常御殿」「皇太后宮御休所」「宮御殿」など皇室用の建物と「女官候所《にょかんそうろうどころ》」「二位局詰所《にいのつぼね》」など女官の詰め所が設けられた。建物はそれぞれ独立しており、各建物は廊下で連結されながら雁行して配置された。聖上とは言うまでもなく天皇のことであり、聖上常御殿は奥宮殿の中で最も規模が大きく格の高い室内意匠を用いた建物だった。床は畳敷きの上に絨毯《じゅうたん》敷きとし暖炉も設置された。

皇后は皇后宮常御殿を住まいとした。天皇と皇后は夫婦であっても同一の建物の中に住むのではなかった。皇后宮常御殿は一之間、二之間、三之間、次之間、御寝之間、呉服之間、御化粧之間、申口之間などからなる。申口之間は女官の伺候《しこう》する部屋である。興味深いのは、一之間など公的な四室では床に絨毯を敷き椅子座の生活様式にも対応しているものの、御寝之間など私的に使う三室では畳敷きとし床座《ゆかざ》の生活様式を前提にしており、和洋両方の生活様式が併存していた点である。明治宮殿の表宮殿では椅子座による洋風の生活様式が全面的に採用されていたにもかかわらず、奥宮殿では和風の生活様式が存続していた。住生活に関しては慣習を変革することがいかに難しいかを物語っている。

明治以降、日本は西洋の文物を摂取し洋風化を追求してきた。その先頭に立ったのは天皇家だった。明治二十一年に至って建設されたその天皇家の本邸たる明治宮殿は、外観を和風とするもインテリアには洋風の要素を採り入れ用途に応じて椅子座を用いるという、いわば和風と洋風が幾重にも積層し

図8　沼津御用邸
右より皇太子嘉仁，迪宮（昭和天皇），淳宮（秩父宮），侍従

た住居だったといえる。

御用邸の生活

天皇となった嘉仁は体調が優れないときが多く、しばしば各地にある御用邸に赴いた。明治以降天皇家は多くの御用邸を所有するようになるが、その契機となったのは他でもなく皇太子時代の嘉仁の病気治癒と健康管理だった。御用邸が多く設置された理由は御用邸ごとに使用者がほぼ限定されたからで、例えば鎌倉御用邸は明治天皇第八皇女の富美宮と第九皇女泰宮が使用し、小田原御用邸は同じく第六皇女常宮と第七皇女周宮が使用するなどの利用方法だったためである。嘉仁用の御用邸としては、熱海《あたみ》、沼津、葉山、日光があり、これらの施設は皇后や皇太后も利用した。御用邸の嚆矢《こうし》は熱海であり、天皇家の侍医を務めたドイツ人医師、ベルツ博士の薦めによって明治十六年に土地を購入し、明治二十二年に竣工した。次いで沼津（竣工明治二十六年）、葉山（同二十七年）、日光田母沢（同三十一年）、塩原（同三十七年）と相次いで御用邸が設置された。中でも皇太子時

代の嘉仁は葉山と日光を頻繁《ひんぱん》に使用し、夏は日光で避暑、冬は葉山で避寒というパターンがほぼ確立していた。

沼津御用邸は明治二十六年の竣工以来、二十八年、三十三年、三十四年と増築を重ね、更に三十六年、三十八年には明治天皇皇孫のための付属邸が竣工した。三十三、三十四年の増築は嘉仁の成婚に伴うものであり、利用者の身分の変化に対応し、また、家族での利用を可能にするための増築がみられる。こうした対応は、御用邸が嘉仁にとって重要な施設だったことを示唆しており、とりわけ家庭をもった嘉仁にとっては家族が集う貴重な空間だった様子が窺える。節子も御用邸にしばしば同行しており、葉山の御用邸には夫妻で長期に滞在することもあった。東京からの距離が近く、日帰りで出向くことが可能だったため、かえって長期の滞在が可能となった。

御用邸の平面構成はいずれも共通しており、謁見所《えつけん》・御学問所などを中心とした表向きの部分と、御座所を中心とした奥向きの居住部分、そして臣下の控え所や台所などからなる役所・局《つぼね》部分の三つの異なる機能によって構成される。これは近世の上層階級の住宅に見られる構成をそのまま踏襲したものである。また、ほとんどの御用邸は和館のみから成るものの、内部を一部絨毯敷きとし椅子座を導入している点は、天皇家の本邸である明治宮殿と同様である。

明治大正期の天皇家の住まいを概観した。そのいずれもが時代が求めた天皇家の姿を反映した住まいであり、日本という国家をまとった住まいだった。洋風化の先頭を歩きながら伝統を体現する、この困難な課題に正面から取り組んだ結果が和洋を幾重にも積層させる天皇家独自の住まいを生み出したのかもしれない。

17 和風住宅の誕生　明治時代

原三渓邸

原三渓《はらさんけい》・富太郎（一八六八—一九三九）は、横浜を中心に活躍した生糸貿易商で、本牧三之谷の本邸内に多くの古建築を移築し、今日の三渓園を築いた。数寄者としても著名で、明治四十二年建設の鶴翔閣、大正九年建設の白雲邸など自邸にもその片鱗が伺える。

（三渓園鶴翔閣）

横浜・本牧・三溪園

横浜本牧《ほんもく》三之谷に位置する三溪園《さんけいえん》は花の名所である。春は桜、夏は蓮、秋は紅葉、冬は梅。これ以外にも夏の蛍、秋の月など季節をしみじみと味わえる場所である。また、園内には十棟に及ぶ国の重要文化財が現存することでも有名である。本牧は横浜山手《やまて》に連なる丘陵地で、三溪園はその先端、海を臨む絶景地の一角にある。三溪園の海辺はかつては海水浴や潮干狩りでにぎわった。現在では、海は埋め立てられ、三溪すなわち三つの谷の裾には谷を縫うように高速道路が走る。それでも緑深く池に水をたたえた三溪園は今なお市中の別天地である。

かつて三溪園は個人の邸宅だった。個人の邸宅でありながら市民に解放され、市民が自由に憩うことのできる場所だった。三溪園を築きあげ三溪園を自らの住まいとしたのは、「三溪」の雅号をもつ原富太郎《はらとみたろう》である。

原富太郎は、慶応四年(一八六八)に岐阜県厚見《あつみ》郡の豪農青木家の長男として生まれた。明治十八年に上京し、跡見《あとみ》女学校で教える傍ら東京専門学校に学び、跡見女学校の生徒だった原屋須《やす》と恋に落ちた。屋須の祖父は生糸貿易で財をなした横浜の豪商原善三郎《ぜんざぶろう》だった。原家では当時不幸が相次ぎ、屋須以外に原家を継ぐものはいなかった。紆余曲折《うよきょくせつ》があったが、結局、青木家の長男だった富太郎が原家に入ることになった。もとより商才のあった富太郎は、善三郎の築いた礎の上に富を積み横浜きっての豪商となった。三溪園はその原富太郎が創りあげた私邸である。

亀善《かめぜん》の屋号をもつ原家の店は横浜関内《かんない》の弁天通《べんてんどおり》にあり（図1）、野毛山《のげやま》には別荘が設けられた（図2）。さらに善三郎は本牧にも土地をもち、明治二十年頃煉瓦造《れんがづくり》の洋館をもつ別荘松風閣《しょうふうかく》を設けた。明治三十二年に善三郎が他界した後、富太郎は本邸を本牧に移し、自らの構想に基づく造園を開始した。造園といっても単に庭を造るのではなく、要所要所に富太郎自らの眼力で選び抜いた全国の優れ

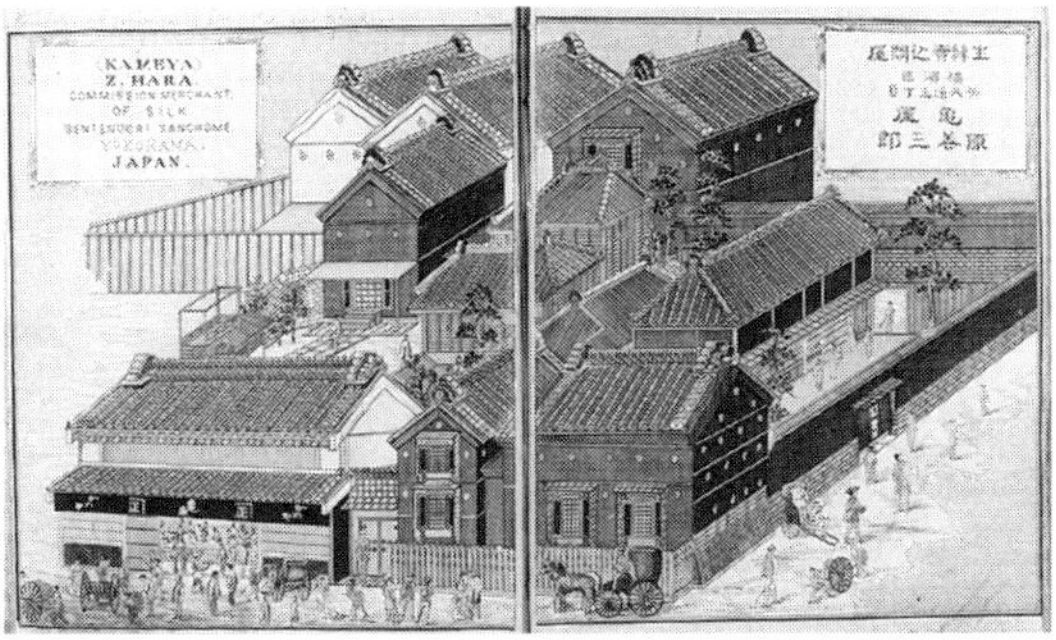

図1　明治中期の銅版画に描かれた弁天通の店

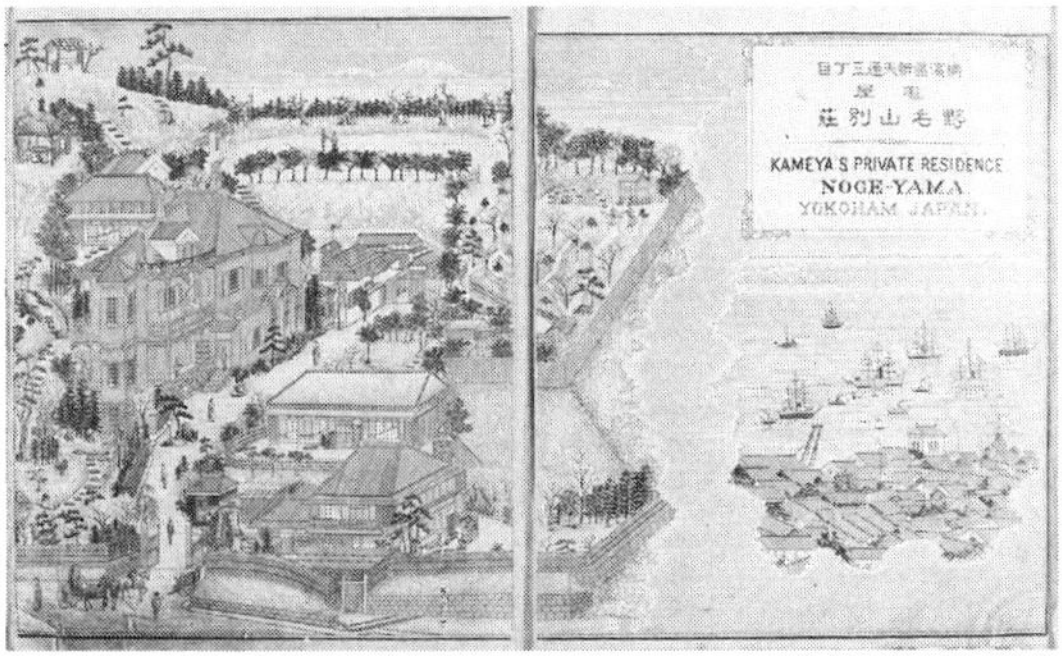

図2　明治中期の銅版画に描かれた野毛山別荘

た古建築を移築し配置するという大がかりな造園である。そして徐々に創りあげられていったのが三溪園である。

富太郎は古美術の著名な蒐集家だった。明治三十五年、井上馨《かおる》が所有していた「孔雀明王像《くじやくみようおう》」を、井上の自慢話序《つい》での挑発を逆手に取り、当時の金額一万円で購入したという逸話はあまりにも有名である。富太郎は蒐集した古美術品を若き芸術家達に惜しげもなく公開し、さらには彼らの後ろ盾になり、多くの芸術家を育てた。

富太郎の場合、「古美術」の範疇が建築にも及んだといえるだろう。三溪園は富太郎の野外ミュージアムだったのだ。

鶴翔閣の新築

三溪園を入ると正面にまず登場するのは茅葺《かやぶき》の背の高い建物である。鶴翔閣《かくしょうかく》と名付けられたこの建物は明治四十二年原家の本邸として新築された。既にこの時三溪園には善三郎によって建てられた松風閣があったにも関わらず富太郎は新たに鶴翔閣を計画した。富太郎は自ら構想した三溪園に自らの手で自邸を建てたかったに違いない。三溪園の造成を進めるに際して、正門からの眺めは極めて重要だ。正門を入ると池があり、池の正面には小高い丘が見える。その丘の手前に何かを置くことによって正門からの眺めが「決まる」はずだ。置くべきものは何なのか。そんなことを考えたのかも知れ

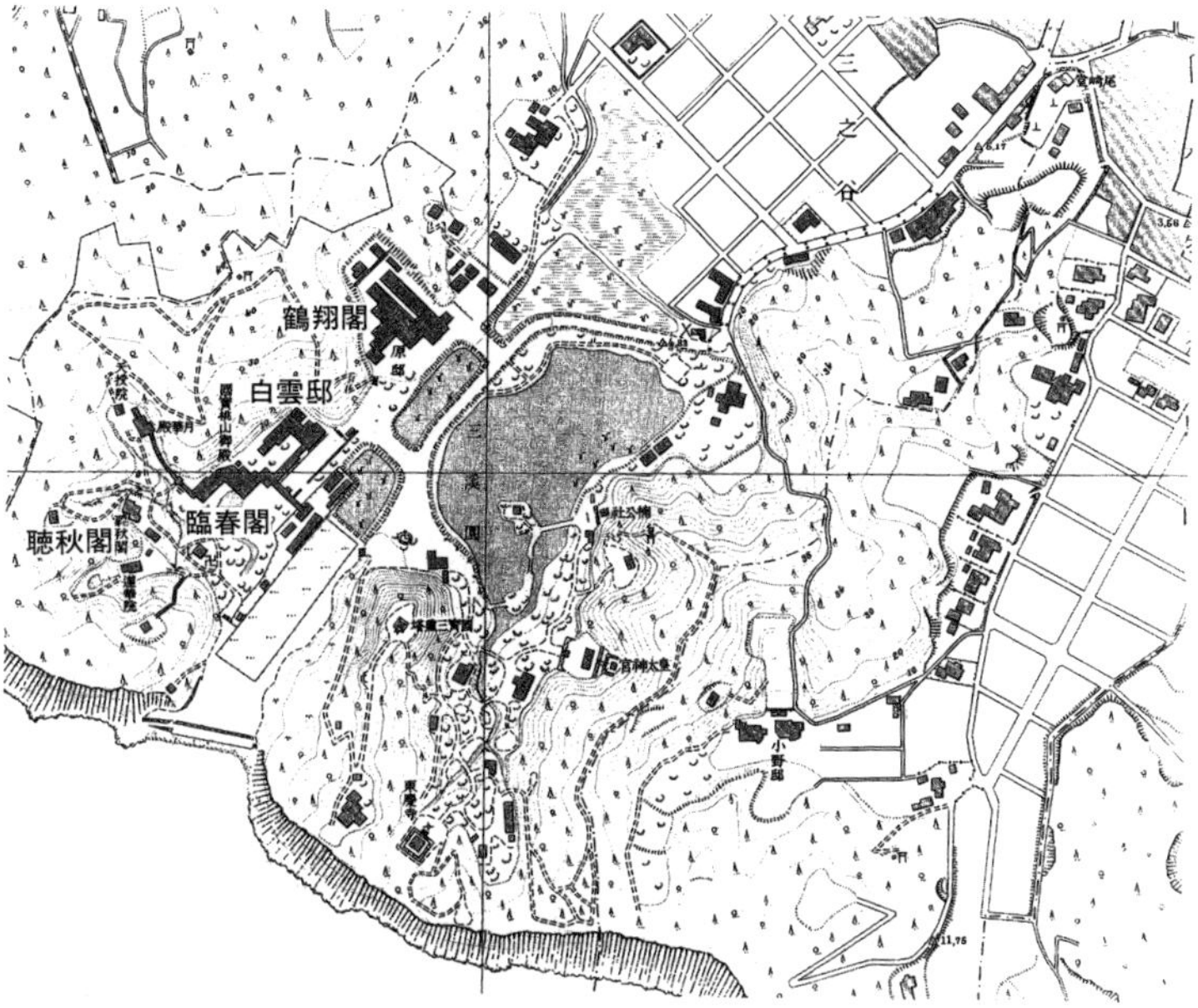

図3　三渓園配置図

ない。富太郎は正門の正面に、大きな茅葺の鶴が翔ぶ姿に見立てた自邸を置いた（扉図）。

鶴翔閣は楽室棟、茶の間棟、客間棟の三棟から成る広大な邸宅である。その規模二九〇坪（九五〇平方メートル）に及ぶ。三渓園の正門から正面に見えるのは玄関のある楽室棟である。高く持ち上げらた車寄せにも茅葺きの大きな屋根がのる。本屋は屋根の最も高いところで一一・五メートルもある。今の建物で考えると裕に三階建ての高さである。床《ゆか》は地面から一メートルほど上っており、室内の天井も高いので、勾配の強い茅葺の屋根を架けたらこの高さになった。茅葺であるため田舎家のようにも見える

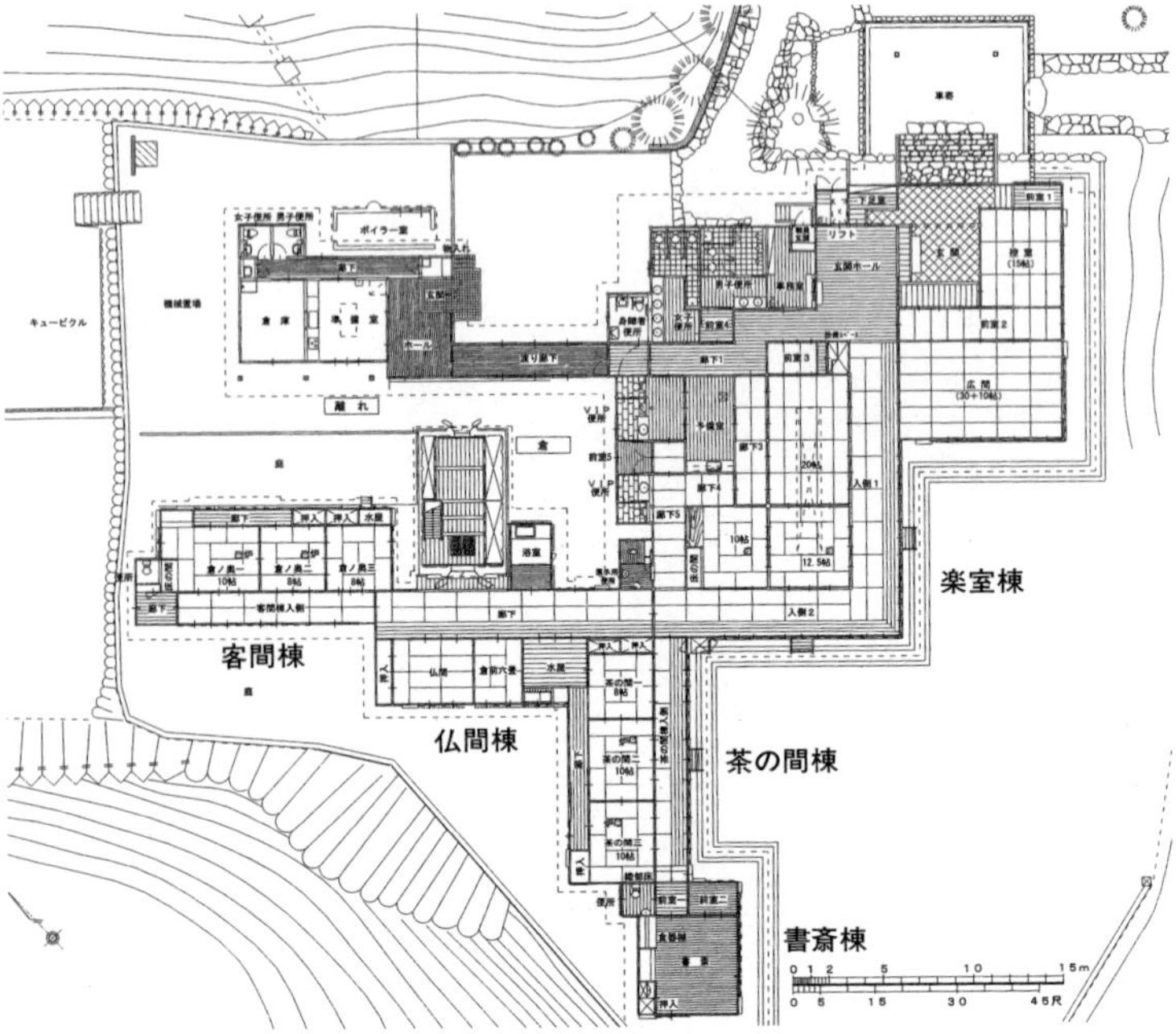

図4　三渓園鶴翔閣現状平面図

が、近くに寄ると実に豪壮である。しかし内部は至って簡素であり、そこに鶴翔閣の特徴がある。楽室棟には接客など表向きの機能を持つ居室が設けられた。応接室、談話室、食堂、楽室などである。畳敷きで真壁の談話室は三〇畳の広さをもち、最も表向きの居室と言って良いだろう。書院造りのルールに従えば、ここには床・棚・書院といった座敷飾りが設けられるはずである。しかし、この居室には床の間さえもみられず、格の高い座敷には不可欠の長押《なげし》もない。また、伝統的な座敷の場合、外周には縁《えん》が巡るがここではそれもない。すなわち、和館の中にあり、畳敷き真壁でありながら近世的なルールを無視し、自らが望む日本建築の要素のみを採り入れた「和風」の居室と言えるだろう。楽室棟の他の居室でも近世的な書院造りの定型は用いられず、いずれも極めて簡素な居室である。天井が高いのは、この棟では椅子座が用いられたからだ。横浜を代表する生糸貿易商である富太郎に椅子座の接客空間は欠かせない。その容れ物として和風の意匠を用いたのだった。

一五章で、上流階級の住宅に接客用の洋館が設けられる様子を見た。しかし原富太郎の場合、田舎家《いなかや》の風情を色濃く見せる和館のみを設ける一方、内部には椅子座にも対応する居室を設け、その居室の意匠は日本建築の要素を用いた極めて簡素な意匠にした。富太郎は既存の約束事に縛られることなく、自らの美意識で自邸を創造していったのだ。

自邸鶴翔閣の新築は三溪園築造ののろしにも近かった。鶴翔閣建設時、三溪園には天瑞院寿塔覆堂《てんずいいんじゆとうおおいどう》と松風閣のみがあったが、その後は破竹の勢いで苑地《えんち》が完成していく。三溪園にはさまざまな古建築が建造されるが、その多くは移築である。明治維新の動乱の中でうち捨てられた建築を、富太郎の美意識ですくい上げ好みに応じて手を加え園内に据えていった。まず、明治三十九年に横笛庵《よこぶえあん》を新築し、四十年には東慶寺《とうけいじ》仏殿を移築、大正三年に旧燈明寺《とうみょうじ》三重塔と天授院《てんじゅいん》を移築、大正六年には臨春閣《りんしゅんかく》の移築、蓮華院《れんげいん》新築、七年月華殿《げっかでん》・金毛窟《きんもうくつ》移築、九年白雲邸新築、春草廬《しゅんそうろ》移築、十一年聴秋閣《ちょうしゅうかく》移築と破竹の勢いで三渓園が整えられていった。いずれも由緒ある建物であり、とりわけ臨春閣は内苑の中枢である。富太郎が手に入れた頃は伏見城遺構との言われもあったが、後に紀州徳川家の巌出御殿だったことが判明した優れた数寄屋造《すきやづくり》の建築である。当初の形状に手を加え池に対して雁行の配置をとった。富太郎は極めて優れた建築プロデューサーだった。

富太郎は明治三十九年、三渓園を一般に開放する。「三渓園遊覧御随意」の札を門柱に掲げ、誰でも自由に楽しむことのできる公園にした。しかし、三渓園一般開放には実業家富太郎の一つの計算があった。明治四十四年（一九一一）、横浜電気鉄道（後の横浜市電）が本牧へ乗り入れた。トンネル工事を伴う難工事だったが無事開通し、翌年には三渓園近くに遊園地までも開業し市民の遊興の場となる。電車の開通は本牧周辺の宅地化を促した。一帯の土地を多く所有していたのは富太郎が設立した原地所株式会社だった。足の便も良く近くには「遊覧御随意」の三渓園が控え遊園地まである。人気の出ないわけがない。三渓園は本牧開発の広告塔の役割も果たしていたのだった。

茶人　原三渓

臨春閣完成の年、富太郎自ら築造した蓮華院も完成した。そしてこの年富太郎は初めて自ら主催する茶会を開いた。

近世以降の日本の上流社会に共通する趣味の世界の一つに茶の湯がある。明治維新以降、大名など茶の湯の偉大なパトロンたちは総じて力を失った。彼らの住居も縮小を余儀なくされたり、打ち壊され、多くの茶道具が主を失った。また、法家の多くも廃仏毀釈によって伽藍や境内の茶室を失った。世は洋風化のただ中にあり、伝統を価値あるものと再発見するのには時間が必要だった。しかし、維新後しばらくするとその機運が訪れる。

日露戦争後、明治維新以降の洋風化の波が一段落し、自国の文化が見直されるようになる。自国の文化とは、と問いかけたときに身近にあったのは言うまでもなく近世に培《つちか》われてきた文化である。その中でも茶の湯は当時の新興ブルジョア階級の心を深く揺れ動かした。独自の価値観を含む「目利《めき》き」への自己研鑽は、自国文化への深い造詣を養った。名画や名物も所有するだけでは意味がない。しかるべき場に用いられしかるべき人々から評価されてこそ意味を持つ。茶の湯こそその場となりうるものだった。益田孝《ますだたかし》（鈍翁《どんおう》）、井上馨《いのうえかおる》（世外《せがい》）、団琢磨《だんたくま》、馬越恭平《まごしきょうへい》（化生）、高橋義雄（箒庵《そうあん》）、藤田伝三郎《ふじたでんざぶろう》、小林一三《こばやしいちぞう》（逸翁《いつおう》）など、政財界の実力者達の中に数寄者と呼ばれる人々が続出した。原富太郎もその一人だった。富太郎は三渓を号とした。三渓とは文字どおり三つの谷であり、三之谷と称せられていた本牧の地を表す号である。

三溪は、古美術蒐集から数寄の道へと進んだ。高橋箒庵との古美術を介してのつきあいが契機となり井上馨や益田鈍翁とも深く交わるようになり、彼らに誘われ茶会にも顔を出すようになった。大正期以降、臨春閣、蓮華院、春草廬など茶の湯を楽しむことのできる建物を中心に三溪園が充実していくのは、三溪の茶人としての足跡を表わすものでもあった。

御殿場白雲洞茶苑

鶴翔閣は茅葺の田舎家風の邸宅だった。上流階級の邸宅ならば瓦葺や銅板葺の方がふさわしい、と誰しもが思うだろう。しかし、富太郎が選んだのは茅葺だった。不可思議な選択かも知れないが、上流階級の別荘建築に着目すれば、茅葺は明治中期以降極めて頻繁に用いられていることがわかる。明治二十五年設置の有栖川宮葉山《ありすがわのみやはやま》別荘、二十六年の北白川宮《きたしらかわのみや》葉山別荘、明治二十九年の伊藤博文《いとうひろふみ》大磯別荘、明治三十一年の三井八郎右衛門《みついはちろうえもん》大磯別荘などあげればきりがない。なぜ茅葺なのか。皇族の場合第一〇章で見た公家《くげ》の別荘の延長上にあると考えれば良さそうである。そしてそれが流行の始まりとなったのかも知れない。さらに、茶室の影響も考えられる。茅葺の茶室は多くつくられてきたが、茶室そのものが奥向きの私的な施設だったが故《ゆえ》に公にその姿をさらすことはなかった。しかし、明治以降の変革の中で、一旦はうち捨てられた茶室が公園の中に再生されるなど、その姿が広く知られるよ

図5　白　雲　洞

図6　対　字　斎

うになった。茶の湯の新しいパトロンとなった数寄者たちは、その田舎家の風情を自邸の中に再現しようとした。明治三十四年、益田鈍翁が品川本邸内に田舎家の茶室を設けたのはその一例だろう。田舎家の風情は当時の流行だったといえるだろう。

鈍翁と三渓は茶の湯を通じても極めて親しい仲だった。鈍翁から三渓そして松永耳庵《じあん》と、名だたる数寄者に手渡されていった茶苑があった。箱根強羅《はこねごうら》山中の白雲洞《はくうんどう》である。

益田鈍翁は、箱根強羅の開発への貢献によって強羅公園の一角を提供された。そこに開いたのが白雲洞だった。大正三年（一九一四）から築造を開始し、白雲洞、不染庵《ふせんあん》と白鹿湯《はくろくとう》を設けた。強羅の麓《ふもと》に位置する宮城野《みやぎの》村にあった古民家を数棟買い取り、気に入った部材だけを選び新たに造りあげたのが白雲洞である。名匠柳木魯堂《おおぎろどう》の設計といわれる不染庵は草庵風の茶室である。鈍翁からその白雲洞を含む茶苑を譲り受けた三渓は、新たに対字斎と呼ばれる掛《かけ》造りの茶室を新築した。さらに三渓なきあと、この茶苑は松永耳庵に譲られた。それほどこの茶苑は数寄者たちの心をつかんだ場所だった。湯があることからもわかるように、この茶苑は茶を楽しむだけの空間ではなさそうだ。茶のある生活そのものを楽しむ場所といえるだろう。

三渓や鈍翁の生活の中で、この山中のひなびた一角は格別の意味を持っていたに違いない。誰にも邪魔されず自らの好きな空間と時間を恣《ほしいまま》にする。近代という時代の中で財をなし功を遂げた彼らであればこそ許される贅沢である。その場を包む器として選んだのは田舎家の風情だった。彼らは日本の伝統を守るのは自分たちだと自覚していた。しかしその伝統とは型にはまったものではなく、自ら創造していく伝統だった。田舎家の選択は彼らのそうした美意識に合致したものだった。

白雲邸　三渓晩年の自邸

大正九年（一九二〇）、三渓は再度三渓園の中に自邸を建てた。妻と自分、二人だけのための老後の住まいである。鶴翔閣と臨春閣の間に立地し、創建時は渡り廊下で臨春閣と結ばれていた。今日、白雲邸（図7）と呼ばれる木造平屋建て、檜皮葺《ひわだぶき》の建物である。鶴翔閣に比べると極めて小さくコンパクトな住まいである。三渓ほどの地位と財力を持っていればどのような住宅にでも住むことができる。しかし三渓は簡素な住まいを造った。

玄関を入り一間《けん》幅の廊下を進む。左手には三十畳の談話室がある。一言で言えば不思議な空間である。不思議と感じるのはなぜだろう。床には畳が敷いてあり壁は真壁《しんかべ》、天井は高く中央部分を更に一段高くしその周囲を棹縁天井《さおぶちてんじょう》とする。こう書くと一見和室そのもので何の不思議もない空間だ。しかし、良く見ると、柱は丸太の柱で庭側は腰壁にガラス窓、建具の入っていない部分の壁は長押《なげし》どころか鴨居もなく、壁がのっぺりと天井まではい上がる。建具は概して大振りで部材も全体に太めである。さらに天井の上を覗《のぞ》いてみると、屋根を支える仕組み（小屋組という）は洋小屋組の一種トラスが用いられる。トラスにしたのは二間半という柱間を支えるには合理的な構造だったからだろう。また

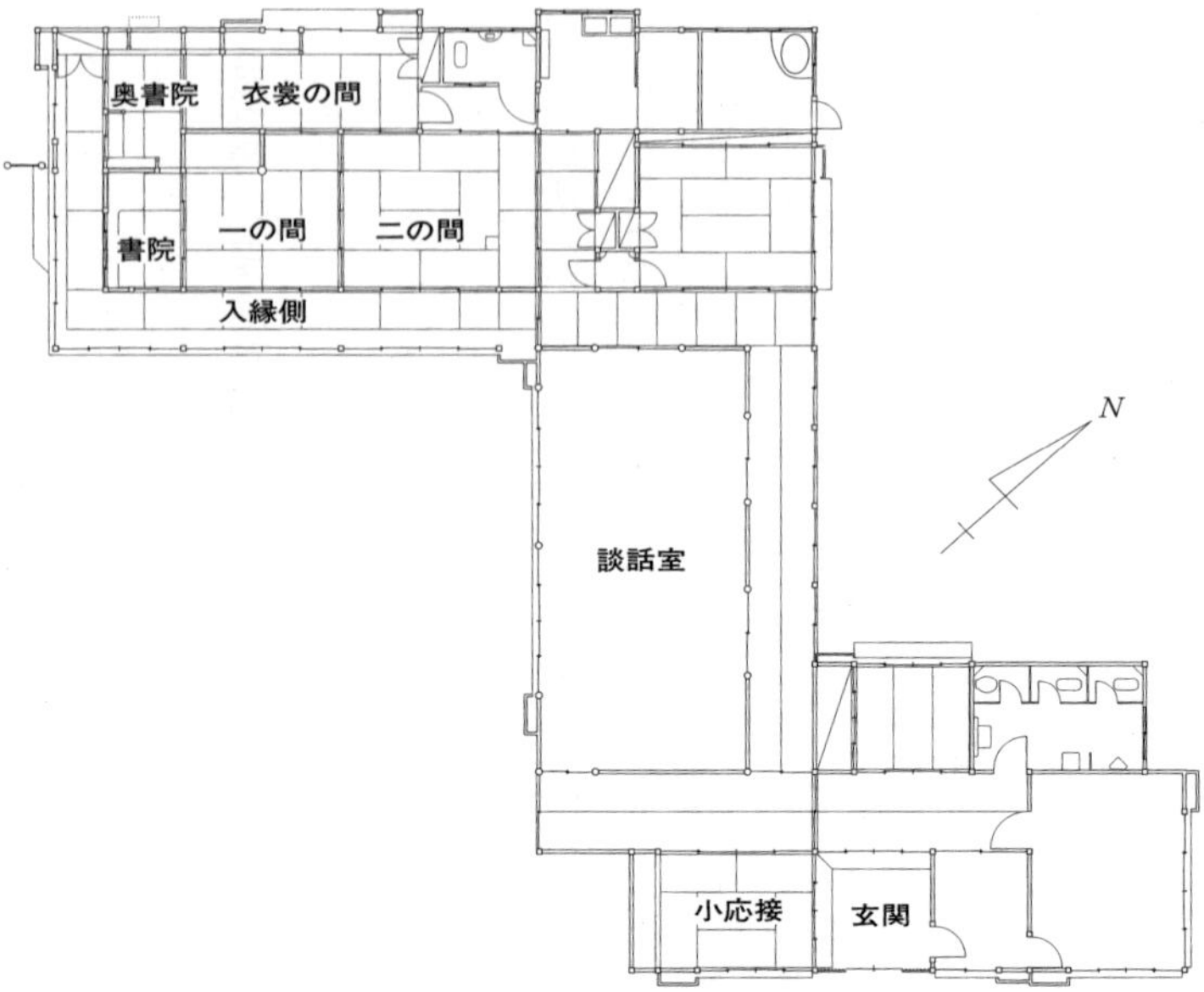

図７　三渓園白雲邸現状平面図

和室の場合、主たる居室の庭に面する部分には縁がつけられるのが一般的である。ここにはそれもない。つまり、この部屋は和室の構成は残しているものの、和室をつくろうとしているのではなく、「和風」の居室をつくり他の使い方を想定していると考えたほうが良さそうである。他の使い方とは椅子に座って使うことである。そう考えれば、天井が高いことも、壁がつるっとしていることも庭側が腰壁であることも縁がないこともすべて説明がつく。三渓は晩年を過ごす自邸に接客の空間をつくる時、鶴翔閣と同様に和室の構成を基本に独自に手を加えた和風の居室を設け椅子座を導入したのである。

さらに奥に進もう。奥は三渓と妻屋寿

の全く私的な空間である。一の間、二の間と書院、奥書院（図8）、衣裳の間から成る。一の間、二の間も簡素な意匠の数寄屋風の居室であり、一の間には床《とこ》のみが設けられる。しかし、その奥の書院と奥書院には極めて凝った意匠が用いられている。書院は三渓のための空間である。臨春閣を前方に望む庭に面して低い机を造りつける。右側半間分は地袋《ぢぶくろ》が設けられ、この部分は奥行きも広くなる。ここに座って前方へ目を遣ると、かつては目前に春草盧を眺めた。奥書院にはこの住宅の中で最も濃厚な意匠を見ることができる。桂離宮の桂棚などを模したといわれる一間幅の棚と書院が鍵の手に配置される。棚の地袋には螺鈿細工《らでんざいく》が施され、火頭形《かとうがた》のけんどん扉をもつ天袋など細部まで凝った意匠となっている。

図8　三渓園白雲邸奥書院

白雲邸は鶴翔閣同様あくまでも和風の邸宅である。鶴翔閣は規模も大きく三渓が家族と多くの客人を迎え入れるのにふさわしい住まいとして整えたものである。一方白雲邸は三渓晩年の落ち着いた私生活のための住まいである。白雲邸には凝った意匠が見られるが、他の財閥達の豪邸のように贅を尽くした造りではない。三渓園全体が三渓の私邸だったことを考えれば、自らの住まいを豪勢にせずとも極めて上質の空間を私有していることになる。同時代の他の数寄者達を遙かに引き離す随一の数寄者といえるかも知れない。

三渓にとって伝統とは何だったのかを考えるとき、三渓は確実に伝統を尊重すべきもの、自らが意志を持って守り伝えるべきものと考えていたに違いない。それは近代数寄者と呼ばれる一群の人々が共有していた意識だった。近代以降日本は西洋に追随し、伝統の中にある大切なものを見失いかけていた。そのことに気がついたのは他でもない、西洋そのものを客観的にそして体験的に知ることのできた実業界に身を置く人々だった。彼我の文化いずれにも長がある。そのことを認識することこそ「いずれか」ではなく「いずれも」よしとする、両者の長所を取り入れた新しい時代の文化を創造する土壌となりうるものだった。彼等は伝統的な日本住宅を自らの解釈で自由に造り変えた。そこに誕生したのが「和風」の住宅だった。和風住宅の誕生はある意味では伝統からの訣別であり、ある意味では伝統の継承だったといえるだろう。

18 住宅地開発と郊外住宅　明治時代末期

池田室町住宅

阪急電鉄を率いた小林一三は、明治四十三年(一九一〇)、箕面有馬電気軌道の開設に際し、沿線に住宅地を開発し電鉄事業を安定させた。郊外住宅地開発の嚆矢となったこの池田室町住宅は、今日もなお良好な住宅地としての趣を残している。

煙の都　大阪

「煙の都」―ありがたくない呼称だが、明治中期の大阪は既にその呼称にふさわしいほど煙突が林立し煤煙《ばいえん》と有毒ガスに悩む都市だった。大阪は商都としての長い繁栄の歴史をもっており、その集積ゆえに日本の近代化を担う殖産興業の渦中にあった。明治初期に政府の造幣寮《ぞうへいりょう》が設けられたのを契機に化学工業が盛んになり、さらに、紡績業や造船業などの機械制大工場が相次いで建設された。明治中期には既にイギリスのマンチェスターに比されるほど近代工業都市としての発展を遂げていた。

大阪には近世から受け継いだ豊かな都市文化が息づいていた。船場《せんば》の中心、いわば大阪のど真ん中に位置する愛珠《あいしゅ》幼稚園は、船場で生活する人々が自分たちの子女を育成するために、自らの財をなげうって設立した日本で最初の私立の幼稚園である。それほどまでに彼らは自分たちの町を愛し、そこで育ったことを誇りにしていた。しかし、「煙の都」大阪の出現は、彼らにとって家族の健康を脅かす憂慮すべき事態だった。では、どうするか。今日であれば公害の解決に着手するだろうが、当時ではそう簡単に行くはずもない。とすれば、居住者自らが大阪を離れ、空気清明な住環境を求めるしかない。幸いなことに関西では明治年間から私鉄鉄道網の充実が見られた。明治三十八年には大阪と神戸を結び海岸線近くを走る阪神電気鉄道が開通し、明治四十三年には箕面有馬電気軌道《みのおありまでんききどう》が大阪から箕面、宝塚への交通網を開通させており、「郊外」へ目を向ける環境は整っていた。

明治四十一年、阪神電気鉄道が出版した『市外居住のすすめ』には、大阪市内で活躍する医師などの講演が採録されており、その中で繰り返し語られるのが市外居住と「健康」の関係だった。そして講演者である医師たちの多くが既に郊外と何らかの関わりをもっていた。

船場道修町《どしょうまち》で私立総合病院を営む高安道成《たかやすみちなり》も、郊外に目を向けた一人だった。高安は『市外居住のすすめ』のなかで、都市の場末《ばすえ》の不潔な場所に住むよりも、「サバーブ」に住む方が望ましく、経営者などは都市と田舎双方に住居を構えるほかないと述べた。高安の場合、病院は船場にあったものの、明治四十年頃深江《ふかえ》に別荘を借りた後、浜芦屋《はまあしや》に広大な別荘を設け大正頃に常住の住まいとした。彼らによって大阪郊外は脚光を浴びていく。郷土史家小野高裕は、高安博士など医学者やその家族が阪神間ライフスタイル構築のキーパーソンだと指摘している。

郊外に最初に建設されたのは別荘だった。初期には大阪の南、帝塚山《てづかやま》や天下茶屋《てんかちゃや》に、その後は六甲山麓の御影《みかげ》や住吉《すみよし》に貴顕の別荘が設置された。武庫《むこ》には天皇家の離宮もつくられ、舞子《まいこ》には有栖川宮《ありすがわのみや》家の別荘が設けられるなど、郊外はまず別荘地としてそのステイタスを獲得していった。

上流階級が別荘を構えることはその土地のイメージを否が応でも底上げする結果となる。交通網の発達で都心との時間距離が近づけば、郊外の価値は更に上昇する。また、先に見た都市の住環境の悪化や人口増加も郊外への期待を膨《ふく》らませた。その結果、郊外は上流階級の別荘地としてのみではなく、中流階級の新たな常住の居住地として発見されることになる。

郊外居住の憂鬱

郊外居住は確かに健康的である。しかし、郊外の生活は都市の生活とはいささか異なる。別荘ならばその違いこそが利点となり、オンとオフという生活のメリハリをもたらすことになる。常住の住まいが郊外にあったならばどうだろうか。都心と郊外を行き来する者―多くの場合一家の主人だが―は都市と郊外双方の利点を享受することになる。一方、郊外を主たる生活の場と定めることになる妻にとって、生活は大きな変革を要求するだろう。

先の船場道修町で総合病院を営む高安道成の夫人高安やす子は、市外居住についてその不便さを指摘し、「特に女は出入りの度毎《たびごと》に費やす無駄な時間の多いことを思はずには居られない」(『建築と社会』大正七年二月)と嘆いている。高安夫人はその美貌と歌人としての活躍、社会への貢献などから、大阪社交界の花形ともいうべき存在だった。そうした女性にとっては郊外を生活の拠点にすることは、活動の機会を失うことに近かった。

高安夫人ほどの上流の女性でなくとも、郊外居住が女性にもたらす弊害はあっただろう。郊外に居住することになった女性たちは、都心に住んでいたならば許された日常生活圏内での多様な行動を制限されることになる。電車に乗って外出するとなれば目的が必要である。関西では、明治後期から大正にかけて外出の口実として適していたため郊外に住む女性達の間で同窓会活動や習い事が流行《はや》ったという。東京での「今日は三越、明日は帝劇」というキャッチフレーズも、裏返せば明確な外出機会

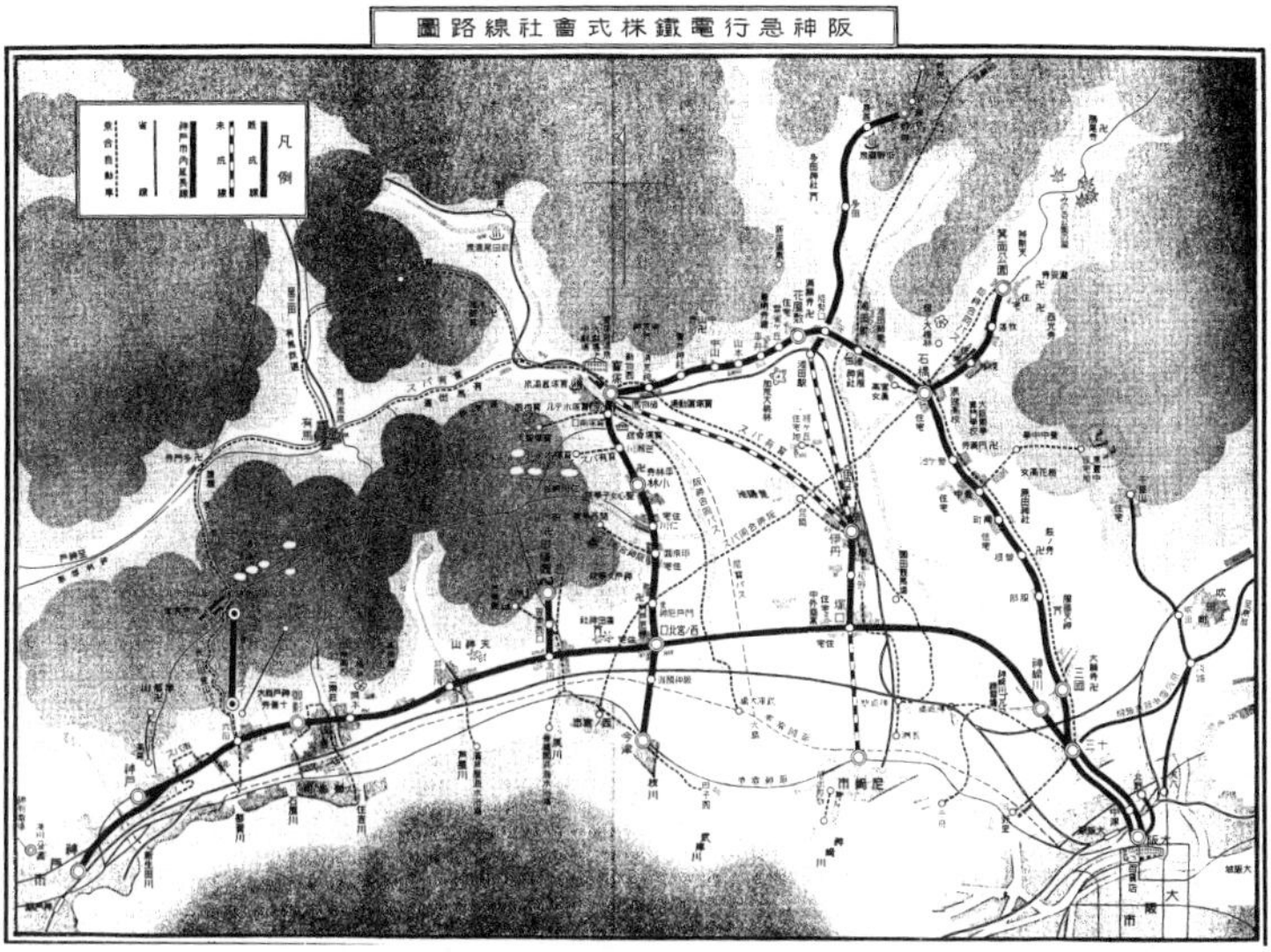

図1　阪神急行電鉄会社路線図

の提示だったといえる。郊外居住は健康で豊かな住環境を保障したが、「女は家庭、男は仕事」という役割の分担を否が応でも推進したといえるだろう。

一方、常住の地となった郊外で女性の果たす役割は重要になった。夫は日中不在だからである。次にみる池田室町では倶楽部《クラブ》を中心とする活発な趣味の活動が行われたという。また、当初電鉄会社が経営していた購買組合を後には婦人会が経営するようになるなど活発な活動が見られる。今日の郊外コミュニティにおける女性の多様で活発な活動の萌芽がすでに明治年間にあったことになる。

郊外住宅地の開発

明治四十三年、小林一三《こばやしいちぞう》の肝《きも》いりで箕面有

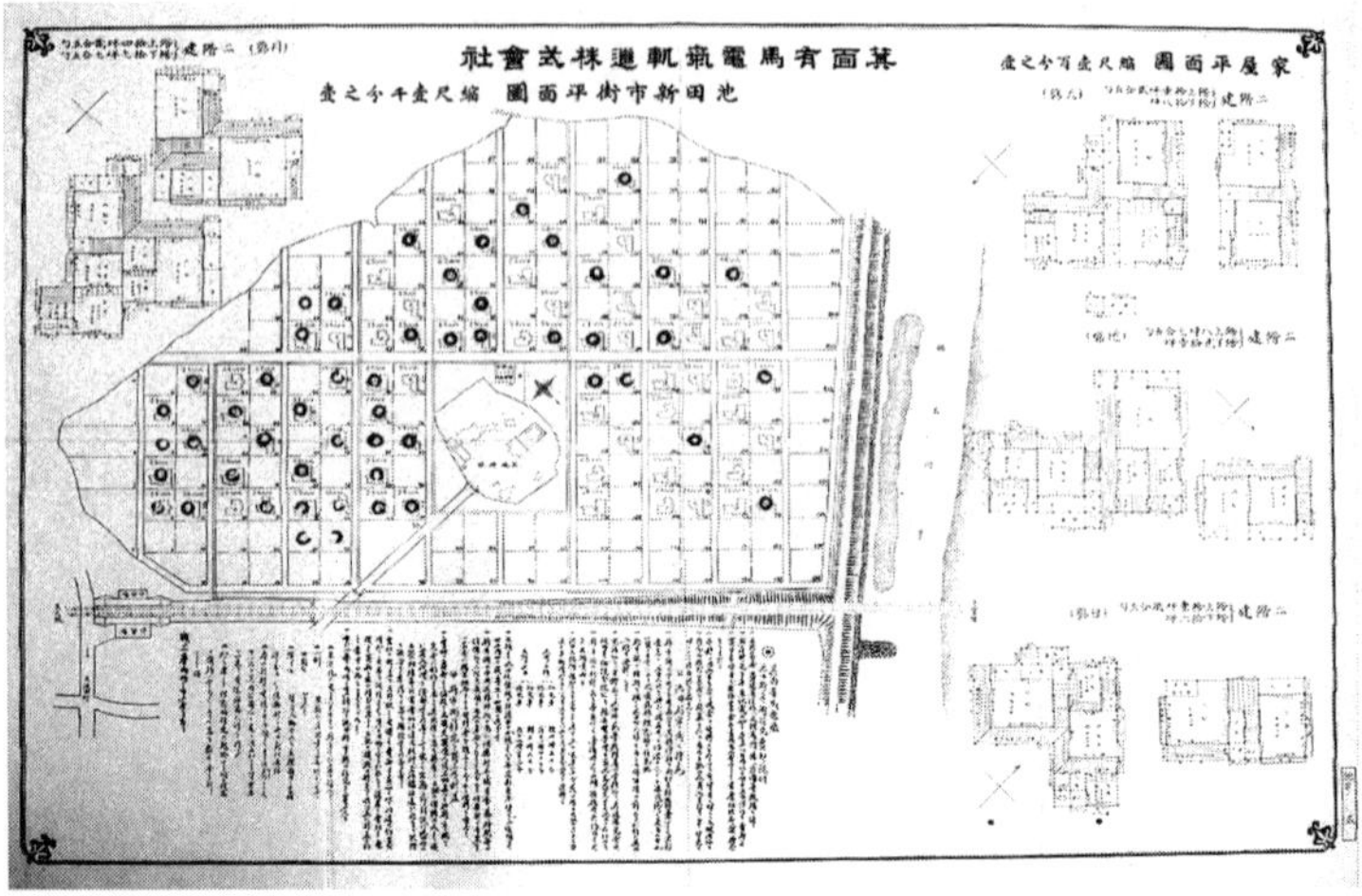

図2　池田室町住宅地の配置図

馬電気軌道（現阪急電鉄）が開通した。小林一三は阪急電鉄と阪急グループを率い、宝塚に劇場や遊園地を開設するなど大きな足跡を残した戦前の関西を代表する実業家である。箕面有馬電気軌道の開設に際しては、日露戦争後の不安定な時期であったため関係者間で賛否両論があった。しかし、小林はその沿線のもつ資質に着目した。それは住宅地として開発するのに適するという資質だった。鉄道の敷設と住宅地経営を同時に行うことは、今日ではあまりにも当たり前である。しかし、当時では画期的な計画だった。住宅経営を平行することによって鉄道会社の経営は安定する。また時代は確実に郊外居住を指向していた。明治四十三年六月、鉄道の開設よりわずか三か月後には「池田新市街」の名のもとに池田《いけだ》室町《むろまち》住宅地が売り出された（図2）。

池田室町住宅地には二万七〇〇〇坪の敷地に二〇

七区画の住宅地が計画された。一区画あたりの規模は約一〇〇坪で、住宅地内の中心に神社があり、その境内は散策や児童のための公園の役割を果たす。また、公園の一角には住宅地の住民が集う倶楽部や購買組合店舗が設けられた。池田室町を嚆矢《こうし》とし関西圏には多くの住宅地が開発されてゆく。香里園《こうりえん》（昭和三年、京阪電鉄）、中央広場と放射線状道路をもつ大美野《おおみの》田園都市（昭和八年、関西土地株式会社）、住宅改造博覧会の会場となった桜ヶ丘（田村地所、のち阪急電鉄）、関西近郊のリゾート開発の中に位置した甲子園（阪神電鉄）、芦屋山手の高級住宅地六麓荘《ろくろくそう》、桜井、豊中《とよなか》など枚挙にいとまがない。それぞれが鉄道の開発に伴い出現し、さらにその住宅地が鉄道利用者を産み出すという循環サイクルを作り出した。

郊外の住宅

池田室町住宅地に建設された住宅を見てみよう。販売区画二〇七区画内第一回の分譲住宅地として八三区画が販売された。この内七七区画に天型・地型・日型・月型と名づけられた四種の型式の規格住宅が建設された。

竣工当時の住宅地の様相を見ると、統一された景観の町並みが整然と続く。また、配置にも工夫が凝らされていた。すなわち、建て売り分譲をする区画は連続させず、一区画おきに配置し、さらに同一タイプの住宅が連続しないように工夫して配置されていた。

図3　竣工時の池田室町住宅

住宅はいずれも二階建てで延べ床面積約三〇坪、一階には玄関土間・玄関・和室二〜三室、台所・便所・風呂、二階にも和室二〜三室をもつ。最も規模の大きい月型の平面を見ると、一階二階ともに続き間を設けず台所に続く三畳の小室を食堂とするなどいわば実用的な間取りとなっている。屋根は寄棟《よせむね》瓦葺、壁は下部を杉皮や焼板の下見板《したみいた》とし上部は土壁である。案内図には「東京風にハイカラの新しい家」とある（図2）。下見板と土壁を組み合わせた点などが「ハイカラ」だったのだろう。しかし、池田室町の住宅は、平面も外観も在来の住宅の域を大きくは出てはいない。阪神間の郊外住宅として真に「ハイカラ」な住宅が登場するには、もう少し時間が必要だった。

さらに注目すべきことはこれらの住宅が割賦《かっぷ》で販売されたことである。住宅ローンのはしりである。販売価格は一八〇〇円から二五〇〇円の範囲で、頭金五〇〇円、残金を毎月二四円ずつ一〇年にわたって支払う。公務員の初任給が当時五〇円だったことを考えるとこの価格設定は中流のサラリーマンが支払うことのできる範囲になんとか収まっていたのだろう。

既に述べたように、池田室町についで関西圏では続々と郊外住宅地が開発される。その中でも特筆すべきものの一つに箕面桜ヶ丘がある。池田室町住宅の開発から一〇年余り過ぎた大正十一年、関西の建築や都市計画の専門家たちの組織である日本建築協会が、郊外住宅をテーマにした博覧会を開いた。その開催地が桜ヶ丘だった。住宅をテーマにする博覧会としては第一九章で取り上げる東京上

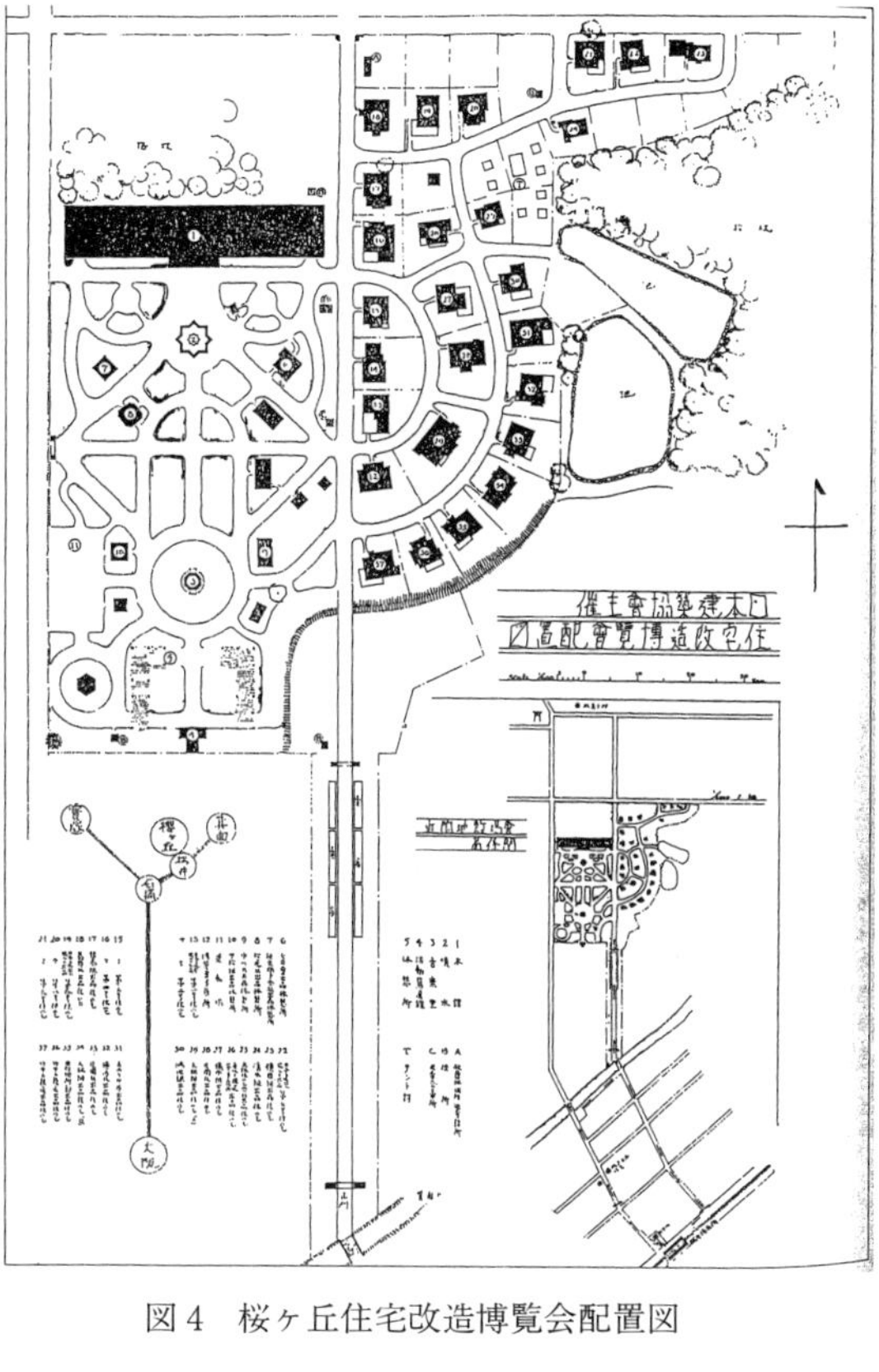

図4　桜ヶ丘住宅改造博覧会配置図

野で開催された平和記念東京博覧会がよく知られている。桜ヶ丘で開催された住宅博覧会は住宅改造博覧会と命名され、新たな生活様式の提案を目的としていた。そして平和記念東京博覧会が博覧会会場の一画に住宅を実物展示する試みだったのに比して、桜ヶ丘の博覧会は桜ヶ丘という現実の郊外住宅地そのものを舞台とする博覧会であり、それゆえに実現すべき夢の郊外生活を具体的に示した説得力のある展示だった。

さて、桜ヶ丘に展示された住宅はどのような住宅だったのだろう。新たな生活の提案とはいうまでもなく従来とは異なる洋風の生活様式への転換の提案だった。従って展示された住宅もその趣旨に適《かな》う洋風を主体とする住宅だった。規模は一六坪から六二坪までで、三五坪前後の住宅が多かった。池田室町の規格住宅とほぼ同様の規模である。建設されるべき住宅は懸賞募集の設計競技によって募られ、その趣旨には「生活の改造」がうたわれていた。

図５　桜ヶ丘住宅改造博覧会に出品された住宅

住宅地内には四〇区画の住宅地が設けられ、内二五区画に住宅が建設された。懸賞募集の当選案から八戸が実際に建設され、その他の一七戸は建築家や建設会社が設計した。桜ケ丘に展示された住宅の特徴は、何といっても洋風の意匠にある。詳細に見るとそれぞれ様々な様式で建設されているものの、全体を支配する雰囲気は色瓦の乗るしゃれた外観である。また、椅子座式の居間をもつ間取りの住宅も多く、「生活の改造」が試みられていたことがわかる。それはとりもなおさず、こうした「ハイカラ」な生活が展開されるにふさわしい場所は、中流階級の居住地たる郊外であることを強烈に印象づけたのだった。郊外の洋風住宅を指す言葉として第一九章でみるように「文化住宅」なる言葉が用いられたことはこうした気分を如実に表著すものだった。

ハワードの田園都市論

郊外への注目は、いわば都市の問題の裏返しである。近代の居住の歴史は都市への集中と脱出の歴史でもあった。産業革命によって日本より一足早く都市化が進行したイギリスでは、都市化の進展を背景に理想郷としての田園都市が語られるようになる。

イギリスの社会改良家エベネザー・ハワードは、一九〇二年に『明日の田園都市』と題する著書を発表する。ハワードは労働の場と生活の場が同一地域に存在するコミュニティを提案した。それは、都市と田園の幸せな結合だった。ハワードはこの理想をロンドン郊外のレッチワースで実現する。そして彼の描いた理想的な「田園都市」は都市にも田園にも望ましい未来像として中産階級に広く受け

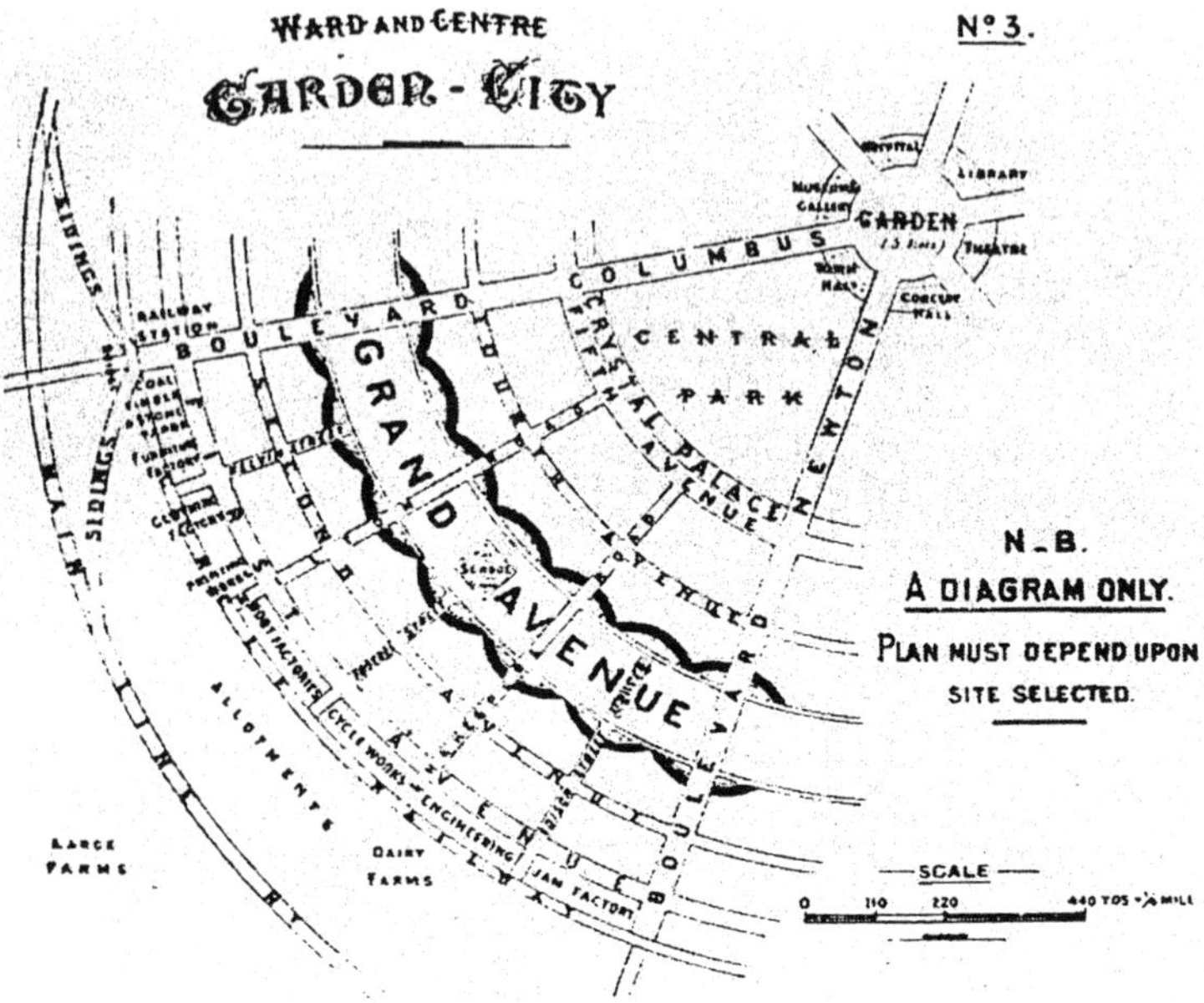

図6　E. ハワードの田園都市模式図

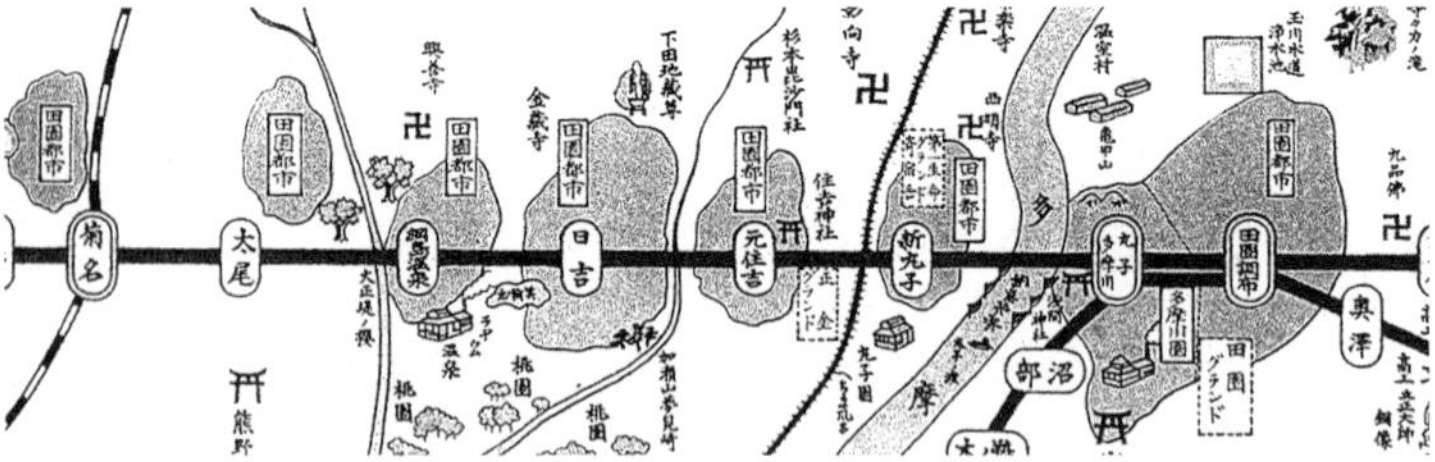

図7　東京横浜電鉄沿線に開発された田園都市

入れられることになる。「田園都市」の及ぼした影響は大きかった。日本でも、ハワードの著作から影響を受けた内務省地方局の有志が明治四十年『田園都市』を刊行する。田園こそ都市を補完する存在であることの発見は、田園すなわち都市化の陰で疲弊《ひへい》していた農村にも都市にも極めて都合の良い発見だった。渋沢栄一《しぶさわえいいち》は一九一八年田園都市株式会社を設立し、東京の洗足《せんぞく》や多摩川台《たまがわだい》（のちの田園調布）、日吉《ひよし》の開発を進めた。田園調布や日吉は、ハワードの田園都市に倣った放射線状の道路によって整然と区画されている。それほどまでにその影響は大きかったのだ。さらに、資本が目を付けたのは労働者の恒久的な忠誠を確約する借財としての住宅ローンの存在だった。すなわち持家の仕組みである。流動性の高い都市にあって住宅は所有するものではなく利用するものだった。しかし、郊外居住は同時に土地や住宅の所有をも促した。池田室町住宅にみられた住宅の割賦販売の試みは、昭和初期には自治体による公的な住宅供給にまで取り入れられるようになり持家化を促した。

郊外住宅地の類型

郊外に計画的につくられた住宅地は、一、電鉄会社によって開発された住宅地、二、土地会社や信託会社によって開発された住宅地、三、土地区画整理組合や住宅組合などの組合組織により開発された住宅地、四、公益団体によって開発された住宅地　の四つにおおむね分類することができる。電鉄会社による住宅地としてはさきにみた阪急電鉄による池田室町住宅地、関東では東武鉄道による常盤《ときわ》台《だい》住宅地（現東京都板橋区）などがあげられる。土地会社などによる住宅地としては関西土地株式会社による大美野田園都市、田園都市株式会社による洗足や田園調布、組合組織による住宅地としては城南《じょうなん》住宅組合による城南文化村などをあげることができる。公益団体によって開発された住宅地としては、各地の自治体による公営住宅地や、第二〇章で取り上げる同潤会による住宅地などがある。関東では、とりわけ関東大震災以後住宅地開発が盛んになる。湘南など別荘地として発展した地域でも常住の住宅地が多く販売され、郊外の住宅地化が進行した。

近代における郊外の発見は、「住むことのできる場所」の多様性をもたらした。と同時に、土地を商品として把えるという価値観を形成した。都市にはない理想的な住宅地を目ざして計画された「郊外」は、「郊外」自身が造り出した土地の商品化という弊害に自ら苦しむことになる。

19

中流住宅の改良　大正時代

井上秀

井上秀（一八七五―一九六三）は、兵庫県氷上《ひかみ》郡の地主の家に生まれ、日本女子大学校を一回生として卒業した後、アメリカに渡り家政学を修めた。明治四十三年帰国後、母校の教授を務めたのち卒業生としてはじめて校長となった。学外でも、生活改善運動などに尽力した。井上は帰国後洋館を自邸として建設し、生活の洋風化を実践した。

（左から夫雅二、井上秀、長男陽一、次女幽子）

井上秀と家政学

「家政学」と聞くと、何となく古くさい学問という印象を持つ人が多いだろう。「家政学」は、かつては家庭を治めるための学問、良妻賢母を育てるための学問と考えられていた。しかし、明治以降、日本の家政学が目指したのは生活の中の諸現象を科学的に研究することだった。家政学の一領域、家庭管理の分野で、家庭管理を「人類の共存上の活動に関する社会科学」と極めて広義に解釈し行動した家政学者がいた。井上秀《いのうえひで》である。

井上は、明治八年（一八七五）兵庫県に生まれ、京都府立第一高女に学んだのち帰郷し、足立雅二と結婚し井上家を継いだ。長女出産後、日本女子大学校の開学を機に家政学部の一期生となり、卒業後付属高等女学校の教諭を経て、明治四十一年アメリカ合衆国コロンビア大学に留学し家政学や栄養学を修めた。さらにシカゴ大学で社会学や経済学の立場から家庭や婦人問題を研究し、欧州を視察した後四十三年帰国した。帰国後は日本女子大学校教授となり、大正八年（一九一九）に家政学部長、昭和六年（一九三一）には卒業生として初めての校長となった。この間、日本女子大学の同窓会桜楓《おうふう》会《かい》の幹事長として、託児所の開設や職業を持つ女性のための集合住宅の建設などに大きく貢献した。

井上が家政学者としての活動を展開した明治後期以降、日本では生活の改善や住宅の改良が社会の重要なテーマとなり、その大きなうねりの中で「生活を科学する」家政学者は大きな役割を担った。井上もそうした一人であった。井上の活躍を見る前に、当時なぜ、住宅の改良が大きなテーマだったのか確認したい。

中流住宅改良の系譜

明治以降繰り返し述べられた在来住宅、とりわけ中流層の住宅の問題点は、結局のところ、接客を重視し家族の生活を軽視していること、各室のプライバシーが欠如していること、床面を生活面にすることに起因する不潔さと不便さに集約される。これらは在来住宅を西洋の住宅と比較することによって発見された問題点である。したがって、住宅が洋風化すればいずれの問題も一応は解決する。ではは日常生活の場である住宅をどのように洋風化するのか。一口に住宅の洋風化と言っても多様な側面があり、生活様式そのものなのか、建築様式なのかなど目的によって洋風化の様相は異なる。

明治三十一年八月から九月まで、『時事新報』に新聞記者土屋元作が「家屋改良談」を連載した。翌年連載がまとめられ単行本になったところをみると、反響もあったに違いない。土屋は日本住宅改良の方向として、虚飾を排し実用を重視すること、跪座《きざ》（床《ゆか》に座る方式）をやめ踞座《きょざ》（椅子に座る方式）にすること、各室の独立性を高めることなどを主張した。土屋の主張の中で注目すべきことは、椅子座の導入と建築の洋風化を区別している点である。土屋は「家屋其儘《そのまま》」で椅子座として良いとしている。こうしたいわば現実的な洋風化の提案は、しかしながら余り注目されなかった。その後の椅子座への指向はいずれも外観と一体化したものだった。いうなれば建築そのものを洋風化するのに伴い、生活様式も椅子座に変えようとするものだった。

同じく明治三十一年、日本建築学会の機関誌『建築雑誌』に住宅の「和洋折衷」に関する注目すべき提案が二編掲載された。一つは、帝大卒の建築家で当時清水組の技師長を務めていた岡本銈太郎《そうたろう》による「和洋折衷住家地絵図に就て」（十月号、図1）で、もう一つは呉《くれ》の海軍技師北田九一による「和洋折衷住宅」（十二月号、図2）である。岡本案は和館の主要室に暖炉《だんろ》を導入した提案であり、北田案

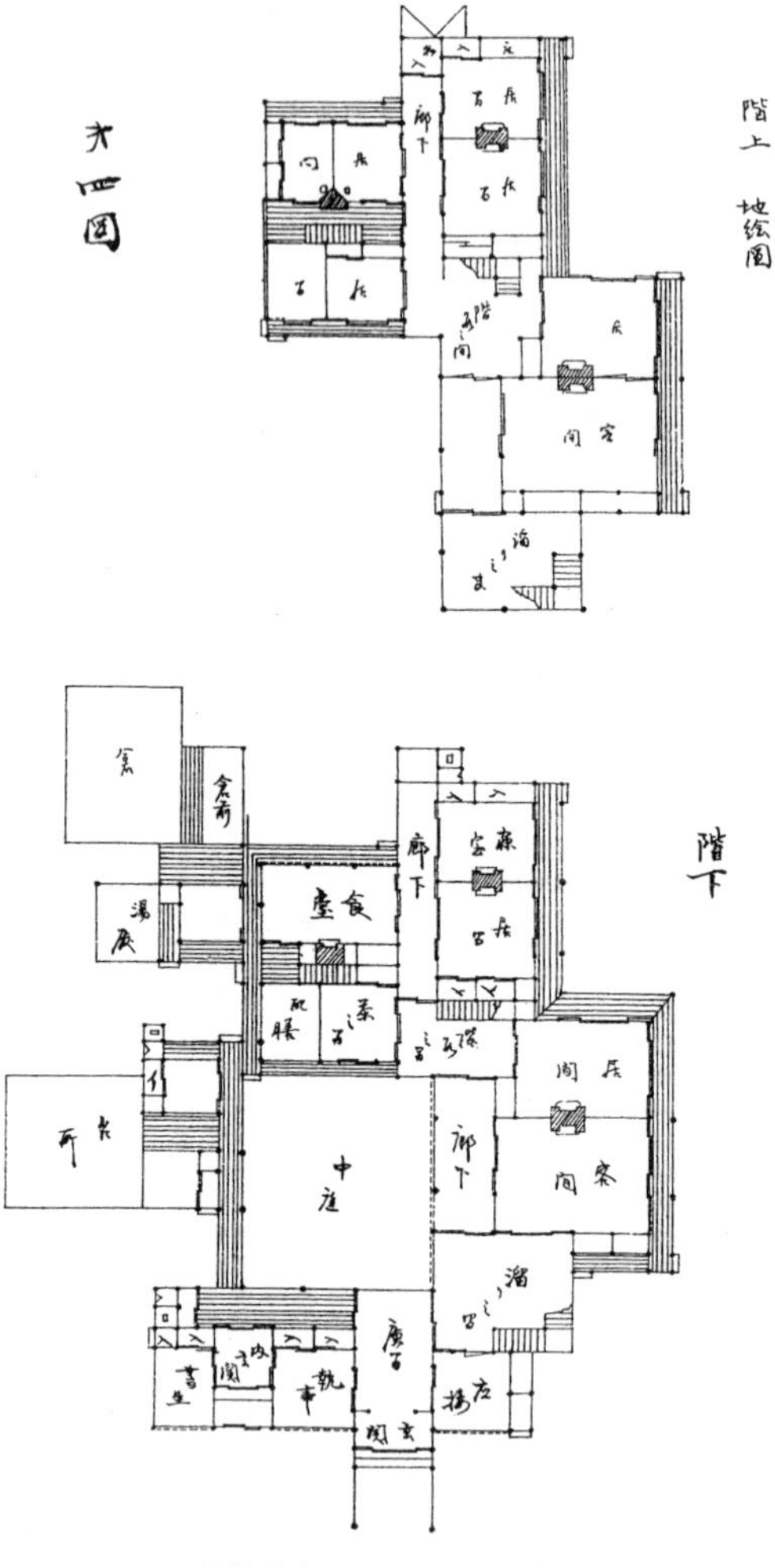

図1　岡本銈太郎による和洋折衷住宅案

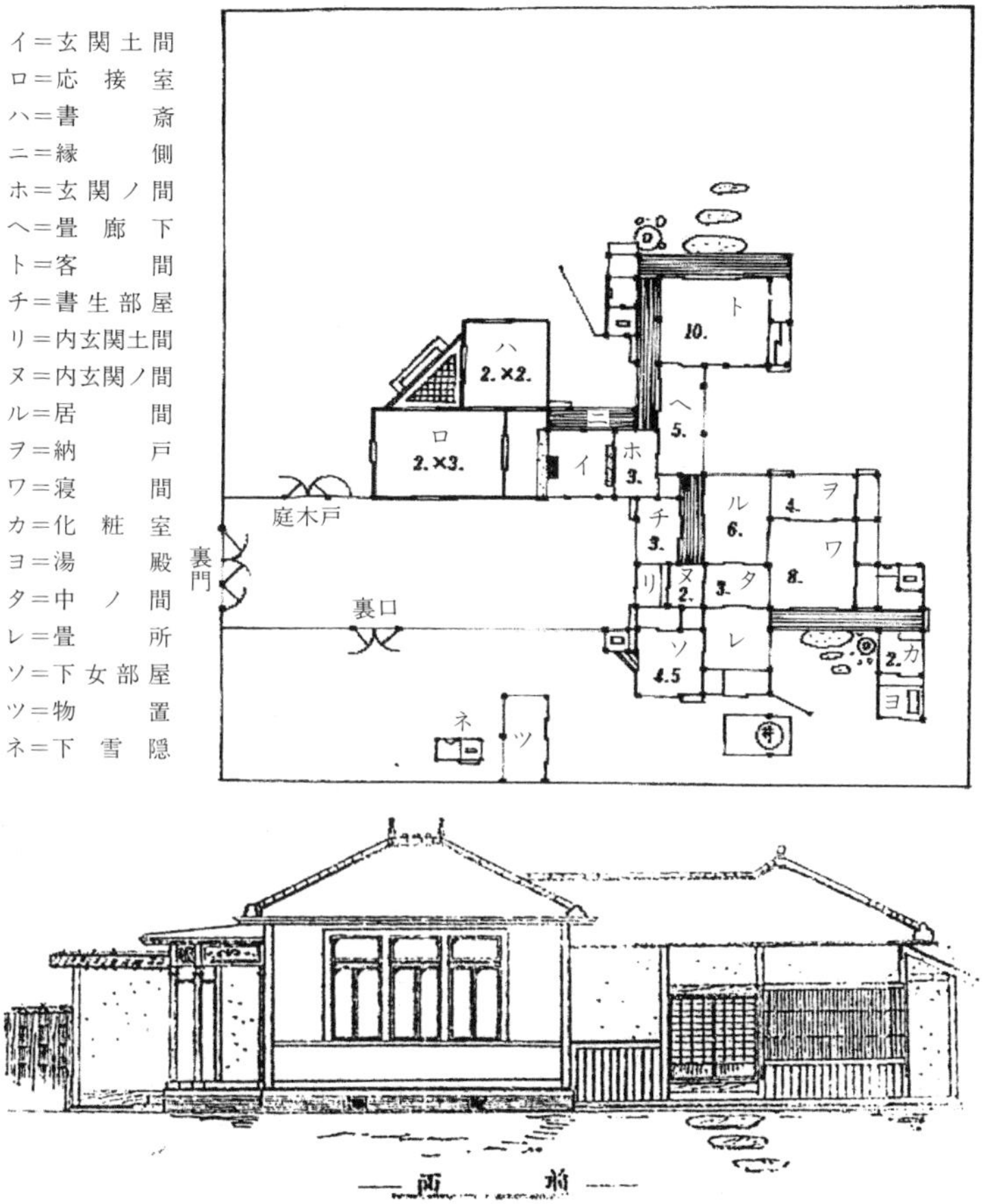

図２　北田九一による和洋折衷住宅案

は在来の和館の傍《かたわ》らに小規模な洋館を附加するという提案だった。前者は和館の内部に西洋住宅の要素を部分的に取り込もうとする案であり、後者は上流階級に見られた和洋館併列型住宅を単純に縮小した提案だった。この相違はすなわち何を目的に住宅を洋風化するかの違いである。

その後も在来住宅を改良すべきという主張は繰り返されたが、明治三十七年の『和洋改良大建築学』の中でも「住家の改良は最も急務にして実行は非常に困難なり」と指摘されるほど、その実現ははかばかしくなかった。しかし、明治後期にはデパートの誕生などにみるように西欧的な都市生活が具現化し、また、井上のように海外での生活経験を有する人々が増加するなど、都市の中流階級は確実に洋風の生活を身近に感じるようになっていた。

井上の自邸

さて、話を井上秀に戻そう。井上は今で言うキャリア・ウーマンだった。三児の母でもあった井上は、どのように仕事と家庭を両立させたのだろう。井上は、アメリカから帰国直後明治四十三年に自邸を建設する。井上は自邸について次のように述べている。

自分の家は始めから洋館に致しました。（中略）なるべく軽便にと考えまして下は全部洋風で応接間書斎食堂その他で七間、二階も全部洋風にと考えましたが田舎から老人などの参りました節のためにと七間のうち二間程日本間に致しましたが、今では全部洋風にしても差し支えなくなりました。（中略）主婦のつとめを致しながら社会のためにも働くことができますのは洋館であるためだと信じて居ります。洋館は活動に便利なばかりでなく戸締まりも簡便でそして盗難の用心もよろしうございます。また趣味の点から申しても日本趣味を取り入れることも十分できます。

（「桜楓新報」大正九年一月九日号）

残念ながら井上の自邸は現存しない。しかし、この文章から判明するように井上の自邸は洋館で、一階はすべて「洋風」、二階に一部和室が設けられている。洋館は活動しやすく戸締まりも便利で、日本趣味を採り入れることもできる、と井上は洋館の長所を述べている。井上はまた自邸について、「アメリカで学びとった科学的な生活法を日本人の生活に当てはめることから着手しようとまず住居の改造に留意し」たと述べており（『井上秀先生』同記念出版委員会）、洋館を選択したのは、アメリカの「科学的な生活法」を「日本人の生活にあてはめる」実験の場とするためだった。さらに、洋館でありながら内部に一部「和室」を採り入れている点は注目される。これもいわば和洋の折衷だが、先に見た明治三十一年の「和洋折衷」を試みた二つの住宅のいずれとも異なる。洋館を基本に必要に応じて和室を設ける考え方は、西欧を絶対的なモデルとし生活のほぼ全てを洋風化することのできた一部の階級には極めて現実的で合理的な選択肢だった。

従来からの慣習にとらわれることなく、合理的な生活のあり方を探求しようとする考え方は、明治末期から中流階級を対象とした生活改良の中でとりわけ重視された考え方だった。

住宅改良と井上秀

井上秀は、大正七年、雑誌『住宅』誌上で行われた台所に関する競技設計の審査員を務めた。審査員に名を連ねたのは、他に東大教授の塚本靖、東京高等工業教授の前田松韻《しょういん》、東京女子高専の後閑菊野《こがきくの》、早稲田大学教授の佐藤功一であった。井上の台所に関する考え方を、その著書からみてみよう。

食事の準備をする場所で家族の健康と幸福を作り出す策源地である。故《ゆえ》に採光をよくし、空気の流通をはかり流し料理台竈《かまど》など最も便利よく接近せしめ往来に時を要し身体を徒労するの愚を避け、排水に注意し常に清潔を保ち得るよう設計上に大に注意をしなくてはならない。台所は東南向きにし日光の十分に入り食品の鑑別料理の善悪食器の潔不潔などをよく見分けられるようにし、水を多く使う故に乾物に黴《かび》を生じ刃物に錆《さび》の生ざるよう注意しなくてはならぬ。台所の西向き北向きは避けねばならぬ。(『最新家事提要』大正十四年)

台所を住宅の中で重要な場所と位置づけ、効率よい家事労働を可能とする台所のあり方を述べるとともに、台所の位置を「東南」と明言している。台所の作業効率や作業動線、清潔さなどに関する関心は、住宅改良の機運の中ではしばしば論じられ、雑誌『住宅』の行った競技設計もその一貫である(図3)。また生活改善に関する様々な展覧会の中でも台所はしばしば取り上げられた。単に動線の善し悪しや衛生の問題のみではなく、台所の住宅内での位置づけを明確にしたところに井上の真骨頂があった。

この競技設計を行った雑誌『住宅』は、「あめりか屋」の社主橋口信助が主催する住宅改良会の機関誌だった。あめりか屋は明治四十二年に橋口が興した住宅会社である。シアトルで長く生活した橋口は、アメリカ住宅の合理性を高く評価し、アメリカで販売されていた組立住宅を日本で販売することを考え、あめりか屋を設立した。アメリカの住宅は経済的で機能的だった。橋口は欧米では当然の椅子式の生活こそ日本の住宅が目指す方向だと確信し、アメリカの住宅そのものを日本に導入しようとしたのである。しかし、輸入販売は大きな発展を見ず、かわって中流階級向け住宅の設計施工に大きな足跡を残す。

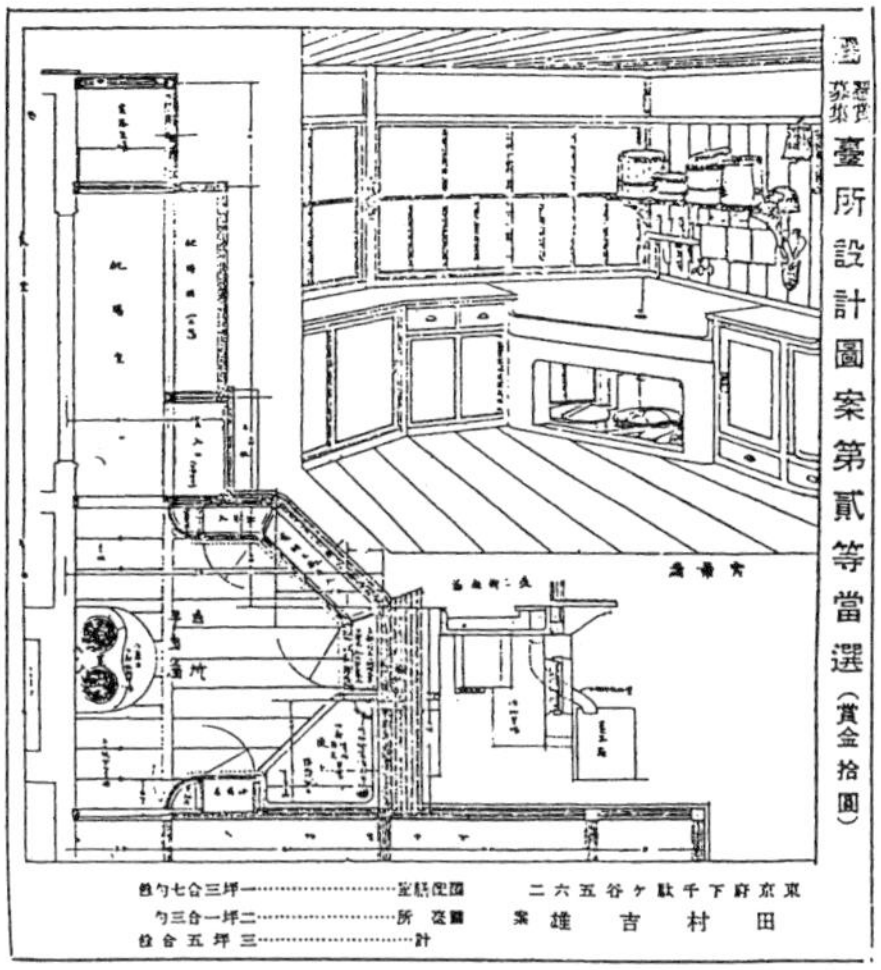

図3 『住宅』台所改良競技設計入選案

井上と橋口はいずれも「アメリカ」での生活体験をもち、その中から日本の住宅の目指すべき方向を見出した。二人にどのような接点があったか明らかでないが、洋館に住む家政学者井上秀は、橋口が試みようとしていた日本住宅の革新を極めて良く理解したに違いない。

あめりか屋の住宅

橋口は洋館を日本に導入するためには啓蒙活動

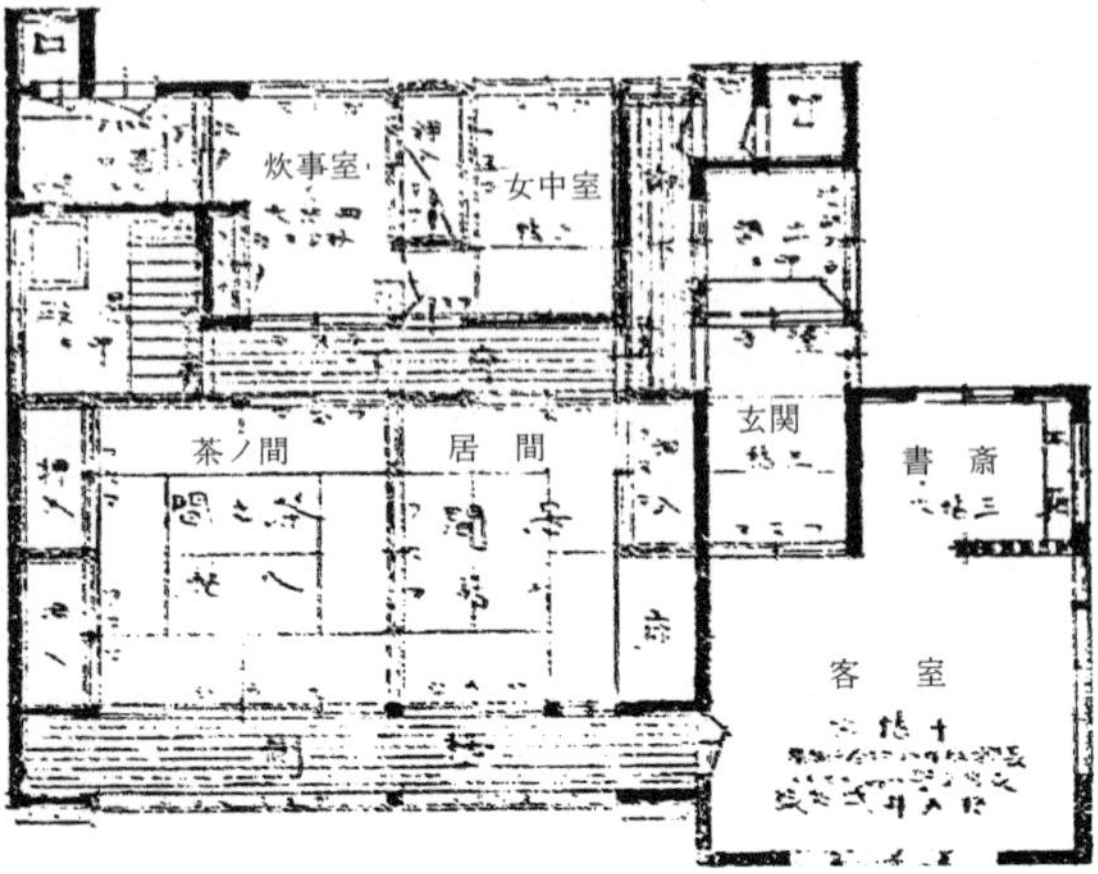

図4　『住宅』第一回競技設計「改良中流住宅」一等当選案

が必要だと考え、各界の名士を発起人とする「住宅改良会」をつくり、機関誌として雑誌『住宅』を刊行した。住宅をテーマに掲げた月刊誌の登場である。住宅専門雑誌が刊行されたこと、それも長く継続して刊行されたことからわかるようにその愛読者がいたこと、これらは、時代が住宅に注目していたことを示している。

住宅改良会は和洋の二重生活を廃止し、住宅を完全に洋風化することを目的にしていた。明治期の住宅の改良が多様なレベルでの洋風化を是認していたのに比して、住宅改良会の目指すところは明快だった。アメリカでの生活経験を持つ橋口ならではの確信だった。あめりか屋が輸入したのは洋館という住宅形式のみでなく、アメリカのライフスタイル、すなわち家族が住宅の主人公という生活の仕方そのものだった。家族が集う場としての居間を住まいの中心に置く。その居間は当然のことながら椅子座である。しかし、当時の日本でこうした生活を受け入れまた実現することができたのは限られた一部の人々のみだった。

雑誌『住宅』では住宅に関する啓蒙活動の一環としてしばしば競技設計が行われた。図4は大正六年に行われた第一回の競技設計「改良中流住宅」の競技設計当選案である。橋口が目指した住宅の完全な洋風化にはほど遠かったにもかかわらず、建築費一五〇〇円以内という設計条件の中で現実的な改良を提案したことが評価されたのだろう。玄関脇に洋室一室を設けることで椅子座に配慮し、女中室を除きわずか二室からなる在来部分には中廊下を設けることでプライバシーを確保し、家族の居室である茶の間を南面させることで、家族生活重視を明確に見せた。つまり、明治以降繰り返されてきた在来住宅批判に見事に答え、競技設計を制したのだった。

生活改善同盟会と井上秀

大正中頃より、住宅に限らず和洋二重の生活を続けることの不合理や、格式や体面を重んじるような生活態度などを改め、合理的な生活の実現を目的に生活全般を改善しようとする社会運動—生活改善運動—が文部省のもとで展開された。

文部省は大正八年十二月に生活改善展覧会を開催し、これを契機に大正九年一月生活改善同盟会を組織した。同盟会の目的は生活の諸分野にわたって改善のための調査研究を行い、改善の明確な方向性を打ち出すことだった。同盟会には衣食住や社交儀礼などの調査会が設置されたが、その委員には女子教育者も多く含まれていた。改善の対象が主として私的生活の領域であり、その鍵を握るのが家庭を担う女性だと認識されていたからこそ、女子教育者に期待が寄せられたのだった。

当時日本女子大学校の家政学部長だった井上秀は三つの分野の委員に就任した。その一つが住宅改善調査会だった。ちなみに住宅改善調査会の委員は、井上以外に佐野利器《さのとしかた》（委員長　東京帝国大学教授工学博士）、田邊淳吉《たなべじゅんきち》（副委員長　日本女子大学校教授）、大江スミ子（東京女子高等師範学校教授）などで、教育者を中心とし官僚も実業界の識者も含む構成だった。住宅改善調査会は、大正九年七月に六項目からなる住宅改善の方針を明らかにした。

1　日本の将来の住宅は徐々に椅子式に改める
2　住宅の間取りや設備は今までの接客中心から家族中心に改める
3　住宅の作り方や設備は虚飾を避けて、衛生や災害の防止などに重きを置く
4　庭は今までの鑑賞することを中心に考えた庭にかたよらず保健や防災などの実用に重点を置く
5　家具は簡単で堅牢であることを重視し住宅の改善に準ずるようにする
6　大都市では地域の状況により共同住宅をつくることや近郊に田園都市をつくることも奨励する

ここに示された方針は明治以来の住宅改良が目指していた和洋二重生活からの脱却、すなわち椅子座化による住宅の洋風化を明確に示しており、向かうべき方向が文部省という公の機関を後ろ盾に再度確認されたことになる。

井上は大正九年六月の桜楓会《おうふうかい》横浜支部の講演の中で、生活改善は「婦人が最も携わってきた問題であるにもかかわらず、日本の婦人の態度は冷淡で、この問題を熱心に研究している人は寧《むし》ろ男子側にある」とし、「婦人こそ率先して生活改善に努力しなければならない」と力説した。官主導の熱心な運動の展開にも関わらず、最も関心を寄せて欲しかった女性たちの反応は今ひとつだったことを物語っている。それは、この運動が理念優先で現実の生活とは程遠い理想を掲げていたことも示している。

平和記念東京博覧会

大正十一年、上野公園で開催された平和記念東京博覧会には明治以降の日本における住宅改良の成果が住宅の実物展示として具現化した。今で言うモデルハウスである。住宅は実際に体験してみなければその良さも悪さもわからない。図面や模型だけでは使い勝手や空間を十分に把握することは難しい。実物が最も望ましいのは言うまでもない。今日、家づくりを目指す人々がまず住宅展示場めぐりをするのもそのためである。新しい住宅の理想像をどんなに声高に叫《さけ》ぼうと、なかなか理解してもらえない。博覧会開催に際して協賛を求められた日本建築学会は、改良住宅の実物模型を展示する必要性を主張し、これが実現したのである。

実物展示住宅として出品する条件は建坪二〇坪、坪単価二〇〇円以内、居間・食堂・客間は椅子座とし実用的設備を有することなどだった。出品された住宅は一四棟あり、出品者には、あめりか屋、

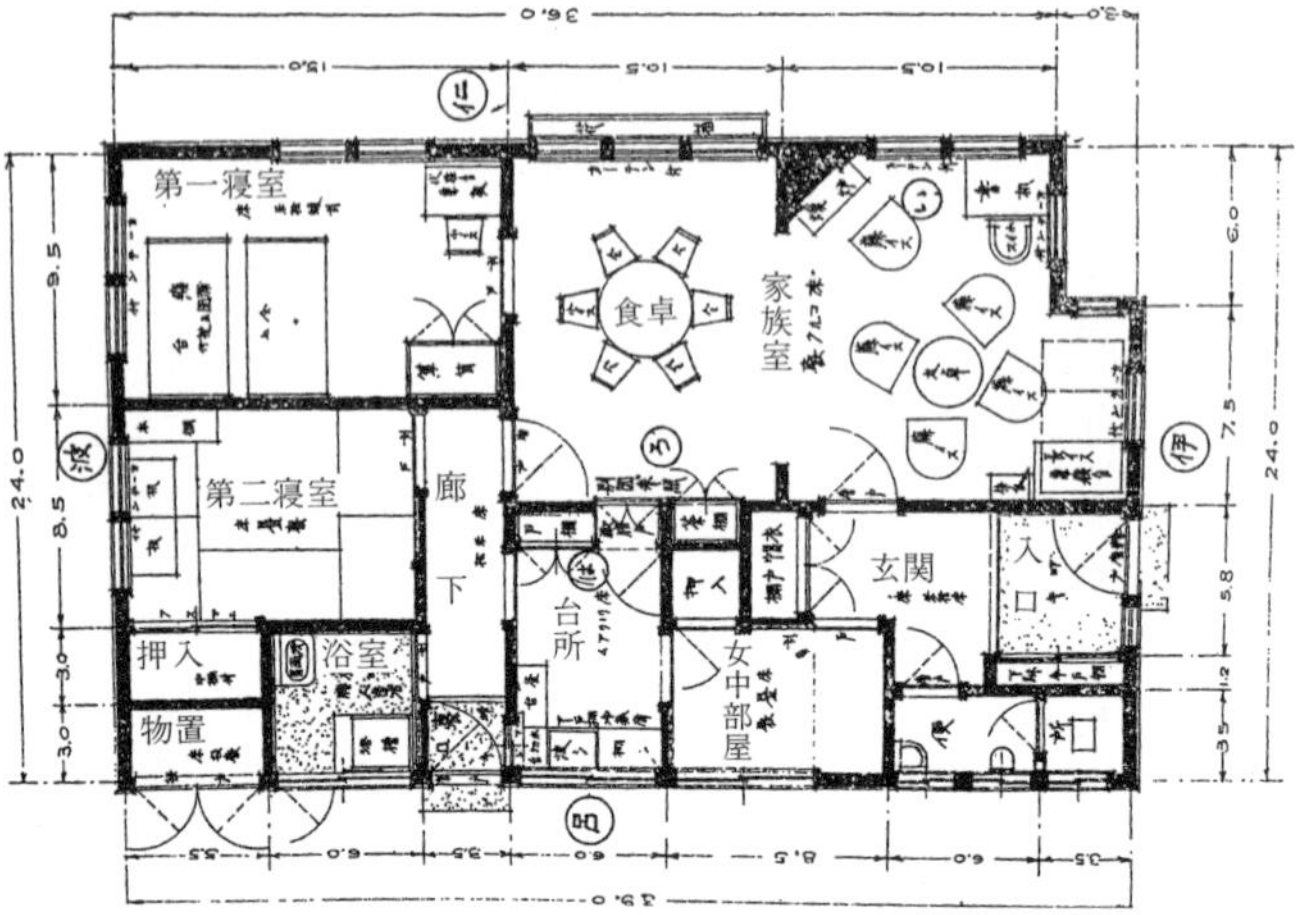

図５　平和記念東京博覧会出品住宅
（上　平面図　下　内部）

生活改善同盟会も名を連ねていた。その中の一つ、「小沢慎太郎氏出品」の住宅を見てみると（図5）、住宅の中心に家族室が置かれ、家族室には食卓と椅子のほか書机や「長イス兼寝台」が置かれている。家族室が接客の場ではなく日常生活の場であると言うことを表わしているのだろう。また、家族室も「第一寝室」も椅子座で、「第二寝室」は畳を用いるようになっているが、解説には「コルク厚四分以上のものを張り更に花茣類を敷詰」とあるから、和室というわけでもない。外観は純然たる洋風であり、生活ともどもきわめて洋風の住宅が実物模型として提示されたのである。椅子座の居間を中心にした洋風住宅はこの住宅のみではなかった。これらの住宅を実物展示した会場は「文化村」と命名された。そしてここに展示されたような洋風の外観をもつ瀟洒《しょうしゃ》な小住宅を「文化住宅」と呼ぶようになった。洋風の住宅の中で展開する家族の生活を中心にした洋風の生活こそ「文化的な生活」のイメージに他ならなかったのだ。「文化住宅」はまたたく間に流行し、一室のみ洋室を附加したいわゆる一間洋館付き住宅までも「文化住宅」と呼ばれるようになった。文化村の住宅の目指したものは本格的な椅子座式生活を営む洋館による住宅の改良だったが、その後広がっていった「文化住宅」のイメージはよりあいまいなものになった。結局、戦前において、生活の全てを椅子座で営む洋風住宅に住むことを好みかつ実践したのは限られた一部の人々だけだったのだ。

井上は、大正十年、日本女子大学の卒業生の為に共同住宅を新設した。住宅改良を目的にと自身明言しているこの事業は、井上の住宅改良の視点が「家庭」という枠のみでなく、「社会」にも開かれていたことを示している。戦前期の住宅改良運動は、結局のところ「社会」の視点を欠き、個人の自助努力に負う運動だった為、住宅を大きく変えることはできなかった。

住まいの現代史

ここで扱うのは今日に直接つながる住まいの歴史である。

都市部では限られた面積の中に多くの家族が住む住まいの形式として集合住宅が登場した（二〇章）。戦後になり、集合住宅は庶民の住まいの一形式として定着し、近世までの庭付き戸建て住宅を主軸とする住まいのあり方は大きく変わった（二二章）。また、戸建て住宅は洋風化の過程でさまざまな様式（スタイル）をまとうようになった。住まいのスタイルは、社会的規範によってではなく好みや流行によって選択され、スパニッシュ・スタイルやモダニズムなど多様なスタイルがみられるようになる（二一章）。明治維新後百五十年経った私たちの住まいは、ｎＬＤＫで表現されるように当初の目的だった洋風化と近代化を実現したかに見える（二三章）。しかし、急速に進展する家族形態の多様化や価値観の多様化は今後の住まいのあり方を問い続けている。

20 都市問題とアパートメント・ハウス

同潤会アパートメント

同潤会は、関東大震災後の住宅供給をはかるため、大正十三年（一九二四）設立された日本初の公的住宅供給機関である。同潤会は東京・横浜一五ヵ所に鉄筋コンクリート造のアパートメント・ハウスを建設した。都市に住む、集まって住む、コンクリートの箱に住む、という近代ならではの住宅形式の日本における嚆矢となった。

図1　横浜市営中村町住宅地復原模型〈部分〉

横浜市の市営住宅事業

マンションとアパート、この違いを明確に説明できるだろうか。国が実施する住宅に関する全国的な統計調査では、この二つの言葉はともに認知されていない。「共同住宅」、これがマンションもアパートも含めた総称である。しかし一般的には集合住宅と呼ばれる方が多いだろう。日本に集合住宅が登場したのは、大正時代のことだった。まず、民間にいくつかの先例が登場し、その後公的な集合住宅が生まれ、日本の中に次第に根づいていった。ここではまず、公的な集合住宅の第一号を送り出した、横浜市の市営住宅事業についてみてみよう。

横浜市建築課課長山田七五郎《しちごろう》は、日本建築学会機関誌『建築雑誌』大正十一年四月号に自らが関わっている横浜市の市営住宅事業について報告した。今日では、同誌が公営住宅を取り上げることは決して珍しくない。しかし、明治二十年に創刊して以来、大邸宅や建築家による作品としての住宅を取り上げることはあっても、公営住宅など庶民の住宅は滅多に取り上げられないテーマであった。ところが、第一次世界大戦後、都市の住宅問題が緊迫化する中で、公営住宅を含む庶民の住宅がしばしば取り上げられるようになる。大正八年七月号の東京市技師福田重義による「東京市営住宅とその一例」や、同九年九月号の「大阪市営住宅方針」などである。前者は、府下荏原郡《えばらぐん》目黒村《めぐろむら》に市営住宅を計画するならば、という仮定のもとに作成された計画案の紹介であり、後者は文字通り指針の紹介にすぎない。

山田の報告は計画案の紹介でもなければ指針の紹介でもなかった。横浜市が大正八年から実際に行った市営住宅事業の報告であり、事業費や住宅地の計画から各住宅の間取りまで実に詳細に説明を加え、こんな工夫もしたし、こんな苦労もあったという実録である。山田はその報告の最後に、住宅改良に対する配慮と賃貸の価格を勘案した上で、居住者に満足を与えることは公的な住宅供給では難しいのだとしながら、「而《しか》して出来上がったものは前述の通りであるから、御一読の上、御教示を得たいと思いご報告する次第である」と述べており、謙遜しながらも、自らが市営住宅についてなしえたことについて、「如何《いかが》か」と胸を張って世に問うているようにも読みとれる。そして、実は、山田が胸を張って横浜市の市営住宅事業を紹介する背景には、それなりの理由があった。

中村町第一共同住宅館

「現在においては蜂窩式《ほうかしき》共同住宅は、横浜市の誇するに足るべく正しく時代の要求に応じうべきもの」。大正十年、東京市は市営住宅を建設する際の参考とするため、各都市の市営住宅事業を視察した。その報告書中、横浜市の市営住宅について述べたのが冒頭の文言だった。「蜂窩式共同住宅」とは、今日でいういわゆる集合住宅のことである。一つの住戸を蜂の巣の一穴に見立てた絶妙の表現である。東京市は、この視察を機にそれまでの長屋を中心とする市営住宅建設計画を変更し、市営住宅として集合住宅を建設することを決定した。東京市の視察団をそれほどまでに魅了した横浜市の集合住宅とは、どのようなものだったのだろう。

図2　中村町第一共同住宅館

山田の報告に戻ろう。中村町住宅地の東隅に市最初の試みとして鉄筋ブロック造二階建ての「共同住宅館」を建設しており、共同住宅館には三二戸の住戸《じゆうこ》が設けられ各戸は六畳敷を原則とするものの二間続きの部屋もある。一階には下足室、管理人室、応接室、食堂、浴室などがあり、食事は一食一五銭、月極一五円で簡易食堂も兼ね住宅地内から食事に来る人もあり、便所は水洗式。これが山田の紹介している集合住宅中村町第一共同住宅館の様相である。「共同住宅館」という呼称は「アパートメント・ハウス」の訳語として用いられたものである。鉄筋ブロック造は、耐震耐火造だったから、耐震耐火造の公営の共同住宅ということになる。山田の報告には、同住宅内にもう一棟、さらに柏葉住宅地内にも更に一棟を建設予定とある。実際には関東大震災前に横浜市は四棟の共同住宅館を建設した。

中村町第一共同住宅館が竣工したのは大正十年五月のことである。民間の集合住宅の先行例としては、日本女子大学の同窓会が卒業生のために建設した桜楓会アパートメント・ハウスなど数例がある。しかし、公営の集合住宅、とりわけ、耐震耐火造の集合住宅となれば話は違う。中村町第一共同住宅館は横浜市にとって初めての試みであるばかりでなく、日本の公営集合住宅の第一号だった。それゆえ、山田は自らの市営住宅事業を誇りに思い、また東京市はそれを模範としたのである。一室のみの住戸が中心で、各住戸には台所も便所もなく生活の独立性は低いから、集合住宅と言うよりも下宿屋のようではあるものの、日本に公営住宅として集合住宅が実現した意義は大きい。集合住宅こそ、当時の都市の住宅問題に対する切り札だったからである。

都市化とアパートメント・ハウス

明治維新以降、日本では大都市への人口集中が進み、とりわけ、第一次世界大戦後には都市化に伴う様々な問題が噴出した。都市の秩序ある発展を促すためには、法的な規制が不可欠と考えられるようになり、大正八年、内務省技師池《いけ》田《だ》宏《ひろし》が骨格を造った都市計画法が施行され、同年、市街地建築物法も施行される。すなわち、都市という器の規制と、その中に置く建築物の規制が同時に成立した。それほど都市の問題は緊急を要していた。一方、資本主義経済の進展は、諸外国と同様日本でも労働者階級の劣悪な居住環境を生み出した。明治三十二年（一八九九）に著された横山源之助の『日本の下層社会』には、貧困な住環境に取り残される都市住民の悲惨な様相が描かれている。都市の限られた土地を有効に活用することを考えると、住宅を積層することに行き着く。

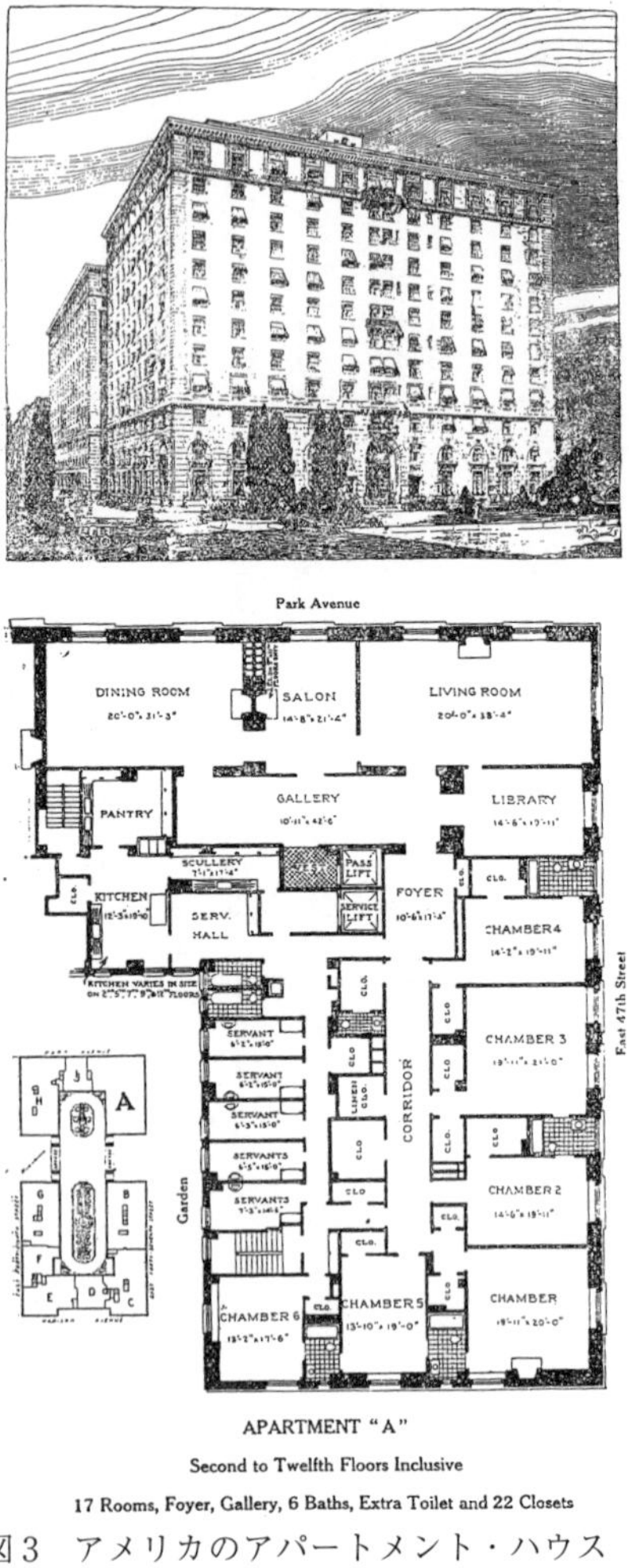

図３　アメリカのアパートメント・ハウス
一住戸に居室が 17 室ある.

西欧では、古代ローマにおいてすでにインスラとよばれる集合住宅が確認され、その後、西欧の都市住宅は集合化・高層化を必然としてきた。組積造であることなどが上に高く積む住宅形式を可能にした。一九世紀半ば以降アメリカでは、都市への人口集中や大建築を可能にする富の集中を背景に、一街区を占めるような大規模で高層の集合住宅―アパートメント・ハウス―が多く建設された（図3）。設備が充実し、都市生活の利便性をもった質の高い都市住宅がアパートメント・ハウスだった。

大正七年（一九一八）、『建築雑誌』に小野武雄の「アパートメント・ハウスを論ず」と題する報告が掲載された。日本でアパートメント・ハウスを紹介した最初の論文である。小野は「日本においてもアパートメント・ハウスの建設はもはや其の機運に充分達した」とし、アメリカのアパートメント・ハウスの様相を紹介し、アメリカではガス、電気、給湯、暖房装置などの整ったものをアパートメント・ハウスとし、日本における名称としては「共同住宅、集合住宅あるいは住宅館」が相応《ふさわ》しかろうと述べている。

また、大正八年の建築学会の大会は「都市と住宅」がテーマだった。伊藤文四郎が「米国のアパートメント」と題する講演を行い、日本の都市住宅問題はアパートメント・ハウスにより緩和すると述べた。その他の雑誌でも諸外国の実例の紹介を中心にアパートメント・ハウスがしばしば取り上げられ、アパートメント・ハウスこそ都市の住宅問題解決のエースと注目されていた。

アパートメント・ハウスのどのような点が注目されたのだろう。川元良一は「共同住宅館と衛生価

図４　軍艦島の集合住宅

値」（『建築雑誌』大正十一年二月号）の中で、アパートメント・ハウスの長所として、利便性が高く、敷地の有効利用が可能で、衛生的であり、耐震耐火造を安価に実現できる経済性を有し、かつ家事労働を軽減できる点にあると指摘した。確かに集合化することによるメリットは多くあり、日本の脆弱《ぜいじゃく》で密集した都市の住宅の現状を改良するのに、集合住宅ほど効果的な住宅形式は他にないと期待されたのも当然だった。

そうなれば、あとはその本格的な登場を待つばかりとなる。関東大震災前の大正後期は、先にみた中村町第一共同住宅館を始めとし、日本に本格的な集合住宅が建設され始めた黎明期といえる。とりわけ耐震耐火造の集合住宅となると、炭鉱労働者のための社宅として大正五年に建設された軍艦島の集合住宅（図４）などはあったが、今日の先駆となるような集合住宅が建設され始めたのは大正十年代である。そして大正十二年の関東大震災を契機に、同潤会《どうじゅんかい》をはじめとする本格的な集合住宅の時代に突入する。集合住宅とは、数世帯が一つの建物の中に居住し、なおかつ各世帯が独立して居住可能な住宅をさす。日本にも昔から「長屋」はあった。長屋と集合住宅の違いは、長屋が通りに面してそれぞれ出入り口を持つのに対して、集合住宅は外部への出入り口や通路を共有することにある。

横浜市の場合、当時の横浜市長久保田政周がいち早く集合住宅建設の必要性を唱え、大正八年には市街地に立つ店舗併用の集合住宅案を市議会に提案している。市長もその気であったとすれば、あとは資金的な裏付けさえあれば実現するのは目前である。

公営住宅の誕生

公営住宅そのものも大正期に誕生している。横浜市の市営住宅事業資金は、内務省などから拠出された低利資金だった。住宅建設のための低利資金を地方自治体や公益団体に融資する施策は、大正八年に設立された内務大臣の諮問機関救済事業調査会の答申に基づき内務省が発表した「住宅改良助成通牒《つうちょう》」によるものだった。これによって市町村の住宅建設に低利資金が融資されることになり、日本各地で公営住宅の建設が進行した。冒頭でみたように『建築雑誌』に公営住宅に関する記事が紹介されたのも、そうした事情があったからである。この地方公共団体の住宅建設に対する低利資金の融資は、日本における住宅政策の嚆矢《こうし》ともいうべきものであった。

公営住宅の建設をもっとも早く開始したのは大阪市だった。ついで、横浜市が公営住宅の建設に着手した。横浜市の場合、市営住宅として最初に建設したのは大正八年の久保山住宅で、その後、大正十二年九月の関東大震災までに、政府の低利資金などによって共同住宅四棟二一七戸を含む七八六戸の市営住宅を建設した。横浜市の市営住宅計画で注目すべき点は、住宅地を計画する際、住宅のみを建設するのではなく、公衆浴場や商店、倶楽部《クラブ》、託児所、公園など共有施設を計画している点である。多くの住宅を建設することのみを考えれば、こうした共有施設は切り捨てなければならない。しかし横浜市は自らの理想とする住宅地像を実現することを試みたのだった。

さて、横浜市の四棟目の集合住宅は、三階建てで、一階に店舗を持ち二階以上を住宅とする市街地型の集合住宅だった。中高層の集合住宅が建ち並ぶ欧米の都市のような景観こそ横浜市が当初から目指したものだった。しかし、竣工後わずか二か月でその集合住宅は跡形もなく消え失せた。関東大震災である。

同潤会の住宅事業

関東大震災は、木と土と紙でできた日本家屋の脆弱《ぜいじゃく》さをいやというほど見せつけた。関東大震災は、火事や地震に強い都市をつくることの必然性を極めて端的に物語ったのだ。

大正十三年（一九二四）、関東大震災後の義捐金《ぎえんきん》によってわが国最初の公的住宅供給機関となる同《どう》潤会《じゅんかい》が設立された。わが国における公的な住宅供給の流れは、同潤会から昭和十六年設立の住宅営団、さらに戦後の日本住宅公団（今日の都市再生機構）へと受け継がれていく。したがって同潤会はわが国の公的な住宅供給機関の嚆矢《こうし》と位置付けられ、日本の住宅政策史上から見ても極めて重要な役割を担った組織といえる。同潤会の事業は、「住宅ノ経営」「不具廃疾収容所並授産場ノ経営」「其ノ他必要ト認ムル施設」の三事業であり、その一つとして鉄筋コンクリート造のアパートメント・ハウスの建設が行われた。耐震耐火構造の公営集合住宅が本格的につくられることになったのである。

同潤会のアパートメント・ハウスとして最初に登場したのは中之郷アパートメントだった。大正十五年八月のことである。次いで竣工した青山アパートメント（本章扉）は、東京の表参道に面して建設され、当時の新聞にもしばしば取り上げられた。台所には米櫃《こめびつ》、蠅帳《はいちょう》などが造り付けられ、ダストシュートが設けられるなど、内部の造作にも配慮した集合住宅だった。しかし、当初の評価はあまり芳しくなかったようである。次いで完成した渋谷アパートメントは単身者向け住戸や家族向け住戸三三七戸からなるアパートメントで、一転して申込者が殺到するほどの人気を博した。アパートメント・ハウスは都市に住む人々の心を掴んだのである。

同潤会は、大正十四年度から昭和九年度までに、都内一三か所、横浜二か所に合計二五〇四戸のアパートメント・ハウスを建設した。なおアパートメント・ハウス以外に、不良住宅改良事業として建てられた「共同住宅」が一か所ある。数量的に大量とはいえないまでも、「アパートメント・ハウス」なるものを喧伝するには十分な数だった。

アパートメント・ハウスからアパートへ

東京府は昭和十年に東京市三五区における「アパートメント・ハウス」に関する調査を行った。この時点で東京三五区内には一〇〇〇棟を越すアパートメント・ハウスが現存していた。震災前には数えるほどだったアパートメント・ハウスがなぜそんなに急速に普及したのだろう。

関東大震災の直後、同潤会のアパートメント・ハウスに先んじて、日本にも本格的な集合住宅が誕生していた。経済学者森本厚吉博士によって計画され、建築家ウィリアム・メレル・ヴォーリズの設計によって実現した文化アパートメントである。大正十四年十月十四日付『時事新報』には、「東京に初めて生まれた理想の文化アパート　御茶ノ水畔に近く竣成する」と題し、その概要が報告されている。「本当の意味でのアパートメント・ハウスとしてまず我国少なくも東京では嚆矢」であり、「日本式居住費に比較して女中費、暖房費、燈火費、町会費、便所費などその他目に見えない浪費を全廃又は節約しうるので、物質的にも精神的にも煩い少ない特点が期待される」としている。また、昭和十年、雑誌『住居』二〇号には、「すばらしいスパニッシュ・ミッション式の五層楼之《これ》こそ法学博士の経営するアパート。『文化アパート』の名は東京の都市生活の精髄として知らぬ人はありますまい」とまで紹介されている。知らぬ人はない、とは誇張した表現と考えられるものの新聞にもしばしば取り上げられ、人々の注目を集めた建物だったことは間違いない。文化アパートメントは、理想的な「文化的」生活を営む事のできる「中流階級」の住宅としてアパートメント・ハウスを印象づけることに貢献した。そしてその後の同潤会のアパートメント・ハウスによる追随がアパートメント・ハウスの地位を決定づけた。

「アパートメント・ハウス」の評価が向上した結果、アパートメント・ハウスは都市部における貸家経営の格好の対象となった。しかし実際に多く建設されたのは、お茶の水文化アパートメントや同潤会アパートメントのような本格的なアパートメント・ハウスではなく、木造の下宿を衣替えしたかのような「アパート」だ。そしてその結果が昭和十年の調査結果にみるような「アパート」の大発生だった。こうした事態は日本に本格的なアパートメント・ハウスの実現を望んでいた専門家には好ましくない事態であった。

東洋一の江戸川アパートメント

同潤会は、時代がまさに戦時体制に突入しようとしていた昭和十六年に解散し、住宅営団にその業務を引き継いだ。その翌年、自らの足跡を確認するために『同潤会十八年史』を出版した。同書の中で同潤会は自らの事業について、一室を主とする最低限度のアパートメント・ハウスしか建設できなかったにもかかわらず、都市生活者の非常な歓迎を受け、アパートメント生活を熱望するものが氾《はん》濫《らん》したと評価した。その結果民間貸家業者のアパートメント事業の拡大を見たものの、その内容は十分といえるものではなかったので、「本会は東亜の盟主べきたる日本の中流階級者の住居として指導的なるアパートメントの建設をなす事が我が国住宅政策上より極めて緊要なりと考え、本会多年の経験と研究とを基礎とし、三室を主とする世帯向きのものに独身者用の和洋室を交え相当の付帯設備を附したアパートメントの建設経営を計画」した。これが、江戸川アパートメントだった。江戸川アパートメント（図5）は、中庭を囲む二棟二六〇戸からなる。食堂や共同浴場、社交室などの共用施設が設けられ、エレベーターや蒸気暖房などが設備されるなど、それまでの同潤会の経験を踏まえた理想的なアパートメント・ハウスだった。しかし一般には、耐震耐火構造のアパートメント・ハウスを建設しようとする機運は低かった。

図5　江戸川アパートメント洋風家族室

欧米に範を取った鉄筋コンクリート造の設備の整ったアパートメント・ハウスは理想像であったが、現実にはアパートメント・ハウスを省略した「アパート」という名称の簡易な形式の住宅に形を変え、都市の新たな住宅形式として昭和戦前期にしっかりと定着し、戦後の本格的な集合住宅の時代を生み出す原動力となったのである。

21 スパニッシュ・スタイルとモダニズム

モーガン邸

アメリカ人建築家J・H・モーガン（一八七三―一九三七）は昭和六年頃神奈川県藤沢市大鋸に自邸を建設した。当時流行のスパニッシュ・スタイルの要素を取り入れた外観だが、内部には和室の続き間を持つ独特のスタイルの住宅である。モーガンは丸ビル建設の為に来日し、横浜を中心に競馬場、教会など多くの作品を残した。

建築家J・H・モーガン

国道一号線を横浜から西に一五キロほど進むと、横浜市を抜けて藤沢市に入る。あたりは高台である。現在ではさまざまなものが見通しを邪魔《じゃま》し景色がよいとはいえないが、かつては富士山や江ノ島を望む景勝の地であったという。手前の横浜市側はやはり小高い丘となっており、住友家の広大な別邸が置かれていた。「高燥の地」は住宅地に求められる一つの理想像である。駅からは離れているものの、国道一号線を使えば東京や横浜もさほど遠くない。戦前にこのあたりに住むことは、自動車を足として使うことのできた当時のごく限られた人々に許された贅沢だったといえよう。ほどほどの足の便、郊外の広々とした景観、そして何よりも豊かな自然。藤沢市に入ってすぐの高台は、大鋸《だいぎり》と呼ばれる。現在では集合住宅や戸建住宅が並ぶ住宅地である。その一角に六〇〇〇坪ほどのうっそうとした緑に覆《おお》われた敷地がある。道路に続く車路を直進すると煉瓦造《れんがづくり》の門柱に取り付けられた鉄製の門扉が現れる。さらにそこを進むとロータリー状の前庭に面してその建物は建つ。茶褐色のゆるい勾配の屋根、白い外壁、暖炉の煙突を高く掲げた平屋のその建物は、建築家J・H・モーガンの自邸である。

モーガンは、大正九年(一九二〇)東京駅前の丸ビル建設に伴い、アメリカの大手ゼネコン、フラー社の設計技師長として来日した。フラー社は、二〇世紀初頭、アメリカの高層ビル建設ラッシュ時に多くの近代オフィスビルを施工し一世を風靡《ふうび》した会社で、日本にアメリカ式の工事を普及するために招聘された。モーガンは来日前ニューヨークで設計事務所を自営し、オフィスビルや劇場、集合住宅など多様な用途の建築を手がけていた。モーガンのアメリカでの作品からわかるのは、モーガンが建築の用途に応じて様々な建築のスタイルを器用に使いこなすことのできる建築家だったことだ。来日に至る事情は不明だが、フラー社施工の建物の設計者としてしばしば名が挙がっており、フラー社とは深い関係にあったらしい。フラー社はアジア進出に際し、多様な建築を一定の質を保ちながら器用にかつ無難にこなすモーガンの建築家としての腕を見込み、日本に伴ったのだろう。事実、丸ビルの建設に際しては、店舗や階段室の装飾を整える仕事などを任されており、近代オフィスビルに古典的な優雅な表情を与える役割を演じている。

関東大震災によって丸ビルが大きな被害を受けた後、フラー社はアジアへの進出をあきらめ日本からも撤退した。しかしモーガンはアメリカへ帰らず日本に残った。モーガンは丸ビルの仕事をしていた時からすでに、同じ丸の内の日本郵船ビル内に設計事務所を開き設計活動を開始していた。大正十四年、モーガンは事務所を横浜に移し、その後昭和十二年（一九三七）六十四歳で没するまで、横浜を中心に旺盛な設計活動を展開した。

開国以来、日本を拠点にして設計活動を展開した外国人建築家は少なくなかった。第一五章で見たジョサイア・コンドル、聖公会関連の教会や学校を多く手がけたジェームス・マクドナルド・ガーディナー、そしてメンソレータムで有名な近江兄弟社を興し関西を中心に多くの建築を手がけたウィリアム・メレル・ヴォーリズなどである。彼らに共通するのは当然のことながらミッションや外国人コミュニティーとの強いつながりである。

モーガンも同様で、モーガンが日本で手がけた建築には関東学院や立教大学、東北学院などミッション系の学校建築や、チャータード・バンク、ナショナル・シティ・バンクなど外国籍の会社の支店、アメリカ領事館、根岸《ねぎし》競馬場、横浜ジェネラル・ホスピタルなど多数ある。横浜山手のクライスト・チャーチもモーガンの手になる。また横浜山手の外国人墓地の正門のデザインもモーガンである。居留地の外国人コミュニティーにとって教会や墓所は当然のことながら重要な意味を持つ。このことからもモーガンは横浜居留地で大きな信頼を寄せられていた建築家の一人であったと考えてよさそうである。モーガンが日本で本格的に設計活動を開始したのは関東大震災の直後だった。開港以来の横浜居留地は震災とともに消失してしまったため、新たな需要があったのだ。

これら大規模な建築以外に、モーガンは横浜居留地の外国人の住宅建築を多く手がけた。ラフィン邸、メンデルソン邸、ベリック邸、デビン邸、クック邸など、いずれも外国人の施主のための住宅である。モーガンは彼らの住宅をある共通のスタイルで設計した。それが、スパニッシュ・スタイルだった。これらのうちラフィン邸、ベリック邸はいずれも現存し、前者は横浜市の指定文化財、後者は認定歴史的建造物となっている。

スパニッシュ・スタイル

モーガンの住宅建築のうちベリック邸（本書カバー及び図1）をみてみよう。ベリック邸は昭和五年（一九三〇）、イギリス人貿易商B・H・ベリックの自邸として建設された。ベリックは明治三十一年（一八九八）頃来日し、ロンドンと日本で活躍し、一時はフィンランド名誉領事に任命されていたという。ベリック邸は横浜山手の尾根沿いの本通りに面し、公園に隣接する角地に位置する。北側二階からは港が一望できる絶好の立地である。創建当時の写真を見ると、南面に車寄せを持ちその手前には低木が植えられている。本通りは建物の南側に位置しており、道路からも庭木越しに南面ファサードを見ることができる。庭側の三連のアーチをもった玄関ポーチや手の込んだタイルワークは、道行く人々を楽しませたであろう。外壁は明るい薄茶のスタッコ（化粧漆喰《しっくい》）仕上げで、クワト

図1　ベリック邸（内部）

レフォイルと呼ばれる四葉模様のガラス窓、屋根瓦を載《の》せた煙突など、南側はきわめて華やかで魅力的である。屋根瓦はオレンジ色のスペイン瓦である。アーチ、煙突、白い壁などを特徴にするスタイルを一般的にはスパニッシュ・スタイルと呼ぶ。

スパニッシュ・スタイルの特徴は、緩勾配のスペイン瓦の屋根、明るい色のスタッコ仕上げの外壁、鉄製の飾り格子（アイアングリル）、壁泉や噴水をもつ中庭（パティオ）や連続アーチの採用、植樹として棕櫚《しゅろ》や椰子《やし》を用いることなどである。スパニッシュ・スタイルは、その名のとおりスペインを源流とする様式だが、日本のスパニッシュ・スタイルのルーツはアメリカである。アメリカの旧スペイン植民地時代の建築様式はスパニッシュ・コロニアル様式と呼ばれ、アメリカでは伝統的な建築様式のひとつである。二〇世紀初頭にフロリダや南西部でそのスパニッシュ・コロニアル様式が復活し、第一次世界大戦後のアメリカ全土で瞬《また》く間に大流行した。

アメリカの影響を受けて、日本でも大正末期から昭和初期にかけてスパニッシュ・スタイルが流行した。変化に富む華やかな外観を持ち、その源流を暑い地域にもつスタイルであったため、日本の気候に適合していると考えられたのだろう。大正四年（一九一五）にアメリカを訪れた武田五一は、日本で最も早くスパニッシュ・スタイルに注目した建築家であろう。京都大学に籍を置き関西の建築界に強い影響力を持つ武田とスパニッシュ・スタイルの出会いは、そのまま関西におけるスパニッシュ・スタイルの流行を招き、関西の高級住宅地にはスパニッシュ・スタイルの邸宅が多く出現した。

また、宣教師として来日した後、近江八幡に本拠を置きながら、独特の才覚で建築家として大きな足跡を残したアメリカ人建築家ウィリアム・メレル・ヴォーリズは、質・量ともに日本におけるスパニッシュ・スタイルを代表する建築家といえよう。

関西が先導する形で始まったスパニッシュの流行は関東にも伝播し、東京の旧小笠原伯爵《おがさわらはくしゃく》邸（図2）や、川奈ホテルなどの代表作が生まれた。旧小笠原伯爵邸はパティオを持つ本格的なスパニッシュ・スタイルで、きわめて華やかな意匠が各所に見られる。関東でスパニッシュ・スタイルを手がけた建築家の一人がモーガンだった。モーガンの住宅作品の内、その様相がわかるものはすべてスパニッシュ・スタイルである。何より横浜の丘の上にはスパニッシュ・スタイルが似合ったのだろう。

図2　旧小笠原伯爵邸

モダニズムの建築家レイモンド

もう一人、日本でスパニッシュ・スタイルを実践した外国人建築家がいた。日本のモダニズム建築の先導者の一人といわれるアントニン・レイモンドである。レイモンドも日本におけるスパニッシュ・スタイルの実践者だった。レイモンドによるスパニッシュ・スタイルの代表作のひとつ旧藤沢カントリー倶楽部のクラブハウスは、連続アーチや緩勾配の屋根、スパニッシュ瓦など、スパニッシュ独特の意匠でまとめられている。しかしレイモンド自身は、自分がスパニッシュを手がけたことをあまり話したがらなかったという。日本におけるモダニズム建築の先導者としての経歴にはふさわしくないと考えたのかもしれない。

レイモンドは、アメリカ国籍のチェコ人建築家である。帝国ホテル新館建設のためにフランク・ロイド・ライトの助手として来日したのがレイモンドだった。大正八年（一九一九）、レイモンド三十一歳のときである。一年後にはライトの元から独立し日本で設計事務所を開設する。当初は、ライト風のデザインやスパニッシュ・スタイルをも実践するものの、次第に世界を当時席巻し始めていたモダニズムのデザインを自身のスタイルとして確立し、戦中に一時帰国するものの戦後再度来日し、焼土と化した日本にモダニズムの建物を次々に実現した。

レイモンドとモーガンは、ほぼ同時期に来日している。当初は名のある建築家なり建設会社などに属していたものの、その後日本に根を下ろし建築活動を展開した点など共通する点が多々ある。ただ決定的に異なるのは、その作風だった。モーガンはさきに述べたように多様な建築を手がけ、住宅建築はスパニッシュ・スタイルで、オフィスビルは古典主義様式で、学校建築は中世の城郭風にと、そのスタイルは多様である。そのことはとりもなおさず、モーガンが器用な建築家であったことを示す

図3　アントニン・レイモンド自邸

と同時に、施主が表現したいものを建築を通して実現する翻訳者の役割に徹していたようにも考えられる。

一方レイモンドは、二〇世紀を特徴付けるモダニズムを自身のスタイルとして採用した。モダニズムを簡単に説明するのはむずかしいが、建築の世界でのモダニズムは、機能主義や合理主義に根ざした簡潔な幾何学的な形態を特色とするといえるだろう。レイモンドは戦前の日本でモダニズムの建築を実現した先駆者である。大正十三年竣工のレイモンドの自邸（図3）は、コンクリート打放《うちはな》しの住宅で、四角い箱と直線的な壁を組み合わせた幾何学的な形、ワンルームに近い内部空間はモダニズムの先駆的な試みだった。四角い箱型の住宅、幾何学的な形態、今でこそ人気のスタイルだが、大正の終わりにこの住宅を見た人は驚いたに違いない。住宅だとはにわかには信じられなかっただろう。レイモンドがモダニズムを採用した背景には日本の伝統的建築とモダニズムの共通性があったためだろう。ドイツ人建築家ブルーノ・タウトが桂離宮をみて「泣きたくなるほど美しい」と評価したのは、日本の伝統的な建築の持つ単純で洗練された意匠に感嘆したからに他ならない。モダニズムと伝統的な日本建築のある部分は確かに共通する側面を持つ。それゆえ、レイモンドは日本でモダニズムをいち早く採り入れ実現した。三沢浩氏によればレイモンドは、住宅の場合戦前は内部を和風で外部を洋風でデザインしたという。打ち放し鉄筋コンクリート造の自邸の内部には、日本の建築から影響を受けたと考えられる空間が展開している。レイモンドの場合日本建築を知ることによってモダニズムを選択する確固たる決意ができたのかもしれない。昭和戦前期には日本人建築家によるモダニズムの住宅が少なからず存在する。

では、モーガンは日本建築をどのように解釈していたのだろう。それを解く鍵は、冒頭の自邸にある。

モーガン自邸

モーガン自邸の外観については、白い外壁、緩勾配の屋根、茶褐色の瓦などスパニッシュ的な要素を持っていることをすでに述べた。中に入ろう。玄関を入ると、床には白いタイルが貼られ、床と壁の間にはコバルトブルーのタイルが貼られる。玄関の天井はアーチを描き、スパニッシュ・スタイ

図4　モーガン邸食堂

ルの外観とうまく合致する。玄関ホール正面の扉には、社寺建築に用いられるような飾り金具が施されている。その扉を開けるとそれまでとは全く異質の空間が展開する。いわゆる日本住宅の縁側に近い空間が現れる。庭に面した窓ははきだしではなく腰窓となっているものの、天井に化粧垂木《たるき》と呼ばれる構造材がむき出しになった広縁である。広縁には連続した二室が面する。機能は食堂と居間である（図4）。しかし、食堂、居間というより座敷、次の間と表現した方がふさわしいかもしれない。すなわち、真壁《しんかべ》で、長押《なげし》をまわし、部屋境には欄間《らんま》を設けている。床こそ畳敷きでなく板床だが、その構成は二室とも間違いなく和室である。二室はともに床《とこ》の間を備える。しかし、食堂の床の間の隣りに置かれるのは造り付けの食器棚であり、居間の床の間の隣りに鎮座するのはなんと暖炉《だんろ》である。そうした点に独自性はあっても、骨格の基本はあくまでも伝統的な和室にあるといえる。レイモンドの採用した「和風」がモダニズムの文脈の中にうまく落ち着く和風であるとするならば、モーガンの採用した「和風」は、いわば、直訳に近い日本建築の再現といえるだろう。

モーガンがニューヨークで建築活動を展開していた二〇世紀初頭、アメリカではジャポニスム、すなわち日本趣味がブームだった。フランク・ロイド・ライトは浮世絵の収集家としても著名であり、日本での仕事を引き受けたのは日本文化に大きく傾倒していたからに他ならない。モーガンはどうだったのだろう。自邸から類推すると、ライトと同様にモーガンが来日した大きな理由のひとつに、「日本」という国への憧《あこが》れがあると考えてもよさそうである。

モーガンは来日直後に一人の日本女性と知り合う。ＹＷＣＡに通い英語を堪能に操ったというその女性の名は石井たまのという。まもなく、モーガンとたまのは大森に住まいを構える。ごく普通の日本家屋である。その後、モーガンは事務所を東京から横浜に移し、仕事も順調だった。たまのはモーガンの設計事務所の秘書もしており、公私共にモーガンの片腕だった。事務所での仕事の合間に、モーガンとたまのは自邸のための敷地を探し始める。自然が残り、景色がよく、横浜になるべく近いところという希望の中で、敷地を探す。たまのの両親もともに移り住む計画。その結果、モーガンは藤沢市大鋸の現在の敷地を見つけた。車で通えば横浜はさほど遠くなかった。

自邸を背景にしたモーガンの写真がある。モーガンは庭づくりをしたり、友人達を招いて談笑したり、犬と戯れていたりと生活そのものをきわめて楽しんでいる様子がわかる。正月の写真には、和服を着流し風に着て獅子舞といっしょに太鼓をたたいてはしゃいでいる姿が写っている。その他の場面でも、日常着として和服を愛用していた様子が窺《うかが》える。室内に目を移すと、大振りの壷や置物などが所狭しと置かれ、いわゆる日本趣味の室内意匠が展開していた。

雑誌『日本建築士』昭和十三年五月号にモーガンの作品年譜が掲載された。その前年にモーガンが六十三年の生涯を閉じたからだった。モーガンは日本建築士会に自ら正式に入会した最初の外国人建築家だった。当時日本建築士会の会長だった桜井小太郎は「渡来の初めにおける作品は純米国式であったが、君が我が国に同情深く恐らく永住のつもりでおられた結果は君が晩年の作品の上にも現れて」との追悼文を寄せている。モーガンは、日本を心から愛した。たまの存在も大きかったのだろう。それゆえ、他の住宅作品では用いなかった日本建築の要素を自邸の内部空間には随所に取り込んだ。モーガンはあくまでも「日本趣味」の延長として日本建築と向き合ったのだろう。

昭和十二年(一九三七)モーガンは横浜で生涯を閉じ外国人墓地に眠る。さて、モーガンが日本への思いを込めて創り上げた自邸のたどったその後の人生を少しだけのぞいてみたい。まず、モーガンの没後、モーガン夫妻の知人の手にわたり大事に住まわれていた。戦後は、財界人の筍狩《たけのこが》りの別荘として使われていたもののその存在は誰にも知られることがなかった。モーガンが設計した横浜山手のラフィン邸の修復を担当していた建築家菅孝能氏は、藤沢市大鋸にモーガンの自邸が現存することを突き止めた。六〇〇坪の敷地は緑に覆われ、自邸は時が止まったようにたたずんでいた。そのときすでに自邸敷地を対象にした開発計画が進行していたが、地元の建築士などによる調査の結果、建設当時の様相がほぼ完全に維持されていることが判明し保存の気運が高まった。その後、地元に結成された「旧モーガン邸を守る会」や財団法人日本ナショナルトラストの熱心な活動によって、発見されてから四年ほどの後にようやく現地保存が実現した。

祖国を離れ、日本に根を下ろし日本を愛した外国人建築家モーガンの自邸は、外国人建築家が、日本建築をどのように解釈したのか、つまり世界の中で日本建築とはいったいどのような意味をもつのかを考える上で、きわめて多くの示唆を与えてくれる価値ある住宅である。

22 ２ＤＫと戦後の住まい

公団アパートの2DK

戦後の住宅事情は、アパート、マンションなど集合住宅を中心に語ることができる。とりわけ日本住宅公団のアパートの登場は、集合住宅居住を根付かせた。また日本住宅公団が採用した「２ＤＫ」で表現される住宅の間取りは、椅子座の普及と、機能の明確な居室から住宅を編成する考え方の定着に大きな影響を及ぼした。

（図は松戸市立博物館内の２ＤＫの室内）

博物館の中の2DK

千葉県にある松戸《まつど》市立博物館にはアパートの一室が実物展示されている。博物館の常設展示としては極めて異色である。松戸は東京のベッドタウンとして発展した町だが、その契機ともなったのが昭和三十五年（一九六〇）の常盤平《ときわだいら》団地の出現だった（口絵4）。常盤平団地は四八九三戸の住宅からなる日本住宅公団（現在の都市再生機構）が建設した団地である。日本住宅公団は都市部の住宅供給を目的に昭和三十年に設立された公共団体で、第二〇章で取り上げた同潤会の直系の孫ともいえる組織である。博物館の中に展示されているのは、この常盤平団地内のアパートの一室である。なぜ、博物館の中にアパートの一室が展示されているのか。その理由はその一室が戦後日本の住宅を大きく変えた住宅だったからに他ならない。

展示されている常盤平団地内の住宅は2DKである。今日では、2DKといわれれば誰しもが二室とダイニング・キッチンからなる住宅であると了解する。それほどまでこの表記のしかた、そしてダイニング・キッチンという和製英語は私たちの生活に根付いている。これも、日本住宅公団（略して公団と呼ばれる）が日本の住宅史に残した大きな足跡である。さらに重要なことは、表記のしかたに象徴される、数個の寝室と家族の集まる椅子座の公室（DKやLDK）から住宅の間取りが構成されるという考え方を広く日本に浸透させたことである。今日、新聞広告の中に挟み込まれる住宅のチラシには、4LDKだの3DKだのの文字が踊っている。nDKやnLDKで表現される住宅の出現こそ戦後の日本の住宅を特徴づけるものである。そしてそのルーツを探ると松戸市立博物館の中に展示された2DKのアパートの一室にたどり着くのだ。

改めてこの住宅を見てみると、2DKの展示の中でとりわけ目を引くのがステンレス製流し台の置かれた台所である。戦前まで日陰の場所だった台所は、この住宅によって一躍《いちやく》家族の集まる団欒《だんらん》の場に仕立てられた。ここではまず、2DKにおける台所の開発に貢献した女性建築家を通して、敗戦後の日本において住宅がどのように変わろうとしていたのかをながめてみたい。そしてその後、今日に至るまでの日本の住宅の変容を確認してみたい。その女性建築家とは、終戦直後に日本の住宅は封建的であると発言し、その後の住宅革新に貢献した浜口ミホである。

『日本住宅の封建性』

女性建築家浜口ミホが昭和二十四年（一九四九）に著した『日本住宅の封建性』は、四〇年後の平成元年（一九八九）、東京建築士会女性建築士委員会によって復刻された（図1）。復刻版のあとがきで同委員会の委員長村上美奈子は次のように述べている。「私は浜口ミホ先生は戦後一人で建築運動をされたのだと考えるようになった。同世代の女性建築家がいなかったので一人運動になったのである。（中略）『日本住宅の封建性』は日本の女性建築家の運動の始まりである。そして建築を生活からとらえようとした始まりの一つでもある。女性建築家の運動の原点として次の世代に伝えていきたい

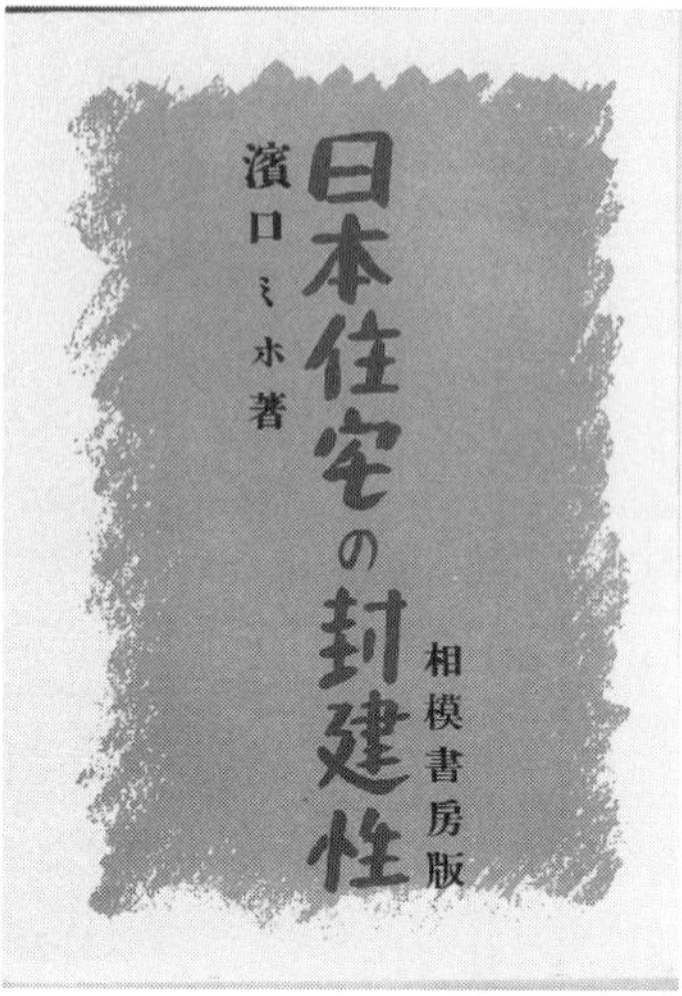

図１　『日本住宅の封建性』表紙

と考えて復刻に取り組んだ」。浜口が展開した運動とは、従来の住生活の中にひそむ「封建性」の克服であり、「近代性」の獲得だった。今日、日本の建築界では多くの女性が活躍している。しかし、村上が指摘するように終戦直後は、こうした言説によって日本住宅のあり方に切り込んでいこうとする女性は極めて少なかった。それまで虐《しいた》げられていた女性が声を上げる。戦後民主主義を象徴するような著作活動だった。

浜口は、「家」の表現としての住宅ではなく、住むための機能的な装置としての住宅の実現を目指した。目次に並ぶのは「床《とこ》の間《ま》追放論」「玄関という名前をやめよう」など刺激的なフレーズである。床の間や玄関といった住宅を権威付けする要素―封建的要素―をなくし、召使い、もしくは主婦の手を煩《わずら》わせることによってしか成立しない部屋の融通《ゆうずう》無碍《むげ》な性格を排除しようなどと訴えており、その内容はいずれも当時の日本住宅の現実を鋭く突いていた。「床の間追放」など刺激的なキャッチコピーの巧みさも相まって、敗戦後の日本の建築界に大きな影響を与えた。

昭和六年の満州事変以降、敗戦まで長く暗い時代が過ぎた。軍国主義下の種々の統制は庶民の生活に大きな影響を及ぼした。大きな痛手を負ったものの、終戦はそうした暗い時代の終焉《しゅうえん》を告げるものだった。進駐軍《しんちゅうぐん》として日本を統治したアメリカ合衆国の影響の下で民主化が進み、従来の日本社会に蔓延していたさまざまな封建的な制度は払拭《ふっしょく》されようとしていた。住宅においても然《しか》りだった。明治期以降の住宅改良への動きの中で常に指摘されてきたように、従来の日本の住宅は、接客を重視するあまり家族の生活を軽視していた。声が筒抜けでプライバシーを守れない住宅は、民主的な社会の存立基盤の一つである「個」の尊重の観点から不完全と見倣された。新しい時代の中で日本の住宅は変革の画期を迎えていた。浜口の著作のみでなく、終戦後五年ほどの間に日本住宅のその後の命運を決するような重要な主張や計画が進行する。戦後六〇年が過ぎた今も、私たちは紛れもなくその時敷かれたレールの上を歩いている。

先に行く前に、浜口の著書に戻ろう。昭和二十八年に『日本住宅の封建性』が再版された際、浜口は変革が思うように進行しないことに苛立《いらだ》ちを見せている。つまり、さほど単純に住宅の近代化は進行しなかったのだ。しかし、この著書で一躍日本の住宅界に躍り出た浜口は、住宅に関わるさまざまな場面に深く関わっていくことになる。浜口の主張の中にはこれまで虐げられてきた女性を開放しようとする意気込みがみえる。

先に述べたように、浜口の関わった仕事の一つに、日本住宅公団でのポイントシステムと呼ばれる流し台の提案がある。公団は流し台をステンレスでつくることは決定していても、細部にわたる検討

図2　ポイントシステムの流し台

は女性である浜口に依頼するのが妥当と考えた。ポイントシステムとは、流しを中央に置きその両脇に調理台とコンロ置き場を置く方式を意味する。浜口は開発に際して実験を行い、ポイントシステムの作業効率のよさを示した（図2）。家政学者など専門家の間で台所の作業効率が重視されるようになった大正期以降、台所の作業台の配列は、洗う、調理する、加熱するという作業手順に従って配置するのが常識だった。しかし、浜口の提案は、作業手順による配列とは大きく異なる提案だった。実際に検証するとこの方式が最も作業動線が短く、効率良く調理作業ができることがわかった。また、ポイントシステムの流し台は、どのような台所に設置しても逆勝手になることがない。したがって、一タイプを大量生産すればよい。これこそ、ステンレス製流し台を普及させるのに必要な条件だった。結局浜口の提案は、ダイニング・キッチンに導入するステンレス製流し台の規格化に結びついた。住宅の片隅のうす暗く寒い場所に置かれることの多かった台所は、清潔で光輝くステンレス製流し台によってダイニング・キッチンと呼ばれるにふさわしい体裁を整え家庭生活の中心へと変貌をとげた。

戦後、男女平等の建て前の元で、「女性建築家」浜口は重宝された。かつて、使う立場の人間として家政学者をはじめとする多くの女性が住宅について言説を展開してきた。しかし、浜口は住宅を計画する立場に立って主張を展開した。浜口は一九八八年、七十三歳で他界した。一周忌に際し東京建築士会女性建築委員会のメンバーが浜口の著作を復刻しようとしたのは、著作の意味を現代に問い直すことのみでなく、戦後女性が歩いてきた道のりを確認しようとすることでもあった。建築の分野に限らず、女性の存在こそ、戦後の住宅を大きく動かす原動力だったのだ。

西山夘三『これからのすまい―住様式の話―』

戦後、浜口に先んじて日本の住宅、それも戦後とりわけ必要とされた庶民住宅の計画に指針を与えたのは西山夘《う》三《ぞう》の『これからのすまい』だった（図3）。京都大学助教授だった西山は、戦前から庶民住宅の研究に着手していた。その成果に基づき昭和二十一年に著したのが『これからのすまい』だった。

『これからのすまい』が対象にしたのは庶民の住宅だった。戦前から多くの住宅書が著されてきた。しかし数多の住宅書の中で、住み方が云々される対象は主として上・中流階級の住まいであり、庶民の小規模な住宅の住み方が問題にされたことはなかったといってよい。その新しい着眼点こそが新しい時代の到来を示していた。

西山はこの著書の中でいつかの提案をしている。まず、明治以来の住宅改良のテーマだった椅子座化に関しては、在来の床《ゆか》座の居室に、休息や作業用などごく少量の家具を導入することで二重生活を解消するという現実的な提案をした。次に、家族間の就寝については、従来の「集約集中就寝」すなわち、住居の中で最大規模の居室に家族が集中して就寝する傾向を排し、夫婦や家族成員それぞれが「分離就寝」することを提案した。さらに、居室空間の機能分化の必要性を説き、どんなに狭い住宅でも、食事に使用する居室と就寝に使用する居室は転用せずに別に設けることが重要であると主張した。つまり、「食寝分離」である。住宅の面積が大きくなれば食事室は居間とし、住宅は居間などの公室と個人の私室から構成されるべきと主張した。その他にも、住生活の共同化や家具のあり方などについても言及し、住まいの変革こそ重要だと主張した。

図3 『これからのすまい』表紙

西山のこれらの主張は、戦後の住宅の行方を大きく導くものだった。特に、「分離就寝」と「食寝分離」の考え方は、その後、公的な住宅の平面計画の基本理念となった。西山の主張は、いずれも庶民住宅における実際の住み方を丹念に調査した結果から導き出されたものだった。こうした実証的な住宅計画の手法そのものが極めて斬新であり、それだけに、西山の主張には説得力があった。西山の主張は敗戦直後の極限の状況の中で「住む」ことを模索した結果の提案である。西山は、因習にとらわれず新しい時代に適した近代的で民主的な住み方を模索することを望んだ。西山の提案はその後、公営住宅の標準設計の中で結実する。

公営住宅「51C」型住宅

浜口ミホや西山夘三は、敗戦後の日本における新たな住宅像を提示した。既に第一九章で見たように、日本では明治以降、個人を重んじる西洋の考え方や暮らし方、椅子を用いる効率の良い生活のし方などを住宅の中に採り入れようと試みてきた。こうした住み方は、中流階級の住宅では一部実現したものの、庶民の住宅ではなかなか実現しなかった。しかし、敗戦は大きな契機だった。戦争の中で多くの住宅が失われ、いやがおうでも大量の住宅建設が不可欠だったからである。

敗戦後、日本では生活のあらゆる局面で極めて厳しい状況が続いた。住宅不足も深刻だった。戦災焼失二一五万戸、建物疎開（延焼予防の空地を造るために建物を壊すこと）五五万戸、建設不足一一八万戸、引揚者用不足六三万戸、これから人口減マイナス分三〇万戸を減じても住宅不足数は四二〇万戸にのぼった。この数値は全国の住宅ストックの約三割に該当する。都市部の住宅不足はとりわけ深刻で、昭和二十二年、都市部では一人あたりの床面積はわずか二・八坪だった。

戦後日本の公的住宅政策の主要な柱は、住宅金融公庫法、公営住宅法、日本住宅公団法の三つだった。まず昭和二十五年に施行されたのは、自力で住宅を建てる人に住宅建設のための資金を貸与する住宅金融公庫法だった。次いで昭和二十六年、低所得者層を対象に地方自治体が賃貸住宅を建設する施策である公営住宅法が施行された。三番目の日本住宅公団については先にみた。公営住宅の前身となる国庫補助住宅として建設されたのは当初こそ木造の極小住宅だったが、昭和二十二年からは鉄筋コンクリート造の集合住宅の供給が開始され、その際に標準設計の考え方が導入された。そして、昭和二十六年の公営住宅法施行に伴い鉄筋コンクリート造の集合住宅の供給が本格化した。大量供給のために標準設計を採り入れ、全国で画一的な住宅の供給が開始された。

当時公営住宅は住戸の規模によって、一六坪のA型、一四坪のB型、一二坪のC型に分けられた。国庫補助住宅の時代から標準設計は毎年のように見直されたが、昭和二十六年、一二坪のC型に導入された平面は、一二坪の床面積を三室に分割する提案だった。三室とは「食事のできる台所」と六畳、四畳半の居室である。六畳と「食事のできる台所」は南面に配置され襖《ふすま》で仕切られた。四畳半は北側に配置され独立性が高く、夫婦の寝室となりうるものだった。「食事のできる台所」、これこそ後にダイニング・キッチン（DK）と呼ばれるようになる空間だった。わずか一二坪の住戸を三室に分けることによって実現したのは、先の西山が提案した分離就寝と食寝分離だった。

この平面形式は「51C」と呼ばれる（図5）。一九五一年のC型だからだ。住宅に関わる研究者で51Cを知らない人は少ないだろう。それほどまでにこの51Cのインパクトは強かった。この51Cがさきにみた公団の2DKの原型となった。「51C」を提案したのは東京大学の建築計画を専門とする吉武研究室だった。吉武研究室でこの平面の提案に関わった鈴木成文氏は「分離と重合」がこの平面の眼目だったと述べている。従来の日本の住宅であれば、六畳と四畳半は当然のことながら連続し、座敷・次の間の関係を形成する。しかしこの平面では二室は壁を隔てて配置され、連続することはなかった。すなわち明確な分離が意識されたのだった。また、食事のできる台所が用意されたことで畳の部屋が食事に転用されることを回避しようとした。すなわち、食事の空間と就寝の区間を分離した。また、「食事のできる台所」という発想は、調理と食事という密接な関係にある機能を重ね合わせたものである。限定された一二坪三五平方《メートル》の中で合理的な生活をするために考えられたのが2DKだったと鈴木氏は指摘する。鈴木氏は、面積にゆとりができれば異なる考え方があったはずと

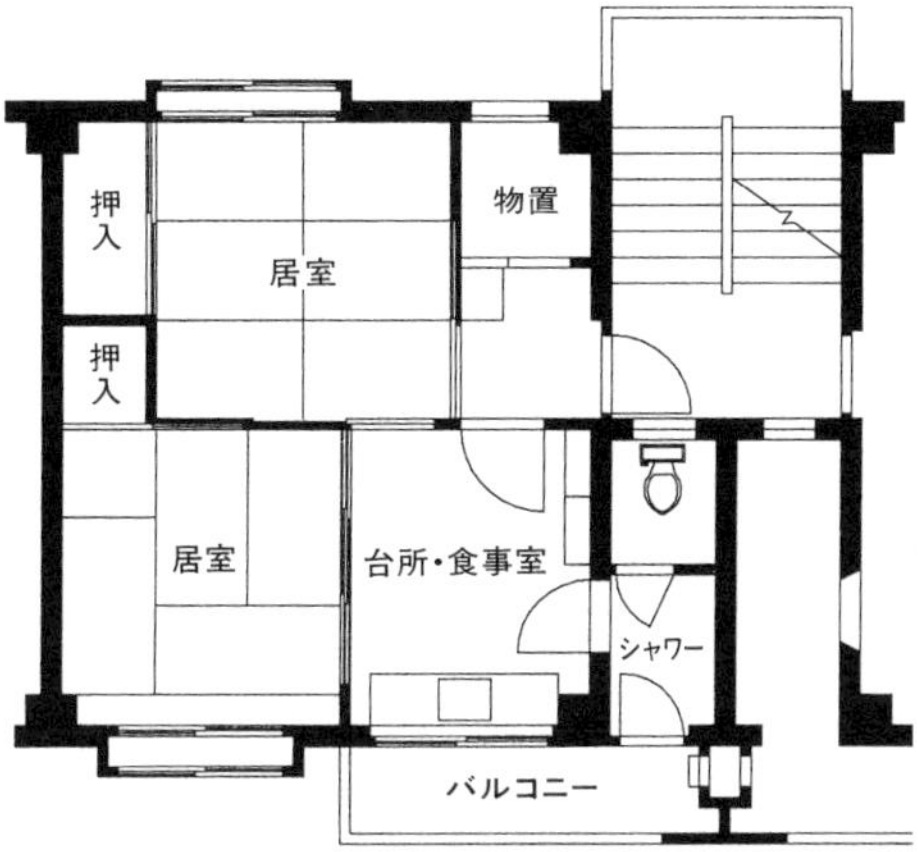

図4　公営住宅51 C型平面図

いうが、その後の日本では、2DKから3DK、さらに3LDKが生まれ、住宅の平面はnLDKという単純な図式に置き換えられていった。

51Cの影響は今日まで続く。それほどに、この平面は画期的だった。影響を増幅させたのは公営住宅法から遅れること五年、都市における住宅の大量供給を目指した日本住宅公団が建設したアパートだった。

公団住宅とダイニング・キッチン

昭和三十年、都市部における住宅の大量供給を目指して日本住宅公団が設立された。日本住宅公団が対象としたのは、都市部のホワイトカラー層だった。まとまった広さをもつ敷地に鉄筋コンクリート造の集合住宅を集団で建設した。「団地」と呼ばれる所以《ゆえん》である。冒頭で見た常盤平団地はその典型である。初期の団地は「豆腐」が並んだようなと揶揄《やゆ》されるような単調な配置だったが（図5）、次第に配置や住棟形式にも工夫を凝らし変化のある景観が作られるようになった。また、単に住宅だけを造るのでなく集会所や店舗など生活施設を共に計画した点は、戦前の同潤会の思想の延長上にあると言ってよいだろう。都市部の住宅不足を背景に申し込み倍率は鰻登《うなぎのぼ》りに上昇し、団地は、都市部のサラリーマンにとってあこがれのすまい、団地の生活はあこがれの生活となった。

団地が当時のサラリーマン層のあこがれの的となるのに貢献したのは、ダイニング・キッチンだっ

図5　常盤平団地(1976年10月撮影)

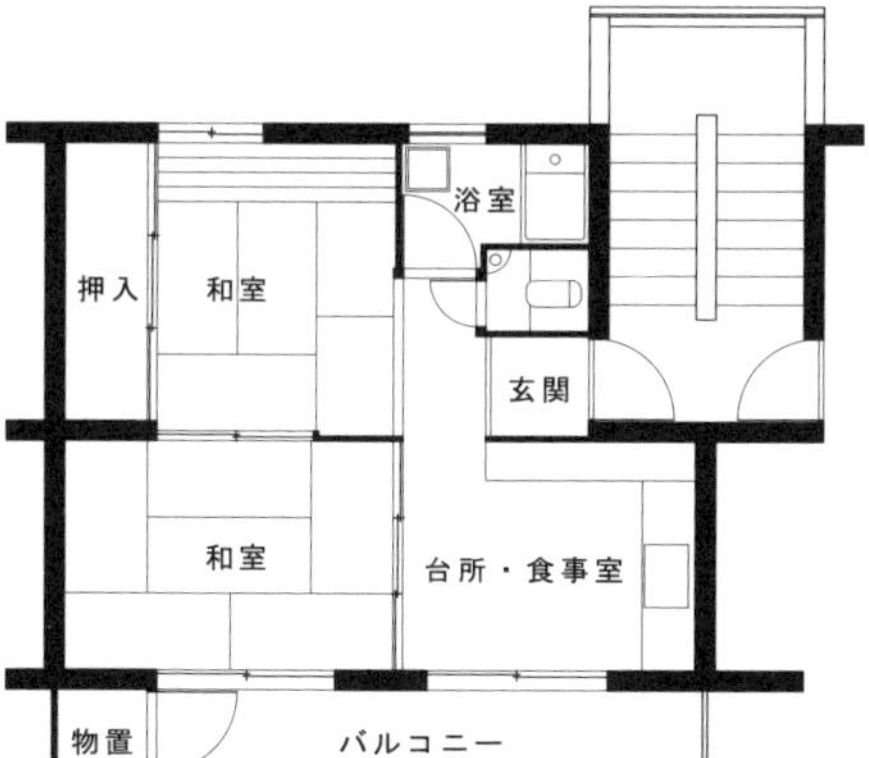

図6　日本住宅公団2DKの平面図

た。ダイニング・キッチンは和製英語で、日本語に直せば「食事もできる台所」といったところだろうか。当初、日本住宅公団が建設できる一住戸の規模は一三坪だった。公営住宅の基準平面、51Cよりも一坪大きいだけである。公団はこの一坪を畳の部屋の拡充でなく、食事のできる台所の拡充に充てた。椅子に座って食事するスタイルが容易に実現するように、公団自らスチールの足をもつダイニング・テーブルを製作した。さらに、当初は人造石研《と》ぎ出しで作られ、ともすると暗く重たいイメージだった流し台を、さきに見たように苦心の末ステンレス製にした。ピカピカで清潔なステンレス製流し台と椅子に座る食堂は公団住宅のイメージを大きく押し上げた。「食事のできる台所」は、明るく清潔で椅子式の生活が可能な、家族の集う空間「ダイニング・キッチン」となった。公団の2DKが発したメッセージは、新しい時代の新しい家族が暮らす器としての明確なイメージだった。かつて台所は男子が足を踏み入れる場所ではないとされ、住宅の中で一段格の低い場所だった。それはとりもなおさず台所を主として使用する女性を格の低い存在と考える社会の反映でもあった。しかし、ダイニング・キッチンはそうした旧来の考え方をいとも簡単に払拭した。時代は確実に変わり始め、ダイニング・キッチンは着実に根付いていった。

当時、団地で暮らす人々を「団地族」と呼んだ。昭和三十五年の「国民生活白書」は団地族を「世帯主の年齢が若く、小家族（平均三・五人）で、共稼ぎ世帯も多く、世帯主の年齢の割には所得水準が高く、また学歴も高いといった特徴をもっている」と定義した。彼らこそ、昭和三十年代以降の生活革新の推進者だった。生活革新を象徴する三種の神器《じんぎ》、テレビ、冷蔵庫、洗濯機が揃う団地のすまい。そこで展開される彼らのライフ・スタイルは一種の羨望《せんぼう》をもって受け止められた。その結果、その象徴とも言えるダイニング・キッチンは、日本全国に広まった。都市部の小住宅は無論、「女中」

のいなくなった中流階級の住宅にも、更には農家の土間にもダイニング・キッチンが登場した。

明治以降、生活の椅子座化は住宅改良の最優先項目だった。和洋二重の生活を排除して椅子座に統一しようと繰り返し述べられてきた。大邸宅、中流住宅の順に、そして接客空間や公的空間を中心に次第に椅子座を採り入れる住宅が増えていった。しかし、戦前においては、たかだか十数坪の規模の庶民住宅への椅子座導入はほとんど見られなかった。椅子座の生活に不可欠な家具の価格や暖房の問題、限られた居室数、限られた床面積の中で家具を使用することによっておこるさまざまな矛盾。いずれも庶民住宅に椅子座が定着しなかった要因だろう。公団の2DKではこれらのいくつかが改善され、その結果椅子座化が進行した。その背景には戦後降りそそぐように喧伝《けんでん》されたアメリカ文化の影響もあるだろう。ともあれ、庶民住宅の椅子座化はダイニング・キッチンの登場によって一挙に進んだ。

松戸市立博物館の中の2DKのもつ意味はかくも大きなものだった。しかし、この展示には更に興味深い仕掛けがある。この展示は昭和三十年代の暮らしを再現している。ダイニング・キッチンに隣接する六畳ほどの和室に注目しよう。絨毯《じゅうたん》が一部に敷かれソファやセンター・テーブルが置かれている。テレビやステレオ、電話もある。当初の計画では2DKの「2」に該当する居室はいずれも寝室だった。しかし、この展示住宅では寝室としてではなくいわゆるリビング・ルームとして使用する様子を見せている。リビング・ルームはDKと開放的につながり、家族の集う空間となる。妻も夫も子どもも皆が集まる居室となる。椅子座のリビンググルームを中心にした住まい。これこそ今日のわたしたちの住宅に直接結びつく住宅である。日本住宅公団は昭和三十七年からリビンググルームをもつ住戸を供給しはじめた。すでにこの頃には、松戸市の博物館の展示のようにＤＫに連続する和室をリビンググルームとして使用する住宅が多くみられた。テレビの普及も大きく影響した。テレビは、家族団欒に形を与え、かつ団欒の空間を要求した。そのための空間がリビンググルームだった。椅子式のリビンググルーム。明治以来の住宅改良の目的が半世紀を経て結実したのだった。

23 モダンリビングと今日の住まい

立体最小限住居

池辺陽は一九五〇年、立体最小限住居を発表した。延べ床面積一五坪の中に、家族が集まるための居間、個人の寝室を立体的に置き、新しい時代の新しい家族のための新しい住まいのモデルを提示した。今日わたしたちが折込広告の中に日々見出すｎＬＤＫである。ｎＬＤＫとはｎ個の個室と家族が集まるための居間・食堂・台所（ＬＤＫ）を示し、ライフスタイルや家族の形が多様化した今日に至っても根強く支持されている。

モダンリビング

昭和二十六年、婦人画報社から一冊の本が出版された。『別冊婦人画報モダンリビング』である。初代編集長を務めた渡辺曙《あけぼの》によれば、雑誌名の命名者は当時の婦人画報編集長熊井戸立雄だった（『モダンリビング』一二九号）。渡辺はその名前を「いかにも軽佻浮薄《けいちょうふはく》でイヤな名前」と思ったという。渡辺が目指したのは建築の専門家による新しい理論に基づく住宅を行き渡らせることだった。雑誌造りの中心を荷負ったのは、建築家でありかつ東京大学で助教授を務める池辺陽《いけべきよし》だった。

池辺は昭和二十五年、立体最小限住居と命名した住宅を発表した（図1）。延べ床面積一五坪の戸建て住宅は、吹き抜けをもつ大きな空間の中に住むために必要な機能が必要に応じて置かれていた。部屋と部屋を結合させて住宅を造るのではなく、大きな空間の中に生活が見事に置かれていた。外観は単純な四角の箱の上に片流れの屋根がかかるのみである。床は総て板床で畳の部屋はない。住宅の形態も居室の捉え方も従来の日本住宅とは大きく異なっていた。立体最小限住居について池辺は、平面の機能分化を尊重し空間の節約のため、断面による独立性の確保に務めたとした。機能を尊重し、合理的に住宅を考えようとする態度が明らかである。これこそ、戦後の住宅がまず取り組んだ課題だった。更に池辺は、住居における家事労働の軽減についても述べている。家事労働の軽減も戦後の住宅の課題だった。戦前の中流の家庭には必ず「女中」がおり、家事労働は複数の荷負い手によって遂行されてきた。しかし、戦後ほとんどの中流家庭から「女中」がいなくなり、家事は主婦のみが担当

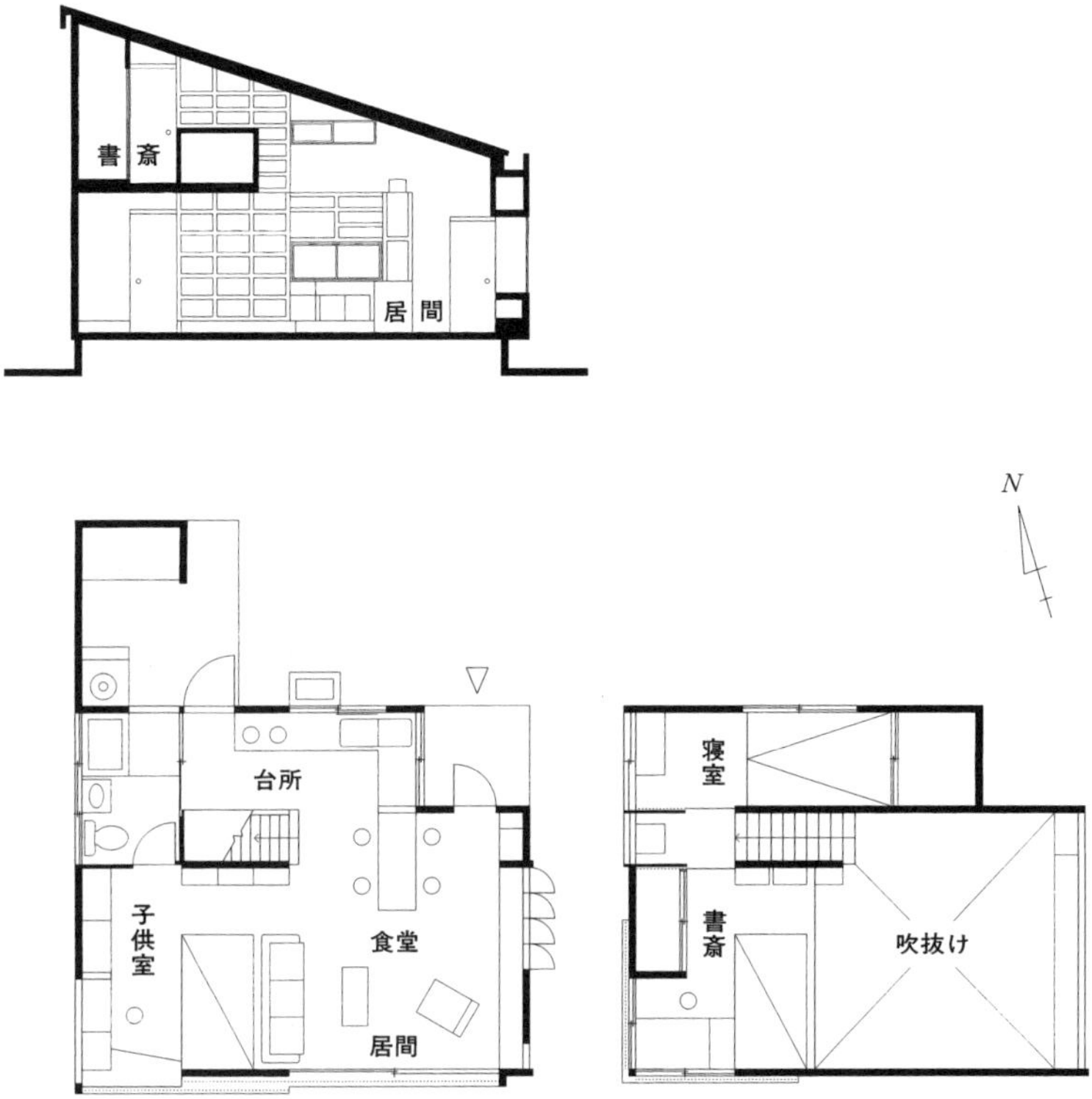

図1　立体最小限住居　断面図・平面図

図２　『モダンリビング』創刊号表紙

することになった。現在のように家電製品がある訳ではないから、家事労働をいかに軽減するかは大きなテーマだった。

ここでいう「最小限」とは、単に最小の住宅を意味するのではなく、合理的で機能的で文化的な生活を営むことのできる必要最小限の住宅を意味し、モダニズムを実践する世界各国の建築家達の国際会議CIAMのテーマとして取り上げられたこともある国際的な課題だった。立体最小限住居が発表された当時、日本は敗戦復興のさなかにあり、現実的にはこの住宅より小さな住宅は山のように存在したし、住宅に住めずバラックやバスなどを転用した住宅に住む人々も存在した。しかしこれからの住宅像を提示することが重要だった。

この住宅の出現は、変革を目指していた日本の小住宅に一つの回答を与えるものだった。池辺が加わることによって、雑誌『モダンリビング』は一つの方向へ啓蒙的な色彩を帯びることになる。その方向こそ、「モダンリビング」だったのだ。

字句のまま訳せば「現代的な暮らし方」とでもなるだろうか。植田実氏は、モダンリビングとは「『これからの暮らし方』とでも言うのかつまりスタイルではなく『志向』」であると定義している。

命名の当初はそうした意味がなかったとしても、雑誌そのものが意志を持った存在になったのである。創刊号は「どんな家を設計するか」というタイトルだった（図2）。さまざまな住宅が紹介されているが、そのほとんどが椅子座の居間と家族の数を配慮した寝室から構成されていた。いわゆる公室と私室からなる公私室型の平面である。住宅のみでなく、家具や照明器具についても触れ、住むことに幅広くアプローチしていることが特色である。

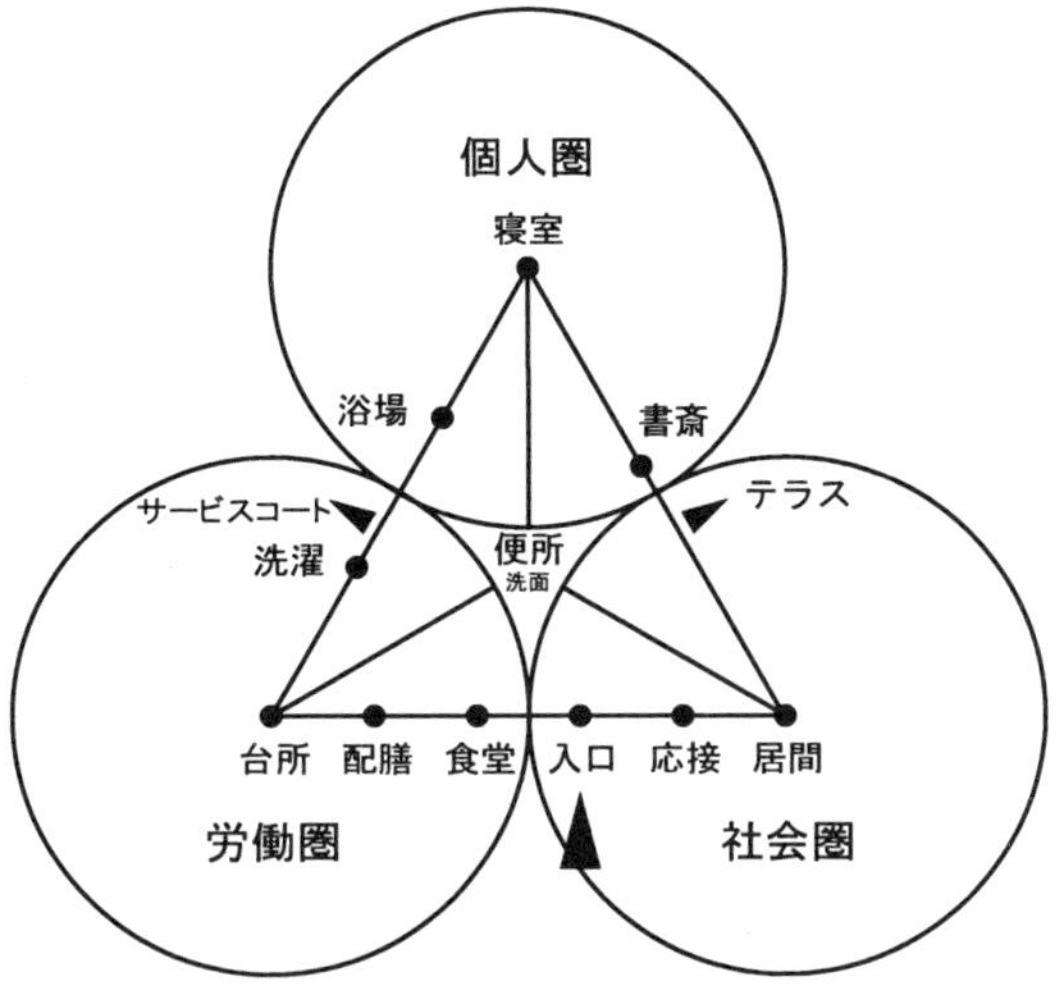

図3　池辺陽による住宅機能図

池辺は昭和二十九年に著した『すまい』の中で、住宅を機能別の領域に分類した図を提示した（図3）。その領域とは「個人圏」「社会圏」「労働圏」であり、これらの領域にみあった空間を配置していくことによって住宅が成り立つことを示した。注目すべきことは、それぞれの領域を等価に置いたことであろう。いずれかが主でいずれかが従という関係ではなく、住宅の中ではいずれも重要であることを示した。戦前までの住宅では、接客の空間が最も重要であり、家族の空間や個人の空間は重要性が低く、家事労働の空間などは併列して考えるべきものとすら見なされていなかった。従来の住宅の中にあった序列をくつがえしたことによって、「モダンリビング」は出発したのである。

モダンリビングの登場は、新しい家族像の確立とも関係していた。夫婦と子どものみからなる核家族で、夫婦は平等な関係にある。自由で合理的な考え方を是とし新しいものを好む、そんな家族である。彼らにとって住宅は、そうした自分たちの姿を演出する場となる。中心となるのは家族の集まるリビングルームだった。リビングルームこそ、戦後日本の住宅を何より特徴づける空間である。

昭和三十年代半ば、建築家の手がける住宅ではリビングルームとn個の寝室からなる間取りが一般的となる。そしてこの間取りは、どんなに家族像が変容しようと今日に致るまで存続しつづけるベストセラーである。公団住宅の2DK、そしてモダンリビングの登場によって、明治維新以降紆余曲折を経ながら変化してきた日本の住宅の間取りは、第一四章でみたヘボン博士の住宅と極めて近い姿となった。この間、九十年の時が過ぎている。

住宅の商品化―プレハブ住宅の登場

池辺はその後、住宅生産の工業化を自身の研究テーマとした。一見、モダン・リビングとは関係がなさそうではあるが、住むということに対する個人の理想を実現するためには、従来のような大工による一品生産を基本とする生産システムではなく、工業化の時代に則した生産システムが必要だと考えたのだった。時代も住宅生産の新たなあり方を模索していた。

池辺陽は住宅の工業化を視野に入れ、自らの設計する住宅の名称にNo.○○と単純な製造番号をつけていた。ちなみに立体最小限住居はNo.3である。住宅の工業化は日本でも既に戦前から試みられていた。工業化社会の到来以降、住宅の工業化は世界の流れでもあった。戦後、工業化志向はさらに強くなった。大量に住宅を供給するためには工業化は不可欠だった。

昭和三十四年、大和《だいわ》ハウスは六畳一室の工業化住宅「ミゼットハウス」を売り出した（図4）。販売方法はデパートでの実物展示だった。工事時間六時間、価格は一一万八〇〇〇円、と明確に打ち出すことによって「あと一部屋」と考えていた戸建て住宅居住者に支持されヒット「商品」となった。戦後における本格的な工業化住宅の誕生である。日本では工業化住宅はプレハブ住宅と呼ばれた。昭和三十七年に住宅金融公庫がプレハブ住宅を融資対象とするようになり、プレハブ住宅の普及に一役買った。徹底的に工業化を図ったプレハブ住宅「セキスイハイムM1」（図5）が売り出されたのも同じ年だった。軽量鉄骨のユニット工法を採用し工場で生産される部分をなるべく多くし、幅二・四メートル、奥行き五・〇メートル、高さ二・七メートルのユニットを基準とし、これを組み合わせて住宅を構成した。トラックに積まれるユニット、つり下げられ組み立てられていくユニット。その姿こそプレハブ本来の姿だったに違いない。

プレハブ住宅には軽量鉄鋼系、木質系、コンクリート系など多様な工法が登場し、戸建住宅建設のバリエーションは多様化した。「ミゼットハウス」の販売方法に見られるように、型式の決まっているプレハブ住宅は実物展示がしやすい。実物を展示することによって、消費者は実物を確認した後に住宅を取得することができるようになった。それは、とりもなおさず、住宅が「買い物」の対象となったことを示している。住宅は紛れもなく「商品」となったのだ。

一方、当初工業化が目指した良質の製品を大量に生産することにより低廉化《ていれんか》を図るという試みは、

図4　ミゼットハウス

図5　セキスイハイム M1

居住者の生活や嗜好《しこう》の多様化の中で、次第に膨大なオプションを付加する方向へと変化した。プレハブ住宅の本来の目的は、大量生産による低価格化や均一で高度な性能の実現にあった。しかし、結局プレハブ住宅が残したものは、よくも悪くも住宅を「商品」と考える意識を根付かせたことだろう。今日、住宅を製造販売する会社をハウスメーカーと呼ぶ。ハウスメーカーの中には、プレハブ会社も含まれるが、注文を受け設計施工する会社全般を指す名称である。ハウスメーカーの準備する商品は限りないバリエーションをもつ。しかし、よく見ると平面は極めて画一的である。モダンリビングである。ハウスメーカーこそモダンリビングの継承者となったのである。それはとりもなおさず、わたしたち自身が未だ新しい住宅を真剣に望んでいないことを示している。

商品となったのは戸建て住宅のみではなかった。集合住宅も同様だった。

マンションの登場

経済復興に伴い、都市部へ人口が集中し、都市部での住宅不足は深刻になった。住宅不足緩和のために誕生した日本住宅公団は、大規模な集合住宅団地を建設した。戦前は耐震耐火造の集合住宅はごくわずかだったが、戦後は公営住宅や公団住宅など公的な住宅をはじめ、社宅としても多く建設されるようになった。

一九五〇年代半ば頃からは、代官山《だいかんやま》や三田《みた》など都心の高級住宅地に、民間会社による賃貸を目的とした中高層集合住宅が建設され始めた。当初は外国人などを対象とする高級賃貸住宅が多かったが、次第に分譲集合住宅も建設されるようになった。これらの中高層集合住宅の中に、「マンション」と名づけられるものが現れた。本来マンションとは大邸宅を意味するが、日本では高級な分譲集合住宅を示す名称となり、一九六〇年代以降、その名の普及とともに急速に増加し、今やマンションは集合住宅の代名詞となった。

第二〇章でみたように、当初日本に登場した集合住宅は、共用施設をもつ集合住宅だった。集まって住むメリットを考えた時、経済的な効率性のみではないメリットもあるだろう。共用施設の有無は、集まって住む生活の質を左右するものである。近年、コーポラティブハウスやコレクティブハウスなど、集まって住むことを積極的に利用した集合住宅が登場している。画一的な住宅ではなく、自ら望む住宅や住み方を選択しようとする機運が高まってきているのかもしれない。

図6　林立するマンション群

スクラップ・アンド・ビルトのすまいづくり

前章の冒頭で見た常磐平団地は建設後四十五年を経て、成熟した景観をもつ住宅地となった。一方で、公団の団地の中には既に取り壊され建て替えられた団地も珍しくない。戦後建設された鉄筋コンクリート造の住宅でさえも、既にその人生を終焉させたことを示している。半永久とまでは行かないまでも鉄筋コンクリート造の建物の寿命はもう少し長いはずである。しかし、日本では物理的な寿命よりも社会的な寿命の方が圧倒的に早く訪れ、まだ利用可能な建物もあっけなくその寿命を終わらせる。近年、環境意識の向上の中で、住宅にもさまざまな再生活用の試みが見られるようになってきた。団地再生の試みや、ユニット型プレハブ住宅の再利用なども実現している。戦後駆け足でさまざまな選択肢を作り続けてきた日本の住宅もそれぞれの質の充実を通して、息の長い選択肢たるべきことが求められている。その場凌《しの》ぎで住まいを考える時代は既に終わったのだ。

初期に開発された公団の団地では高齢者のみの世帯が増加している。同じような年齢層の人々が同時に入居したのだから当然である。団地に限らず、かつてはモデルとなり得た夫婦と子どもからなる家族像そのものが、今日大きくその姿を変えつつある。家族のあり方も、個人の生活のあり方もいまなお変化のただ中にある。ただ、過去の上に今日の住まいがあるように、今日生み出される住まいや生活の上に、明日から歴史が刻まれていく。どのような歴史をつくり、伝えるのか。今を生きる私たちに投げかけられている大きな問いである。

参考文献

全体（第一章〜一三章）
太田博太郎『新訂　図説日本住宅史』彰国社、一九七一年
平井聖『図説日本住宅の歴史』学芸出版社、一九八〇年
西和夫『日本建築のかたち』彰国社、一九八三年
日本建築学会編『日本建築史図集　新訂版』彰国社、一九八〇年
『図集日本都市史』東京大学出版会、一九九三年

第一章
浅川滋男「竪穴住居の空間文節」『古代史の論点2　女と男、家と村』小学館、二〇〇〇年
『弥生のいくさと環壕集落―大塚・歳勝土遺跡の時代』横浜市歴史博物館、一九九五年
宮本長二郎『日本原始古代の住居建築』中央公論美術出版、一九九六年
石野博信『古代住居のはなし』吉川弘文館、一九九五年
渡辺修一「古墳時代竪穴住居の構造的変遷と居住空間」研究連絡紙一一、千葉県文化財センター、一九八五年

第二章
奈良国立文化財研究所『平城京左京二条二坊・三条二坊発掘調査報告―長屋王邸・藤原麻呂邸の調査』一九九五年
大塚初重・辰巳正明・豊田有恒・永山久夫・平野邦雄・町田章『悲劇の宰相・長屋王邸を掘る』山川出版社、一九九二年
中川収「長屋王家の経済的基盤」『別冊歴史読本　日本古代史・王城と都市の最前線』新人物往来社、一九九九年

田中琢『古代日本を発掘する3　平城京』岩波書店、一九八四年
田中琢編『古都発掘―藤原京と平城京』岩波新書、一九九六年
第三章
太田静六『寝殿造の研究』吉川弘文館、一九八七年
川本重雄『寝殿造の空間と儀式』中央公論美術出版、二〇〇五年
西山良平「平安京の〈空間〉」『朝日百科日本の歴史別冊　洛中洛外―京は花の都か』朝日新聞社、一九九四年
『平安京右京六条一坊―平安時代前期邸宅跡の調査』京都市埋蔵文化財研究所、一九九二年
『王朝いんてりあ図鑑―類聚雑要抄の世界』斎宮歴史博物館、一九九七年
第四章
太田静六『寝殿造の研究』吉川弘文館、一九八七年
藤田盟児「藤原定家一条京極邸の建築配置について」日本建築学会大会学術講演梗概集、一九九〇年
西和夫「地震・舞台・出産、歌人定家が記録する」『紫式部すまいを語る―王朝文学の建築散歩』TOTO出版、一九八九年
高橋康夫『京都中世都市史研究』思文閣出版、一九八三年
辻祐司「平安前期の京の町―七条小学校遺跡にみる」『朝日百科日本の歴史別冊　洛中洛外―京は花の都か』朝日新聞社、一九九四年
藤原定家『明月記』（国書刊行会、一九七三年版）
第五章
川上貢『日本中世住宅の研究』墨水書房、一九六七年（新訂版、中央公論美術出版、二〇〇五年）
川本重雄『寝殿造の空間と儀式』中央公論美術出版、二〇〇五年

中村利則「茶の建築の展開と成立」『茶室空間入門』彰国社、一九九二年
平井聖『日本の近世住宅』鹿島出版社、一九六八年
内藤昌「畳割」『世界建築全集3 日本近世』平凡社、一九五九年
村井康彦『京都史跡見学』岩波ジュニア選書、一九八二年
高橋康夫『京都中世都市史研究』思文閣出版、一九八三年
脇田晴子『中世京都と祇園祭』中公新書、一九九九年

第六章

川上貢『日本中世住宅の研究』墨水書房、一九六七年（新訂版、中央公論美術出版、二〇〇五年）
川上貢『五山と禅院』小学館、一九八三年（改訂版一九九一年）
中村利則「茶の建築の展開と成立」『茶室空間入門』彰国社、一九九二年
太田博太郎『床の間』岩波新書、一九七八年
『東山御物』根津美術館、一九七六年

第七章

川上貢「二条城の規模と建築の変遷」『元離宮二條城』小学館、一九七四年
西和夫『姫路城と二條城』小学館、一九八一年（改訂版一九九一年）
小沢朝江「二条城の構成と機能」『名城シリーズ　二条城』学習研究社、一九九六年
西和夫・小沢朝江「二条城二の丸御殿の大広間等諸御殿の復原研究」日本建築学会計画系論文集四九二号、一九九七年二月
平井聖『日本の近世住宅』鹿島研究所出版会、一九六八年

第八章
平井聖『日本の近世住宅』鹿島研究所出版会、一九六八年
伊東龍一「江戸城の歴史とその機能・構造」『城郭・侍屋敷古図集成　江戸城Ⅰ〈城郭〉』至文堂、一九九二年
『江戸城本丸等障壁画絵様　調査報告書』東京国立博物館、一九八八年
『特別展観　江戸城障壁画の下絵』東京国立博物館、一九八八年
池田宏「狩野晴川院『公用日記』にみる諸相」東京国立博物館紀要第二八号、一九九三年
武田恒夫「表と奥　障壁画をめぐって」建築史学一一号、一九八八年九月。
『東京市史稿　皇城篇第一―五』東京市、一九一一―一九二五年
第九章
西和夫「本願寺書院」『日本建築史基礎資料集成　書院一』中央公論美術出版、一九七一年
『重要文化財本願寺黒書院及伝廊修理工事報告書』京都府教育庁文化財保護課、一九五三年
『国宝本願寺飛雲閣修理工事報告書』京都府教育委員会、一九六六年
藤岡通夫『書院一・二』創元社、一九六九年
岡佳子・岩間香編『寛永文化のネットワーク―「隔蓂記」の世界』思文閣出版、一九九八年
西和夫『数寄空間を求めて』学芸出版社、一九八三年
熊倉功夫『寛永文化の研究』吉川弘文館、一九八八年
鳳林承章『隔蓂記』(鹿苑寺、一九五八―一九六〇年。複製版:思文閣出版、一九九七年)
第一〇章
『桂離宮御殿整備記録』宮内庁、一九八七年
『桂離宮茶室等整備記録』宮内庁、一九九二年

西和夫『桂離宮物語』筑摩書房、一九九二年
西和夫「古今伝授の間と八条宮開田御茶屋」建築史学一号、一九八三年
西和夫・小沢朝江「桂宮家御陵村御茶屋と地蔵堂」日本建築学会計画系論文報告集三八〇号、一九八七年一〇月
西和夫・小沢朝江「桂宮家の鷹峯御屋敷」日本建築学会計画系論文報告集三七七号、一九八七年七月
小沢朝江・西和夫「二条城本丸旧桂宮御殿の前身建物とその造営年代」日本建築学会計画系論文報告集三八七号、一九八八年五月
小沢朝江「桂宮家の今出川屋敷の御茶屋について」日本建築学会計画系論文集四六三号、一九九四年九月
「かつら別業宿日記」宮内庁書陵部蔵（桂宮家仁親王、宝暦九年。前掲『桂離宮御殿整備記録』所収）
「桂紀行」宮内庁書陵部蔵（桂宮家仁親王、宝暦五年。前掲『桂離宮御殿整備記録』所収）
「桂紀行」宮内庁書陵部蔵（格宮室子女王、宝暦五年。前掲『桂離宮御殿整備記録』所収）

第一一章

西秋良宏編『加賀殿採訪—東京大学本郷キャンパスの遺跡』東京大学出版会、二〇〇〇年
吉田純一「金沢城と前田家の支城」『城郭・侍屋敷古図集成　福井城・金沢城』至文堂、一九九七年
『城下町金沢の人々—よみがえる江戸時代のくらし』石川県立歴史博物館、一九九九年
『加賀藩士—百万石の侍たち』石川県立歴史博物館、二〇〇〇年
『大江戸八百八町』江戸東京博物館、二〇〇三年
小澤弘・丸山伸彦編『江戸図屛風をよむ』河出書房新社、一九九三年
波多野純「江戸の町家」『日本名城集成　江戸城』小学館、一九八六年
波多野純「武家地の建築と都市景観」『城郭・侍屋敷古図集成　江戸城Ⅱ〈侍屋敷〉』至文堂、一九九二年
波多野純『復原　江戸の町』筑摩書房、一九九八年

玉井哲雄『江戸―失われた都市空間を読む』平凡社、一九八六年
内藤昌『江戸図屛風 別冊 江戸の都市と建築』毎日新聞社、一九七二年
文化財建造物保存技術協会編『重要文化財大沢家住宅保存修理工事報告書』大沢東洋、一九九二年
鈴木博之『日本の近代一〇　都市へ』中央公論新社、一九九九年
喜多川守貞『守貞漫稿』（東京堂出版、一九七三年）

第一二章

『加賀藩主　前田斉泰』石川県立歴史博物館、一九九五年
吉田伸之「近世の城下町・江戸から金沢へ」『週刊朝日百科日本の歴史別冊　都市と景観の読み方』一九九八年九月
『城下町金沢の人々―よみがえる江戸時代のくらし』石川県立歴史博物館、一九九九年
『成巽閣』成巽閣、一九九一年。
野口憲治・波多野純「屋根葺材からみた金沢城下の町家について」日本建築学会大会学術講演梗概集、二〇〇四年
島村昇『金沢の町家』鹿島出版会、一九八三年
大場修『近世近代町家建築史論』中央公論美術出版、二〇〇四年
奈良文化財研究所編『石川県の民家』石川県教育委員会、一九七二年
日塔和彦『日本列島民家の旅・中部2　北陸の住まい』ＩＮＡＸ出版、一九九六年
西和夫『海・建築・日本人』ＮＨＫブックス、二〇〇二年
網野善彦『続・日本の歴史をよみなおす』筑摩書房、一九九六年
木越隆三『銭屋五兵衛と北前船の時代』北国新聞社、二〇〇一年
清水隆久『日本農書全集二六　農業図絵』農山漁村文化協会、一九八三年
『加賀藩史料』清文堂出版、一九八〇―一九八一年

第一三章

『出島図—景観と変遷』長崎市出島史跡整備審議会、中央公論美術出版、一九九〇年
金井圓『近世日本とオランダ』放送大学、一九九三年
波多野純建築設計室編『国指定史跡「出島和蘭商館跡」西側5棟建造物復元工事報告書』長崎市教育委員会、二〇〇一年
西和夫編『復原　オランダ商館』戎光祥出版、二〇〇四年

全体（第一四章～二三章）

平井聖『図説日本住宅の歴史』学芸出版社、一九八〇年
藤森照信『昭和住宅物語』新建築社、一九九〇年
内田青蔵『日本の近代住宅』鹿島出版会、一九九二年
藤森照信『日本の近代建築上・下』岩波書店、一九九三年、
大川三雄・川向正人・初田亨・吉田鋼市『図説近代建築の系譜』彰国社、一九九七年
内田青蔵・大川三雄・藤谷陽悦『図説近代日本住宅史』鹿島出版会、二〇〇一年
内田青蔵『「間取り」で楽しむ住宅読本』光文社、二〇〇五年

第一四章

横浜開港資料館編『F・ベアト幕末日本写真集』、一九八七年
高谷道男編訳『ヘボン書簡集』岩波書店、一九五九年
『真理と自由を求めて—明治学院一二〇年の歩み—』明治学院創立一二〇周年歴史写真集編集委員会、一九九七年
横浜市企画調整局編『港町・横浜の都市形成史』、一九八一年

横浜開港資料館編『図説横浜外国人居留地』有隣堂、一九九八年
梅津章子『港都横浜の都市形成　日本の美術四三七』至文堂、二〇〇五年
『横浜山手―横浜山手洋館群保存対策調査報告書』横浜市教育委員会、一九八七年
清水組編『清水方建築家屋撮影』、一八九〇年
清水重敦『擬洋風建築　日本の美術四四六』至文堂、二〇〇三年、
O・M・プール『古き横浜の壊滅』有隣堂、一九七六年
長崎市編『重要文化財旧グラバー邸住宅修理工事報告書』、一九六八年

第一五章

「大隈伯爵邸西洋館」『建築雑誌』一九〇二年十一月
早稲田大学編『図録大隈重信』早稲田大学出版部、一九八八年
『伯爵大隈家写真帖』早稲田大学大学史資料センター所蔵
高須梅渓編『大隈会館之栞』、一九二四年
安西園恵「保岡勝也の経歴と作品について」日本建築学会大会学術講演梗概集、一九九二年
日本工学会『明治工業史建築編』学術文献普及会、一九六八年
鈴木博之『日本の近代一〇　都市へ』中央公論社、一九九九年
鈴木充編『日本の民家七』学習研究社、一九八一年、
『大磯のすまい』大磯町教育委員会、一九九二年

第一六章

日下部三之介『皇太子殿下御慶事記念帖』帝国少年至誠会、一九〇〇年
小野木重勝『明治洋風宮廷建築』相模書房、一九八三年

片野真佐子『皇后の近代』講談社、二〇〇三年
『貞明皇后』主婦の友社編、一九七一年
原武史『大正天皇』朝日新聞社、二〇〇〇年
原奎一郎編『原敬日記』福村出版、一九六五年
『迎賓館赤坂離宮（改訂版）』時事画報社、一九九八年
小林久美子・山田麻衣『迎賓館赤坂離宮の装飾に関する研究』東海大学工学部建築学科二〇〇三年度卒業論文
塚本涼子・森内利枝『住居としてみた東宮御所の各室の機能と性格』東海大学工学部建築学科二〇〇四年度卒業論文
小野木重勝『近代和風宮廷建築における和洋折衷技法に関する研究』科学研究費成果報告書、一九八八年
小野木重勝『明治前期和風宮廷建築の技法に関する研究』科学研究費成果報告書、一九九五年
山崎鯛介『明治宮殿の設計内容に見る儀礼空間の意匠的特徴』日本建築学会計画系論文集五七八号、二〇〇四年
山崎鯛介『明治宮殿の造営過程に見る木造和風の表向き建物の系譜とその意匠的特徴』日本建築学会計画系論文集五八二号、二〇〇四年
山崎鯛介『明治宮殿の設計内容に見る「奥宮殿」の構成と聖上常御殿の建築的特徴』日本建築学会計画系論文集五八六号、二〇〇四年
小沢朝江『「和風」の成立―近代皇族邸宅を通してみた近世との連続と断絶』住宅総合研究財団研究論文集第三一号、二〇〇五年
水沼淑子・小沢朝江・加藤仁美「近代における皇族別荘の立地沿革及び建築・使い方に関する研究―海浜別荘を中心とする検討―」住宅総合研究財団研究年報二七号、二〇〇一年
小沢朝江・水沼淑子「明治期における巡幸施設の建築様式と使い方に関する研究」住宅総合研究財団研究年報二九号、二〇〇三年

第一七章
西和夫『建築史研究の新視点 3 復原研究と復原設計』中央公論美術出版、二〇〇一年
『横浜市指定有形文化財旧原家住宅（鶴翔閣）復原修理工事報告書』三溪園保勝会、二〇〇一年
『日本名建築写真選集 第一三巻 三溪園』新潮社、一九九三年
新井恵美子『原三溪物語』神奈川新聞社、二〇〇三年
田中祥夫『ヨコハマ公園物語』中央公論社、二〇〇〇年
村松貞次郎・近江栄『近代和風建築』鹿島出版会、一九八八年
初田亨・大川三雄・藤谷陽悦『近代和風建築』建築知識、一九九二年
西和彦『近代和風建築』至文堂、二〇〇三年
『神奈川県の近代和風建築』神奈川県教育委員会、二〇〇〇年
桐浴邦夫『近代の茶室と数寄屋』淡交社、二〇〇四年

第一八章
吉田高子「小林一三の住宅地経営と模範的郊外生活　池田室町」「住宅改造博覧会が創った町と家　箕面櫻ヶ岡」『近代日本の郊外住宅地』（片木篤他編）、鹿島出版会、二〇〇〇年、
安田孝『郊外住宅の形成』ＩＮＡＸ出版、、一九九二年
角野幸博『郊外の二〇世紀』学芸出版社、二〇〇〇年
津金澤聰廣『宝塚戦略』講談社現代新書、一九九一年
坂本勝比古「郊外住宅地の形成」、小野高裕「健康地のライフスタイルを築いた医学者たち」『阪神間モダニズム』（「阪神間モダニズム」展実行委員会編）淡交社、一九九七年
石本美佐保『メモワール・近くて遠い八〇年』岩波ブックセンター信山社、一九八四年

松本佳子『お出かけ機会を開くものとしての同窓会―近代の阪神間を中心に』生活文化史三二号、一九九七年
小林一三『逸翁自叙伝』産業経済新聞社、一九五三年
阪神急行電鉄『阪神急行電鉄株式会社二十五年史』一九三二年
『大正「住宅改造博覧会」の夢』ＩＮＡＸ出版、一九八八年
日本建築協会創立七〇周年記念住宅展委員会『住宅近代化への歩みと日本建築協会』、一九八八年
Ｅ・ハワード（長素連訳）『明日の田園都市』鹿島出版会、一九六八年
内務省地方局有志編『『田園都市と日本人』講談社、一九八〇年
山口廣編『郊外住宅地の系譜』鹿島出版会、一九八七年

第一九章

井上秀先生記念出版委員会『井上秀先生』桜楓会出版編集部、一九七三年
土屋元作『家屋改良談』時事新報社、一八九九年
三橋四郎『和洋改良大建築学』大倉書店、一九〇四年
井上秀『最新家事提要』文光社、一九二五年
内田青蔵『あめりか屋商品住宅』住まいの図書館出版局、一九八七年
内田青蔵『消えたモダン東京』河出書房新社、二〇〇二年

第二〇章

水沼淑子『大正一〇年建設の横浜市営『中村町第一共同住宅館』について』日本建築学会計画系論文報告集第三七六号、一九八七年
水沼淑子『横浜市の市営住宅事業における共同住宅館建設の意義と東京市に及ぼした影響について　関東大震災以前の横浜市営共同住宅館に関する研究　その４』日本建築学会計画系論文報告集第三九八号、一九八九年

『同潤会十年史』同潤会、一九三四年
佐藤滋『集合住宅団地の変遷』鹿島出版会、一九八九年、
佐藤滋他『同潤会のアパートメントとその時代』鹿島出版会、一九九八年
内田青蔵『同潤会に学べ』王国社、二〇〇四年
内藤四郎「本邦における新住宅問題としてのアパート」『社会福利』昭和一二年三月号
後藤久『都市型住宅の文化史』日本放送出版協会、一九八六年

第二一章

丸山雅子「日本近代におけるスパニッシュ建築の成立と展開に関する研究　その1・その2」日本建築学会大会学術講演梗概集、一九九三年・一九九四年
水沼淑子・田中厚子『建築家 Jay H.Morgan の事跡と自邸について』日本建築学会関東支部研究報告集、二〇〇二年
藤沢市設計監理協会『旧モーガン邸実測調査報告書』、一九九九年
三沢浩『A・レーモンドの住宅物語』建築資料研究社、一九九九年
三沢浩『アントニン・レーモンドの建築』鹿島出版会、一九九八年
『アントニン・レーモンド　現代日本建築家全集1』三一書房、一九七一年

第二二章

青木俊也『再現・昭和三〇年代 団地2DKの暮らし』河出書房新社、二〇〇一年
『戦後松戸の生活革新』松戸市立博物館、二〇〇〇年
『日本住宅公団一〇年史』日本住宅公団、一九六五年
浜口ミホ『日本住宅の封建性』相模書房、一九五〇年（初版）、一九五三年（再版）、一九八九年（復刻版）
北川圭子『ダイニング・キッチンはこうして誕生した』技報堂出版、二〇〇二年

西山夘三『これからのすまい』相模書房、一九四七年
鈴木成文『住まいの計画住まいの文化』彰国社、一九八八年
鈴木成文他『「51C」家族を容れるハコの戦後と現在』平凡社、二〇〇四年
西山夘三『日本のすまいⅠ』勁草書房、一九七五年

第二三章

『新建築』一九五〇年七月号
『モダンリビング』一九五一年七月号
『モダンリビング』二〇〇〇年一一月号
池辺陽『すまい』岩波書店、一九六四年
『池辺陽　現代日本建築家全集一七』三一書房、一九七二年
大和ハウス工業『大和ハウス工業二十年史』一九七五年
積水化学工業『三十年の歩み』一九七七年
『新建築臨時増刊建築二〇世紀PART2』新建築社、一九九一年
ギャラリー・間　編『住宅という場所で』TOTO出版、二〇〇〇年
難波和彦『戦後モダニズム建築の極北池辺陽試論』彰国社、一九九九年
西山夘三『日本のすまいⅡ』勁草書房、一九七六年

おわりに——それぞれのあとがき

住宅を見る面白さを語ること——それが本書の一番の願いだった。

建築史は、工学部に属する理系と、歴史学という文系の両方の面を持つ。建築には様々な専門用語があり、さらに歴史学の用語もまた難しい。このため、最も身近な建築である住宅の歴史を語るときでさえ、難解な印象がつきまとう。特に、近世以前は用語も漢字、固有名詞も漢字ばかりで、大学で建築学科の学生に授業をするときいつも、「理系なのになぜ？」という疑問が教室に浮かぶ気配を感じる。用語に振り回されず、住宅史の本当の魅力をわかって欲しい、そして生活、思想、社会など住宅を変えていく人々の姿をこそ知って欲しい、そう思って日々悪戦苦闘を繰り返す。本書は、そんな授業を踏まえてまとめたものであり、その意味で多くの学生たちが私にこの本を書かせてくれたといえる。著述に当たり、できるかぎり専門用語を使わずに語ることを心がけ、建築の専門外の人が気軽に読める本を目指した。

本書は、神奈川大学西和夫先生のご紹介でお話をいただいたものである。「住宅史ならこの二人に」というお言葉とともに、私と水沼淑子さんに書く機会を与えてくださった西先生に心から御礼を申し上げたい。西先生のご期待に半分もお応えできなかった気がするが、それでも本書は自分が漠然と考えてきた日本住宅像を整理し、ひとつひとつの住宅の存在意義を考える大事な経験となった。

実際に書き始めてからは、「通史を書く」ことの重みと難しさを改めて感じ、本当にこれでいいのかと何度も自問自答した。どうにか最後まで続けられたのは、水沼淑子さんとの二人三脚だったからだ。水沼さんとは、八年ほど前に共同研究に誘っていただいて以来、調査や研究でペアを組む間柄で、お互いの不安や疑問をぶつけ合い、ここまで辿り着いた。私を導いてくれた住宅史の先輩に、心から感謝したい。

このほか本書ができるまでには、図面や挿図を作成してくれた東海大学中山智博さん、西野祐馬さん、中村宗寛さんをはじめ、多くの人々にお世話になった。後の水沼さんの文章と重複するのでここでは省略させていただくが、厚く御礼を申し上げます。

本書を書きながら、住宅史に関して「なぜだろう」と改めて抱いた疑問は多い。この好奇心こそ研究の原動力だと考え、これからまたひとつずつ取り組んでいきたいと思っている。

（二〇〇六年一月　小沢朝江）

参考文献にも挙げたように既に近代の住居史を扱った良書が少なからず存在する。そんな中で、自分なりの近代の住居史をいかに語るかは極めて難しい作業である。書いては消し、書いては消しを繰り返したが、肩肘を張らず今まで自分なりに研究してきたこと、自分自身が興味を持てることを投影しながら通史の体裁を取ってみようと開き直り、ようやく今日を迎えた。

私は住宅が何よりも好きである。さらにそこで営まれる人間の生活が好きである。本書で試みたかったことは人間が生活する器としての住まいを描くということだった。筆が未熟なためこの思いを十分伝えることは出来なかったかもしれないが思いはそこにある。当初から網羅することは不可能だと考えていたため、近代の住居史の通史としては不足の部分もあろうが、この本を読んで近代の住宅に興味を持っていただけたならば、この本の一つの目的は達したことになる。なぜならば、今日の日本では近代の価値ある住宅でも日々失われており、失われることに歯止めを掛けるためには一人でも多くの近代の住宅の理解者が必要だからである。

学生時代の住居史の教科書（『住居史』渡辺保忠著、日本女子大学通信教育部発行）に、住居史を学ぶことによって、今日から未来への生活に権威ある予見をなし得るような叡知が育つとあった。住居史を自身の研究分野としたのは、まさにそう考えたからに他ならない。近年の大きく変貌しつつある家族観や価値観の中で住居史がどれほどの役に立つのか、時に不安にもなるのだが、そうした時代だからこそ、今一度冷静に足跡を質してみることが必要であると確信し、今後も研究に取り組みたい。

本書のお話をいただいてから足かけ5年が経つ。遅れに遅れた責務はひとえに私にある。本書執筆のきっかけを与えて下さった西和夫先生には、執筆の過程でも幾度となく励ましていただいた。心から感謝したい。また、何とかここまでこぎ着けることができたのは共著者の小沢朝江さんの多くの助言と励ましがあったからだ。常に先を歩き、困ったときには手をさしのべてくれる頼もしい後輩の存在に心から感謝している。

言うまでもないが本書は多くの先学の成果に負うものである。いちいちお名前を挙げることはできないが、ここに記して感謝したい。また、図作成に際しては前記東海大学の学生の方々以外に関東学院大学市川靖洋さんにもお世話になった。また、吉川弘文館の一寸木紀夫氏や上野純一氏とは、本の体裁などを巡って時には議論を交わしたが、これも皆がよい本を作りたいと願っていたことの裏返しである。ご迷惑をおかけしたことをお詫びするとともに心から感謝したい。最後になったが、家族の理解なくしては今日の日は迎えられなかった。ありがとう。

（二〇〇六年一月　水沼　淑子）

日本原始・古代住居の研究

石野博信著　A5判・四六四頁・折込一丁／八一九〇円

縄文時代から中世までの竪穴住居の変遷を追う総合的住居論。各地における住居の発達過程、人々の移住、屋内施設の利用、上屋構造の復原まで、多岐にわたる。建築・風土・民俗をはじめ、現代住居論にとっても必備の書。

庭園の中世史 足利義政と東山山荘（歴史文化ライブラリー）

飛田範夫著　四六判・二二四頁／一七八五円

中世びとが追い求めた理想郷＝庭園。足利義政が現実の政治から逃れて造った東山山荘（銀閣寺）、そのモデル西芳寺（苔寺）をはじめ代表的な庭園をわかり易く解説。河原者の活躍、名園の木石略奪などのエピソード満載。

日本史の環境（日本の時代史）

井上　勲編　A5判・三六二頁・原色口絵八頁／三三六〇円

歴史は、自然と文化・生活様式等々の重層する環境のなかに展開している。地理・気象・風土、地域社会と産業、暦と時刻・度量衡・音と光、住居と空間・食材と調理・服飾、さまざまな面から、日本の歴史の基盤を考える。

（価格は5％税込）

著者略歴

小沢朝江

一九六三年　神奈川県横浜市生まれ
一九八六年　東京理科大学工学部建築学科卒業
一九八八年　神奈川大学大学院工学研究科建築学専攻修士課程修了
現在　東海大学工学部建築学科助教授　博士（工学）

〔主要著書〕
『名城シリーズ　二条城』（共著）学習研究社
『日本美術史』（共著）昭和堂
『建築史の回り舞台』（共著）彰国社

水沼淑子

一九五三年　神奈川県茅ヶ崎市生まれ
一九七六年　日本女子大学家政学部住居学科卒業
一九八一年　日本女子大学大学院家政学研究科住居学専攻修士課程修了
現在　関東学院大学人間環境学部人間環境デザイン学科教授　工学博士

〔主要著書〕
『和洋の心を生かす住まい』（単著）彰国社
『建築史の回り舞台』（共著）彰国社

日本住居史

二〇〇六年（平成十八）三月十日　第一刷発行

著者　小《お》沢《ざわ》朝《あさ》江《え》
　　　水《みず》沼《ぬま》淑《よし》子《こ》

発行者　林　英男

発行所　株式会社 吉川弘文館
郵便番号一一三―〇〇三三
東京都文京区本郷七丁目二番八号
電話〇三―三八一三―九一五一〈代表〉
振替口座〇〇一〇〇―五―二四四番
http://www.yoshikawa-k.co.jp/

印刷＝株式会社 平文社
製本＝誠製本株式会社
装幀＝清水良洋

ISBN4-642-07947-5

索　引

さ　行

た 行

な 行

は 行

ま 行

や 行

ら 行

わ 行

図版一覧

館所蔵　*173*
図1　東京大学赤門(旧加賀藩本郷屋敷御守殿門)　*174*
図2　加賀藩江戸藩邸の位置と変遷　*178*
図3　『御住居向富士山之方云々指図』金沢市立図書館所蔵　*181*
図4　『守貞漫稿』　*185*
図5　大沢家住宅(川越市)『重要文化財大沢家住宅修理工事報告書』埼玉県教育委員会　1992年より　*186*
図6　裏長屋復原図　波多野純建築設計室作成　*188*
第12章
扉　『農業図絵』個人蔵『日本農書全集26　農業図絵』農山漁村文化協会　1990年より　*191*
図1　金沢城下町『図集日本都市史』東京大学出版会　1993年より　*194*
図2　『農業図絵』個人蔵『日本農書全集26　農業図絵』農山漁村文化協会　1990年より　*195*
図3　『金沢城下図屏風』(犀川口町図)石川県立歴史博物館所蔵　*197*
図4　喜多家住宅(野々市町)　*198*
図5　喜多家住宅(押水町)平面図　*201*
図6　時国健太郎家住宅(上時国家)　*206*
第13章
扉　出島オランダ商館復原建物　*209*
図1　『長崎港図』　神戸市立博物館蔵　*210*
図2　『出島図』　長崎大学附属図書館蔵　*212*
図3　司馬江漢『西遊旅譚』　*221*
図4　出島オランダ商館復原建物一番船船頭部屋　二階内部　*224*
図5　出島オランダ商館復原建物ヘトル部屋　物見台　*225*
第14章
扉　明治中期以降の旧ヘボン邸(古絵葉書)　横浜開港資料館所蔵　*229*
図1　Panorama of Yokohama from the Bluff　F.ベアト撮影　横浜開港資料館所蔵　*230*
図2　ヘボン自筆の自邸間取図　The Presbyrian Historical Society 所蔵(ただし室名を貼込)　*232*
図3　横浜居留地地図 The Japan Directory for the Year 1889 より　横浜開港資料館所蔵　*234*
図4　山手公園(古絵葉書)　横浜開港資料館所蔵　*236*
図5　山手洋館『神奈川県立博物館人文部門資料目録3近代絵画資料目録五姓田義松作品集』1980年より　神奈川県立博物館所蔵　*237*
図6　ベンネット邸『清水方建築家屋撮影』より　*240*
図7　グラバー邸　*241*
図8　グラバー邸平面図　長崎市『重要文化財旧グラバー住宅修理工事報告書』1968年をもとに作成　*241*
第15章
扉　大隈邸食堂　早稲田大学大学史資料センター提供　*243*
図1　『某邸宅見取図』　早稲田大学大学史資料センター所蔵　*246*
図2　岩崎家茅町邸　*249*
図3　大隈重信生家(佐賀)　*254*
図4　大隈重信早稲田邸台所　村井幻斎『食道楽』　岩波書店　2005年より　*255*
図5　大隈重信大磯別荘　*256*
第16章
扉　東宮御所(現迎賓館赤坂離宮)　*257*
図1　大正天皇　*261*
図2　節子皇后　*261*
図3　一条邸『建築雑誌』1917年11月号より　*263*

図4　明治二十年東京五千分一実測図（ただし建物名を貼込）　*263*
図5　東宮御所平面図　小野木重勝『明治洋風宮廷建築』相模書房 1983 年より（ただし室名を貼込）　*265*
図6　明治宮殿表宮殿正殿内部　小野木重勝『明治洋風宮廷建築』相模書房 1983 年より　*269*
図7　明治宮殿平面図　小野木重勝『明治洋風宮廷建築』相模書房 1983 年より（ただし建物名を貼込）　*270*
図8　沼津御用邸　*272*
第17章
扉　横浜三渓園入口（古絵葉書）『横浜市指定有形文化財旧原家住宅復原修理工事報告書』三渓園保勝会　2001 年より　*275*
図1　『横浜諸会社諸商店之図』　神奈川県立博物館所蔵　*277*
図2　『横浜諸会社諸商店之図』　神奈川県立博物館所蔵　*277*
図3　昭和七年横浜市建設局三千分の一地形図より（ただし建物名を貼込）　*279*
図4　三渓園鶴翔閣現状平面図　『横浜市指定有形文化財旧原家住宅復原修理工事報告書』三渓園保勝会 2001 年より（ただし建物名を貼込）　*280*
図5　白雲洞　*285*
図6　対字斎　*285*
図7　三渓園白雲邸現状平面図　*288*
図8　三渓園白雲邸奥書院　*289*
第18章
扉　池田室町住宅　*291*
図1　阪神急行電鉄会社路線図　『阪神急行電鉄二十五年史』1932 年より　*295*
図2　池田新市街地平面図　池田文庫所蔵　*296*
図3　池田室町住宅　池田文庫所蔵　*298*
図4　住宅改造博覧会配置図『住宅改造博覧会作品住宅図集』日本建築協会　1921 年より　*299*
図5　桜ヶ丘住宅改造博覧会出品住宅　*300*
図6　田園都市模式図　E.ハワード『明日の田園都市』鹿島出版会　1968 年より　*302*
図7　東京横浜、目黒蒲田電車沿線案内　椎橋忠男所蔵　横浜開港資料館保管　*302*
第19章
扉　井上秀家族肖像　『井上秀先生』桜楓会出版編集部　1973 年より　*305*
図1　和洋折衷住家岡本鑑太郎案　『建築雑誌』1898 年 10 月号より　*308*
図2　和洋折衷住家北田九一案『建築雑誌』1898 年 12 月号より　*309*
図3　台所設計図案第弐等当選案　『住宅』1918 年 5 月号より　*313*
図4　改良中流住宅設計図案第一等当選案　『住宅』1917 年 3 月号より　*314*
図5　上：小澤慎太郎出品住宅平面図『建築雑誌』1922 年 3 月号　（ただし室名を貼込）　下：同家族室　高橋由太郎『文化村の簡易住宅』1922 年より　*318*
第20章
扉　同潤会青山アパートメント　*323*
図1　横浜市営中村町住宅地復原模型（部分）　横浜都市発展記念館所蔵　*324*
図2　中村町第一共同住宅館　『大正十二年横浜市社会事業概要』より　*326*
図3　アメリカのアパートメントハウスの一住戸　『建築雑誌』1918 年 7

号　*328*
図４　軍艦島集合住宅　毎日新聞社提供　*330*
図５　江戸川アパートメント洋風家族室　『建築雑誌』1934年10月号より　*336*
第21章
扉　創建時のモーガン邸　高橋利郎氏提供　*337*
図１　ベリック邸(内部)　*341*
図２　旧小笠原伯爵邸　*343*
図３　レイモンド自邸　川喜多煉七郎編『レイモンドの家』洪洋社　1931年より　*345*
図４　モーガン邸食堂　高橋利郎氏提供　*347*
第22章
扉　日本住宅公団アパートの２ＤＫ　松戸市立博物館提供　*351*
図１　『日本住宅の封建性』表紙　*354*
図２　ポイントシステムの流し台　*356*
図３　『これからのすまい』表紙　*358*
図４　51Ｃ平面図　*359*
図５　常磐平団地　都市再生機構提供　*363*
図６　日本住宅公団２ＤＫ平面図　*363*
第23章
扉　立体最小限住居　平山忠治撮影　『新建築』1950年６月号より　*367*
図１　立体最小限住居　断面図・平面図　*369*
図２　『モダンリビング』創刊号表紙　アシェット婦人画報社　*370*
図３　池辺陽による住宅機能図　池辺陽『すまい』岩波書店　1954年をもとに作成　*371*
図４　ミゼットハウス『大和ハウス工業二十五年史』1975年より　*374*
図５　セキスイハイムＭ１　積水化学工業提供　*374*
図６　林立するマンション群　*376*